■ 丛书主编/黄升民　张金

■ 丛书主审/丁俊

学校广告学系列教材

舒咏平 主编　刘瑛 副主编

广告调查

Advertising

Research

武汉大学出版社

WUHAN UNIVERSITY PRESS

图书在版编目(CIP)数据

广告调查/舒咏平主编.—武汉:武汉大学出版社,2006.6(2022.1 重印)

高等学校广告学系列教材
ISBN 978-7-307-04973-4

Ⅰ.广…　Ⅱ.舒…　Ⅲ.广告—调查—高等学校—教材　Ⅳ.F713.8

中国版本图书馆 CIP 数据核字(2006)第 028918 号

责任编辑:高　璐　宋玲玲　彭公璞　　责任校对:.王建　　版式设计:支笛

出版发行:**武汉大学出版社**　(430072　武昌　珞珈山)
　　　　　(电子邮箱:cbs22@ whu.edu.cn　网址:www.wdp. com.cn)
印刷:武汉中科兴业印务有限公司
开本:720×1000　1/16　印张:24.5　字数:449 千字　插页:1
版次:2006 年 6 月第 1 版　　2022 年 1 月第 9 次印刷
ISBN 978-7-307-04973-4/F·978　　定价:34.00 元

高等学校广告学系列教材编写委员会

努力加强广告学专业教材建设
全面提升广告学高等教育质量

（代序）

中国广告学高等教育至今才 20 多年的发展历史，是如此的年轻，谁曾料想到，20 多年后的如今，全国竟发展至 200 多个广告学高等教育专业教学点。毫不夸张的说，广告学是我国高等教育近 20 年来发展速度最快的专业之一。

我们现在经常提"跨越式发展"、"超常规发展"，这几乎成了我们所处的转型期社会的一种社会常态，尽管有人反对，却也有许多人主张。"跨越式发展"或称之为"超常规发展"，在一定程度上有悖于事物发展的自然规律，然而在某一特殊的社会时期，未必不是一种必需。对于中国广告学高等教育的发展，似乎也应作如是观。中国广告学高等教育的"超常规发展"，正是现代中国社会经济持续高速发展的必需，中国广告产业持续高速发展的必需。

不可否认，与"跨越式发展"或称之为"超常规发展"相伴随的，常常是一种我常戏称的"跨越式发展症"或"超常规发展症"。因此，问题的存在也是一种必然。不过，我一直不太认同对我国广告学高等教育"高速低质"的总体评价。

诚然，与许多传统学科和专业相比，广告学高等教育的确存在师资力量欠缺、教学欠规范、理论研究相对滞后等诸多问题，但 20 多年的进步，却是巨大而有目共睹的。全国广告学高等教育工作者多年来辛勤劳作，默默奋争，并承受着某些偏执的学科与专业歧视，不断推进着我国广告学高等教育质量的全面提升。我曾拜访过诸多广告业界人士，他们对我国广告学高等教育也有一些意见和看法，但总体评价却是肯定的。与积淀浸润上百年、几百年的传统学科相比，我国广告学高等教育不过 20 多年的历史，在某些层面自然不具有可比性，若论与社会实践的结合度，以及广告学高等教育的社会参与度与活跃度，在我国高等教育领域，至少是值得我们自许的。

与起步初始阶段相比，目前我国的广告学高等教育无论是在师资力量、教学规范上，还是理论研究上，早已不可同日而语。在本科教育的基础上，具有广告学硕士学位授予权的高校，目前已有 30 多所，招收广告学博士研究生的也有上 10 所高校。在我国新闻传播学学科范围，将广告学提升为二级学科的呼声日高。"低质"的评价也许出在评价的参照系上。如果说我国的广告学高等教育"速度的增长"与"质量的提升"的非同步发展，以及全国高等教育范围内各广告学专业教学点非均衡发展，也许更切合实际。

广告学高等教育专业教学点，从最初的一家、几家，仅 20 多年的时间，发展到现在的 210 多家，的确是令人惊讶。随着广告学高等教育的飞速发展，高等教育的广告学专业教材也与日俱增。这同样是一件正常而可喜的事。教材建设是专业建设的基础。有人认为广告学专业教材建设过"滥"，我倒以为没有一定的"量"就不可能有一定的"质"，任何事物的发展都有一个从"量的增长"到"质的提升"的过程，所谓"大浪淘沙"、"吹尽黄沙始见金"，这是一个规律。再者，现在又是一个知识更新频率不断加快的时代，广告学深处其中，没有淘汰，没有更新，倒真是不正常的事。

1996 年，武汉大学出版社曾组织出版过"珞珈广告学系列丛书"，共 10 种，数十所高校采用为广告学专业教材，先后两版十多次印刷。现在看来，也有陈旧之嫌，亟待更新。出版社多次与我商谈，要求我们重新全面修订。我们考虑，与其在原有范围内修订，不如花大气力在全国范围重新整合力量，推出一套新教材更好一些。我们的这一想法得到出版社的认同，并立即组织实施。

现有的 200 多个广告学高等教育专业教学点，分布于全国各地，分置于不同的学科背景。有的设置于艺术类学科之下，有的设置于经济类学科之下，有的设置于新闻传播学科之下。各高校各学科类型的广告学专业，都具有各自的办学特色，各自各具优势的培养目标。正是这样一种教学格局，适应了我们广告业对广告专业人才的多种需求。也正是这种教学格局，决定了广告学高等教育不可能有一种"放之四海而皆准"的教学模式。在许多场合下，我都曾明确主张过广告学高等教育的教学模式的多元发展。也正因为如此，要编纂一套具有完全普适性的广告学专业教学的教材，也只是一种良好的愿望。本系列教材的编纂，也只是尽可能把握广告学高等教育的基本规律和基本特征，在书目的确立和内容的厘定上，使之具有更大的可选性。

本套教材初步拟定的书目达 20 种之多，参加编写的高校也有 20 多家。中国传媒大学广告学院院长、教授、博士生导师，全国广告学高等教育研究会副会长黄升民先生，深圳大学文学院院长、教授，全国广告学高等教育研究会副会长吴予敏先生，以及本人一起应邀担任本丛书的主编。中国传媒大学副校长、教授、博士生导师丁俊杰先生，厦门大学文学院副院长、教授、博士生导师，全国广告学高等教育研究会会长陈培爱先生，应邀担任本丛书主审。上海师范大学的金定海教授、上海大学的张祖健教授、华中科技大学的舒咏平教授、南京师范大学的陈正辉教授、天津师范大学的许椿教授、华中农业大学的吕尚彬教授、武汉理工大学的夏晓鸣教授、西北大学的杨立川教授、暨南大学的杨先顺教授、福建师范大学的刘泓教授、中南民族大学的张贤平副教授、湖北大学的余艳波副教授、江西财经大学的罗书俊副教授等，应邀担任本丛书的副主编和编委。能与这么多的学者和朋友一起合作，本人深感荣幸。因本丛书的编纂，作者和内容涉及面都比较广，规模又比较大，受出版社委托，具体组织和联络工作由武汉大学的姚曦副教授、程明副教授担任，故二人应邀担任本丛书的常务副主编。

　　我们都来自五湖四海，为了一个共同目标走到一起。这个目标就是，促进中国广告学高等教育的健康发展，全面提升我国广告学高等教育的质量。但愿我们的努力切实而富有成效。

张金海

二〇〇六年四月六日于武汉大学

目 录

第一章 | 广告调查概说

【本章提要】广告调查是把社会科学研究中的方法原理与技术手段运用于广告领域，所考察的对象是广告及广告运动过程。狭义的广告调查主要包括广告主题和文案调查、广告媒体调查及广告效果测试；广义的广告调查除了上述三种具体的操作调查外，还包括广告主调查、行业市场调查、广告公司调查和广告文化调查等较宏观的调查。从 20 世纪初广告调查产生以来，广告调查主要经历了广告心理效果测试、广告传播效果调查和系统研究三个阶段。广告调查要遵循科学性、客观性、系统性、时效性和伦理性原则。广告调查的操作流程主要包括明确广告调查的目的、调查设计和准备、收集资料数据、资料的处理与分析、结果的解释与提交调查报告五个步骤。

第一节　广告调查及其意义

一、广告调查的内涵

关于广告调查（Advertising Research）的定义非常多，各有侧重，本书选取其中比较有代表性的四个分别转述如下：

——日本电通公司的《广告用语事典》对广告调查定义为："广告调查，是指伴随着广告活动所进行的一切调查活动。它包括（1）为发现或决定广告的诉求点而做的调查；（2）为购买者显在化而做的调查；（3）媒介的量的调查；（4）关于媒介特性的调查；（5）媒介的接触率的调查；（6）商品或企业形象的调查；（7）广告影响力的测定调查；（8）购买动机的调查；（9）关于投入市场的广告量的调查。"①

这个定义应该算是关于广告调查的一个比较权威的界定，在广告调查的相关书籍中一般都会引用，它基本上是围绕广告调查所包括的类型来给出广告调查的定义。

——樊志育在《广告效果测定技术》一书指出："所谓广告调查，就是为了制作有效的广告，测定广告效果，所做的调查。"②

该定义基本上是从营销学的角度来界定广告调查的，将广告看作是企业营销的一种手段，广告调查则主要是针对广告是否达成其预设效果而做的调查，强调的是广告调查中对广告效果的测试部分。

——韦箐、王曦等编著的《广告调查与设计》对广告调查的定义为："广告调查是指企业为有效地开展广告活动，利用科学的调查、分析方法，对与广告有关的资料进行系统的收集、整理、分析和解释。"③

这个定义中指出广告调查的主体是企业，说法有一定的局限性，广告调查可以是企业进行的，但也可以由广告公司来操作，学界的组织和个人同样也可以成为广告调查的执行者。

——张金海、姚曦主编的《广告学教程》中提到："广告调查，是指围绕广告运动所进行的一切调查活动。其目的在于获取与广告运动有关的数据化与非数据化资料并加以分析，从而为开展科学的广告运动提供依据。"④

这是从整体广告运动的角度来定义广告调查，认为广告调查是广告运动的基础，是发展一个成功的广告运动的必需环节，所有与广告及广告运动有关的调查，无论是定性还是定量，都属于广告调查范畴。

本书尝试从广告学学科体系的确立、清晰和完善的宏观角度对广告调查进行界定。对于一门学科来说，理论与方法是两大基石。广告调查就是广告学专业的方法支柱，其地位相当于社会学中的社会研究方法，传播学中的传播研究方法，广告调查是把社会科学研究中的方法与技术运用于广告领域，所考察的对象是广告及广告运动过程。本章将广告调查分为广义和狭义两种：

1. 广义的广告调查

广义的广告调查（或者称作广告研究）是指围绕着广告及广告运动，为

---

① 黄升民等：《广告调查：广告战略的实证基础》，中国物价出版社1997年版，第213页。
② 樊志育：《广告效果测定技术》，上海人民出版社2000年版，第1页。
③ 韦箐等：《广告调查与设计》，经济管理出版社1998年版，第49页。
④ 张金海、姚曦主编：《广告学教程》，上海人民出版社2003年版，第117页。

研究其形成、发展的规律和趋势而进行的一系列系统的、科学的探究活动。

现代广告运动一般包括以下程序：（1）广告主依据营销策略和计划制定总体的广告策略和广告计划，包括广告目标、广告费用预算、广告时机、广告规模等等。（2）市场调查与分析，包括总体的市场构成、同类产品和竞争对手的情况、消费和消费者的情况等等。（3）广告策划，包括营销策略、制定具体的广告战略与策略、制定具体的广告运作或广告活动计划。（4）广告创意，将广告信息转化成富有创造性的广告表现概念。（5）广告设计制作，将创意过程中产生的广告表现概念转化成具体的广告作品。（6）广告运动的具体执行和广告作品的发布。（7）广告效果测定和反馈，主要内容是对广告效果进行测定并将相关信息反馈给广告主。

围绕着广告运动过程及其中涉及的因素的调查是广义的广告调查，广义的广告调查包括广告主调查、行业市场调查、广告公司调查和广告文化调查等宏观的调查，也包括具体操作调查，如广告文案、主题调查、广告媒体调查、广告效果调查等等。

2. 狭义的广告调查

狭义的广告调查是指为了策划、制作和发布成功有效的广告而开展的一切调查研究活动。具体而言，狭义的广告调查包括：为广告创作而做的广告主题调查和广告文案测试，为选择广告媒体而做的广告媒体调查、电视收视率调查、广播收听率调查、报纸或杂志阅读率调查，为评价广告效果而做的广告前消费者的态度和行为调查、广告中接触效果和接受效果调查、广告后消费者的态度和行为跟踪调查，为了解同行竞争对手的广告投放情况而做的电视、广播、报纸、杂志的广告媒体监测等。概括起来，狭义的广告调查包括广告主题和文案调查、广告媒体调查及广告效果测试。

3. 广告调查与市场调查

根据美国市场营销协会（American Marketing Association）的定义，"市场调查是一种通过信息将消费者、顾客和公众与营销者连接起来的职能。这些信息用于识别和确定营销机会及问题，产生、提炼和评估营销活动，监督营销绩效，改进人们对营销过程的理解。市场调查规定了解决这些问题所需的信息，设计收集信息的方法，管理并实施信息收集过程，分析结果，最后要沟通所得的结论及其意义"。

市场调查的功能对于企业管理而言，首先是描述，即收集并陈述事实，例如，行业的历史、现状和发展趋势，消费者对产品的认知、态度和购买行为等。其次是诊断，即要解释所收集的信息或活动，例如：为什么要建议产品采用这类设计风格？为什么要选择这种形态的销售终端？最后是预测，即在分析市场的基础上，如何利用市场中已经显现的机会。

在广告的实际运作和理论研究中，广告调查和市场调查两者之间通常没有严格的界定。在已有的一些广告调查的教材和著作中对两者也没有进行有效的区分，事实上也很难把它们一分为二地区分开来。

应该说广告调查与市场调查之间是一种从属关系，广告调查是市场调查在广告运动中的具体应用，虽然在具体的广告调查中会发展出独特的方法和技术，但大的原则和体系与市场调查是共通的。简而言之，市场调查是出于整体的市场营销决策和运作，而广告调查则是为某一局部目标而进行的，这个局部目标通常都是根据广告活动的不同环节来设定的。

二、广告调查的意义

固特异（Goodyear）Aquatred 系列轮胎的推介活动可以说是非常成功的一次推介广告战役。这次广告战役的主角是"桶"，"桶"是一条电视广告，表现 Aquatred 轮胎每行进一英里可以赶跑多少桶的水。

固特异的营销专家们相信，"桶"之所以能取得如此巨大的成功，是因为在推出产品之前和之中，广告经过了广泛而严格的测试。在产品还处在开发阶段时，固特异的营销战略专家就认定，他们的具有优异性能的独特轮胎设计会成为定位战略的魅力所在。因此，在准备向市场推出轮胎之前，固特异就与自己的广告公司智威·汤逊公司底特律分公司一起开始着手对几条候选电视广告进行调查。广告公司首先测试了两条不同的基本讯息形式：一条是用户的证言（他们称之为"Aquatred 的理查德"篇）；另一条是表现轮胎在湿漉漉的雪地上的附着磨擦力（他们称之为"滑雪"篇）。根据这次初步调查，固特异和广告公司最终认定，突出功能性利益定位的产品性能广告应该是推介战役的最佳形式。

在调查的基础上，广告公司设计了以性能和演示为主的"桶"篇广告。在推介 Aquatred 的四周时间内，"滑雪"篇和"桶"篇都播出了。产品一上市，固特异便运用一套劝服力评级系统对"桶"篇和"滑雪"篇的效果进行跟踪调查，然后将调查结果与不同市场范围内的销售情况进行对比。公司发现，这两条广告都对销售产生了积极而明显的影响，其中"桶"篇的影响最大；四周以后，两条广告的效果都开始下降。[①]

在为 Aquatred 轮胎策划广告推介战役中，固特异和广告公司采用了几种

---

① Thomas C. O'Guinn, Chris T. Allen, and Richard J. Semenik 著、张树庭译：《广告学》，机械工业出版社 2002 年版，第 210 页。

不同的广告调查方法。首先，通过广告主题调查，固特异判断出了哪些产品特征和性能特征可以作为独特定位战略的依据；接着，广告文案调查又表明，产品演示式广告比证言式广告的效果更好；最后，在轮胎推介期间播出两条演示式广告时，固特异又对广告的劝服力和产品的销售情况进行了跟踪调查，对这些广告的心理效果和销售效果进行了测试。可见，广告调查在产品广告运动及营销活动中具有重要意义。

在广告运动的程序中，广告调查是排在第一位的，它左右着广告计划的制定、广告媒介的选择、广告主题的表现、广告的制作和广告预算等一系列工作。不进行广告调查，就无法开展这一系列的工作。具体而言，广告调查在整个广告运动过程中的意义主要体现在如下四个方面：

1. 提供广告策划创意的依据

广告策划是指对广告整体战略与策略的运筹规划，是从对广告调查、计划、实施到检测的全过程的考虑与设想，是广告决策的形成过程。广告策划通常包括四个基本的步骤：（1）构思策划：制定整个策划的基本方针；（2）课题策划：广告战略内容的具体化；（3）实施计划：决定广告的表现形式及完稿日程；（4）评估计划：有关广告效果的评估。

在进行广告策划时，要做好充分的广告调查及信息的收集和分析，广告策划所需要的数据与资料主要是三种：（1）基础资料：包括有关企业与商品的状态、流通渠道、法律上的制约、产品、市场及消费者方面的信息；（2）广告预算的确定与分配：包括广告经费与广告预算的分配方面的资料；（3）媒介表现及其他：包括关于媒介、广告表现、广告促销活动及广告效果评估等资料。在广告策划中，广告调查是整个过程的前提和基础，只有对市场和消费者有着透彻的了解，对有关信息和数据有着充分的掌握，才有可能做出全面的实际的策划。

创意是广告的生命和灵魂，尤其是现在这个崇尚个性与多元化，信息飞速生产和传播的时代，没有创意的广告是很难吸引住大众的眼球的。而广告创意不可能是广告制作者闭门造车空想出来的，从创意的产生到创意的筛选再到创意的评价，每一个步骤都少不了广告调查的参与。产生、筛选创意的调查，主要是收集广告创作者所必需的定性资料，而评价创意的调查，主要是收集对广告主有用的定量资料。

2. 评价广告活动效果的参照

在企业营销活动中有四个很重要的因素（即4P），分别是 Product（商品政策）、Place（销售渠道政策）、Price（价格政策）和 Promotion（促销政策），广告与促销、人员销售、广告宣传一样属于 Promotion，担当着使商品及服务在市场中顺利、有效进行的任务。对于广告主来说最关心的也是广告活动的效果特别是销售效果。19世纪一位成功的企业家约翰·瓦纳梅克有一句名言："我明知自己花在广告方面的钱有一半是浪费了，但我从来无法知道浪费的是哪一半。"如果这位企业家生活在21世纪，也许他会说："我花在广告方面的钱到底有多少起了作用，让广告调查来告诉我广告的效果究竟如何吧。"通过对注目率、到达率、收视率、记忆率、精读率、知名度、理解度、确信度、购买人数、特定广告影响购买率、销售额等的调查来研究广告的短期和长期效果、传播和销售效果正是广告调查的一个重头戏，是广告调查中非常重要的一部分内容。

3. 进行广告投资决策的前提

广告投资决策一般包括两个方面，一是广告经费的确定。投入广告运动的广告费，如果从企业的会计处理方面来看，包括媒介费、制作费、样板城市或举行示范、表演等的直接经费，也有包括企业广告部门的人工费、通信费等管理费和设备的折旧费等间接经费[1]。广告费的确定通常需要了解方方面面的信息，如有关广告经费决定方法的信息；有关广告经费发展情况的数据；广告经费的使用方法；广告产品领域的总体广告经费的数据；竞争对手的广告经费数据；有关广告经费与销售额的关联性的数据；有关广告经费的使用方法与使用理由的资料等。

广告投资决策的第二个方面是要决定广告预算的分配，广告预算的分配要调查诸如有关各种媒介费用的使用方法；有关制作费的数据与资料及有关准备金的资料等。

可见进行广告投资决策所需要的信息都依赖于广告调查来取得。

4. 研究广告运作规律的基础

作为一门学科，广告调查关心的不应该仅仅是广告本身及其效果，而应该将广告作为一个社会中的传播现象来研究整体广告运动的规律，以期为广告学理论的完善和深化提供实证基础，这正是本章提出来的广义的广告调查所包含的内容。

第二节 广告调查的兴起与发展

一、广告调查的历史

西方国家早在19世纪就开始了广告调查。1879年，美国有一个脱粒机的

---

① ［日］反町胜夫主编：《广告精要 I：原理与方法》，复旦大学出版社2000年版，第384页。

制造商向驻纽约的 W. W. 艾耶广告公司索要一份全国报纸目录，艾耶广告公司立刻用电报向全国各地的报纸出版商询问有关脱粒机的市场供求状况，3 天后就拿到了一份市场调查报告。这是最早的广告调查。

考察广告调查的历史沿革，大约可分为三个阶段：

1. 第一阶段（1900 ~ 1960 年）

第一次世界大战后，资本主义社会逐渐由自由竞争向垄断过渡，较高的生产力水平与相对狭小的需求市场，迫使生产企业更加注重生产经营过程中的销售环节。销售学的诞生，极大地推动了广告调查的发展。1918 年，哈佛大学销售学教授丹尼尔·斯达奇（Daniel Statch）开始对广告文案的测验方法进行研究；1933 年，美国人乔治·盖洛普、埃尔默·罗博（Elmo Roper）以及阿奇博尔德·克罗斯列（Archibald Crossley）开始共同研究"随意选择技巧"。

第二次世界大战后，西方国家的经济发展进入了一个高涨的阶段，产品的丰富有利地推动了销售学发生"革命性的变革"，以消费者为导向的生产经营观念应运而生。生产企业极力迎合消费者的兴趣、偏好，以市场需求决定生产的规模和结构。一些大企业往往借助于市场调查人员、广告公司，了解目标市场的消费趋势。20 世纪 50 年代，一些广告公司开始研究人们的购买行为和购买习惯，维也纳人厄尼斯特·迪西特（Ernest Dichtr）博士对消费者的购买动机研究取得了显著的成绩。他的研究可以概括为两个方面：（1）找出促使消费者产生购买行为的内在原因；（2）探求消费者从事各种购买活动时所采取的方式、方法。

概括而言，第一阶段的广告调查活动主要集中在美国，其中大部分是对广告心理效果的测评，多以实验心理学的方式调查广告效果。[①]

在这一阶段影响较大的著作和活动有：

1900 年 H. S. 盖尔（H. S. Gale）的《广告心理学》；

1903 年 W. K. 斯科特（W. K. Scott）的《广告心理学》，主要研究杂志广告的读者，其再生率与广告篇幅大小以及提示次数的关系；

1913 年 H. L. 欧林沃（H. L. Hollingworth）的《广告与销售》；

1914 年丹尼尔·斯达奇（Daniel Starch）的《广告原理》等。

以上著作基本上都偏重于对广告文案调查。

之后，有 E. K. 斯特朗（E. K. Strong）和丹尼尔·斯达奇（Daniel Starch）等对印刷广告的记忆效果进行调查。尼尔逊（Nielsen）、波利兹（Poliz）和雪林（Schwerin）等公司进行的电波媒体的调查。

---

① 江波、曾振华：《广告效果测评》，中国广播电视出版社 2002 年版，第 15 页。

到 1930 年前后，广告调查已开始采用机器来辅助调查。

2. 第二阶段（1961～1969 年）

此阶段被称为广告传播效果时代，即以调查传播效果作为广告调查的主要模式。这一时期的主要著作有：

R. H. 库利（R. H. Colley）于 1961 年提出 DAGMAR（Defining Advertising Goals for Measured Advertising Results）理论，即广告效果测定的广告目标明确化理论，认为广告传达信息分为未知、认知、理解、确信和行动五个阶段，应该根据这五个阶段具体地设定广告目标，强调广告的目标主要是传递信息，即传播功能，增加销售额不是广告的目标。

1963 年卢卡斯（Lucas）、布里特（Britt）及格雷希尔（Mc GrawHill）等出版了《广告效果测评》（Measurement of Advertising）一书。

1968 年日本五家民营广播公司测评研究会编纂了《广播广告效果》。

20 世纪 60 年代计算机的出现，极大地提高了数据处理的速度，使得调查人员统计、汇总调查结果时，覆盖面更为广泛，工作更为简便。这一阶段广告调查的实践在各媒体公司、广告公司、测评公司也开展得如火如荼：

CBC 大量发表广告效果研究报告；

MBC、NHK 等开始从事视听率预测；

博报堂、电能、万年社等都设置了广告效果测评实验室；

1960 年尼尔逊在日本开展电视视听率测评业务；

1965 年 ASI（Audience Studies Inc）开始专门从事电视广告效果测评工作。

3. 第三阶段（1970～　）

此阶段为系统研究时代。

这一时期的广告调查不仅仅限于单项，如阅读率、视听率等，而是上升到对广告整个销售效果、即时效果与长远效果的综合调查。1969 年 R. H. 康贝（R. H. Compbell）编写的《广告对贩卖及收益的效果测评》（Measurement the Sale and Profit Results of Advertising）一书是这一时期的代表作。

该阶段的系统性不仅仅表现在广告研究的对象和范围上，广告调查所使用的方法也呈现出多元化、系统性的特点。20 世纪 80 年代可口可乐新配方的失败，使广告调查人员除了运用定量的方法以外，也开始重视起市场调查中的定性分析。这一时期，广告公司经常用"深度面谈"、"焦点小组"等方面开展市场调查，了解消费者对相关产品的态度、兴趣。美国著名的奇阿特·戴（Chiat Day）广告公司将通过定性研究制定广告计划和广告策略的整个过程称为"广告策划"。后来"广告策划"的思想迅速在西方广告界流行起来。

二、广告调查的发展

N. 浩鲁巴曾将今后广告效果调查最明显的趋势归纳为以下 6 点①：

1. 有关广告对社会影响的研究；
2. 对特定对象（如小孩子）的影响的研究；
3. 调查方法的可信度与妥当性比较性研究；
4. 媒体的情报来源效果研究；
5. 广告课题设定、商品定位及区隔关系研究；
6. 反复效果与效果减退的研究。

日经广告研究所在其编著的《AR 广告效果测定》中指出，目前大家所关心的主题为：

1. 关于广告目标
（1）广告定性课题的再检讨；
（2）长期性的目标与广告运动的目标；
（3）目标值的设定方法。

2. 关于表现计划
（1）广告课题的广告概念发展法；
（2）概念测试的再检讨；
（3）未完成作品测试的实战手法；
（4）长期性表现管理法。

3. 关于媒体计划
附带表现的效果预测。

4. 关于计划评价
（1）广告活动进行中的表现管理；
（2）将目标与成果的资讯反映在下期广告活动表现中的方法；
（3）接受者角度的评价方法；
（4）生理的测定法的重新考虑；
（5）连接流通（POS）效果测定法的开发。

不管各位学者对广告调查未来发展方向的概括的准确性和全面性如何见仁见智，不过从中可以看出广告调查将会向着越来越精细化、具体化的方向发展。时间进入到 21 世纪，人类已经进入网络在全球迅速蔓延的信息时代。在这样的背景下，企业的营销环境发生了很大的变化，也为广告调查提出了新的

---

① 江波等：《广告效果测评》，中国广播电视出版社 2002 年版，第 17 页。

要求，并且在技术和应用等方面都提供了新的机会。今天，全球花在营销调研、广告调查和民意调查上的费用每年超过 90 亿美元。市场的全球化，消费者的多元化，对广告调查提出了新的要求；计算机的普及，互联网的兴起，为广告调查提供了强有力的技术支持。在这样的背景下，广告调查在理论、方法和技术上将越来越系统化、实用化，未来广告调查在方法理论体系上也会更加完善全面，在实践应用上将会有越来越大的空间。

第三节 广告调查的分类

参照已有的关于广告和广告调查的教科书和著作，关于广告调查的分类主要是两种：

一种是按传播的要素和过程将广告调查分成：

★ 有关广告传播者的调查；

★ 有关广告信息的调查；

★ 有关广告物的调查；

★ 有关广告媒体的调查；

★ 有关广告受播者的调查。

另一种是围绕广告从制作、发布到产生效果的过程，将广告调查分成：

★ 广告信息调查：包括主题调查和文案调查；

★ 广告媒体调查；

★ 广告效果测试。

本章从广义的角度考察广告调查的分类，将广告调查分为宏观研究调查和具体操作调查：

一、宏观研究调查

宏观研究调查主要是将广告作为一种传播现象，对其所处的宏观环境所作的调查，具体来说分为广告主调查、行业市场调查、广告公司调查和广告文化调查四种。

1. 广告主调查

广告主又称广告客户，是指为推销商品或服务自行或委托他人设计、制作、发布广告的法人及其他经济组织或个人。作为广告市场重要组成部分的广告主是广告行为的发起者、广告信息的发出者，也是广告活动的出资者。对广告主所作的广告调查就是要了解关于广告主方方面面的信息，主要包括广告主战略调查、广告主组织调查、广告主品牌调查、广告主产品调查和广告主文化调查。

2. 行业市场调查

行业市场调查是对广告产品所处行业的市场全貌的调查，包括：（1）有关市场规模的调查，指该广告产品在同类产品领域中的全额覆盖面及在数量上的市场规模；（2）有关市场结构的调查，指从消费者特点、地域差别、都市规模差别及季节差别等方面分析市场结构；（3）有关市场竞争状况的调查，指各品牌产品的供应数量、产品系列的发展状况及其他竞争公司的动向等；（4）有关潜在市场的调查，指潜在市场的规模及其发掘的可能性；（5）有关市场前景的调查，指市场前景的可能性预测及专家的分析；（6）有关同类产品领域的调查，指同类产品领域的生产能力、生产状况及其他领域的介入状况。

3. 广告公司调查

广告公司是广告业的核心组织，是广告市场活动的运作主体，是广告主、广告媒介、广告受众三者的连接体。广告公司可分为广告代理公司、广告制作公司、广告主或媒介自办广告公司。研究广告，对广告公司的调查也是其中必不可少的，主要调查其业务运作、客户服务制度、代理收费项目、代理收费标准与方式及财务管理等内容。

4. 广告文化调查

广告虽属经济范畴，主要作用于社会经济，但它却直接或间接地、明显或隐蔽地参与着社会文化的建设与塑造。关于广告文化的意义，有两种观点，一种观点认为广告带来了文化低俗化的现象，广告制造了流行，促成了消费的统一化，从而导致了文化低俗化与注重物质的世态，或是制造了大量的噪音；另一种观点认为广告有助于提高地区及全社会的文化水平。不管广告对文化产生的是积极或消极作用，我们至少得承认广告与文化有着极为密切的关系，广告的制作以文化为基础，同时广告本身制造出流行和文化，广告还促进新的文化的引进与变革，甚至广告本身就是一种艺术或文化，因此要科学地研究广告，对广告文化的调查是需要的，对广告在当地所产生的文化进行研究和了解也是广义的广告调查所包含的内容。

二、具体操作调查

具体操作调查包括广告主题和文案调查、候选媒体调查和广告效果调查三类。

1. 广告主题和文案调查

指对广告作品传播的各方面信息进行全面的检测和评定，要在广告作品发布之前检验广告作品定位是否准确、广告创意是否引人入胜、广告作品是否具有冲击力和感染力，广告能不能满足目标消费者的需要，激发起消费者的购买欲望。包括主题调查和文案调查。

（1）主题（concept 或 theme）调查是广告调查的第一个环节也是最重要的一个环节。主要是检测表现主题能否引起消费者兴趣、是否赢得消费者的关注，以及是否与商品和商品效用相适应等。它直接关系到广告作品有没有把广告主想要传播的信息告知消费者，有没有真正地满足消费者的需求。主题调查主要包括根据从消费者处得到的资料决定适当的广告主题；针对目标消费者，了解他们对广告主题的看法，看看他们是否认可、接受广告主题；看看广告有没有充足的论据来凸显这一主题，有没有充分的感情来渲染这一主题，并测定广告主题的产生的效果有多大。

主题调查较简单的做法是委托几位专家依据表现主题应具备的主要条件检测清单，并评估各种表现主题，另外，还可以从一般的消费者处征求意见。比如在广告中，给数张插图配上文字，以故事形式进行说明；或配以音乐和广告词制作成录像后进行实验室测试等。这些方法不仅有利于评估和选择表现案，对于发掘新的表现主题也很有帮助。

（2）文案调查（copy test）是对广告文案及广播、电视广告、网络广告所作的调查，当广告文案接近完成阶段时，选择最优的方案，进行出稿前的最后检查，以便收集广告文案长期品质管理的资料。从历史看，首先是报纸、杂志广告文案调查比较发达，其后随着电波媒体的发展，文案调查逐步应用于 CM 测评中。近年来，随着网络广告的兴起，文案调查也相应地应用于网络广告中。

文案调查常用实验室测试方法，至少应招集典型广告诉求对象 30 人，并尽量创造一切平日接触广告时的条件，运用问卷形式，书面记录诉求对象的心理活动和由心理变化产生的对广告的意见、对商品的意见等。在进行这些测试时，常采用生理反应测定及观察测定等。最具代表性的实验室测定法有：调查广告面世前后的品牌选择意图，测定选择率的增加幅度的显示法；调查广告视听过程中每一个场面接受诉求者反应的过程分析法，以及研究广告视听者眼球运动情况的眼部相机测定法等。

2. 候选媒体调查

在广告活动中，绝大部分费用是用来购买媒介、时间和空间的。如果媒介选择不当或组合不当都会造成广告费用的极大浪费。

广告媒体调查包括广告媒体质与量的调查，对报纸、杂志、广播、电视等大众媒体及户外广告、车体广告、海报等个别媒体及网络等的调查，调查消费者对这些媒体如何接触和接触的程度及这些媒体的特性。具体而言即研究各广告媒体"质"的特征；媒体投资效益；媒体选择与分配；媒体组合是否恰当；媒体近期视听率、阅读率、点击率有否变化；媒体执行方案的确定与评估等。

3. 广告效果调查

对某一产品的广告活动的全部效果的测定及企业广告活动效果的测定。它全面评估广告活动效果，并为新的广告活动提供资料，指导以后的广告活动。

包括销售效果调查和心理效果调查，因为广告活动目标不外乎两方面：一是提高商品的销售额，增加利润，使企业获得经济效益；二是使商品或企业在消费者心目中树立良好的形象，为企业长远的发展奠定良好的基础。

（1）销售效果调查

销售效果是企业主和广告商最关心的效果指标。它是人们评价广告活动成败最先想到也是最直观的评价指标。基本上是根据广告宣传的商品在市场上的占有率、销售量、消费者使用情况等统计资料，结合同期广告量进行分析比较，把握广告的总体效果。

（2）心理效果调查

由于广告效果的复杂性，我们必须从广告的传播角度入手测定广告的传播效果，也就是广告的心理效果，这样才能更客观地把握、衡量广告效果的大小。心理效果调查，包括消费者对广告信息的注意、兴趣、情绪、记忆、理解、信任、欲望、行动等心理活动的不同侧面，概括起来说，就是要了解消费者的态度行为反应。具体而言主要有三种类型：

a. 广播、电视广告的认知效果：依据视听率来大致判断某广告的视听率，可采用视听率调查法，详细做法有：以访问见面方式调查视听节目记忆度的见面法；以日记形式记录视听情况的日记式记录法；用设置于电视机中的视听率测定器自动测定视听率的机械法。

b. 报纸、杂志的认知效果：在报纸、杂志中，读者对商品的兴趣、关心程度以及广告物的表现会影响媒介的特性表现，并使其发生很大变化。报纸、杂志的发行数据很容易掌握，所以要了解认知效果，要调查每个广告的认知、阅读率。

c. 受广告单位影响的认知效果：认知效果受广告时间的长短及空间大小等广告单位的影响。这方面的调查方法比如，统一广告单位以外的一切条件，仅变更广告单位，从而检测受广告单位影响的认知效果，以报纸为例，用分割揭载方式将读者分为两个群体，对同一广告物分别选择 10 与 15 段两种不同的广告单位，然后根据依附于广告部分的反馈卷的回收率来调查两者之间认知效果的差别。

第四节　广告调查的指导原则

作为一个科学系统的研究活动，广告调查应遵循以下基本原则：

一、科学性原则

科学性原则是指所有广告调查信息都应该是通过科学的方法获得的。它要求从调查对象的选取、调查方式的选择、资料分析方法的采用直至调查报告的撰写，都应该严格遵循科学的规律。具体而言，在广告调查的过程中应做到：

1. 树立正确的思想观念

在广告调查中要树立现代信息观念，明确调查所得来的信息对广告运动的重要意义，认识科学的广告调查的重要性，明确广告调查的原则和要求，坚持在广告调查的全过程中严格按客观规律办事。

2. 制定严格的规章制度

在广告调查的过程中，不但要明确广告调查人员的职责，还要有严格的检查、考核、奖惩方面的规章制度；不但要有处理分析业务工作的规则、程序，还要有明确的质量、时间、保密等方面的要求和规定。规章制度除了要求完备以外，一旦制定，就必须严格执行。

3. 建立科学的工作标准

广告调查是一项技术性、科学性很强的工作，如果没有科学合理的标准，最终形成的信息将失去应有的价值，甚至给使用者造成危害。为此，必须根据广告调查工作的不同类型、不同特点、不同要求，确定相应的工作标准，以及与此相适应的科学、认真、高效的工作态度。只有如此，才能保证广告调查工作的高效率和高质量。

4. 采用合理的调查方法

必须采用科学合理的方法、程序、技术来进行广告调查，特别要注意运用各种现代化的手段，要根据不同的实际情况选择最合适的调查方法。应该从最有利于得到科学准确的调查结果出发，而不能够图方便、便宜而随意地选择；应该尽可能将社会学、心理学、传播学、统计学各学科的知识运用于广告调查过程；应该多利用计算机等先进的技术手段和仪器增加广告调查结果的效度。

二、客观性原则

客观性原则是指在广告调查过程中，一切从客观存在的实际情况出发，详尽地占有资料，在正确的理论指导下，进行科学的分析研究，从现实事物本身得出其发展的客观规律性，并用于指导行动。只有这样，才能真实准确地反映客观情况，避免主观偏见或人为地修改数据结果。在广告调查的活动中，研究人员难免会事先对调查结果形成一定的假设或预测，这种先入为主的看法有时会影响到调查的结果，应该注意避免，也就是说广告调查的活动及结论应独立于调查人员的主观因素和个人愿望之外，广告调查人员在调查过程中应时刻注意保持价值中立。此外，有时调查出来的结果与客户的预测不一致，甚至可能对客户不利，在这种情况下，只要整个调查过程是科学的，结果是可靠的，就一定要坚持自己的调查结果，千万不能为了迎合客户而擅自修改数据结果，理智的客户最终会给予理解并最终接受调查结果的。

三、系统性原则

根据现代系统理论，凡是有两个以上相互联系、相互作用的要素构成的统一整体，都可称为系统，任何客观事物均可看做是系统，世界是以系统的方式存在的。作为一个系统，不但内部各子系统之间和要素之间存在着相互作用、相互制约的关系，系统与外部各种环境因素之间也存在相互作用和相互制约的关系。

广告调查也是一个系统，是一个由广告调查的主体、客体、程序、方法、物质设备、资金和各种信息资料等构成的复杂系统。在广告调查的过程中，会涉及很多方面，特别是在广告调查的设计和策划，以及对调查资料进行分析处理时，必须综合考虑各种因素，遵循系统性原则。也就是说，在广告调查的过程中要贯彻现代系统科学的原理、思想、方法，具体地说，就是要以系统思想为指导，考虑问题注意从整体出发，注意处理好整体与局部之间的关系；注意全面地考虑问题，注意工作的各个环节、问题的各个方面；注意事物的相互联系，协调好系统与子系统之间、系统与外部环境之间、各子系统之间的关系。广告不是一种孤立的社会现象，因此广告调查不能孤立地看待问题，而要把考察对象视为系统，由调查所获得的资料视为有机整体，在整体与要素之间、整体与外部环境之间寻求相互联系，进行资料分析，以求从总体上把握广告的特征与规律。

四、时效性原则

广告调查必须要有时效性，这是由广告调查的性质决定的。广告调查的目的是及时搜集资料，及时整理和分析资料，及时反映广告方面的情况。时效性高的广告调查，能够为宏观和微观的广告决策提供有价值的依据，不及时的资料则往往失去了价值。市场现象、广告现象是不断变化的，特别是在现在这个信息瞬息万变的时代，谁能最快、最准确地了解市场信息、了解消费者动态、了解广告的说服力、了解广告的心理和销售效果，谁就能最先在市场的大蛋糕里分得一块甚至是最大的一块。谁要是不能最快、最准确地了解信息，就可能很快地失去在市场中的一席之地，这种先例在广告调查及企业决策中也是屡见不鲜的了。

五、伦理性准则

广告调查的伦理原则主要体现在两个方面：第一，是要为客户信守商业机密。许多广告调查是由客户委托广告公司或市场调查公司进行的。因此，调查公司以及从事调查的人员必须对调查所获得的信息和数据保密，不能将其泄露给第三者。在激烈的市场竞争中，信息是非常重要的，不管是有意或无意，也不管信息泄露给谁，只要将信息泄露出去，都可能损害客户的利益，同时也反过来会损害调查公司的信誉。第二，在广告调查的资料收集及结论发布过程中要注意保护调查对象的隐私权，尊重调查对象的人格及权益，不能欺骗调查对象或对之造成身体、精神或物质上的损害。不管调查对象提供的是什么信息，也不管调查对象提供的信息的重要程度如何，都不能随意地泄露。如果调查对象发现自己所提供的信息未经自己的许可就公诸于世，一方面会给他们带来伤害，同时也使调查对象对广告调查失去信任，会不愿意再接受调查，另一方面又会给广告调查的执行带来现实和潜在的阻碍。

第五节 广告调查的操作流程

科学系统的研究方法应该有一套比较固定的程序，广告调查的操作流程基本可分为五个步骤：（1）明确广告调查的目的；（2）调查设计和准备；（3）收集资料数据；（4）资料的处理与分析；（5）结果的解释与提交调查报告。其流程如图1-1所示：

一、明确广告调查目的

广告调查的目的是整个调查活动的目标和方向，是广告调查的第一步，是之后搜集材料、组织材料及解释材料的依据。广告调查目的的明确是广告调查中最重要的任务。确定调查目的或主题必须先搞清以下几个问题：

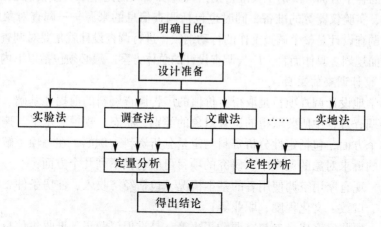

图 1-1　广告调查的操作流程

★　为什么要调查？

★　调查中想了解什么？

★　调查结果有什么样的用处？

★　谁想知道调查的结果？

广告调查的目的必须是具体的、明确的，绝不可笼统，因为调查目标直接决定着广告调查中其他步骤的执行，如果调查目标不明确、不具体，就不可能进行下面的步骤。

广告调查的目的可以有很多种，不同的调查目的，其调查内容、方法、对象和范围就不同，调查人员的选择、调查队伍的组建等也不相同。选择调查问题应该将需要和可能有机地结合起来。既要从管理的需要性出发，也要考虑到实际取得资料的可能性。同时，选择的调查问题应具有重要性、创造性、可行性与最佳性等特点。

在明确调查目的的基础上，调查人员利用自己的知识和经验，根据已经掌握的资料，进行初步分析。分析的涉及面应尽量宽一些，包括对所要调查问题的大致范围、调查的可能性和难易程度等。

二、调查设计和准备

明确调查目的的意义在于设立调查所要到达的目标，调查设计阶段则可以理解成为了实现调查目标而进行的道路选择和工具准备。所谓道路选择即指为达到调查的目标而进行的调查设计工作，包括从思路、策略到方式、方法和具体技术的各个方面。所谓工具准备则指调查所依赖的测量工具或信息收集工具，如问卷、实验仪器等的准备，同时也包括调查信息的来源——调查对象的选取工作。调查设计是整个调查工作的行动纲领，进行调查设计就是要对调查的内容进行全面规划。具体而言，广告调查设计的总体方案一般必须包括以下内容：

1. 设计调查的项目

科学地设计调查项目是取得有价值的广告调查资料的前提和基础。调查项目是指调查过程中所要取得的调查对象的类别、状态、规模、水平、速度等资料的各个方面，包括定性分析资料与定量分析资料。例如，在一项了解家用空调广告的诉求对象的调查中，研究的项目可能包括下列几个方面：

★ 现有家用空调使用者的基本情况，包括经济收入、住房条件、家庭人口数、文化程度、职业等；

★ 哪些家庭成员参与空调购买决策，是谁倡议购买、谁收集信息、品牌选择意见由谁提供、谁做出最后的决定、谁执行购买行动；

★ 有潜在购买意向的购买者是什么样的人或家庭。这些人或家庭的经济收入、住房条件、家庭人口数、文化程度、职业等。

在调查设计阶段，确定调查项目是相当重要的一个环节。因为，第一，调查项目的确定，界定了问卷设计或访问提纲的范围，为问卷设计或访问提纲的编写提供了依据；第二，调查目的能否达到，在设计阶段只有通过研究者所界定的调查内容来判断，因此，所确定的调查项目是否全面、适当，会在相当程度上影响着调查方案能否被客户所认可、接受。

2. 设计调查的工具

在设计调查项目之后，必须进一步具体设计反映这些项目的调查工具。调查工具是指调查指标的物质载体，如调查提纲、调查表、调查卡片、调查问卷、调查所用的设备和仪器等。所有的调查项目最后都必须通过调查工具表现出来。设计调查工具时，必须考虑到调查目的、调查项目的多少、调查者和调查对象的方便、对资料进行分析时的需要等。只有科学地设计调查工具，才能使调查过程顺利，调查结果满意。

3. 确定调查的空间

调查研究空间是指调查在什么地区进行，在多大的范围内进行。调查空间的选择要有利于达到调查目的，有利于搜集资料工作的进行，有利于节省人力、财力和物力。

4. 确定调查的时间

调查时间是指调查在什么时间进行，需用多少时间完成，每一个时间阶段要完成什么任务。调查时间的确定，一方面要考虑到客户的时间要求，另一方面也要考虑到调查的难度和规定时间内完成调查的可能性。一般用调查活动进度表来表现调查活动的时间安排，进度表不仅可以帮助客户了解整个广告调查的时间安排，对于广告调查公司来说，也有利于其强化调查过程的管理，提高工作效率，节省调查成本。通常的调查活动进度表如表1-1所示：

表1-1　　　　　　　　　　　调查活动进度表

时间或日期	作业项目	作业负责人	备注
	问卷设计		
	抽样实施		
	访问员培训		
	预调查		
	问卷修改印刷		
	资料收集		
	数据录入及统计		
	报告撰写		
	调查结果汇报会		
	报告修改		

5. 确定调查的对象

调查对象有两层含义，广义的调查对象又称调查总体，是指通过调查要了解、研究的人群总体，狭义的对象是指在调查中具体接触的对象。在绝大多数的广告调查中，调查对象不可能是全部的总体，而是从总体中抽取出来的一部分个体组成的样本，确定调查对象，具体来说，就是设计和安排调查对象的抽样方法和数量。在抽样方法上，是选择概率抽样还是非概率抽样，在数量的决定上，样本大小取决于总体规模及总体的异质性程度，还有研究者的时间和经费是否充足等等。

6. 确定调查的方法

确定调查的方法，包括确定资料的搜集方法也包括资料的分析方法。资料收集方法，有电话访问、入户访问、深度访问、焦点小组、固定样本连续调查、邮寄问卷调查、实验室研究、内容分析等；资料的分析方法包括定量的分析和定性的分析。调查方法的选择取决于调查的目的、内容以及一定时间、地点、条件下广告市场的客观实际状况。由于同一项调查课题可以采用多种调查方法，因此，调查人员必须认真地比较，选择最适合、最有效的方法，做到既节省调查费用又能满足调查目的。

7. 落实调查人员、经费和工作量安排

调查方案要计算调查人员、经费的数量，并落实其出处，这是调查得以顺利进行的基础和条件，也是设计调查方案时不容忽视的内容。其中，调查的经费项目一般包括：印刷费、方案设计费、问卷设计费、抽样设计费、差旅费、邮寄费、访问员劳务费、受调查者礼品礼金、统计处理费、报告撰写制作费、电话费、服务费、杂费和税收等。此外，还应对调查人员的工作量进行合理安排，使调查工作有条不紊地进行。在核算这些内容时，必须从节省的角度出发，但也应注意留有一定的余地。

8. 组建调查队伍

实施调查方案，必须有一支训练有素、具有职业精神、专业知识、沟通能力和操作技能的调查队伍，为此必须做好调查人员的选择、培训和组织工作。需要注意的是，调查一般是由若干人员组成的调查队伍来完成，所以在考虑调查人员个人素质的同时，还特别要注意调查队伍的整体结构。要从职能结构、知识结构、能力结构以及年龄、性别结构等方面，对调查队伍进行合理安排，使之成为一支精干的、能顺利、高效地完成调查各阶段任务的队伍。

除了上述八个项目的预选规划外，如果进行的是定量的广告调查，还需要建立研究假设（hypothesis）。假设可以为研究的下一步工作铺路，指示出研究的重点与方向，作为搜集资料的基准，及对于分析资料的结果提供衡量与评估的标准。广告调查的假设可分为两类，一是描述性假设，例如阅读率调查、视听率调查；另一种假设为相关性或解析性的假设，例如假设彩色电视广告比黑白广告对消费者的购买行为更有影响力；或《经济日报》同一版的广告上，右上角位置的广告比左上角位置的广告受到更多读者的注意等等。

三、收集资料数据

这个阶段是调查的主体部分，这个阶段的主要任务，就是具体贯彻调查设计中所确定的思路和策略，按照调查设计中所确定的方式、方法和技术进行资料数据的收集工作。在这个阶段，调查者往往要深入实地，与调查对象面对面的接触；资料收集工作中所投入的人力也最多，遇到的实际问题也最多，因此，需要很好的组织和管理。另外需要注意地是，由于广告及市场的复杂性，或者由于现实条件的变化，研究者事先所考虑的调查设计往往会在某些方面与现实之间存在一定的距离或偏差，这就需要研究者根据实际情况进行修正和弥补，发挥研究者的灵活性和主动性。在广告调查中所采取的资料收集方式有调查法、实验法、文献法、焦点小组法、深入访谈法等，具体内容在后续的章节中会详细介绍。

四、资料的处理与分析

搜集完资料以后，还需将所获得的资料加以整理、分析和阐释，看它是否和原来的假设相符合。如果相符合则原来的假设成立，而成为最后的结论。如果所获结论与原来的假设不符合，则假设不能成立，研究者在撰写报告时也必须照实报道，不得虚构。资料的处理与分析包括资料的整理、资料的分析和资料的阐释。

资料的整理属于技术性的工作，包括分类、编号、计数列表等；

资料的分析是要指出资料所显示的意义，特别需要应用统计学的方法，广告调查中应用最广的是百分率的计算、频数分析、相关系数等。

资料的阐释是要说明这个研究的结果与已有的知识之间的关系，是增加了新的知识，还是否定了以往的想法，必须根据理论来说明事实。

关于定量资料的处理与分析的具体内容详见第八章"调查数据的统计分析"。

五、结果的解释与提交调查报告

根据不同阶段的调查，汇总分析，对整个广告活动过程的效果进行总体评价，写出报告。调查报告是一种以文字和图表将整个工作所得到的结果系统地、集中地、规范地反映出来的形式。它是广告调查结果的集中体现，而撰写调查报告也可以说是对整个广告调查工作进行全面总结，报告内容通常包括调查题目、目的、过程与方法、结果统计分析、调查结论与可行性建议及附录。本书最后一章将介绍这方面的内容。

【思考·案例·练习】

1. 请说明广告调查与市场调查的关系？
2. 广告调查主要有哪些类型？
3. 广告调查的步骤主要有哪几步？
4. 阅读下列调查设计方案示例，并请进行体会交流。

关于在湖北省进行固定电话 IP 电话市场调查的设计方案

目　录

一、调查目的和要解决的问题

在经过全局性的战略重组后，中国电信市场形成了以中国移动、中国电信、中国联通、中国铁通和中国网通五大电信运营公司为主体的新格局。虽然各公司各自的业务范围不尽相同，但 IP 电话是它们相同的业务之一，所以 IP 电话市场上的相互竞争是比较激烈的。到目前为止，湖北移动已经陆续在固定电话上推出了 17951 一次拨号和 17950 二次拨号的 IP 电话业务。而其他的电信运营公司也推出了各自的 IP 电话业务，如中国电信的 17908，网通的 17931，吉通的 17920，等等。为了能够继续在激烈的竞争中站稳脚跟，进一步发掘 IP 电话业务在湖北省的发展潜力，提高湖北移动 IP 电话的市场占有率，就要采取一些切实、有效的营销策略；而科学、有效的营销方案的制定，必须以全面、系统、准确地把握市场信息为前提。只有在对湖北省的 IP 电话市场的状况进行了科学的调查和研究，对市场行情有了较全面、准确认识的基础上，才有可能避免决策的盲目性，才能形成科学有效的市场营销方案。

在本次调查中涉及的 IP 电话业务指的是固定电话上的 IP 电话业务；调查的地区是湖北省，集中在武汉市及湖北移动下属的地市分点（荆州分公司、宜昌分公司、襄樊分公司、黄冈分公司、十堰分公司、孝感分公司、江汉分公司、荆门分公司、黄石分公司、咸宁分公司、恩施分公司、随州分公司、鄂州分公司）共 14 个区域内；调查数据的时间跨度为 2002 年 5 月到 2003 年 5 月的一年时间。具体地说来，本次调查将围绕以下问题进行：

1. 湖北省 IP 电话市场上各电信运营公司的 IP 电话业务占有的市场份额分别是多少？

2. 湖北省使用 IP 电话的消费者的特征和分布情况如何？消费者的消费心理和消费动机是什么？在使用 IP 电话业务的消费者中，经常使用湖北移动 IP 电话业务的消费者的特征和分布情况又如何？

3. 不同电信公司推出的 IP 电话业务在湖北省消费者心中的品牌认知情况

如何？湖北移动已经推出的 IP 电话业务在湖北省消费者心目中的影响和地位究竟如何？对湖北移动 IP 电话业务构成主要威胁的 IP 电话是哪一个或几个电信公司推出的业务？它们各自的营销策略是什么？

4. 湖北省消费者的媒体接触情况如何？现已推出的 IP 电话业务基本上利用哪几种媒体进行宣传？消费者一般是从什么渠道得知 IP 电话业务的？他们比较相信哪些渠道？

5. 消费者购买 IP 电话服务的销售渠道有哪些？

6. 湖北省的消费者对 IP 电话收费和服务的期望如何？使用过湖北移动 IP 电话业务的消费者对其收费和服务的评价怎样？在收费方面，湖北移动 IP 电话业务的主要竞争对象有哪几家？在服务方面，湖北移动 IP 电话业务的主要竞争对象有哪几家？

7. 有关消费者市场（群体）详细分析的其他一些问题。

根据市场调研的结论，我们可以从以下几个方面为营销方案的制定提供富有建设性的建议：

1. 分析 IP 电话的市场定位，并运用 SWOT 分析法具体分析湖北移动 IP 的市场定位；

2. IP 电话的销售潜力估计；

3. IP 电话的促销策略；

4. IP 电话的定价策略；

5. IP 电话的销售渠道。

二、调查的主要阶段和时间进度

第一阶段：选题论证和准备阶段（1~2 周）

在本建议的基础上，湖北××通信有限责任公司与武汉××广告策划有限公司、××大学新闻与信息传播学院传播学系广告学教研室通过研究协商，进一步明确调查的目的和要解决的问题，提出研究实施的计划，签订合作研究协议书，并报双方上级主管部门审批、备案和监督执行。

第二阶段：研究设计阶段（1~2 周）

包括问卷设计、抽样方案设计、资料分析方案设计等；同时拟订调查实施的具体方案。

第三阶段：实施抽样，取得调查对象清单；收集各类相关的文献资料。（3 周）

第四阶段：实施调查（5 周）

在武汉市及湖北移动下属的地市分点共 14 个区进行调查，分为家庭消费者调查和企事业单位调查两大部分。

第五阶段：分析调查资料和文献资料（2～3周）。

对资料的分析采取定性分析与定量分析相结合的方式，定量分析中将运用最新版本的大型统计软件包 SPSS13.0 对数据进行频数分布、交互分类、因子分析等统计分析；并运用时间序列预测法预测未来 IP 电话市场规模的变动趋势等。

第六阶段：撰写研究报告（1周）

包括调查成果总结、研究的主要结论以及基于这些结论的市场营销方案等。

三、调查方案和调查方法

本次市场调查拟采用两种调查方式：实地调查和文案调查。

（一）实地调查

实地调查将在武汉市及湖北移动下属的地市分点共 14 个区进行，主要针对两类消费者进行：家庭消费者调查，企事业单位调查。

1. 家庭消费者调查

（1）以问卷法搜集资料；

（2）采用分层抽样法和随机抽样法选取样本；

（3）由经过训练的××大学新闻与信息传播学院的研究生和本科生以入户方式进行调查；

（4）由××大学新闻与信息传播学院传播学系和武汉市××广告策划有限公司的技术监督和管理人员负责调查的监督和质量控制；

（5）样本容量 800～1 000 户。

2. 企事业单位调查

运用判断抽样法在湖北省选取 30～50 家企事业单位作个案性访问调查，主要了解企事业单位在使用 IP 电话时的特点，以及湖北移动 IP 电话业务在此类消费者中的地位。

（二）文案调查

通过对纸质媒体、电波媒体及网络媒体上的文献资料、广告文案的分析（如内容分析），以及电信企业内部资料的分析，辅助了解各大电信运营公司的营销策略；通过对各种统计资料及电信企业内部资料的分析，辅助了解诸如 IP 电话市场占有率等情况。

四、经费预算

（家庭消费者调查样本大小按 1 000 户，企事业单位调查的样本大小按 50

家预算）

见经费预算表。

经费预算表

项目	经费（元）
研究设计费	35 000
抽样调查费	5 000
资料费（包括上网费用）	10 000
调查员、访问员劳务费	10 000
调查问卷印制费	8 000
资料统计和分析费	32 000
差旅费	27 000
电话费	5 000
交际费	2 000
成果报告和营销方案设计	15 000
杂费	1 000
合计	150 000

五、人员及工作量安排（略）

第二章 | **广告调查的组织**

【本章提要】 本章包括三个方面的内容：一是广告调查的组织机构，二是专项广告调查的人员构成，三是关于调查人员的基本要求和培训。在现代生活中，社会分工越来越细，进行任何一种独立的经济活动都必须采取一定的组织形式。广告调查作为市场调查的一部分，也必须由一定形式的组织机构来完成。本章主要介绍了企业内部的调查组织、专业调查公司、广告公司客户部和广告研究机构等广告调查的组织机构。广告调查是综合性的研究活动，需要各个方面人员的分工协作，如项目总监、调查专家、访员、督导员和数据录入人员等。最后，广告调查既要客观又要科学，对调查人员的要求比较高，因此，需要对他们进行一系列的培训。

第一节　广告调查的组织类别

在现代生活中，任何一种独立的经济活动都是一种群体活动，必须采取一定的组织形式，并以一定的组织作保证，才能顺利进行。广告调查是市场调查的一部分，它与市场调查一样，是一种有条不紊、规范化的活动，包括一系列的操作步骤，依靠个别人的工作是难以胜任的，所以，作为一种组织行为的广告调查，必须由一定形式的组织机构来完成。

一、企业内部的调查组织

在西方一些发达国家，一般较大型的企业或公司都有自己的市场调研部门，它是专门为企业服务的专门调查组织。如美国宝洁公司（P&G）、福特汽车公司、柯达公司等。这些正规的市场调研部门，一般由一个市场调查经理主持，配备专职调查人员，负责市场调查研究、管理和咨询工作。较小的公司也设有调研部门，有少数专业调查人员从事市场调研活动。这一类型的市场调查机构主要是为本企业搜集各种商业信息，为公司的生产、经营决策提供各个方面的参考资料。它们也可能组织一些大规模的市场调查活动，直接为本企业的生产、经营和营销决策服务。它们的另一职责是与专业化的市场调查公司联络，建议企业进行某些适当的市场调研；当企业需要进行第一手资料的调查时，为企业选择合适的专业化调查公司，同时参与、监督、审查受委托的市场调查公司的工作。目前，我国的部分企业也设有自己的市场调查部门。如上海家化、上海日用化工二厂等企业。

二、专业调查公司

专业调查公司是指专门从事市场调查咨询工作，为顾客提供咨询服务的公司。其职责是接受客户的委托，执行从调查策划、调查实施直至调查报告制作等一系列市场调查任务，或搜集、整理各种资料、信息，为客户提供长期的咨询服务。

黄升民、黄京华和王冰著的《广告调查——广告战略的实证基础》一书中提到了市场调查和广告调查的区别，认为两者在调查对象方面，广告调查的对象有一些限定；而在调查的方法和原则上两者则是共通的。[①] 再者，如上章所述，广告调查的内容分为广告的宏观研究调查和广告的具体操作调查两类。其中，广告的宏观研究调查包括广告主调查、广告媒体调查、广告公司调查和广告文化调查，广告的具体操作调查包括行业市场调查、品牌形象调查、候选媒体调查和广告效果调查。由此，我们可以得出这样的结论，市场调查的组织类型实际上已经囊括了所有的广告调查业务。所以，我们在此说的"专业调查公司"实际上就是指那些从事部分或相关广告调查业务的专业市场调查公司。

在调查业发达的国家，专业化的调查公司还可以进一步分为以下类型：

1. 联合管理服务公司

这些公司定期收集消费者信息和贸易信息，并根据一定的资费标准将这些信息出售给委托人。它们所收集的资料并不是针对某一特定客户的，任何有相关需要的客户都可以购买他们的资料。这类公司数量少，但规模大，资金雄厚，技术力量强。如益普索市场研究咨询有限公司是目前市场研究顾问行业中惟一一家独立的由专业研究顾问人员管理的全球性的上市公司，其集团旗下

---

① 黄升民等：《广告调查：广告战略的实证基础》，中国物价出版社2002年版，第29页。

Ipsos-ASI是世界上最大的提供广告投放前测试的专业公司，品牌与广告研究是其四个专业品牌之一；它还专注于媒体研究和市场研究。还有AC尼尔森市场研究公司、盖洛普咨询有限公司等。又如国内的央视调查咨询中心下属的央视—索福瑞媒介研究有限公司也是这类公司。

2. 接受客户委托的市场调查公司

这些公司为个别客户的特殊问题制订市场研究计划。公司参与设计调查研究，制订调查方案，并负责实施调查，分析和撰写调查报告等工作，所有的调查结果都将成为委托公司的财产。当企业有新产品、新服务、包装、广告概念、新价格策略、产品改造或其他相关的市场问题时，公司也可以提供服务。公司也可能向联合管理服务公司购买数据。这类公司多数规模较小、职员少，但数量很多，一般为本地区客户服务。目前我国多数市场调查公司如广州的华南市场研究有限公司，上海的海信市场研究公司，北京的零点调查公司等，均属于这种类型。

3. 现场服务公司

一家真正的现场服务公司除了收集数据外不做任何其他业务，既不进行调研设计也不进行分析。这类公司实际上是数据收集专家。当其他公司需要收集第一手资料时，该公司可以提供服务。

4. 专门服务公司

市场调查行业的专项服务或辅助性企业，公司为市场公司及其他公司提供各种类型的辅助性服务。如数据加工公司（完成问卷的编辑、编码、计算机录入和统计分析）、调查抽样公司（公司收集大量的家庭和商业机构的抽样框资料，可以随时提供抽样服务）、二手资料公司（通过计算机网络提供诸如美国各地区人口普查资料等资料服务）、统计分析公司（提供各种统计分析技术服务）。

在我国，自1987年中国社会调查所成立以来，我国的市场调查行业已经走过了近18个年头，民意与市场调查行业的企业与机构的数量和调查业的营业额总数都获得了较大的增长。2004年10月，来源于《成功营销》的《中国市场调查公司25强》在网上被炒得沸沸扬扬。我们暂且不深究其排名的客观性和准确性，但从中还是可以看出我国专业调查公司分为三大阵营①：

第一阵营，居于业界领导地位的外资独资或合资企业，包括益普索、AC尼尔森、盖洛普、华南国际和央视市场研究等。

---

① 阵营划分的主要依据是公司的资产和营业收入规模，根据公开资料和公司自报数据；第一阵营平均营业收入过亿元，第三阵营的平均营业收入则在1000万元以上5000万元以下。

第二阵营，国内规模领先的民营公司或合资公司，包括央视—索福瑞媒介研究有限公司、新生代市场监测机构有限公司、北京慧聪国际资讯有限公司等。其中一些已经上市，如慧聪国际。

第三阵营：跻身实力派阵营的国内公司。如北京零点研究集团、新华信市场研究咨询、北京环亚市场研究社等。此一阵营中的公司多为国内发展较为成熟的专业化调查公司，但目前在规模上与第二梯队尚存在差距。

三、广告公司客户部

广告公司客户部是其龙头，主要职能是负责与广告主打交道，承揽客户广告委托的业务，为客户的广告活动进行策划，并据此进行管理及支配使用内部资源。客户部往往将客户的需要转化为工作单。所以，客户部的正常顺利的运作才能保证广告公司的正常顺利的运作。

广告界有一种普遍的观点认为，科学化的广告活动策划都是在市场调查的基础上进行的，所以在广告公司内部设立市场调查部门就成为顺理成章的事情。国外的一些大型广告公司都设有市场调查部。但由于广告公司的主要任务是经营广告业务，市场调查部门只是一个辅助性的部门，人员的配备、技术条件都无法与专业的调查公司相提并论。他们主要负责接受客户市场调查的委托；与专业化的市场调查公司联络，选择合适的调查公司开展调查；参与、监督、审查所委托的专业化市场调查公司的业务运作；从事一些二手资料的搜集和整理分析工作，为公司其他部门服务。

现在，广告公司的运作趋势发生了一些变化，就是其内部的市场调查倾向于向客户策划方向发展。随着专业化市场调查公司的不断增多，广告公司的市场调查部不再像以前一样，直接接受客户委托，执行市场调查策划、实施等全过程的工作，而是广告公司的市场调查人员配合客户部人员工作。客户部人员并不直接做调查，但他们了解市场调查是怎么一回事情，提出调查应达到的标准，并且知道如何弥补调查的不足和利用客户的市场调查。在不讨论有关广告调查技术方面的问题的前提下，客户总是在广告投放的前期测试和广告效果测试活动方面表现出很大的犹豫。广告公司客户部就要分析客户对调查研究的应用，并建议客户合理地利用调查。客户部应使客户认识到在确定战略时实地调查的重要性，案头调查作为辅助性的调查，其作用是帮助实施实地调查；要使客户认识到调查是广告运动必不可少的成分，贯穿于整个广告活动的始终，而不只是事前的市场调查或最后的效果研究。作为好的客户经理，还应知道如何在广告运作中运用调查和在合适的观点中巧妙地运用调查结果。

四、广告研究机构

在发达国家的市场调查组织中，大学及其科研机构起到了非常重要的作用，它不仅在理论和方法上对广告调查起到了指导和引导的作用，而且直接参与部分调查，为社会提供大量的经济信息，为企业服务。在我国，广告研究机构通常是指技术密集、人才密集、知识密集的大专院校和科研所。北京广播学院广告系下属的 IMI 市场信息研究所，既为广告主实施调查，帮助广告主了解某一产品或服务的潜在市场或消费者对该产品或服务的看法，还从事大量的有关市场营销教学和科研工作，并肩负着培养市场调查专业人才的任务。华中科技大学新闻与信息传播学院下属的品牌研究所，除了进行有关品牌教学和科研工作之外，还为企业就有关品牌方面的调研进行指导。可见，这些机构一般都不是商业性的经营机构，它们除为政府决策部门提供各种各样的资料外，有时也向企业或投资者提供有偿的市场调查或咨询服务。

第二节　专项广告调查人员组合

不管是广告调查的哪一种组织类别，在进行专项广告调查时或者说在展开某个具体的广告调查之前，都会先成立一个专门的广告调查人员小组，将参与人员的工作划分清楚。当然，不同的市场调查机构，其组织机构的形式结构可能不同，所成立的专项广告调查人员组合也不一样，但无外乎是由负责的项目总监、权威的调查专家、经过培训的访员、细致的数据录入人员和内行的调查督导等组成的。负责的项目总监是整个广告调查的主导人物，须对整个调查的成败负责；权威的调查专家或者说研究人员则负责调查方案的制订、数据的分析工作；技术支持组负责统计程序的设计以及数据处理的工作；至于具体调查的执行作业则由督导员负责指导各方访员执行调查。以下具体谈谈这几类调查人员：

一、负责的项目总监

在实施调查中，项目总监是最重要的管理者，他负责项目进展的总体安排，管理整个调查工作的顺利操作：挑选督导员和调查员；负责培训督导员和调查员；负责实施过程中的管理和质量控制；负责评价督导员和调查员的工作。项目总监通常对市场调查业务运作的各个方面都要十分熟悉，包括问卷设计、操作、文档管理、数据整理及分析、撰写报告等，并有从事市场调查、社会调查或民意调查的经验。此外，还要具有良好的团队管理和合作能力。

二、权威的调查专家

权威的调查专家具体到市场调查公司，就是高级研究人员和一般的研究人员之类的职务人员。高级研究人员的职位通常是项目经理、客户经理或研究总监。调查专家负责调研设计和统计分析工作，具体如下：分析客户基本情况的性质，制订调查方案和数据处理计划，进行抽样设计、问卷设计、数据分析以及与项目总监共同撰写调查报告，此外还负责向客户汇报调查结果、提供咨询服务。他们通常是经济学、市场营销学、社会学、心理学、数理统计学、管理科学等领域训练有素的专家、学者或博学之士。对调查专家，一般公司要求具备经验，这是最主要的要求。比如说丰富的调查工作经验、客户服务经验和主持人经验、有较丰富的定量研究经验及分析经验等。

三、经过培训的访员

访员的工作就是采集资料，对指定的受调查者进行调查访问，以获取原始数据资料。访员通常包括专职访问员和兼职访问员。专职的访问员是公司聘用的全日制工作人员，他们的职责除了进行调查访问之外，还要协助督导员对新招聘的访员进行培训工作，执行一般访问员难以胜任的调查访问，对某些被抽到的受访者进行复访或回访。兼职访问员是公司临时聘用的访问员，他们在公司需要实施调查时，执行调查访问。

访员在专项市场调查中扮演着重要的角色。由访员搜集问卷资料比受访者自行填答问卷，具有以下优点：访谈调查比邮寄问卷的回收率高得多；访员的出现通常能减少"我不知道"和"没有意见"之类的答案，而恰恰减少这类答案对调查结果很重要；访员还能对一些容易混淆的问卷项目提供相关的指导，当受访者明显误解该问题的本意或是表示不了解题意时，访员可以进行澄清，以便获得相关的答案……正是如此，访员的数量和质量是显示一个市场调研公司实力的重要指标，但由于各个方面的限制，一个市场调研机构通常不可能拥有太多的专职访员，而兼职访员的队伍又不太稳定，所以，调研公司常常要进行招聘访员的工作。再者，访员是调查项目的具体执行者，特别是在实地调查过程中，如入户访问和拦截访问，访员的素质往往会直接影响调查结果。因此，在选择访员时，尽量选择与被调查者相匹配的访员。为了使调查工作有效且高效，不论访员是否有经验，都必须对访员进行培训。平时在接受任何项目之前，所有的访问员都必须接受严格而深入的基础培训，目的是使他们了解取样方法的原则和重要性，调研运作方法，访问技巧，包括提问和追问的技巧。针对每一个具体的项目，访问员都会就问卷及该项目的特别要求得到详细的培训，并安排试访。项目培训、试访和试访总结将保证每一个访问员对问卷有同样的理解并学习必要的访问技巧。在项目正式开展前，有的调查公司明确规定访问员要做10个以上的试访，以保证访问员熟悉问卷流程。

在我国，由于调查业刚刚起步，专职访员还不多，聘用大学生为兼职访员的情况比较常见。这不仅能有效地节约成本，由于访问员是兼职，在项目执行过程中更能有效杜绝操作错误的发生，在某种程度上也有利于提高访问质量。一般调查公司的兼职访员多以各大专院校在校学生为主，对他们进行培训之后分派调研任务。

四、细致的数据录入员

数据录入是指将问卷或编码表中的每一个项目对应的代码转化为计算机能够识别的形式的过程。这个过程需要数据录入装置（计算机）和一个存储介质（数据库软件、磁盘）。市场调查发达的国家在数据的采集中使用CATI、CAPI的方式很普遍，因此键盘录入的过程在访问中就已经完成了。而且对于简单的问卷调查，使用调查卡进行光学扫描录入也能从时间上节约不少成本。但是国内目前主要还是纸张问卷调查的形式居多，在问卷完成后，还要对问卷进行录入。所以，国内一般的调查公司都有专门的数据人员对数据进行录入。

数据录入员的主要职责是对搜集到的问卷资料进行编码，并将数据资料输入电脑，以便研究人员作统计分析处理。调研公司有专门的数据软件将数据进行两次录入以保证录入数据的正确性。数据还会进行进一步的清理以保证其逻辑性和一致性。但数据库软件的录入检查范围，只是限制在最常见的逻辑错误上，对于选项范围内，因为录入人员的疏忽而出错的信息，往往不能察觉，而录入员在问卷的输入过程中，因为速度非常块，即使是非常老练的录入员，也会出现录入错误的可能。

为了保证数据录入的准确性，有必要对录入的结果进行核查，核查的方式主要有双机录入或三机录入。所谓双机录入的方式，是将同一份问卷分别由两个录入员进行两次录入，将两次的结果进行逐个比较，相同的部分是被认为没有错误的，如果出现不同的部分，检查问卷，及时修正。所谓三机录入，即将同一份问卷由不同的录入员录入3次，将3次的结果通过计算机进行比较，采用"2排1"的选择，如果2个结果是相同的，排除那个不同的答案。三机录入的方式可以减少翻阅问卷的人工。

无论是两机录入还是三机录入，都会增加录入人员的工作时间，增加他们的工作负担。为了保证数据收集、录入各个环节的准确性，数据录入员需要具备敬业精神，时时提醒自己细致、细致、再细致。如果数据录入人员发现有问题的答案，应将问卷找出退回给访问部督导安排回访。

数据录入员除了录入数据外，通常还要负责一般资料性文件的电脑编辑、打印工作。

调查公司一般要求数据录入员对数据特别敏感，比较熟悉各种计算机软件的使用，键盘操作速度比较快，工作责任心强。

五、内行的调查督导

在调查公司内部，一般设有督导机制。所谓督导机制，即在调研实施的过程中，设有专人对访员的调查活动进行指导和监督，以保证调查能够按照既定计划进行。督导机制是依靠调查督导的存在而得以实施的。因而调查督导在整个调查实施的过程中起到了举足轻重的作用。

调查督导在项目总监和调查专家的指导下负责项目的具体实施工作，也就是具体的项目运作监督人员。他们负责掌握调研的过程，并熟悉问卷的实施难点和重点，负责实施过程的检查和实施结果的验收，具体体现在对访问员的管理和监督以及评价，同时负责问卷的回收与检查工作。

督导员首先必须具备丰富的调研经验，熟悉调研活动的流程，了解实施过程中可能会遇到的问题。调研的实施过程是异常繁琐和细碎的，督导员可能要面对访员来自于调研实施过程中的各种问题，作为督导员必须以一种专业的态度尽可能地给予访员准确的回答，提供解决问题的有效方法。

其次，督导员必须善于沟通，具有良好的语言表达能力。他们的一个重要职责是承担着培训访员的工作，所以必须准确地将需要访员完成的工作讲解清楚，从问卷中涉及的问题、问卷实施的抽样方法，以及对可能出现的问题的反应，督导员不仅仅要做到成竹在胸，更要能准确表达、清晰讲解。作为督导员，需要与访员建立良好友善的合作关系，不时了解调查进行情况，以便更好地对调研实施进行掌控。

最后，作为督导员必须是认真负责，诚实有耐心的。因为他们不仅仅承担了培训访员的工作，同时也肩负着监督访员工作的职责。对访员工作成绩的评价很大程度上是取决于督导员的，因而需要督导员具备高度的责任心和诚实、公正的人品。

第三节　调查人员的要求与培训

广告调查是涉及经济学、社会学、心理学、统计学、管理科学和计算机应用的综合性的研究活动，也堪称是一门交叉性的学科。所以，对调研人员的选择、组织、培训和管理是一项非常重要的工作,尤其是对调查人员的挑选,其素质的高低是广告调查工作顺利进行的关键,所以调查人员要符合一定的要求。

在广告研究中,调查是最常用的资料采集手段。调查一般都要由访问员来执行,所以,本节所说的"调查人员的要求与培训"更多的是指对访问员的要求与培训,其次是调查督导。

一、调查人员的基本要求

对调查人员的挑选,也就是对调查人员的基本要求。同一个调查,由于调查人员的素质不同,如性格、思想、观念、偏见等,往往会直接影响调查结果。因此,在选择调查人员时应考虑调查的性质、收集数据的具体方法,尽量选择与被调查者相匹配的调查人员。如一般的家庭生活消费品调查,则以女性为主;而对科技含量相对较高的产品,则以男性访员为主。尽管对调查人员的具体要求会随着调查对象和研究内容的变化而有所变化,但仍然有一些具有普适性、一般性的指导原则。我们认为,对调查人员的基本要求主要有以下几点:

1. 职业精神

调查人员在进行调查工作时,要接触社会经济的各个方面,工作量大,又比较繁杂琐碎。且广告调查必须从客观存在的实际情况出发,详细地占有资料,真实反映客观情况,还要避免主观偏见。因此,调查人员必须具备高度的职业精神,具体表现在:有高度的责任心和敬业精神;对调查工作有热心、感兴趣,愿意接触和了解社会;具备调查从业者良好的职业道德,如为客户保密、服务的精神,为调查对象保密、不泄露隐私,也不能泄露调查研究的整体资料搜集计划等,特别是实地调查的访问员,要按要求抽样、选择访问人员,不能弄虚作假、不能有作弊行为;在整个访问过程中要保持中立,不能影响受调查者作答,从而保证整个调查的数据质量;要有耐心,能够吃苦耐劳。

2. 专业知识

调查工作的特殊性,要求调查人员的知识面广、兴趣广泛。作为专业的调查人员,除了具备一定的科学文化知识之外,还必须具备相关的调查专业知识,对调查的领域至少有初步的了解,有必备的市场调查知识。在进行特定的项目调查时,还要具备相关的产品知识,并熟悉调查计划的相关信息。有时受访者会对整个调查的目的、意图感兴趣,或者想了解调查结果的用处。因此,调查人员对于调查目的等情况要心中有数,以便在与被调查人员接触时,能向他们介绍调查背景、对疑难问题给予详解并予以专门指导。调查人员还应了解接触受访者和介绍调查的程序，即了解、熟悉如何开始与受访者接触、交谈。问问题的正确程序和记录答案的方法也是访问者需具备的知识，访问者要了解访问过程中问题询问的基本程序及要求，要清楚调查公司对答案记录的要求。

3. 沟通能力

一般的调查公司会要求调查人员性格开朗或者说以外向性格为佳。具备这种性格的调查人员在入户访问或拦截访问时比较容易与被调查者建立友善关系，能与陌生人联络。另外，调查人员要会交流，也就是说具备谈话的技巧和倾听的技巧，能循循善诱和受访者合作，能以自然开朗的个性与受访者讨论各种问题。当然，这种交流能力不只是单单针对受调查者的。在调查公司内部，调查人员之间也要加强交流，相互协作，促使调查项目的顺利实施。特别是督导员在对访员进行培训和管理的过程中，督导员与访员之间沟通的能力尤为重要。

4. 操作技能

作为访问员的调查人员要学会按照样本计划选择被调查者，要会选择恰当的调查时间、调查地点，能根据提供的相关信息，独自一人到达相关的地点，寻找相关的受访者，并进行访问；要具备与陌生人交谈的能力。在调查过程中，要具备得到被调查者愉快合作的技能；能在访问中将要询问的问题表达清楚；能够理解书面指导语、问卷问题，没有停顿地传达书面陈述和问题；能够准确、快速地将受访者的作答原原本本记录下来，减少粗心造成的非抽样误差；能够记住受访者的回答直至准确地记录下来，避免因遗忘而重复记录；能同时做几件事：读问题、听回答、做记录、观察受访者的表情；并具备处理调查中发生的特殊情况的技能等。作为督导员的调查人员，则要具备控制访员访问进度、评价访员工作业绩的能力；在实地调查时，需具备临时应变的能力等。

二、调查人员的培训

对调查人员进行培训，其目的是端正他们的调查态度，提高他们的调查技巧、处理问题的能力。一般来说，对调查人员的培训一般分为两种情况，一种是基本培训，一种是针对某个特定项目的培训。对于新近录用的调查人员，不管他们是否曾为其他机构和个人工作过，都要进行严格的常规培训。对于在本调查机构已经工作了一段时间的调查员，已通过多次实施积累了丰富的经验，那么只需要进行每次调查前的特定培训即可。在此，本书不分"基本培训"和"针对某个特定项目的培训"，而是将两者糅合在一起，从以下四个方面展开对调查人员的培训：

1. 调查责任培训

其目的是让调查人员明确调查工作对市场调研客观性、科学性的重要作用，明白调查获得的结果能够直接或间接地对人们的生活产生影响。通过培训，促使他们在今后的调查实践中做到认真、细致、一丝不苟地按照要求完成所有任务。

一般来说，访问员的责任有：

（1）接触受访者。包括在何时、何地、如何接触受访者。

（2）提问。每次调查访问之前，如何向受访者提问，在访问员培训时都会有统一的要求，访问员必须按要求提问，不得自作主张。

（3）记录。对受访者的回答作记录是调查中访问员必须完成的事情。访问员一定要填写清楚、整洁，以免编码时出差错。

（4）审查。提问结束之后，访问员要检查问卷是否准确完成，字迹、答案是否清楚等。

（5）发送礼品、礼金。调查中，由于访问占用了被访者的时间和经历，所以通常要送给受访者一定的礼品或礼金，作为对受访者回答询问的酬谢。访问员不得私自不发或少发。

（6）礼貌待人。在访问中，各种各样的受访者都有。有的很热情、很礼貌，对于这样的受访者，访问员理所当然应同等相待。但是有时也会碰到个别受访者不友好、不礼貌，他们可能会言语过激，甚至出口伤人。此时，访问员一定要克制，要忍耐，不要因别人的偏见和无礼而影响了自己的情绪和态度，更不要跟受访者争吵起来，要记住自己是代表市场调查公司的，不管受访者说什么，做出什么反应，都要好言相待。

（7）保密。这是作为一个访问员的基本职业道德。访问员不得向其他人透露受访者的情况和调查结果，例如，与亲人朋友一起或在电梯内、大堂、饭厅、公共交通工具上、聚会中、会议中或社交场合里，不得将你在访问中了解到某家庭的收入比较高的情况告诉他们。有时候，访问员会觉得有些情况别人知道不知道无所谓，就把它透露出去，其实，即使所泄露出去的信息的确是无关紧要也是不允许的。

除了上述责任之外，在具体的访问过程中，还应该提醒访问员注意以下问题：

（1）访问员要非常熟悉问卷及各种相关调查资料。

（2）为了使样本有代表性，不能轻易地丢失一个样本，不能轻易地被拒绝。

（3）访问员应注意受访者的资格，一般一个家庭只能访问一个人，多了会产生偏差。

（4）对于受访者的拒绝，访问员不应该轻易放弃，应该耐心地加以说服。

（5）访问员尽可能单独地与受访者接触，避免在场其他人产生影响。

（6）对于问卷的措词，访问员不要自作解释，可按原样重复。访问员不能给任何暗示，要保持中立态度，对受访者的回答不要表现出惊奇、赞叹或不赞成等倾向。

（7）访问员在结束访问之前，应该检查是否所有的问题都已作答，答案是否清楚易辨认。

督导员的责任有：

（1）向访问员解释问卷问题。一般是让访问员先看一下问卷、访问的问题以及问卷须知，然后就访问员提出的不清楚的问题作回答，最后是针对每一道题的调查目的作说明，让访问员能判断受访者的回答是否有针对性。

（2）统一问卷填写方法。针对问卷中各种不同类型的题目，规范作答的方式方法。

（3）分派任务。指定每个访问员访问多少人、访问什么人、什么时间完成访问任务等。

（4）访问准备。告诉访问员访问时所需的各种资料，如问卷、受访者名单、电话簿、答案卡片等。

（5）陪访。为了亲自了解访问中可能出现的问题，增强访员自信心。督导和助理督导要陪伴一些访问员到消费者场所做试访，并记录在访问中出现的问题和特殊意外情况。

（6）跟访。对于一些访问员，要求在培训完成后实地按要求去完成一个访问，督导要记录访问过程中出现的问题。帮助访员有效解决。

（7）检查调查结果。督导员应该对调查人员的调查结果进行尽可能频繁的和尽可能及时的检查。督导员必须每天检查调查人员的访问结果，做及时的总结，并及时与项目总监交流调查的进展情况。

（8）统计项目进度。在每天访问完，督导需要统计项目进度，项目进度报告包括接触的人数和成功的访问，或者是细分到某个类型的人数。

（9）核查问卷。项目督导有责任对已完成的问卷进行100%阅卷和审核，以确保访问员对问卷理解没有问题，如果有问题将随时进行更正。

（10）做访问总结并评价。在每个访问员结束个人访问后，督导将召集所有人进行问卷检查和讨论。向每个人讲解出现的问题或者不足之处，同时对于共同的问题提供解决的办法。并对每个访员在调查中的表现给予适当评价，为调查公司选拔优秀的访问员，提高公司兼职访问员素质。

2. 调查内容培训

不同的调研项目，其调查的方式、内容均不相同。所以即使是经验丰富的调查人员，在调查实施之前，对他们进行调查内容培训也是十分重要和必要的。调查内容培训一般是在调查实施之前进行。一般地，调查内容培训主要是关于项目背景内容、项目时间安排以及问卷讲解和具体操作的培训。

调查督导在进行问卷具体内容培训前，应向访问员介绍项目的有关背景情况及时间安排：向访问员详细介绍项目的主要背景和访问方法；通知访问员时间安排，包括试访，试访总结，第一次交回问卷时间，最后一次交回问卷的时间等；时间安排应根据大多数访问员的方便时间和公司的项目安排来定；告知访问员关于该项目的访问难度和费用；同访问员确定项目过程中的联络方法。每名访问员必须定期来公司报到，一般不少于三天一次，报到时须完成以下事项：（1）交回已完成的问卷，当场一审问卷，（2）报告访问进展情况，（3）听取公司对项目配额等方面的进一步安排，（4）拿回一审后打回的问卷，（5）向访问员说明访问员在访问时使用的公司财物的管理办法，所有的访问用品须在规定时间内随同最后一份问卷同时交回，不得有丢失和破损情况，发生有关情况应予以赔偿等等。

问卷讲解是整个项目的关键，在培训中应注意以下事项：（1）问卷培训应力求做到重点突出，层次分明，主要采取启发式讲解（如提问—评价—再提问等），增加访问员的参与性；（2）在对访问员进行培训时，应站起来讲，不应坐在座位上给访问员讲解；（3）在讲解过程中，应允许访问员随时提问、讨论；（4）在讲解结束前，应留出一段时间给访问员答疑。

具体操作的培训通过模拟和试访两个环节来进行。

模拟是指在培训现场模拟实际访问情况，通过模拟可以发现访问员的主要问题和问卷培训中的不足。同时，也可以通过加深访问员对一些重点问题的理解。模拟一般有两种方法：一种是问卷培训人充当被访问者，每个访问员轮流访问问题，一种方法是将访问员分成几组，每一组由一名督导充当被访者。无论哪一种方法，其目的都是为了检查一下访问员是否已全部理解问卷并能用正确的方法访问。在模拟中，应注意以下几点：（1）充当被访者的督导应扮演较难应付的被访者的角色，有时采取"不合作"的态度，有时"不理解"访问员的问题。有时故意设计一些漏洞，有时故意犯一些逻辑错误等等；（2）当一名访问员出现错误之后，应先让其他访问员来评议，看其他访问员是否能发现其中的问题，以此检查其他访问有没有可能犯同样的错误，然后予以总结、示范；（3）模拟结束时，应再重点强调一下模拟中出现较多的问题和解决方法。

试访是指访问员在正式访问之前，由督导陪同对有关被访者进行实地试验性的访问。试访的环境应是与正式访问的环境完全相同的，它可以检查访问员各个方面的表现，以决定访问员是否能够胜任该项目的访问工作。试访中注意以下几点：（1）访问员试访由督导陪访，督导根据访问员各个方面的表现填写陪访记录；（2）督导在陪访过程中不应该给予访问员任何与访问有关的帮助，包括找地址、入户自我介绍、询问问题、记录等；（3）在试访结束时，督导应单独向访问员指出该访问员在试访中存在的问题，并收回试访问卷；陪访员应对该访问员是否能胜任该项工作向公司提出建议，并总结访问员在试访中存在的问题以供试访总结时讨论（附陪访记录）。试访完成之后，应做试访总结。试访总结分为三个阶段：（1）项目组成员试访总结，所有陪访员必须参加，同时应安排一名记录员负责记录整理；（2）根据记录资料整理出访问员访问注意事项；（3）向访问员讲解试访中出现的问题，并发给每一位访问员一份访问注意事项，并且让访问员在正式访问之前要认真阅读一遍。

这样，经过调查内容培训之后，访问员对项目背景的情况和调查时间上的安排了然于胸，可以随时回答受访者关于这些问题的疑问；问卷讲解和对具体操作的训练，可让所有访问员对问卷有相同的理解，减少访问过程中的人为误差。

3. 调查技巧培训

在调查过程中，调查人员往往会遇到这样或那样的问题，如被调查者不配合，找不到按要求或配额被抽取到的合格样本，在面访时不会启发，也不会追问等。此时，如果调查人员经过训练，他们就知道如何处理。

受访者拒绝访问是调查研究中常见的事情，也是调查研究要努力加以解决的问题。几乎每一项调查都会碰到这样的问题。拒访的比例因调查方法的不同而异。在我国，一般来说，越是经济发达的地区，拒访的比例就越高。此外，拒访也因人而异。一般来说，经济收入较高的家庭比经济收入较低的家庭拒访的可能性大，职位较高的人比职位较低的人拒访率高。

拒访的情况一般有两种，一种是开始时拒访，一种是中途拒访。前者是在访问还没正式开始之前，就拒绝访问。出现这种现象的原因有主客观两个方面。主观的原因包括：有的受访者曾经接受过调查或听说过调查，对调查有一定的了解，因为有不愉快的经历或怕麻烦而断然拒绝接受访问；或者是对访问员不放心，担心遭抢劫或财物被盗，这种现象容易发生在入户访问中，特别是受访者家中没有成年男子而访问员为青年男性时。客观方面的原因可能是受访者有事要忙，如紧急的工作或家中有客人；或者是身体不适，如生病或心情不好时。后者是访问进行到一定程度之后，拒绝访问进行下去。主观的原因包括：问题不好或不便回答，如婚姻、家庭经济收入等属个人隐私的问题，或者是关于意见、看法的开放性问题，或者需要极力去回忆的问题等；问卷太长、完成问卷需要较长的时间，例如有些市场调查问卷，需要 1～2 个小时才能结束，受访者开始认为只要一会儿就可以结束，因而接受访问，但当访问进行了一段时间之后，还有很多问题有待回答，因而产生了厌烦情绪，故而拒绝继续接受访问。客观的原因包括：有人（或电话）拜访，需要接待，突然有急事需要处理等。

所以，在访问的过程中，访问员为了减少被拒绝的可能性，需要有很强的口头交流能力和应变能力，能够拿出相应对策应对拒访者。例如：如果受访者说："不感兴趣"，受访者可做如此对答："我们是抽样调查，每一个被抽到的人的意见都很重要，否则结果就会出偏差了，请您协助一下。"再者，在有的访问中，为了避免受访者拒访，访问员可事先做些准备工作。如在入户访问中，为了防止受访者拒绝，可跟受访者事先沟通，比如用写信的方式或打电话的方式，这样可以消除陌生感，让受访者有心理上的准备，还可以确认受访者的时间安排，避免访问者扑空。除此之外，还可找个熟悉受访者的人做向导，让受访者不便于拒绝，还可增加对访问者的信任感。

另外，为了使调查更深一步，访问员还必须掌握适当追问的技巧。这种适当的追问技巧能使调查获得更为具体、详细，甚至更多的信息。有时候，受访者会给出一些不适合问卷问题的回答。例如我们的问题给出一个态度陈述，并询问受访者是非常同意、同意、不同意或是非常不同意。而受访者可能会回答："我想这是事实。"这时访问员必须要接着这个回答来追问："你们的意思是非常同意，或只是同意而已？"假如必要的话，访员可以向受访者解释，要求他必须选择所列举答案中的某一项。如果受访者坚持不愿意选择其中一项，访员就得准确地记录受访者所回答的答案。

更多情况下，深入追问用于开放式问题。例如，一个针对交通的问题，受访者有可能只是简单地回答"相当糟糕"，可是通过不断的深入追问，访员就能获得更加详尽的陈述。有时候，追问的最好方式就是静默。访员拿着铅笔静静地坐在那儿，这时，受访者就极有可能会说些补充意见来填补这段缄默。也可以运用适当的口头追问，像"是什么样的呢？"或"在哪些方面呢？"使用得最多的一个有效的追问方式是"还有其他的吗？"这里，实际上提到了两种追问方式：挖掘式追问和明确性追问。为了让大家清楚掌握这两种追问方式的技巧，再分别举个例子。如挖掘式追问的例子：您喜欢这种品牌的内衣什么呢？第一次回答：喜欢，质地好，手感好。追问：您还喜欢什么？第二次回答：穿着舒适、暖和。追问：您还有没有喜欢的呢？第三次回答：没有了。如明确性追问的例子：您喜欢这种品牌的内衣什么呢？第一次回答：不错。追问：您所谓的"不错"具体是指什么？第二次回答：穿着舒适、暖和。追问：舒适、暖和是指什么呢？第三次回答：质地柔软，相当于一件保暖衬衣或一件羊毛衫。通过挖掘式追问可以扩展被访问者的喜好，而通过明确性追问则可以得到更确切、具体的答案。这两种追问都有助于市场调查更进一步。

当然，在追问的时候，要把握适当的度，不能让受访者感到厌烦。再者，保持绝对中立的立场是十分必要的。

4. 调查程序培训

无论调查是广告主或广告主委托专业的调查机构来进行，还是由广告代理商协助完成，是纳入正式的广告运作中，还是在广告运作开始前完成，要使调查进行得科学而且严密，合理的规划和科学的方法是两个不可缺少的保证性因素。调查程序主要包括调研背景简介、访员基本要求、具体实施细则、抽样方法讲解、问卷内容说明以及复核方法解释6个步骤。①

（1）调研背景简介：督导员需要让访员了解本次调研的对象、目的和意义，讲解本次调查任务的性质和作用等等，使访员了解具体调查项目的意义，让访员对调查工作的全局有一个粗略的认识。

（2）访员基本要求：在培训课中，督导员将根据调查的需要提出更为细致具体的要求，包括着装、礼仪、访前准备和注意事项等。督导员需要教授访员提问技巧、处理拒绝访问的技巧、访员自身安全保护等必要的知识和心理准备。

（3）具体实施细则：主要涉及问卷发放、执行和礼物派送等一些在调查执行过程中的细节。关于问卷发放，一般情况下，为了保证调查质量，会采取逐次发放、逐次回收的办法，即督导员每次向访问员发放一定数量的问卷，访员完成该次调查后将问卷交给督导员，经过验收后，督导员方可向访员发放下一次调查所需的问卷。每次发放问卷数量，应根据调查的时间进度要求和招募到的访员人数等因素来确定。调研的实施除要依赖于访员的工作之外，还有赖于受访者的配合，因而在调查结束之后，通常会赠送礼物以表示对他们接受访问的感谢。访员必须按照规定将准备的礼物赠送给受访者，并做好记录，以备日后复核。

（4）抽样方法说明：督导员必须向访员详细讲述当次调研的抽样方法，帮助他们掌握抽样技术，确保他们在实际进行调查之前已经掌握了当次调查所使用的抽样方法。

（5）问卷内容说明：这个步骤是整个调查内容培训的核心部分，它对整个调查取得成功具有决定意义。督导员需要讲解该项目中所使用的访问问卷、访问时使用的卡片、解释问卷设计观念、题目说明技巧，归纳并解答访员提出

① 程士安：《广告调查与效果评估》，复旦大学出版社，2003 年版，第 198 页

的疑问等。

（6）复核方法解释：复核的过程是对访员的调查访问活动进行检查，目的是为了证实调查访问的真实可信度。复核是电话回访与实地复核相结合。复核由督导员按照一定的比例执行。回访过程中，如发现访员存在作假，则该访员负责执行的所有问卷都将被复核。所有有问题的问卷都将被视为废卷，不得用于数据统计。复核的过程，也是督导员正确全面评价访员工作的重要依据。

【思考·案例·练习】

1. 国外广告调查的组织机构有哪几种类型？试举例并分别说明它们的组成及承担的业务。

2. 专项广告调查项目组一般包括哪些人员，他们的职能分别是什么？

3. 调查人员应具备哪些基本素质？试谈谈你自己的见解。

4. 生生公司的产品为胎儿营养素，目标消费者为孕妇，需对其行业市场进行调查，调研实施地点为郑州。在问卷的设计上，问题包括以下内容：调研对象的年龄、婚姻状况、收入状况、学历、职业等个人资料；用过哪些营养品、在哪里买、由谁买、有哪些影响因素、选择因素等购买行为资料；消费者对营养品的价格承受情况、期望价格、包装、促销等因素的喜好程度等。总样本量为 100 例，主要消费者为孕妇，其次为哺乳期妇女。在样本的配额上，选取孕妇 30 例，哺乳期妇女 20 例，已婚未孕妇女 20 例，其他 30 例；在调研地点（20 例）的配额上，选择医院 5 例，药店 7 例，商场的医药专柜 5 例，超市 3 例。请问，在这个实例中，对访问员有什么基本要求以及如何对其进行培训？

第三章 广告主调查

【**本章提要**】本章主要介绍了对广告主进行调查的内容与方法。广告主调查的内容主要包括：广告主战略调查、广告主组织调查、广告主产品调查和广告主文化调查等。对广告主进行调查的方法主要有：内部访谈法、座谈会、问卷调查和档案调阅等。SWOT 分析法是企业战略研究的一种主要方法，也是对广告主内外部形势进行综合调查研究的一种重要方法，本章站在广告调查的角度对 SWOT 分析法也作了简单的介绍。

第一节　广告主调查的内容

在广告市场中，广告主是指为推销商品或提供服务，自行或委托他人设计、制作、发布广告的法人、其他经济组织或者个人。如果将广告作品视作一种商品的话，那么广告主就是广告商品的需求者，他的市场行为就是对广告商品购买的行为。由于广告主支付广告商品的制作、创意、策划和发布的一切费用，因此在广告创意策划到广告投放这一系列的过程中，广告主占据着主导地位，他是广告这一活动的主动发起者，也是完全的控制者。广告主所代表的企业公司的实际情况以及主观愿望等，决定了广告将以什么方式、什么内容、什么时间、什么地点发布。因此，为了更好地进行广告创意策划，实施广告投资策略，对广告主的调查是首当其冲的，它是广告调查的第一个环节。

对广告主的调查主要包括以下几个方面：广告主战略调查、广告主组织调查、广告主产品调查、广告主文化调查。

从上面所给出的"广告主"的定义我们可以看出，"广告主"实际上是一个抽象的概念。如果我们将"广告主"比喻成一个实实在在的"人"的话，那么"战略"就是这个"人"的人生发展规划，"组织"就是这个"人"的骨架结构,"产品"就是这个"人"的劳动成果,而"文化"就是这个"人"的精神。因此,对广告主的调查就是对这个特定的"人"进行从里到外、从上到下、从物质到精神的全方位调查。

一、广告主战略调查

"战略"原本是军事术语,意指将帅通过对战争形势和敌我力量等因素的分析,对整个战争所做的主观的但全局而系统的谋划和军事力量的部署以及实施。以《孙子兵法》为代表的中国古代的军事著作对这一军事术语有科学而详尽的阐述;普鲁士军事理论家克劳塞维茨认为,战略是为了达到战争的目的而对战斗的运用,这一定义后被广泛采纳。广告主战略就是广告主通过对外部竞争环境的现实状况和未来趋势的分析,根据自身条件所制定的一系列长期的、带有根本性的总体发展规划、行动方案以及实施过程。

正确的战略可使企业的经营管理具有稳定性,减少风险。企业所面临的竞争环境日趋变幻莫测,其经营管理的不确定性日渐增强。广告主通过制定和实施战略,以不变应万变,事先经过周密和科学的环境分析和自身核心优势和竞争力的评估,确定企业发展的远景目标,努力实施;即使外部环境发生了一定的变化,也可迅速进行调整和修正,但是正确的发展战略方向不动摇。战略能够使企业在不确定的环境中把握自己,相对地避免外部环境的不利的干扰,使自己平稳而健康地向前发展,而不至于出现朝令夕改的局面,从而减少企业经营管理的风险。

不同的企业会根据自己的实际情况和需要制定不同的战略;在企业的不同发展阶段其战略也会有相应的调整。一般来说,企业的战略由以下几个要素构成,对广告主的战略进行调查也可以从这几个方面入手。

1. 战略指导思想

战略指导思想是指导战略制订和执行的基本思想。战略指导思想是综合性的,它包含直觉和创造精神。例如,可口可乐110年来之所以依然有旺盛的生命力,应该归功于其品牌领袖战略指导思想:买得起、买得到、愿意买。相同的例子还有亨利·福特一世,他的福特汽车战略指导思想就是在不久的将来使普通工人也能驾驶福特轿车;再如松下幸之助,有一次在洗脸时他突然受到启发:如果人们使用电器就像使用自来水一样便利那该多好。于是他开始了致力于研发、生产、推广使用电器的伟大事业的历程,这一"自来水"理论就是其战略指导思想,也成为松下电器的经营理念和经营哲学。

企业的战略指导思想一般要包括以下几个要素:

(1) 市场导向,需求驱动,尽力满足社会需求。随着经济体制从传统的计划经济体制向社会主义市场经济体制转变，企业生产经营活动运转的轴心不再是国家计划，而应该是市场。企业的战略指导思想要体现围绕市场运转的核心，实现自主经营，自负盈亏，千方百计满足市场需求，努力提高市场占有率。

（2）依靠品种、质量、成本取胜。适应经济增长方式从粗放型向集约型转变，企业要改变粗放式管理，转向精细化管理，努力提高产品的技术含量和附加值，保证和提高产品质量，降低成本。

（3）实现系统整体优化。企业是一个由各个方面有机结合而成的复杂系统，要对企业生产经营的诸要素进行优化组合与合理配置，实现系统整体优化，协调和平衡局部与局部之间、局部与整体之间相互适应的关系，尽力提高企业经济效益。

（4）善于竞争，优胜劣汰。企业要进入市场竞争体系，适应优胜劣汰的激烈竞争，充分调动和运用自己的各种资源，在竞争中求得生存与发展。

（5）长远观点，放眼未来。制订和实施企业战略都必须具有长远观点，切忌急功近利。不断改造内涵，加大技术改造力度，增强企业后劲。

（6）以人为本，依靠全体职工。建立以人为中心的管理，真正体现尊重人、理解人和关心人，充分依靠和调动全体职工的积极性，去实现企业的战略目标。

广告主战略调查首先要了解企业是否有明确的战略思想，这个战略思想是什么，是否包括了以上几个要素等。

2. 战略目标

战略目标是企业战略的主要内容，它是指企业在一定的时期内预期在经营、管理、企业发展等各个方面所要达到的理想成果。战略目标是一个战略的核心，所有其他内容都是围绕这一个中心展开的。

战略目标有长期与短期之分，我们通常所说的战略目标一般指的是长期目标。长期目标往往又是一个企业的最高目标。例如，有的企业提出的"打造国际品牌"的战略目标，就是一个长期目标。

广告主战略调查的第一步就是要弄清楚企业的战略目标是什么；这个战略目标究竟是长期的目标还是短期的目标；如果是短期的目标，那么在什么时候会发生怎样的变化；这个战略目标是否与企业自身的实力、行业发展趋势等相适应；是不是存在不合理、需要调整的方面等等。

3. 战略重点

对于一个企业来说，它所确定的战略目标通常都是多方面的、综合性的。但是，在实际的经营管理过程中，或者在企业的不同发展阶段，企业往往不可能也不会对这个目标的每个方面都平均地使用力量，也就是说，战略在实施过程中是有重点的，在不同的时期，这个重点还会有所改变。

例如，海尔集团一直以来都把品牌国际化作为其战略重点；联想集团曾经的战略重点是做中国最好的计算机品牌，而现在的战略重点则是成为国际化的一流计算机品牌。

广告主战略调查在了解了企业的战略目标之后，第二个重要任务就是弄清楚其战略重点是什么，这个战略重点会在什么时间发生变化。战略重点往往会凸现出企业在某个阶段最鲜明的发展特色，这是广告策划不可缺乏的重要素材。

4. 战略步骤

战略步骤是一个企业在确定战略目标与重点之后，对于各种计划、措施或任务进行的时间方面的战略规划安排。

在企业战略的实施过程中，战略步骤常常是以阶段性的形式出现的，即在某一战略期内，确定经过若干阶段达到某一个战略总目标。例如，某企业的十五年战略规划，第一个五年实现企业的扭亏为盈，第二个五年使企业品牌成为国内一流的品牌，第三个五年实现企业品牌的国际化。这种分步的计划、目标就是战略步骤的体现。

广告主战略调查必须研究企业的战略步骤是怎样的，企业目前正处于战略步骤的哪一个阶段，这对于有针对性地进行广告策划是不可或缺的。

二、广告主组织调查

所谓组织，是人们为了实现某种目标而形成的人的有序集合。既然是"有序集合"，那么组织应该是依照某种规律或顺序建构起来的，也就是我们通常所说的"组织结构"。企业组织结构是指企业内部的机构设置和权力的分配方式，对广告主组织调查的一个主要环节就是对广告主企业的组织结构进行的调查。

1. 组织结构调查

一般而言，企业的组织结构形式主要有以下四种：直线制、垂直功能制、事业部制、矩阵制。

（1）直线制结构

顾名思义，直线制组织结构就是一种实行直线领导的组织形式，一般不设职能机构。

这种组织形式中，由所有者实行没有职能机构的集中管理，所有者集直线指挥与职能管理于一身。图3-1所示为直线型组织结构示意图。

店主（所有者兼管理者）

职责：采购、销售、广告宣传、商品陈列、财务

协调控制、人事、办公、督促、计划发展等

领班售货员	第二售货员	第三售货员	送货员
职责：售货、督促与指导售货员、协助采购、广告计划橱窗和商品陈列、控制库存、查看价格变化和打印价格	职责：售货、检查报告销售进度、给新商品打印价格、整理商品、检查发票、监督送货发货	职责：售货、维护商店卫生、保证商品价格标志和标签完好、填写进货单、维护存货	职责：正确准时送货、报告交货、保持送货设备完好、打扫卫生、在忙时帮助售货和维护存货、按店主指示催账

图 3-1 直线制组织结构示意图

这种组织结构的优点是显而易见的：结构简单、权力集中、指挥统一、决策迅速。其缺点是：

第一，对所有者的知识和能力要求较高，由于所有者兼任管理者和职能部门的多重身份，因此他必须素质很高，能够胜任这一复杂的工作；

第二，在所有者的下面一级中，横向各机构实行综合管理，无专业化分工，不利于提高专业管理水平；

第三，在横向各机构较多的情况下，它们相互之间信息沟通比较困难。

这种组织结构由于受所有者能力的限制，管理幅度不可能很宽，企业的规模一般较小，只适用于小型企业，如专卖店、方便店等。

（2）垂直功能制结构

垂直功能制是将管理工作按职能划分为若干个部门，各部门的独立性小，企业权力集中在高层领导者手中。商品流通企业按功能划分的部门通常是研发、生产、营销、财务、人事等，各部门直接受总裁领导，并直接向总裁负责，部门的经营决策必须有总裁的介入才能做出。图 3-2 为制造业垂直功能型的管理组织结构图。

垂直功能制管理组织结构是一种高度集权的一元结构（Unitary Structure），称 U 型结构。这种结构的优点是权力集中，由高层人员集中领导，统一指挥，便于人、财物的调配，有利于对企业资源进行优化配置，发挥整体优势；各部门职责明晰，符合专业化分工的原则，办事效率高，也有利于专业化技能的不断提高和有效利用；工作井然有序，整个企业的稳定性比较高。

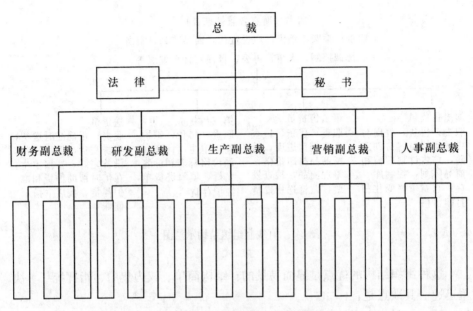

图 3-2 垂直功能制组织结构图

这种组织架构在获得管理分工所带来的优势的同时，也具有自身无法克服的缺点：U型结构往往因管理幅度过大使得企业决策过程缓慢，严重的时候会造成管理失控，加大了行政管理费用；各职能部门以自我为中心，从各自的工作角度来评价企业的政策，这就有可能导致高层管理人员为了平衡各部门的关系而牺牲企业整体利益，甚至放弃企业长期目标的倾向；集权式的管理，增加了高层领导人的协调工作量，下级部门的主动性、积极性不能有效发挥；机构臃肿，官僚主义严重。

（3）事业部制结构

事业部型是在大型企业中，实行分权式的多分支单位（multidivisional structure）的组织结构形式，简称 M 型结构，即在总经理的领导下，按地区、市场或商品设立事业部，各事业部通常是半自主的利益中心。事业部的独立性是相对的，不是独立的法人，只是总部的一个分支机构，即分公司。企业战略方针的确定和重大决策集中在总经理层，事业部在总经理的领导下，依据企业的战略方针和决策实行分权化的独立经营。各事业部通常下设职能部门来协调、管理分部的生产经营活动。各事业部虽然以利润为中心，实行独立的财务核算，但其利润的计算并非完全依赖市场，总部一般按事业部的盈利多少决定对事业部的奖惩。事业部在人事政策、形象设计、价格管理和投资决策等方面一般也没有大的自主权。事业部制组织结构如图 3-3 所示。

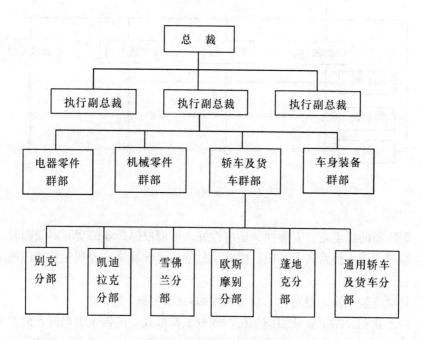

图 3-3　事业部制组织结构图

事业部制的优点是：既有分散的事业部或分部，又有负责协调、监督、战略性决策的总部，使统一管理和专业化分工更好地结合起来，使高层领导者摆脱了日常经营管理事务，同时又调动了各经营部门的积极性。

其缺点是：事业部之间的横向联系差，影响各成员之间的协调；事业部之间的竞争，会导致人员流动和先进管理方法及生产技术交流困难；权力结构复杂化，机构重叠，中层管理人员膨胀，管理费用增加。

（4）矩阵制结构

上述三种组织结构形式有一个共同的弱点，就是横向信息沟通比较困难，缺乏弹性。为克服这些弊端，在企业中根据产品项目或某些专门任务成立跨部门的专门机构，这样形成的组织结构即为矩阵制。矩阵制中的专门机构如产品市场开发小组、全面质量管理办公室等。专门机构的成员从各部门抽调，由分管的副经理领导。有些专门机构是临时设置的，任务完成后即撤销。矩阵制组织结构如图 3-4 所示。

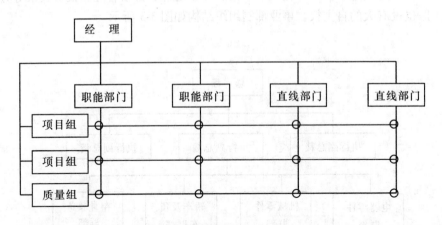

图 3-4　矩阵制组织结构图

矩阵制的优点是：有弹性、适应性好，可以根据企业的实际需要随时增加或者撤除；由于横跨各个部门，横向信息的沟通较容易，有利于各部门的协调配合。

其缺点是：缺乏稳定性，双重领导的结构容易产生矛盾。

以上我们介绍了企业组织架构的四种主要形式。广告主组织调查的首要任务就是分析研究广告主企业是采用的哪种组织架构形式。组织架构就像是一个企业的骨架，对它进行仔细的调查，可以帮助广告调查组织弄清楚这个企业究竟是怎样运作的，企业内各部门之间的关系是怎样的，从而对广告战略提供背景支撑。例如，企业组织架构中某些优势，如企业内部办事效率极高等，可以作为广告创意的一个方面；又如，企业内各部门之间存在某些微妙的关系，那么作为外脑的广告调查组织就应该避免广告战略受到这些微妙关系的影响等等。

必须注意的是，上面所谈到的四种组织架构是科学化的模式，在实际企业中，其组织架构在形式上可能与上面所提到的四种组织架构有所出入。调查人员必须仔细研究，既分析某个企业究竟属于哪种组织架构形式，找出其共同的特点；又探究其组织架构的独特之处，找出其独有的特征。

2. 企业人力资源情况调查

广告主的组织调查不仅仅是指对广告主企业的组织架构进行调查，还应该包括对这个企业的人力资源情况的调查。企业的人力资源是指在企业组织架构下的人员配备状况，包括人员的知识构成、技术构成、年龄构成、人员的规模、科技成果、业务水平、工作态度以及工作作风等基本情况。

组织架构是一种形式,其具体的实施还必须靠人来实现。两个企业可能都是采用某种组织架构形式,但是由于人力资源配备的不同,其组织运行的具体方式、运行效果等就会截然不同。因此,对广告主组织的调查,还必须包括对其人力资源情况调查这一项,才能真正了解企业组织的运行情况。

对企业人力资源的情况的调查主要包括以下几个方面:

(1) 企业人力资源基本构成状况。这是帮助调查者了解企业员工的基本层面,例如:某乡镇企业的员工主要是小学以下文化的文化程度;某高科技企业的员工主要是硕士学历以上的文化程度。人力资源的基本构成状况一般可以从企业的人力资源部门或者类似职能的部门中找到比较齐全的资料,包括员工的学历、学位、男女构成比例、以往从业经历、特长等方面的情况。掌握了企业人力资源基本构成状况,调查者可以对企业人力资源构成是否合理、企业文化氛围等作出基本的判断。

(2) 企业员工的技术能力状况。这项调查是在上述调查的基础上进行的,是对企业员工的技术能力状况作更加具体的了解。这里的"技术能力"是指使工作绩效达到一定程度所必须具备的专门业务知识及其相应的实际操作技能。具体包含三个层面:第一,有关科学知识、专门技术及操作方法,分为基本的、初等业务的、中等业务的、高等业务的、基本专门技术的、熟练专门技术的、精通专门技术的和权威专门技术的八个等级;第二,有关计划、组织、执行、控制及评价等管理诀窍,分为起码的、有关的、多样的、广博的和全面的五个等级;第三,有关激励、沟通、协调、培养等人际关系技巧,分为基本的、重要的和关键的三个等级。

(3) 解决问题的能力。所谓"解决问题的能力"是指员工是否具有工作职位所要求的对环境的应变力,以及解决该工作职位上所遇到问题的能力。这项调查也是对企业员工具体能力的一种调查,主要包括员工在工作中发现问题,分析诊断问题,提出、权衡与评价对策,做出决策等的能力。

不同的工作岗位对员工的技术能力和解决问题的能力的要求是不一样的。调查员在对企业的人力资源状况进行调查的时候,要了解企业的各个工作岗位对员工的技术能力和解决问题能力有怎样的要求,以及企业现在的人力资源状况是否能够满足这些能力的要求,是否存在问题,问题的症结是什么等。例如,在某企业,大部分工作岗位上的员工都不能达到能力要求,那么就有可能是该企业的招聘制度存在问题。

对企业员工技术能力和解决问题能力的调查一般比较复杂,因为企业的员工人数较多,而对能力的调查又很难在一两天之内完成,调查周期一般会很长。因此，调查人员在实施调查的时候，必须首先明确调查的目的，确定调查的范围，运用科学的调查方法。

这项调查一般可以采用观察法、询问法、访问法等。观察法就是当被调查者正常工作时，调查人员在不影响被调查者的情况下，从旁观察其工作情况，判断其能力的方法。询问法是通过询问被调查者的上级、下级、同岗位同事，了解被调查者工作情况，判断其能力的方法。访问法就是对被调查者本人进行访谈，通过其对问题的回答来了解被调查者工作情况，判断其能力的方法。

三、广告主品牌调查

根据"现代营销学之父"菲利浦·科特勒的定义，品牌就是一个名字、称谓、符号或设计，或是上述的总和，其目的是要使自己的产品或服务有别于其他竞争者。对于现代企业来说，品牌已经成为其营销策略的主体，拥有一个好的品牌是企业成功的必备条件。因此，对广告主的调查必然要包括对广告主品牌的调查。通常来说，可以从以下几个方面对广告主的品牌展开调查：

1. 品牌"三度"的调查

所谓品牌的"三度"是指品牌的知名度、美誉度、忠诚度。对品牌"三度"的调查，就是调查品牌在消费者心目中的知名度、美誉度、忠诚度究竟处于一个怎样的水平或者是怎样的一个状况，从而为广告策划提供依据。

（1）品牌知名度的调查

品牌知名度是指某品牌被消费者所知晓的程度。例如，提到手机的时候，许多消费者会想到诺基亚、摩托罗拉等品牌，说明这些品牌的知名度比较高，被消费者知晓的程度也比较高；相比之下，大显、首信等品牌的知名度就要低得多。

对品牌知名度的调查包括以下四个指标：

第一，第一提及知名度（Top of Mind）。是指问及所知品牌时，第一个回答某品牌的人数占调查人数的百分比。

第二，未提示知名度（Unaided Awareness）。是指问及所知品牌时，回答某品牌的人数占总调查人数的百分比。在这里，被调查人在没有提示的前提下，会想到品牌名，只是没有第一个想到这个品牌而已。

第三，提示知名度（Aided Awareness）。是指当问及所知品牌时，通过提示，被调查者能够想到某品牌的人数占总调查人数的百分比。

第四，无知名度（Unaware of Brand）。是指当问及所知品牌时，通过提示，被调查者也不能想起某品牌。在这种情况下，品牌是没有知名度的品牌。

对品牌知名度几个指标的调查可以反映出消费者对品牌的注意程度和知名程度。消费者第一提及的品牌，一般来说是消费者已经使用过该品牌的产品，或者已有强烈的意向要购买这个品牌的产品，或者是他已经完全接受该品牌广告的灌输等。在某类产品中，第一提及知名度最高的品牌，在消费者心目中甚至是该类产品的象征。例如，在中国消费者心中，格兰仕这个品牌无疑是微波炉产品中的第一提及品牌。显而易见，未提示知名度、提示知名度和无知名度的品牌，消费者对其关注的程度是依次递减的。

（2）品牌美誉度的调查

品牌美誉度是指消费者对已知的某个品牌所抱有的一种倾向性的态度。无论消费者是否真正使用过某个品牌的产品，在他知晓了某个品牌之后，通常会对这个品牌产生一种态度，如喜欢或者讨厌等。这种态度，可能是他购买了并使用了这个品牌的产品之后产生的，可能是看了这个品牌的广告之后产生的，也可能是听别人说起这个品牌而产生的。

品牌的美誉度会影响到消费者对某个产品购买的可能性以及再次购买的可能性。对品牌美誉度的调查可以帮助企业了解消费者对品牌究竟抱有怎样的一种态度，是喜爱，还是厌恶。在此基础上，企业可以制定或调整其广告策略，进一步提高品牌的美誉度。

（3）品牌忠诚度的调查

品牌的忠诚度是指消费者持续购买同一个品牌，即使是面对更好的产品特点、更多的方便、更低的价钱，也不会改变他的初衷。根据品牌忠诚度的高低，可以分为5个层次：

第一，品牌不忠诚者。这一层的消费者对品牌的认知完全没有差异，这样的消费者会不断地更换品牌，或者对价格非常敏感。

第二，习惯购买者。这一层的消费者基本上对某品牌没有不满意的地方，所以在购买这类产品时，可能更换品牌也可能不更换品牌，基于购买的惯性，则比较会购买原有的品牌。

第三，满意购买者。本层的消费者对某品牌相当满意，并且认为如果更换一个新的品牌，会有效益上和适应上的风险。这类消费者通常在去购买商品之前，已经决定了要购买某个品牌的商品。

第四，情感购买者。这一层的消费者对某品牌已经产生了情感，认为这个品牌的产品在生活中是不可替代的。情感购买者的通常表现是，当他去购买商品时，假如商店中没有该品牌的产品，他宁愿多跑一家商店也不愿意购买其他品牌的同类产品。

第五，承诺购买者。这一层的消费者不但对某品牌产生了情感，甚至以购买某品牌产品为荣。

对品牌忠诚度的调查可以找出该品牌的消费者究竟是处于上述 5 个层次中的哪一个，或者处于上述 5 个层次的消费者的比例，从而为广告策划提供依据。

2. 品牌形象的调查

品牌形象是一个比较抽象的概念，它不仅仅是消费者对某个品牌的主观观念，而且是公众的主观观念的集合。任何品牌都有满足社会生产和人民生活需求的使用价值，它的质量、性能、用途等，能给人们带来什么好处，这一切构成了品牌的品格，即形成了消费者心目中的品牌形象。

品牌形象对于现代企业来说至关重要，现代企业竞争的重点正逐渐从价格、质量等硬性指标的追求，转向软的综合指标——品牌形象的追求。一般来说，品牌形象调查包括两个方面：

（1）品牌个性的调查

品牌个性是品牌形象的核心内容，它决定了品牌的形象，有什么样的品牌个性就有什么样的品牌形象。在品牌个性的调查中，要把握以下要点：

第一，品牌是否已经具有鲜明的个性。

第二，对品牌个性的形成因素进行分析，如企业的历史、企业的文化理念、品牌所代表的产品的质量、价格、服务等等。

第三，了解品牌个性的内涵，明确品牌个性的类型。马克里在《世界级品牌》一书中将品牌个性划分为六种形态：

①仪式型。即把品牌个性与某种特殊的场合连接起来，如香槟酒与各种庆典仪式的连接。

②标志。某些品牌的个性是与其标志密切联系的。如麦当劳的金色拱门标志。

③好的继承。第一个以某种特性为诉求的品牌，通常已定位成这类产品的先驱。如可口可乐是可乐类饮料的先驱。

④冷冷的傲气。是指可以让消费者认为与众不同的品牌，通常是"特别设计"的。例如香奈儿香水、法拉利跑车等。

⑤归属感。指让消费者感觉可融入他所向往的族群。例如森马服饰象征着一个自由自在、随心所欲的年轻人世界。

⑥传统。是指有历史渊源，而且几乎成为神话的品牌。例如李维牛仔裤是世界上第一个做牛仔裤的品牌，它在 19 世纪生产了世界上第一条牛仔裤。

马克里的归纳虽然有一定的主观性，但是也形象地说明了品牌个性的几种类型，可供调查时作为分析品牌个性的参考标准。

（2）消费者对品牌形象的期望与认知分析

对品牌形象的调查，不但要从品牌的角度出发，去了解品牌究竟具有怎样的个性，品牌的形象究竟是怎样的，还必须从消费者的角度出发进行调查。这个调查包括两个方面：一是要弄清楚消费者对这类产品的品牌或者某个具体的品牌究竟有着怎样的期望，二是要弄清楚消费者对某个具体的品牌形象是怎样认知的，其认知程度怎样。

3. 品牌定位的调查

美国人艾·里斯和杰克·屈特劳于 1972 年提出了"定位"的概念，他们认为：为了适应消费者心目中的某一特定地位而设计企业的产品和营销组合的行为就是产品定位。[①] 在现代市场经济条件下，产品定位的概念已经衍生为一个内涵更加广泛的概念——品牌定位。具体来说，品牌定位就是给品牌以明确的市场定位，即品牌在何时、何地、对哪一个阶层的消费者出售并有利于对其他品牌的同类产品的竞争。

从广告策划的角度来看，品牌定位是广告诉求的基础。没有明确的品牌定位，就不能决定品牌的推广计划和广告所要达到的目标。现代市场经济条件下，人们对于品牌的认识，往往是根据自己的了解和需要在心目中把品牌排成一个顺序，通过横向、纵向对比，显示其差别。位置越高的品牌或特定位置的品牌，最容易受到消费者的注意，使之产生兴趣，并促成购买行为。这个位置就是品牌在市场的位置，以及在消费者心目中存在的位置。

品牌定位的调查是广告策划中品牌调查的一个重要的组成部分。它是制定广告战略和策略的重要前提和基础之一。一般来说，品牌定位的调查需要涉及以下几个方面：

（1）品牌定位状况调查

品牌定位状况的调查包括两个部分：一是要了解企业的品牌是否有明确的定位，如果有，这个定位究竟是什么；二是在品牌已经有了明确定位的前提下，分析品牌定位的状况如何，有没有不合理的地方，在与竞争对手的品牌定位上有怎样的优势，与消费者的关系是否合适等。

（2）消费者对品牌定位的认知状况调查

在消费者对品牌定位的认知状况调查中，要分析研究消费者对这个品牌定位的期望，消费者对品牌定位的认知是否清晰，有没有困难，以及消费者对品牌定位的期望与其对品牌定位的认知之间有没有差别等。

---

① 余明阳、陈先红：《广告策划创意学》，复旦大学出版社 2003 年版，第 86 页。

（3）品牌定位的效果分析

对品牌定位的效果分析，主要是分析研究品牌定位是否达到了广告主预期的效果，是否有利于企业的营销和广告宣传，可以为广告策划提供什么，是不是存在问题，是否需要调整或重新定位等。

4. 品牌优劣势的调查

品牌优劣势的调查是根据各种相关因素的重要程度以及该品牌在每个因素上的表现，具体指出品牌的优势在哪里，不足在哪里，从而为广告战略提供素材——在广告策划中突出品牌的优势，规避品牌的劣势。

品牌优劣势分析图是进行这项调查的一个好方法，即对一个品牌将各因素的重要性和品牌的表现放在同一平面坐标轴上进行分析。通常是以重要性为横坐标，品牌表现为纵坐标，如图 3-5 所示：①

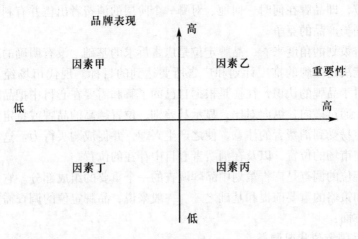

图 3-5　品牌优劣势分析图

在第一象限内的因素很重要而且品牌表现好；第二象限中的因素不重要被称为低影响区；第三象限中的因素不重要，而且品牌表现差；第四象限中的因素很重要，但品牌表现差。

例如，图 3-6 是某品牌洗发水的优劣势分析图，从图中可以看出，该品牌在购买方便、价格合理、适合各种需要功能等方面做得很好，可以作为广告宣传的重点内容。

---

① 张明立：《市场调查与预测》，哈尔滨工业大学出版社 2003 年版，第 178 页。

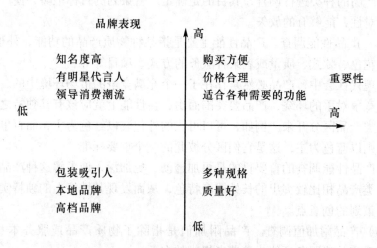

品牌表现

高

知名度高   购买方便

有明星代言人   价格合理   重要性

领导消费潮流   适合各种需要的功能

低   高

包装吸引人   多种规格

本地品牌   质量好

高档品牌

低

图 3-6　某品牌洗发水优劣势分析图

四、广告主产品调查

1. 广告主产品调查的内涵界定

产品调查是广告主调查的一个重要内容，它是以广告主企业的物质产品或服务为调查的主题，从物质产品或服务各方面的性质入手进行调查，从而确定此类物质产品或服务的市场状况，为企业的广告策划提出指导性的意见。在这里，我们提到的"产品"是一个广义的概念，它包括企业为消费者提供的物质产品、服务或其他形态的消费品。

产品是广告策划和创意的物质基础，任何广告的最根本的、也是最基本的目的就是推销产品，因此广告策划是不能离开产品的。在对产品毫不了解的情况下进行的广告策划，只能是无源之水、无根之木。

2. 广告主产品调查的内容

对于广告主产品的调查是一个宽泛而系统的工程，它包含了对产品方方面面的一个综合性调查，具体来说，其主要内容一般包括以下几个方面：

（1）产品种类调查。产品种类调查首先要确定需要进行广告策划的是一种物质产品还是一种服务。如果是一种物质产品，接下来需要确定的是这种物质产品究竟是属于生产资料还是消费品，生产资料的主要类型有：原料、辅料、设备、工具、动力等，消费品的主要类型有：食品、服饰、装饰品、家电、文具等。如果是一种服务，接下来需要确定的是这种服务类型，如酒店服务、旅游服务、信息服务、医疗服务、保险等。

对产品的种类进行调查，其目的是确定广告策划的目标范畴，使广告策划更有针对性，能够有的放矢。

（2）产品性能调查。产品性能主要是指某种物质产品的功能、外形特色、规格、花色、款式、质量或者某种服务的方式、项目等等。

在现代社会中，产品必然是存在于一个充满竞争的市场环境中的。面对同类产品竞争对手的环绕，产品要突围而出，在性能上就应该有其独特之处，从而与同类产品区分开来。例如，可口可乐的外包装以红色为主，而百事可乐的外包装则以蓝色为主，这是它们区分彼此的一个重要标准。

对产品性能调查的首要目的是更加透彻、更加深入地了解这种产品，找到它与同类产品相比较突出的长处或者特色，从而发现其性能上的独特卖点，作为广告策划的创意点。

（3）产品附加值调查。产品附加值是指除了物质产品或服务本身之外，这种物质产品或服务还能为消费者提供的东西。

对于一种物质产品来说，产品附加值通常是指这种产品的销售服务和售后服务。在现代市场经济中，产品服务是影响销售的重要因素，尤其是耐用消费品和重要生产设备。例如，"海尔"的"星级服务"就是其电器产品的有利的附加值，极大地推动了产品的销售。销售服务包括代办运输、送货上门、免费安装调试、培训操作人员等；售后服务包括维修、定期保养等。

对于一种服务来说，产品的附加值则是指除了服务本身之外，消费者还能获得的其他附加的服务或利益。例如，酒店服务主要是指酒店为住客提供住宿、饮食、房间整理等基本服务，如果酒店还为住客提供代购车票、再次入住打折等服务的话，那么这些服务就是酒店服务的附加值。

对产品附加值的调查，实际上是对产品独特优势的调查。广告策划必然是要以产品的独特优势为重点，从而实现脱颖而出、吸引消费者眼球的目的。因此，对产品附加值的调查常常成为广告创意的源泉，对广告策划的主题产生重要的影响。

（4）产品生产调查。产品生产调查主要是指对广告产品的生产历史、生产过程、生产技术和工艺以及生产产品所需的原材料、燃料、动力、机器设备等生产资料信息的收集。

对产品生产历史的调查可以为广告策划提供某种创意。例如，"泸州老窖"在对生产历史的调查中，发现其酒窖在1573年就已经存在并投入生产了，于是在广告中提出了"国窖1573"的概念，以其正宗的"陈香"吸引了许多消费者。

对生产过程、生产技术和工艺的调查主要是为了掌握产品的工艺流程和质量情况。

对原材料、燃料等生产资料的调查可以分为两部分，一部分是生产资料的流通信息，即生产资料的产地、价格、运输状况等等；另一部分是生产资料的库存和利用信息，这是针对生产资料的内部情况，即生产资料是否存在库存以及是否善加利用的情况。

（5）产品价格调查

价格是市场中最敏感、最活跃的要素，也是消费者对产品关注的重点之一。向市场提供的产品究竟该卖个什么价钱，必须经过严谨的产品价格调查。

一般来说，产品价格调查可以包括以下三个方面：

第一，基于市场需求的价格调查。这项调查的内容包括了解目标消费者对该类产品的认知价值，对于同类产品所能够接受的最高心理价位，寻找影响消费者需求对价格变动敏感度的因素等。

第二，基于成本的价格调查。成本是定价的底牌，对成本的调查包括了解企业生产的总成本及其机构，以及同行业的平均生产成本。

第三，基于竞争对手的价格调查。调查内容包括了解竞争对手的产品、价格、成本等，比照竞争对手的价格决策本企业产品的价格水平。

（6）产品销售渠道调查

产品从厂家到消费者手中必然要经过一定的中间渠道，这些渠道的基本功能是有效地推动产品迅速而广泛地渗透于目标市场，因此渠道的好坏直接影响到产品的传递效率、销售量以及消费者需求的满足程度等。因此，对于产品销售渠道的调查是非常必要的。

一般来说，产品销售渠道的调查可以包括以下几个方面：

第一，产品自身特性对销售渠道的要求。工业品与生活用品，保鲜产品与可保存产品，体积大的产品与体积小的产品等，由于它们的特点各不相同，因此它们对渠道的要求也就不一样。具体来说，产品的体积、重量、性质、保鲜度、技术含量等特性会对渠道的选择产生影响。

第二，目标消费者对销售渠道的期望。其调查内容包括目标消费者对产品的批量大小、购买等候时间、空间便利、服务水平等期望。

第三，企业自身对销售渠道的要求。企业自身驾驭销售渠道的实力、企业销售能力的大小、企业产品组合对销售渠道的要求等，是渠道调查的重要内容。

第四，中间商的调查。包括可供选择的中间商的类型以及中间商的数目，中间商的经营能力、财务实力和服务水平，中间商的信誉度，中间商所处地域的市场潜力、需求量和顾客集中度等。

第五，已有渠道所存在的问题。调查企业已经开发的渠道是否存在问题，从而提供渠道整合和新渠道开发的新方案。常见的渠道问题有：串货问题、分销成本过高、发货时间过长等。

（7）产品生命周期调查

所谓产品的生命周期是指产品的经济寿命，即一种新产品从开发、上市，在市场上竞争力由弱到强、又从盛转衰，直到被市场淘汰为止的全过程。典型的产品生命周期可以分为4个显著的阶段，即：导入期、成长期、成熟期以及衰退期。

产品在生命周期的不同阶段有着不同的特点，因此可以通过把握产品的这些特点来确定其所处的生命周期阶段，从而确定合理的广告策划策略。

导入期。产品的导入期是产品投入市场的初级阶段，由于消费者对新产品有一个接受的过程，因此这个阶段产品的销售量低，促销费用和制造成本很高，销售利润很低甚至会出现亏本的情况。

成长期。产品经过导入期之后，消费者对产品已经有了一定程度的熟悉，形成了一定的消费习惯，产品的销路已经打开，销售量激增。进入成长期之后，产品开始大批量地生产，产品的成本逐渐降低，企业利润迅速增长。由于市场有利可图，竞争对手开始介入，随着竞争的加剧，新的产品特性开始被发掘出来，产品市场开始细分，销售渠道增加。

成熟期。产品经过成长期的一段时间之后，产品销售量的增长速度开始减慢，呈现下滑趋势，利润也开始缓慢下降，这时产品进入了它的成熟期。在这个阶段，产品的市场销量已达到饱和状态，市场竞争非常激烈，各种品牌、各种款式的同类产品不断涌现。

衰退期。在这个阶段，产品已经陈旧老化趋于被淘汰，产品的销量迅速下降，利润水平很低，新的替代型产品在市场上出现，大量竞争对手退出市场，消费者的消费习惯已经发生了改变。

对产品生命周期的调查可以为广告策划提供依据。例如，在一次关于漱口水的调查中，发现产品的目标市场占有率仅为10%，有90%的目标消费者还是非使用者，这说明漱口水这种产品还处于导入期。根据这个调查结果，企业应该进一步研究未使用者不使用该产品的原因，以及调查刚刚转变为使用者的转化动机。经过调查发现，漱口水非使用者中有43%的人认为"牙膏已经足够"，32%的人认为"漱口水只对口臭的人有必要"，31%的人认为"根本没有必要"；而刚刚转变为使用者的人中间，32%的人认为"刚刷牙后，再用漱口水可以中和引起细菌的气味"。根据这些调查和分析，可以调整广告的诉求重点和产品的定位，从而说服更多的目标消费者。

五、广告主文化调查

广告主文化是围绕企业生产经营管理而形成的观念的总和。这些观念是在企业创立、成长、成熟、创新等过程中，广告主以及企业内部所有成员在探索解决对外部环境的适应和内部的结合问题的同时所发现、创造和形成的，是企业的所有成员在感受、认识、思考和处理问题时所共同认可和采取的基本规则和方式，也是消费者在了解该企业时所获得的整体印象。广告主文化是一个内涵十分丰富的复杂文化系统，它会受到企业所在地的地域文化、传统文化以及新兴文化的深刻影响，这是广告主文化的外在的文化；而另一方面，广告主企业也可能形成了它独有的内在文化，例如内部管理文化、商品文化、质量文化、服务文化、营销文化等。因此对广告主文化的调查应该从外在文化和内在文化两个方面入手，研究外在文化的企业的影响，分析内在文化形成的过程及其特点，探究外在文化与内在文化之间的关系。

1. 广告主外在文化调查

企业生存在一定的地域空间和社会物质、精神文明条件下，企业是外界文化环境这个生态系统中的一员，因此广告主文化不可避免地受到这个系统中其他因素的影响。一般来说，广告主外在文化调查主要是分析以下三种文化对广告主文化的影响。

（1）地域文化

地域文化指的是企业所在地的地理、历史、人文、名胜古迹、风土民情等。当一个企业与其产出地的文化发生联系时，地域形象就会转移到企业的品牌上，积淀为品牌文化，构成品牌形象的背景。

西藏啤酒从默默无闻到一鸣惊人的过程，就是受到地域文化的影响，有效地利用地域文化使品牌文化焕然一新、获得成功的典范。多少年以来，西藏在人们心目中的形象一直是神秘的，但是在这片神秘的土地上生产的西藏啤酒，在市场上的竞争力却是平平。终于有一天，西藏啤酒成功地打开了香港市场，进而形成了供不应求的局面。它成功前后的原料、设备、技术都没有任何的改变，只是在新推出的广告中利用地域形象强调了一件事实："西藏啤酒是用海拔6 000米以上的世界上最纯净的水酿制的。"在生态环境日益遭到破坏，消费者越来越关注自身健康和生活质量的今天，食品是否受到过污染必然是他们关注的重点，西藏啤酒推出以"纯净"为主打形象的品牌文化，自然很容易受到大众的青睐。在这例个案中，品牌管理者就是成功地利用了西藏在人们心目中纯净、无污染的形象，用"海拔6 000米以上"的地域文化征服了消费者，打造出具有发展潜力的品牌文化。

（2）传统文化

传统文化是在长期的历史演进中积淀而成的。中国的传统文化，概括起来大致包括国人的价值观念、思维方式、理想人格、道德情感、礼仪风俗和文学艺术诸方面内容。传统文化中的某些东西，常常会被深深地融入到广告主文化中去。

中国传统价值观对人们所要求的，从根本上说就是维护国家大一统的政治秩序，把国家、民族的利益看得高于一切。历史上的中国，曾经是强盛、自尊而自信的王国。先秦时代、三皇五帝融合各部落的炎黄子孙形成了强大的华夏民族。秦汉以后，大一统的封建帝国的建立，大大促进了中国社会政治经济文化的整体发展。中国在相当长一个时期内，雄视天下；在世界文化发展的旅程中，引领风骚。秦皇时的统一，汉武时的霸业，唐宗时的昌盛，宋祖时的繁荣，不仅给古代的中华民族带来种种荣誉和利益，也给予近现代炎黄子孙以荣耀和激励。因此中国的广告主文化常常会体现这样一种传统的价值观。例如1994年"长虹"推出"以产业报国、民族昌盛为己任"的形象广告，就是受到中国人渴求民族繁荣的传统文化的影响。

在中国的传统文化中，国人在道德情感上，还有一个突出的特点，即本能地重视亲情。以"孝"、"悌"、"慈"等为核心的家族本位观念使得中国人把"孝顺父母"、"尊敬兄长"、"养育儿女"看做天经地义的事情，进而，把非亲情的最理想的人际关系也称之为"亲如一家"、"情同手足"。"孔府家酒"就是受到这种传统文化的影响，以亲情作为其文化定位的基点。

中国传统文化中的很多因素都会对广告主文化产生或多或少的影响，这里就不一一列举了。

（3）新兴文化

文化是一个动态发展的过程，随着时间的推移、社会的进步，文化也必然随之发生衍进。作为亚文化群体的品牌文化，也像社会文化一样会发生变化，而且这种变化将受到社会文化衍进的强烈冲击，刻上鲜明的时代烙印。

跨入21世纪，人类社会走进了一个个性张扬的时代。对优雅的小资生活的向往，对另类时尚的情有独钟，对都市快节奏生活的甘之如饴，都成为这个时代文化的有机组成部分，一些与时尚文化接轨的广告主文化也就应运而生。例如，某种含片取名为"清嘴"，与"亲嘴"谐音；某种方便面干脆就直截了当地取名为"泡你"；更有甚者，某种治疗腹泻的药取名为"泻停封"，与香港著名的偶像派歌星谢霆锋一个读音。这些都是广告主受到新兴文化影响的表现。

现代文化中，消费者的观念发生了重大的改变，他们消费的不再仅仅是商品本身，更是这个品牌的服务文化。这里所说的服务不仅包括服务热情、规范、周到等内容，更包括在服务中凝结的一种先进的文化，注重体现出先进的服务理念、真挚的服务精神和高超的服务艺术。这种服务文化渗透于品牌服务的各个方面，赋予品牌特有的内涵和强烈的个性，使其熠熠生辉、商誉倍增。海尔正是看准了新进文化中"服务文化"这个闪光点，提出了"留下海尔的真诚——真诚到永远；带走用户的烦恼——烦恼到零"的服务理念，将服务与自己的文化相结合，开辟出一条文化制胜的成功之路。

"绿色文化"也是对企业文化影响深远的新兴文化之一。随着社会的发展和文明的进步，各种污染开始包围人们的生活，无时无刻不在威胁着人们的生活安全和生活质量。每天生活在污浊环境中的人们，开始眷恋一种清洁的环境，因此无论是绿色工程、绿色服装、绿色建筑、绿色食品还是绿色服务，都能引起人们的极大兴趣，得到他们的喜爱。这种追求无疑是一种现代的消费潮流，一种新的文化趋势。作为品牌管理者应该敏感地察觉到这一新的文化形式，将品牌文化与之相结合，倡导绿色文化，以便适应人们新的消费心理。例如"杉杉"品牌就力求紧扣 21 世纪"环保、生态平衡、绿化"的主题，以求营造品牌的"绿色文化"。"杉杉"的标志设计力求把大自然的意蕴融入其中：一棵绿色的杉树旁边以"杉杉"的英文字母"S"形成两条蓝色的小溪，青绿和水蓝相配，形成与绿化环保相吻合的气氛，表达了"杉杉"人关心人类生存环境、热爱大自然的美好心愿。

2. 广告主的内在文化调查

广告主的内在文化是企业内部所形成的一种文化氛围，其作用在于在品牌内部的所有员工之中建立协同一致的价值观和信念，充分激发内部员工的积极性和创造性，为企业的发展奠定坚实的基础。

对广告主的内在文化进行调查，首先要了解企业内部是否已经形成了一定的文化氛围，这种文化氛围是否已经影响到了企业内部员工的思想、行为、决策等。

其次，要调查企业内部员工是否认知到了这种文化的存在，认知的程度如何，对这种文化觉得满意还是讨厌，是否意识到了这种文化对自身的影响等。

最后，要分析消费者对广告主文化的期望，他们对这种文化的认知度和认同度，以及他们对这种文化的期望与认知之间是否存在差异。

第二节　广告主调查的方法

一、内部访谈

所谓内部访谈是指访问员对某个特定企业的内部员工进行口头提问，并当场记录被访问者的回答，由此来收集所需资料的一种调查方法。典型的内部访谈通常是以面对面的方式进行的，这是一种最常用、最基本的调查方法。

1. 内部访谈的优劣势

由于内部访谈是通过访问员与被访问者的直接接触来收集信息的一种方法，因此它具有以下优点：

（1）回答率高。访谈方式的回答率通常要比调查问卷高得多，面对面的访谈能够大大减少"我不知道"和"没有意见"等答案出现的几率。面对一张调查问卷，被访问者可能碰到比较麻烦的问题时，会由于不愿意思考而选择"不知道"等类似的选项；或者干脆看都不看这张问卷，直接把它扔到垃圾桶里面。但是，当被访问者直接面对一个访问员的时候，他通常难以简单地用"不知道"来回答某个提问，常常会考虑一下该怎样回答问题。所以相对来讲，访谈法是回答率比较高的调查方法之一。

（2）访问员可以就一些容易混淆的问题现场作出解释，引导被访问者正确回答问题。访问员可以按照统一规定的解释方式，向被访问者进行有关内容的解释；当被访问者误解了问题的本意或是表示不了解题意时，访问员可以现场进行澄清；当被访问者对某些问题感到难以回答时，访问员可以进行启发而引导；当被访问者感到疲倦，想要放弃时，访问员可以通过鼓励或者暂时转换话题等方法，使访问继续进行。

（3）具有较大的伸缩性。访问员可以根据不同的调查目的、不同的被调查者、被访问者态度和心理变化等，及时对访谈过程进行控制，扩大或缩小提问的范围。如果发现被访问者不符合调查的目的，可以及时中止访问；如果被访问者有更多的信息可以挖掘，可以进行追问。

（4）访问员可以通过观察获得许多附加的有用信息。由于进行的是面对面的访谈，访问者可以直接观察被访问者，了解和核对他们的基本信息；也可以通过被访问者的表情、手势、回答问题的快慢、下意识的动作等来洞悉他们的真正态度。

但是，访谈法也有着明显的缺陷：

第一，容易导致访谈误差。一般来说，一套完整的内部访谈不可能由一个访问员全部完成。所以，由于不同访问员提问方式的不一致、对问题的不同理解和解释、对访问过程的控制差别等，将会增加访谈中的误差。即使是同一个访问员，在访问不同的对象时，也会在上述方面表现出不一致，从而导致访谈误差的产生。另一方面，在访谈过程中，随意解释问题、提问表述不清、提问带有明显的诱导性等，也往往会导致访谈误差。

第二，相对问卷调查而言，访谈调查往往需要较高的时间成本、人力资本。

第三，访谈调查对访问员的素质要求比较高。调查的质量会受到访问员工作态度、提问技巧和心理情绪等因素的影响。例如，访问员在访谈过程中不尽职，就可能产生作弊和虚假行为。

第四，对访问员的管理比较困难。有的访问员为了求便利或者急于完成调查任务，在访谈过程中可能出现随意提问或急于求成的现象；有的访问员在获得了一些资料后可能就擅自中止访谈，并根据不完整的信息得出结论；有的访问员可能根本不进行访谈，而自己编造调查结果。从管理的角度上来说，很难完全避免上述不正确的做法，管理上存在难度。

2. 内部访谈的守则

对于内部访谈法而言，有一些普适性的、一般性的指导原则可以遵循。

（1）在外观和举止上与被访问者保持接近性。要使被访问者对访问员产生亲近性，愿意把自己的真实想法透露给他，访问者首先要在外观和举止上与被访问者保持接近性。

从外观上来讲，访问员的穿着应该与被访问者的风格相似。一位身穿运动衣、脚穿运动鞋的访问员，是比较难以获得企业中高层管理人员的信任的；而一位身着华贵服饰的访问员，可能较难取得一般工人，特别是企业组织架构中处于较低位置的员工的合作和良好反应。另外，访问员的穿着整齐清洁、衣着得体，是其外观上的基本要求。

从举止上来讲，访问员要保持轻松和友善的态度。访问员不能表现得太随便或者太热情，也不要表现得过于一本正经。另一方面，由于访问员实际上是介入了被访问者的个人生活和态度，所以他必须表现得诚恳而友善，否则会让人产生打探隐私的感觉。为了避免这种感觉的产生，访问员可以在访谈开始之前作一个类似的声明："本次谈话的内容仅供调查之用，调查之外的人员将不会知道谈话的内容。"总而言之，访问员要在最短的时间内，找到最能让被访问者感到舒服的态度和最喜欢的谈话方式。

（2）熟悉问题内容。假如访问员不能够流利地将所要问的问题表达清楚，或者问完一个问题之后不能及时地提出下一个问题，或者问题之间没有连贯性等，都会使访谈的时间大大增加，并且使被访问者对访问员产生不信任感，认为访问员没有水平，从而对提问敷衍了事。

访问员要避免这种情况的发生，就必须熟悉要提的问题的内容。在访谈之前，访问员要认真地整理所要问的问题，保证每个问题都有其目的性，问题之间不会有太大的断层。其次，逐条逐条地认真阅读问题的清单，保证能够清楚无误地将它们表达出来。第三，访问者必须熟悉如何对问题进行解释，当被访问者对问题发生疑问的时候，不能一问三不知。

（3）在提问的时候注意遣词造句。在提问的时候，访问者必须注意遣词造句的正确性，确保被访问者的理解与访问者的原意是一致的。

（4）准确地记录答案。准确无误地记录被访问者的回答是非常重要的，否则，前面所作的所有努力都是白费的。在对访谈资料进行分析之前，谁也不知道被访问者的哪些答案是有用的，这些答案要如何归类，所以不要轻易省略掉被访问者的回答内容，也不要试图总结、解释或者修改被访问者的粗糙文法。

（5）深入追问被访问者。当被访问者出现以下情况时，追问是必须的：被访问者不肯透露真情；被访问者的回答前后矛盾；被访问者的回答模棱两可，含糊不清；被访问者的回答不够完整；被访问者的回答过于笼统，不具体。

追问可以采取多种方式。正面追问、侧面追问、反复追问，都是不错的方法。有的时候，沉默也是一种不错的追问方法。访问员拿着笔静静地坐在那里，期待地看着被访问者，被访问者就极有可能会说出一些补充意见来填补这段缄默。

必须注意的是，在追问的时候保持"中立"是必要的，也是很重要的。任何追问都不能影响到后面的回答。

3. 内部访谈的实施

对广告主的内部访谈调查的基本流程可以概括为四个部分：访谈前的准备、访谈的进行、访谈记录的整理、访谈后的工作。图 3-7 表明了这一过程。

（1）访谈前的准备

中国有句俗话：凡事预则立。做好访谈前的准备，是访谈成功的基础，也可以使访谈达到事半功倍的效果。一般来说，访谈前的准备包括以下几项工作：

第一，确定访谈的主题，制定并熟悉访谈的提纲。作为一名访问员，首先要清楚的是究竟要访谈的是什么，访谈究竟是为了什么目的。

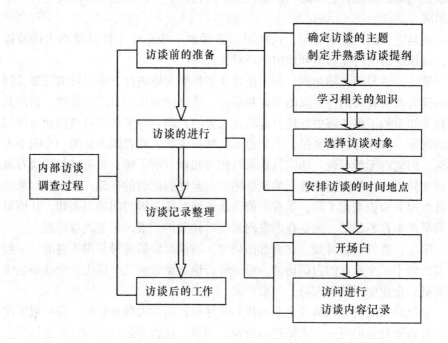

图 3-7　内部访谈的基本流程

　　正如本书前面所叙述的，我们进行广告调查的目的是为了制定有效的广告策略，那么我们在这里进行内部访谈当然也是为了这个目的。但是，明确了这个目的并不就万事大吉了。在访谈之前，还必须明确访谈的主题。例如，访谈的主题是了解某个企业的企业文化状况等。

　　在确定了访谈的主题之后，访问员要围绕这个主题，制定出一个详细的访谈提纲。这个提纲应该包括一系列问题，在通过访谈得到这些问题的答案之后，访问员可以对访谈的主题有一个详细的了解，获得所需要的信息和资料。通常来说，这个提纲是由许多个问题组成的，每个问题都有明确的目的，问题与问题之间有着一定的联系，没有断层现象。

　　必须注意的是，访谈的提纲并不等同于访谈过程中所要问的所有问题。由于访谈的时空、访谈的对象以及访问员的不同，在实际访谈过程中，并不是毫无更改地完全按照访谈提纲来提问。有时候，访谈对象可能会透露一些意想不到的有用信息，这时访问员就必须运用追问深挖下去，从而获得更多有价值的资料。如果访问员仅仅是拘泥于访谈提纲，往往会遗失很多有用信息。因此，访谈提纲是访谈的核心基础，但是在访谈时访问员可以依据具体情况进行一定的增减。

在制定了访谈提纲之后，访问员需要做的一项重要工作就是熟悉访谈提纲，以保证访谈时能够流利地向访谈对象提问。

第二，学习相关的知识。为了使访谈能够顺利地进行，访问员事先要了解和阅读与调查有关的各方面的知识和事实。这样做的作用有二：首先，访问员对相关知识的了解能够更好地引起访谈对象的兴趣。许多访谈对象在面对访问员的时候，往往会感到紧张，不知道该从哪里说起；或者因为是跟一个陌生人说话，而觉得无话可说。访问员如果对相关知识有所了解，就可以与访谈对象找到共同语言，从而消除他们的紧张感，引起他们说话的兴趣。其次，如果访问员对相关知识毫无了解，很有可能会让访谈对象觉得访问员很无知，从而对访问员产生看不起的心理，在回答问题的时候敷衍了事，甚至故意作假。

第三，选择访谈对象。在内部访谈中，访谈对象的选择是很重要的。一般而言，对于一个企业的内部访谈，可以将访谈对象分成三个层次：企业高层管理人员、企业中层管理人员、一般员工。

企业的高层管理人员是企业的核心领导层，通常人数比较少，在一般情况下，有必要对他们每一个人都进行访谈。当然，这也不是一定的，根据访谈主题的不同，也可以有所选择。

企业的中层管理人员分管企业的各个部门，可以根据访谈的主题选择访谈的对象。例如，访谈的主题是了解企业的生产情况，就可以选择分管生产的中层管理人员进行访谈。

与中、高层管理人员相比，一般员工往往站在另外一个角度来看待问题，所以在访谈过程中，他们的意见非常重要。但是，一般员工的数量众多，不可能每一个人都访谈到，必须进行抽样。在抽样过程中需要注意样本的代表性，不恰当的样本选择会影响到访谈的结果。本书的第五章对于如何抽样有详细的叙述，在此就不再赘述。

在确定了访谈对象之后，访问员还应该尽可能地事先了解一下访谈对象的基本特征，如：年龄、性别、职业、文化程度、专长等。这些对访谈过程中的提问技巧和访问方法的合理采用都具有一定的意义。

第四，安排访谈的时间地点。访谈时间的确定以及访谈时间的长短，是影响访谈效果的一个重要因素。通常情况下，选择访谈对象比较空闲、心情比较愉快的时候访谈是比较好的；访谈的时间不能过长也不能过短，过长会引起访谈对象的疲倦感，从而影响到访谈的质量，过短则无法完整了解访谈对象的真实想法，一般而言访谈时间以一个半小时左右为宜。

访谈地点应该选择有利于访谈对象顺利回答问题的地方。在进行广告主内部访谈的时候，一般选择工作单位作为访谈地点是比较合适的。当然，也可以视情况选择在访谈对象家中、公园、餐厅等有利于访谈对象畅所欲言的场所。

（2）访谈的进行

在与访谈对象约定好访谈的时间和地点之后，访谈就可以开始了。一般来说，访问员需要做一个开场白作为访谈的开始。所谓开场白，主要是指访问员对自己和所代表的调查机构做一个简单明了的介绍，说明访谈的目的以及想要了解哪些方面的情况，获得的资料将会有什么用途，调查会给访谈对象及其企业带来哪些好处等。在讲开场白的时候，访问员要尽力说明调查的重要性来引起访谈对象的兴趣，激发他们的热情，从而使访谈能够顺利进行；另一方面，访问员也要尽可能消除访谈对象的不安和顾虑，如有的访谈对象会害怕访谈内容被第三个人知道等。

在以开场白作为铺垫之后，访谈就真正进入了它的核心过程。访谈的过程主要是访问员向访谈对象提问，并启发其回答的过程。

如前所述，由于访谈对象的不同，对广告主的内部访谈实际上可以分为三个层次——企业高层访谈、企业中层访谈、一般员工访谈。当针对同一个主题进行访谈时，对不同层次的人员进行访谈，其访谈的内容是有所不同的。对高层的访谈侧重于宏观方面的问题，对中层管理人员的访谈侧重于他所分管部门的情况，对一般员工的访谈则侧重于微观。下面的案例说明了对某企业的企业文化进行调查时，对高层管理人员和中层管理人员的访谈提纲的不同。

案　例

某企业内部访谈提纲

访谈主题：企业文化

企业高层访谈提纲

1. M 公司文化现状总体描述

　　（1）你认识自己的企业文化吗？你知道企业领导层信奉什么？职工又信奉什么？他们认为对提高企业的竞争力和凝聚力来说，什么东西是最重要的？

　　（2）您是否可以用一句话总结目前 M 公司的企业文化？

　　（3）您认为这种企业文化是如何形成的？（M 企业文化的形成机制）

　　（4）我们所在的行业有怎样的文化特征？

(5) 我们所在地区有怎样的文化特征?

(6) 您认为我们的文化有哪些地方是优秀的,应该保留的?又有哪些是应该摒弃的?

(7) 企业现有的文化是不是符合企业的需要?

(8) 关于我们公司文化的欠缺地方,请您举出具体的实例。说明正面、负面的影响。

(9) 您认为形成一个公司文化,都有哪些因素在起主要作用?

(10) 目前有哪些因素对我们公司的文化建设产生了比较大的影响?

2. M 企业文化与战略

您的企业文化和企业战略配套吗?企业文化是企业的世俗灵魂,是企业优秀员工的心声,表现在他们最珍视什么,希望怎样工作,怎样生活。当企业战略要向"西"前进的时候,企业文化就不能向"东";当企业战略作调整的时候,企业文化也要跟着作出调整。如果不配套,为了与战略配套,我们应该在哪些方面去调整?

3. M 公司文化现状具体描述

物质层面

(1) 公司有无内部交流刊物、报纸或者其他媒体?

(2) 在公司形象上,您认为我们还应该做哪些工作?

制度层面

(1) 目前我们会对员工的哪些行为做出奖励,公司里模范员工的代表都有谁?他们的特点或者说他们被称为模范的原因是什么?您认为什么样的员工才是最理想的?

(2) 公司的规章制度是否健全?是否有盲点或误区?需要亟待改善的地方有哪些?

(3) 公司制度的执行情况如何?制度是否有陈旧、未根据实际情况更新的现象?

(4) 公司的奖惩制度是不是可以适度地管理好员工,使员工感觉到约束的同时还有很强的积极性从事工作?

(5) 员工没有按照制度进行工作的原因是什么?问题出在哪里?是员工本身有问题还是制度制定得不合理?

精神层面

4. 谈谈我们公司的领导

(1) 您认为什么样的领导才能称为是合格的乃至优秀的领导者(他们是否有远见卓识,是否善于激励他人,堪称表率,并且善于沟通,在他的手下是否又培养出很多优秀的领导者)。我们公司是否有这样的领导者？他们是谁？

(2) 有哪些领导对我们目前的文化起主导作用？请您对这几位领导做一下描述（他们的性格、工作背景、教育背景、工作方式、待人接物的方式等）。

(3) 领导对我们公司文化的影响有多大？希望您可以举出具体事例。

(4) 公司领导是如何提高自己的个人魅力的？

(5) 公司领导是采取何种方式与员工沟通的？

(6) 公司是否创造出一种自由讨论和言论自由的氛围？

5. 谈谈我们的未来

(1) 在您的心目中，我们公司理想的文化应该是怎样的？

(2) 我们如要建成这样的文化需要做出哪些努力？

6. 谈谈我们的员工

(1) 公司对待员工持有怎样的观点和指导原则？

(2) 公司理想中的员工是怎样的？

(3) 公司对目前员工的表现是否满意？您认为应该怎样提高公司对员工的吸引力和员工的满意程度？

(4) 关于员工的奖惩。

7. M 公司核心价值观体系分析

M 公司倡导的核心价值观是什么？防御型、探索型、分析型、反应型？

8. M 经营理念系统分析

(1) 企业如何看待员工？

(2) 如何看待客户？

(3) 如何看待合作者？

(4) 如何看待社会责任等？

9. M 企业精神与现代企业发展文化建设标准比较

与现代企业比较，M 公司目前企业文化的主要缺陷是什么？

10. 个人问题

(1) 作为企业的一把手，您的言行和您的企业文化配套吗？

(2) 您个人的事业追求是什么？

11. 模范企业

(1) 在您看来，有哪些企业的文化建设是非常成功的？有哪些方式是值得我们借鉴的？

(2) 您对我们公司的企业文化建设还有哪些期望？

中层访谈提纲

1. 请您介绍一下所在部门的基本情况。

2. 您的部门的业务及职责是什么？您认为如何才能更好地发挥作用？

3. 您的部门与其他职能部门的沟通、协作情况如何？各职能部门的协调顺畅吗？

4. 您了解公司的发展规划吗？参与过公司规划的制定吗？您的部门现在是如何以"十五"规划来指导工作？采取了哪些措施？如何落实到员工？您认为还存在哪些问题，应如何处理？

5. 您如何看待 M 行业？行业现状如何？（行业特征、格局、发展前景、所需能力、行业成功的关键因素……）

6. 当前 M 公司有哪些竞争对手？对方的基本情况如何？各自有哪些优劣势？

7. 客户如何看待我们及我们的竞争对手？

8. 您如何看待 M 公司的发展前景？M 公司的发展受哪些因素的影响较大？M 的优劣势在哪里？

9. 您认为 M 公司的主要问题是什么？战略？组织结构？还是内部管理？

10. 您如何看待请外脑的问题？您希望我们帮助您解决哪方面的问题？达到什么样的效果？

在访谈过程中，访问员需要注意以下几点：

第一，提问必须围绕访谈提纲并按照访谈提纲的顺序进行；

第二，问题要清晰明了，易于回答；

第三，问题要紧扣主题，访问者要引导访谈对象在回答时不偏离主题；

第四，要求访谈对象在回答问题时尽量具体、准确，避免笼统；

第五，访问员在提问的时候，不要带有明显的暗示或偏向性。

在访谈的过程中，可能会遇到如下问题，访问员应该视情况作出妥善的处理：

第一，外界的干扰。访谈过程中，可能会有电话、门铃或者需要紧急处理的事件打断访谈过程。这时，访问员应该耐心等待，并记住被打断的地方。当干扰结束后，提醒访谈对象刚刚谈到了哪里，并帮助他们迅速回忆起刚才的情形，使他们的思路重新连贯起来。

第二，其他人在场。访谈之外的第三人或者更多人可能从访谈开始就在场，或者中途进来且不愿意离开。原则上来说，访谈应该是在一对一的情况下进行。如果访谈对象并不介意有其他人在场，并且其他人在场没有影响到访谈对象的回答，那么访问员可以不采取额外的行动。假如由于其他人的在场使访谈对象产生紧张，无法畅所欲言，那么访问员就应该以较为委婉的方式提议另外选择谈话的地点。

第三，访谈对象不合作。访谈过程中难免会出现访谈对象不合作的情况。有时候是访谈对象从一开始就不合作，有时候则是问到某些敏感问题时，访谈对象明知而不答，或者拒绝回答等。这时，访问员应该以正面的语言来激励和感染访谈对象，如果对方的态度十分坚决，访问员应该客气地表示谢意，同时马上结束访问。

在访谈过程中，访问员必须对访谈内容进行记录。通常来说，访问员可以用笔或者电脑同步记下访谈的内容，或者利用录音设备对访谈进行录音。用笔或者电脑现场记录，需要访问员不但有清晰的思路发问，还必须有速记的本事，完整、真实地记下访谈对象的谈话内容，并且还要求访问员在访谈对象回答完一个问题之后，用尽量短的时间完成这个问题的记录，并准确无误地提出下一个问题。这对访问员的素质要求比较高，有时候，也可以专门配备一个记录员来保证记录的完整性。利用录音设备进行记录就简单得多，但是有的访谈对象面对录音设备会有紧张情绪，或者有的人根本就不愿意用录音设备。所以，如果要使用录音设备，必须首先征得访谈对象的同意才可以。

访谈结束后，访问员应该向访谈对象表示口头的感谢，并表明在有必要的时候可能还要来访。

(3) 访谈记录的整理

在访谈过程中，访问员必须同步记录下访谈对象的回答或者采用录音设备对访谈内容进行录音。

对于同步记下的访谈内容，往往由于谈话语速过快，而使得记录不是很完整。熟练的访问员通常会采用某些固定的、自己特有的符号来代替某些词语或句子。在访谈结束后，访问员要对记录的内容进行及时整理，将不完整的地方补齐，将特定的符号转换成通顺的话语。

对于录音设备记下的访谈内容，整理起来则相对比较困难。首先，将所有的录音完整听一遍，并将所有内容转换成文字，往往需要花费比访谈时间多四五倍的时间。其次，在录音中出现的访谈被打断、访谈对象的口头禅等必须被过滤掉。

总的来说，对访谈记录的整理，应该保证内容的准确性和完整性，要忠实于访谈对象的原意，对于某些拿不准的或者重要的数据，访问员应该与访谈对象进行核对，不要胡乱猜测或者歪曲访谈对象的意思。

(4) 访谈后的工作

访谈结束之后，访问员还有一些工作需要做。例如，向访谈对象发出一封简短的感谢信，表示感谢等。如果访谈过程中，访问员已经承诺了访谈对象的某种要求，如将整理后的访谈记录交给访谈对象审核等，访问员应该信守诺言。

二、座谈会

座谈会是指访问员经过精心的选择，邀请若干被调查者，通过集体座谈的方式了解有关问题、获得某些信息的调查方式。在座谈过程中，由访问员充当主持人的角色对座谈进行引导，参加座谈会的人员对某一个主题或观念进行深入的讨论。座谈会也是一种访问员与访谈对象面对面交流的方式，与访谈方法不同的是，访谈通常是一对一进行的，而座谈会则是一对多进行。座谈会是一种典型的集体访谈的形式，也是一种常见的调查方法。

1. 座谈会的特点

座谈会是在一个比较宽松、自由的环境中，通过主持人的引导，使参与者能够对主题进行充分和详尽的讨论，了解人们深层的态度、情感、动机、想法及其原因。因此，座谈会具有以下的优点：

（1）座谈会可以使参与者之间、主持人与参与者之间充分的互动和互相启发，激发出新的思考和想法。座谈会充分利用了心理学中一种叫做"群体动力"（group dynamics）的功能。所谓"群体动力"是指群体内部成员之间相互的影响作用。从社会心理学的角度来看，处于群体中的个体心理，受到群体中其他成员的影响甚至制约。由于"群体动力"的影响，座谈会的参与者会受到其他人的启发，产生新的想法；"群体动力"所产生的压力还可以使参与者中的偏激者受到约束。这是一对一的访谈所不能达到的效果。

（2）座谈会所提供的自由、宽松的环境可以使参与者的讨论更多、更全面，从而有利于更加深入地获得信息。由于主持人和参与者不是单独地提问与回答，因而会感觉比较轻松，会比较自然地说出自己的真实想法，谈得更加深入和透彻。

（3）在座谈过程中，主持人可以更加清楚地观察参与者的身体语言、表情等，有利于更好地获得有用的信息。在座谈会中，谈得兴起的参与者们往往忘记了去刻意隐藏自己的身体语言，这时他们是更加真实的，获得的信息也就更加有效。

当然，座谈会的调查方式也存在一定的不足：

第一，座谈会对主持人的素质和经验要求较高。

第二，群体压力对参与者的约束和限制作用，有时会使其难以充分表达自己的真实想法。

第三，主持人的主观意见可能会导致不真实的回答。

第四，参与者的个性及表现对结果有影响。有些参与者个性内向，不习惯当众表达自己的思想；而有些参与者表现欲过强，发言过多，不给别人发言的机会，影响座谈会的效果。

第五，座谈会往往需要专门的、比较大的场地，而且要求所有参与者有一个共同的空闲时间，因此成本比较高。

2. 座谈会的守则

座谈会的形式看似简单，实际操作起来却不是那么容易。要想座谈会顺利进行，真正达到获取有用信息的目的，下列问题是必须要注意的：

（1）座谈会有明确的主题；

（2）座谈会的时间一般为一个半小时左右为宜；

（3）座谈会的参与者一般应控制在 8 ~ 12 人；

（4）座谈会的参与者必须对座谈的主题感兴趣，或者正是从事与这个主题相关的工作的；

（5）座谈会的参与者可以自由地发表意见。

3. 座谈会的操作流程

座谈会的操作流程一般可以分为六个部分：座谈会地点的选择与设备的准备、座谈会参加人员的选择、选择座谈会的主持人、编写座谈会讨论大纲、座谈会进行、整理座谈会资料。图 3-8 表明了座谈会的基本操作流程。

（1）座谈会地点的选择和设备的准备

座谈会一般都要选择在专门的会议室或比较大的空间里进行。有时候，比较大的起居室也可以用来作为座谈会的地点，这种非正式的环境可以使座谈会的环境更加轻松。无论选择怎样的地点开座谈会，其空间必须足以容纳 8 ~ 12 个人，并且相对比较宽敞，让参与者感到轻松，而没有压抑感。

座谈会开始之前，其所需的设备必须准备齐全。首先，桌椅要齐备，每位参与者都有桌椅可用；其次，椅子应该坐得很舒适，桌子要方便参与者依靠身体、搁放茶杯、进行记录等。再次，如果有录音设备，应该放置在能够清晰地记录每位参与者发言的位置，另外录音设备还必须远离某些干扰设施，如空调等。第四，要为每位参与者准备一杯茶、纸、笔以及其他所需的用品。第五，如果是用电脑或打字机做记录，那么这些设备必须事先准备并调试好。第六，准备好一些编好号的背景资料填写卡，以备座谈会正式开始之前让参加人员填写，这是因为主持人在座谈会开始之前可能不会完全熟悉并能够直接喊出参加人员的名字，有了背景资料卡，主持人就可以根据编号和填写的资料迅速地邀请某位参加人员发言，并对号入座地记录下每位嘉宾的发言。

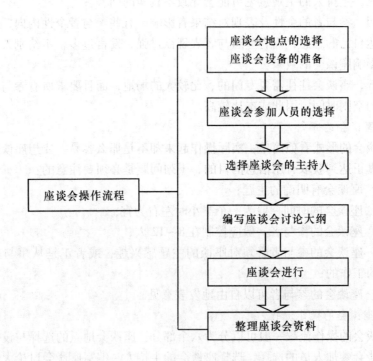

图 3-8　座谈会基本操作流程

（2）座谈会参加人员的选择

一次座谈会的参加人员一般控制在 8～12 人左右为宜，因为这样可以给每个参与者足够的发言时间来表达自己的想法，而且不会由于人员过多而导致场面的混乱。

既然座谈会参加人员的数量有所限制，那么对座谈会参加人员的选择就必须科学有效。参加座谈会的人员应该是对座谈会的主题感兴趣，或者对这个主题有所研究，或者就是从事与主题相关的工作的人。参加座谈会的人员还必须有代表性，是可以代表企业内部不同层次或者对主题持不同意见的人，否则座谈会将出现一边倒的局面，无法获得真正准确有用的信息。另外，参加座谈会的人员必须是在同一时间段内都有空闲的人，否则有的人会因为抽不出空而放弃参加座谈会，使座谈会失去某一方面的意见代表，甚至由于参加人员过少而无法举行。

（3）选择座谈会的主持人

与内部访谈的访问员相比，座谈会的主持人需要具备更高的素质。一个合格的座谈会主持人需要具备以下基本素质：

第一，较强的组织能力，主持人必须具备能够有效组织一个小组进行讨论的能力；

第二，良好的沟通能力和沟通技巧，主持人要能够有效地引导座谈会的参加人员进行讨论，充分地表达自己的思想，在他们偏离主题的时候及时将他们拉回正题，避免讨论受到某个人或者某几个人的影响，出现一边倒的局面，能够巧妙地解决参与者之间由于讨论产生的矛盾；

第三，具有扎实的专业知识基础，对于座谈会的主题及相关的知识有一定程度的了解，能够正确地提出讨论的问题，正确地理解参与者的思想；

第四，具有较好的倾听技巧和观察技巧，能够认真听取参与者的讨论，分辨出他们欲说而未说的潜台词，观察细节和参与者的肢体语言、表情等，从中获得有用的信息；

第五，保持客观性，具有灵活性，主持人在座谈会进行过程中必须保持客观性，不被某一种意见所左右，而且能够灵活地处理突发事件。

（4）编写座谈会讨论大纲

与内部访谈一样，座谈会也要事先编写一个讨论大纲。与内部访谈不一样的是，座谈会的讨论大纲不需要那么详细，它只需要围绕座谈会主题拟定出需要讨论的几个问题，列出话题的清单。由于在座谈会中，主持人主要是扮演组织、引导、总结的角色，他不需要与参与者一问一答，只需要将需要讨论的话题抛出，并在讨论过程中控制时间和节奏，进行适当的引导就可以了，所以讨论大纲不用事无巨细地将所有细节都列出来。

一般而言，座谈会讨论大纲包括三个部分：开场白、讨论问题清单、结束语。下面这个案例说明了座谈会讨论大纲的一般形式。

案 例

某企业关于品牌定位的座谈会讨论大纲①

一、开场白（5分钟）

（一）欢迎词、熟悉参与人员

1. 欢迎词、参加人员简单介绍和座谈会目的说明。

2. 录音的说明（如果采用录音设备时需要）——因为我只能专心地听你

---

① 参见李奇云：《广告市场调研》，四川大学出版社2004年版，第43页。

们的谈话，所以只能以这种方式来记录下最珍贵的原始资料，确保你们的意见没有被歪曲或者忽略，请你们谅解。

（二）座谈会规则说明

1. 没有正确和错误的答案——只有你的宝贵意见，你是代表许多和你一样意见的人发表看法。

2. 各抒己见，尽可能地发表你对某一个问题的看法、意见。

3. 每个人尽可能地发言——我们需要知道所有人的意见，请每个人都大胆地表达你的想法和提出你的意见、建议。

（三）特别强调

1. 请注意，为了不漏掉任何一个人的意见，在发言时请一个一个地讲。

2. 在某个人发言时，希望其他人认真听，并随时准备补充你的意见，不要进行个别讨论。

3. 为了更集中地讨论几个主要话题，我有可能冒昧地打断你的谈话，请多包涵。

4. 还有什么不清楚的问题吗？

（四）分发背景资料填写卡，请参加人员填上其相关的背景资料

资料卡预先编号，发言时，称"请第几号嘉宾发言"。

二、有关品牌的认识（15分钟）

1. 请谈一下你对"品牌"这一概念的理解。

2. 你认为企业有必要做品牌吗？品牌的意义是什么？

3. 谈谈你知道的一些品牌，并说出它们为什么知名。

三、对竞争对手品牌定位的了解（20分钟）

1. 你知道的竞争对手的品牌有哪些？它们分别处于什么档次？定位是什么？

2. 你认为竞争对手的定位存在什么问题？或者优势在哪里？

3. 竞争对手品牌的目标消费群是什么？它们的定位是不是符合其目标消费群的需求？

四、对本企业品牌定位的看法（40分钟）

1. 本企业的品牌是什么？它的历史如何？

2. 本企业是否有明确的品牌定位？这个定位是什么？

3. 本企业品牌的目标消费群是什么？本企业品牌的定位是否符合目标消费群的需求？

4. 你对本企业的品牌定位有哪些意见？

5. 竞争对手的品牌定位是否有值得本企业学习的地方？如何借鉴？

五、结束语（3分钟）

感谢大家的参与和配合！如有必要，今后可能会找你们中的某一位补充了解一些信息，希望你们能够继续配合。

（5）座谈会进行

在一切准备就绪之后，座谈会就可以开始了。正如前面提纲所示，主持人先通过开场白来活跃气氛，并使参与者明白座谈会的规则及意义。然后主持人就可以根据讨论提纲的顺序抛出话题，引出讨论了。

正如我们前面一再强调的，作为座谈会的主持人，必须保持客观中立；不要表现出明显的倾向性；控制座谈会的场面，及时引导座谈会的进程；保证每位参加人都能够自由、充分地发言；引导参加者正确地表达自己的真实想法；注意观察参加者的肢体语言、表情等细节；做好访谈记录。

在座谈会结束之后，主持人要有一个结束语，对参加者的积极参与和配合表示感谢，并表明可能补充访谈的意向。

（6）座谈会资料的整理

座谈会结束之后，还有一项非常重要且非常麻烦的工作要做，那就是座谈会资料的整理。由于座谈会往往有数个人参加，在发言时，这些人有可能互相插嘴或打断别人的说话，所以在整理资料的时候就要格外小心，以免张冠李戴，把这个人说的话归到另外一个人名下。相对来说，有录音设备进行记录，座谈会的资料保存得会比较完整。但是，录音设备的一个缺陷在于，在听录音整理资料的时候，必须清楚录音机中的某个声音究竟是谁发出来的，可以跟资料卡上的人对得上号。所以，为了避免在整理资料的时候发生混淆，即使在有录音设备的情况下，主持人或者专门的记录员也应该记下每个人发言的第一、二句话，或者发言的大概意思。

三、问卷调查

问卷调查是一种最普遍的调查方法，可以应用于多个领域，如对广告主的调查、市场调查等。对广告主内部的问卷调查与对市场的问卷调查或者其他形式的问卷调查，在目的、内容、侧重点、调查对象等方面都有很大的不同。在广告主调查中，问卷调查的目的主要是对广告主企业内部情况进行调查，企业内部信息的收集是调查的侧重点，调查的对象主要是企业内部的员工。

关于调查问卷的特点以及如何设计调查问卷等内容，在本书的第六章——市场调查的问卷设计中有详细的论述，这里就不再赘述。

需要强调的是，对广告主内部的问卷调查，其调查的内容往往是与企业内部密切相关的，接受调查的人也主要是企业内部的员工，所以调查问卷在设计上也必然体现这一特点，例如，在问题的设计上主要以企业内部情况为主。另一方面，由于接受调查的人相对比较确定，在问卷风格的设计上可以更有针对性。例如，对高科技企业员工进行问卷调查，鉴于该企业的员工文化素质相对较高，调查问卷在设计上可以涉及一些高科技的知识，问卷的文字可以考究一些。又如，对一般的工厂员工进行问卷调查，针对员工文化素质相对较低的情况，调查问卷应该通俗易懂，尽量口语化。下面这个案例表现了对广告主内部的调查问卷的一般形式。

案 例

针对广告主内部的调查问卷

问卷调查主题：企业文化

（说明：请在对应的选项上打勾，如无特别说明，只选一项。文中 M 即 M 公司。）

一、M 企业文化的历史沿革

您认为 M 应该继承 M 历史文化中的哪些内容？（选出最重要的 3 项）

1. 创新 2. 求实 3. 拼争 4. 奉献 5. 勤俭节约 6. 自力更生

7. 其他 _____

二、影响因素

（一）您认为 M 文化形成的主要因素依次是（按重要性由大到小排列在横线上）：

1. M 发展历史 2. 地域文化 3. 中国传统文化 4. 市场经济

答案：_____

（二）您认为中国传统文化对 M 文化的主要影响是（选出最重要的 3 项）：

1. 仁爱互助，同心同德

2. 做事讲究道义，对自然、社会和他人负责

3. 以诚待人，互相尊重   4. 遵守承诺，取信于人

5. 忠心为国，自强不息   6. 惟上，盲目服从

7. 惟书，因循守旧   8. 惟官，等级森严

9. 知足常乐，随遇而安   10. 做事稳健

11. 事不关己，高高挂起

（三）您认为地域文化对 M 文化的主要影响是（选出最重要的 3 项）：

1. 艰苦创业精神　　　　　　　2. 为国奉献精神

3. 自尊、自信　　　　　　　　4. 知足常乐

5. 求规模，讲排场　　　　　　6. 重义气，讲信用

7. 重实践，轻理论　　　　　　8. 实现自身价值主要体现在做官

9. 慷慨大方

（四）您认为改革开放和市场经济对 M 文化的主要影响是（选出最重要的 3 项）：

1. 开放意识　　　　2. 市场观念　　　　3. 精品意识

4. 服务理念　　　　5. 危机感　　　　　6. 人才观念

7. 学习意识　　　　8. 成本观念　　　　9. 质量观念

10. 竞争意识

（五）您认为中国加入 WTO、经济全球化和知识经济对 M 文化提出的新要求是（选出最重要的 3 项）：

1. 市场观念　　　　2. 精品意识　　　　3. 服务观念

4. 成本观念　　　　5. 创新精神　　　　6. 人才观念

7. 国际化意识　　　8. 竞争意识

三、M 文化的现状

（一）您认为 M 现有的企业文化对公司发展有多大的促进作用？

1. 很大作用　　2. 有一定作用　　3. 没有　　4. 说不清

（二）您认为 M 的科级以上领导在向下级布置任务后，是否还提供指导或建议？

1. 常常指导　　　　2. 偶尔指导　　　　3. 从不指导

（三）您认为 M 的科级以上领导是否能够虚心听取下级的不同意见？

1. 常常虚心听取　　2. 偶尔听取　　　　3. 不愿听取

（四）您认为在 M 内部，上下级之间经常交换意见吗？

1. 常常充分沟通　　　2. 沟通，但不充分　　　3. 很难沟通

（五）您关于公司生产和发展信息的主要来源是（选出最重要的 3 项）：

1. 会议传达　　　2. 领导口头传达

3. 文件传达　　　4. 传闻

（六）您认为在 M 内部，上级领导代替下级行使管理职责的现象常见吗？

1. 很常见　　　　2. 偶尔发生　　　　3. 基本没有

（七）您认为 M 科级以上领导在工作中常表现为哪种角色？

1. 教练　　　　2. 家长　　　　3. 工作分配者

4. 监工　　　　　5. 绊脚石

(八) 您认为在 M 内部，各级领导倾向于采用正激励 (如表扬、奖励) 还是负激励 (如批评、扣奖金)?

1. 倾向于正激励

2. 倾向于负激励

3. 两者都经常采用

(九) 您认为 M 的效率意识强吗?

1. 很强　　　　　2. 一般　　　　　3. 没有意识

(十) 您认为 M 部门间协作意识强吗?

1. 部门之间能够积极配合

2. 部门间有配合，但不太积极

3. 协作较难，主要凭哥们儿关系办事

(十一) 您认为 M 的管理部门为生产厂和销售部门服务的意识强吗?

1. 很强　　　　　2. 一般　　　　　3. 没有意识

(十二) 您认为在 M 决策时，是否充分考虑对社区环境和居民利益的影响?

1. 充分考虑

2. 关注，但不是主要决策因素

3. 没有意识

(十三) 您认为 M 对员工进行选拔和晋升的主要依据 (按重要性由大到小排列在横线上):

1. 业绩　　　2. 能力　　　　　3. 学历　　　　　4. 关系

答案: _____

(十四) 您认为您的收入与您的工作业绩关联如何?

1. 很大　　　2. 关联，但不是主要因素　　　　　3. 无关

(十五) 您对 M 目前采取的竞争上岗、末位淘汰措施表示理解和支持吗?

1. 绝对支持　　2. 支持，但需改进　　3. 无所谓　　　4. 不支持

(十六) 您认为 M 员工的危机感强吗?

1. 很强　　　　　2. 有一点　　　　　3. 没有

(十七) 您认为 M 员工的危机感主要来源于 (按重要性由大到小排列在横线上):

1. 竞争上岗，末位淘汰

2. 国际化市场竞争

3. 社会及经济的急剧变化

答案：_____

（十八）您认为 M 员工的批判意识强吗？

    1. 很强   2. 一般   3. 没有

（十九）您认为 M 员工敬业吗（主动、认真、责任感强）？

    1. 很敬业   2. 一般   3. 不敬业

（二十）您认为 M 员工的质量意识强吗？

    1. 很强   2. 一般   3. 没有

（二十一）您认为 M 员工在实际工作中注意节约成本吗？

    1. 很注意   2. 家大业大，无所谓

（二十二）您认为 M 员工的学习意识强吗？

    1. 善于学习，并付诸实践

    2. 爱学习，但不能学以致用

    3. 从不注意学习

（二十三）您认为 M 员工的学习内容与本职工作的关系如何？

    1. 很大   2. 有一点   3. 无关

（二十四）您认为 M 员工的创新意识强吗？

    1. 很强   2. 一般   3. 没有

（二十五）您认为 M 目前的创新能力主要表现在（按重要性由大到小排列在横线上）：

    1. 技术创新   2. 观念创新   3. 管理创新   4. 产品创新

    5. 市场创新   6. 人才创新   7. 发展思路创新

答案：_____

（二十六）您认为 M 的市场观念强吗？

    1. 主动适应市场变化

    2. 被动适应市场变化

    3. 对市场变化的反应过于迟钝

（二十七）您认为 M 员工为用户服务的意识强吗？

    1. 很强   2. 一般   3. 较弱

（二十八）您认为在 M，有了制度却没有严格执行的现象常见吗？

    1. 常见   2. 偶尔发生   3. 从没有

（二十九）您认为 M 目前的主要竞争优势在于（选出最重要的 3 项）：

    1. 规模化生产引发的低成本

    2. 企业文化

    3. 管理

4. 一线员工的操作能力（包括生产和销售）

5. 品牌效益

6. 顾客导向的市场意识及预见力，管理层的领导能力与领导风格

（三十）您认为目前 X 行业的主要竞争要素（按重要性由大到小排列在横线上）：

1. 文化理念　　2. 工艺技术能力　　3. 产品研发能力

4. 营销能力　　5. 生产资源　　　　6. 财务资源

答案：_____

四、未来

（一）您对 M 的未来发展有信心吗？

1. 很强　　　　　2. 一般　　　　　3. 没信心

（二）您认为 M 的使命应该包括哪些内容？（选出最重要的 3 项）

1. 打造行业先锋　　　　　　　　2. 为员工提供发展空间

3. 为股东、为客户创造价值　　　4. 为社区发展做出贡献

5. 促进社会进步　　　　　　　　6. 其他

（三）您认为未来 M 的价值观念应该强调哪些内容？（选出最重要的 3 项）

1. 优胜劣汰　　　　　　　　　　2. 质量是企业的生命

3. 服务社会及顾客　　　　　　　4. 以人为本

5. 居安思危　　　　　　　　　　6. 严格控制成本

7. 诚信经营　　　　　　　　　　8. 国际化发展

9. 其他

（四）您认为未来 M 的企业精神应该强调哪些内容？（选出最重要的 3 项）

1. 创新　　　2. 求实　　　3. 拼争　　　4. 奉献

5. 诚信　　　6. 团队　　　7. 自强　　　8. 服务

9. 进取　　　10. 协作

（五）您现在的岗位属于——仅用于统计目的

（　　）一般员工

（　　）一般管理人员和技术人员

（　　）部长及副部长级管理人员

（　　）副总经理及以上管理人员

四、档案调阅

档案调阅是对广告主企业内部的资料档案进行调阅，从中发现有用信息，

帮助制定广告战略的一种调查方法。

1. 档案调阅的特点

与前面三种调查方法不同，档案调阅是一种收集二手资料的调查方法。这些档案已经存在于企业内部，调查员只需要将它们调出来进行阅读，收集有用信息即可。档案调阅法具有以下优点：

（1）可以根据档案调阅发现问题或者预测企业某方面的未来发展趋势。档案通常是企业长期积累的表格、文件等的总和，调查人员可以根据这些原始的记录，发现企业所存在的问题。另外，档案还可以作为预测未来的依据，例如，根据某企业近几年的营业额平均以 25% 的速度增长，可以推测未来几年内该企业营业额的变动情况。

（2）相对比较客观。档案通常是一些原始的记录文件，往往不带有主观性，它所提供的信息是比较客观的。

（3）没有时空的限制。档案调阅不需要约定专门的时间、选择专门的地点进行，档案在哪里，就可以随时到哪里进行调阅。

档案调阅也存在一定的局限性，具体来说，表现在以下几个方面：

第一，档案通常是历史资料，因此过时的资料较多，现实中正在发生变化的新情况、新问题难以得到及时的反映。

第二，档案的质量参差不齐。企业所存的档案，不一定都是专业人员整理的，档案本身也不一定是具有高水平的人建立的，如某企业的生产销售记录可能是由一个完全不懂销售的人做的。这样，就导致了档案质量的参差不齐。对调查来说，最明显的影响就是，有的档案可能没有真实、正确地反映企业的情况，而这些错误的信息很难被排除，从而影响到调查的准确性。

2. 档案调阅的原则

档案调阅的优缺点，决定了调查人员在通过档案进行调查的时候，应该遵循以下几个原则：

（1）广泛性原则。就是说档案的调阅应该力求详尽，要通过各种渠道调阅尽量多的有价值的档案。所涉猎的档案既要有宏观资料，又要有微观资料；既要有历史资料，又要有现实资料；既要有综合资料，又要有典型资料。资料要涵盖企业内部运行的方方面面。

（2）针对性原则。就是说在档案调阅过程中，要针对调查的主题来寻找资料，排除无用信息的干扰。

（3）时效性原则。时代的发展日新月异，知识更新速度也越来越快，调查人员在调阅档案时，要剔除一些过时的信息，寻找具有时效性的资料。

（4）连续性原则。即注意所调阅的档案在时间上是不是连续的，通常来说，连续的资料更能反映事物运动发展的规律。而当遇到时间上有断层的资料时，调查人员要特别小心，不要轻易下结论或作出推测，否则很容易犯以偏概全的错误。

3. 档案调阅的分类

企业所存的档案常常是丰富的，其范围常常十分广泛，如产品生产档案；产品销售档案；员工数量及其劳动时间档案；设备增减、维护、使用方面的档案；原材料、动力、燃料消费档案；新产品开发和技术应用方面的档案；生产经营政策档案等等。

具体来说，档案调阅主要可以分为以下几类：

（1）企业销售档案。主要包括企业销售或销售结构（产品结构或地区结构）的历史数据和当前数据及其增长或下降的幅度；产品销售价格变化档案；产品销售渠道档案，产品销售手段档案等。

（2）企业财务档案。主要包括财务部门提供的各种财务、会计核算和分析资料等。

（3）企业人力资源档案。主要包括企业的各岗位分析、薪酬制度、福利制度；招聘制度；人员培训制度等。

（4）企业市场信息档案。主要包括企业的行业特征及趋势分析档案；市场潜量研究档案；产品开发调研档案；广告调研档案；营销手段策划及实施档案；竞争者研究档案；消费者研究档案；顾客品牌偏好研究档案等。

在进行档案调阅的时候，并不需要对企业的每种档案都进行调研，可以根据调查的主题，适当地选择几类档案进行调研，这样既增强了档案调阅的针对性，也节省了调查的时间、人力、财力成本。

第三节　广告主的 SWOT 分析

一、SWOT 分析的内涵

SWOT 分析是哈佛商学院的 K. J. 安德鲁斯于 1971 年在其《公司战略概念》一书中首次提出的。① SWOT 代表优势（STRENGTHS）、劣势（WEAKNESS）、机会（OPPORTUNITIES）和威胁（THREATS）。SWOT 分析是企业内部优势与劣势和企业外部机会与威胁综合分析的代名词。其中，优劣势分析主要着眼于企业自身的实力及其与竞争对手的比较，而机会和威胁分析将注意力

---

① 倪义芳、吴晓波：《论企业战略管理思想的演变》，《经济管理》2001 年 6 月。

放在外部环境的变化及其对企业的可能影响上。但是外部环境的同一变化给具有不同资源和能力的企业带来的威胁和机会可能完全不同，因此必须把它们结合起来。

SWOT 分析作为一种企业竞争态势的系统分析工具，其主要目的在于对企业的综合情况进行客观公正的评价，以识别各种强项、弱项、机会和威胁因素，并对这些因素进行一定的分析。

SWOT 分析一般要经过这样几个步骤：首先要进行企业内外环境的分析，列出企业目前所具有的优势、劣势与外部环境中存在的发展机会和威胁。然后，以外部环境中的机会和威胁为一方，以内部环境中的优势和劣势为另一方，绘制 SWOT 二维矩阵图，最后通过外部环境与内部条件的组合分析来制定合适的企业战略。

1. 优势与劣势

优势是与劣势相比较而言的，它不是指企业所具有的能力，而是指企业与其竞争者相比较而言所具有的核心竞争力；其重点在于自己有而竞争者无的独特能力。劣势指的是企业与其竞争者相比所具有的某一或某些方面的缺点和不足。

SWOT 方法中对企业优劣势分析通常要考虑到以下几个方面：①

①企业资金资源及其财务状况：企业运营的基本前提；

②企业的人力资源：企业运营的核心力量；

③企业的组织管理资源：企业有效运营的基本保证；

④企业技术资源（企业经营的核心特色）：企业核心竞争力；

⑤企业的市场地位及发展潜力：企业生存与发展的基础；

⑥企业品牌的市场形象：企业无形资产；

⑦企业营销战略与策略的实施：企业运营的基本目标与达到目标的手段。

进行优势与劣势分析的目的，一是对企业本身的系统分析，即列出影响企业管理战略的内部因素，再对这些因素进行评价和历史考察。但是这种"内视"的观念，不能适应外部环境竞争的变化。因而，必须在分析内部优劣势之后，与竞争者的优劣势进行比较分析。这种方法能够把自己与竞争对手情况结合起来。

广告调查者必须对优势和劣势进行明确的评价，进而识别出什么才是该企业所具有的与众不同的能力，即明确进行外部竞争的独特技能和资源所形成的核心竞争力。

---

① 于萍：《市场营销调研》，东北财经大学出版社 2002 年版，第 87 页。

2. 机会与威胁

机会，就是企业的外部环境现状以及未来的变化趋势中对企业有益的、积极的、起促进作用的方面；相对而言，威胁就是企业的外部环境的现状以及未来的变化趋势中对企业的战略管理和发展有消极的、不利的、负面作用的因素。企业若能够把握和利用机会，就能够增强企业的核心竞争力，获得竞争优势；企业管理若不能有效地回避或恰当地处理外部环境中的危机和威胁，就会导致动摇或腐蚀企业的优势和核心竞争力的后果。

SWOT 分析法中的机会和威胁通常包括以下几个方面：

①企业进入新的市场或者开拓潜在市场的机会；

②企业开发新产品或更新老产品的机会；

③进行横向或纵向联合的机会；

④外部环境发生与企业相关的重大事件，为企业提供机会或带来的威胁；

⑤市场增长势头提供的机会，或市场衰退给企业带来的威胁；

⑥主要竞争对手决策变化为企业带来的机会或威胁；

⑦市场替代品的出现带来的威胁；

⑧政策法规给企业带来的机会或威胁。

外部环境的现状和变化以及趋势，对于一个企业来说，究竟是机会还是威胁，取决于该企业所能够整合的资源；即使处于同样的外部环境中，由于各个企业所能够整合利用的资源有差别，可能对某些企业是机会，而对另一些企业则可能是程度不同的威胁。

进行企业外部环境的机会与威胁分析，就是将外部环境变化趋势中对企业有战略性影响的各种因素尽可能全面地一一列举出来，计算或评估这些因素出现的可能概率，再分析它们对企业的正面的、负面的、中性的影响方面。

3. SWOT 分析的方法

仅仅识别了企业的自身的优劣势、知道了外界环境给企业带来的机会和威胁是不够的，SWOT 方法还要对这四个因素进行综合分析。具体做法是：将企业的优势与劣势因素分为两组，分别与环境机会与环境威胁相对应，构成一幅由四个象限构成的分析结构图，如图 3-9 所示。此图的分析功能在于：一是能够说明企业的哪些优势、劣势是与外部的环境机会相关的；哪些优势、劣势是与外部环境的威胁相关的；二是能够使调查者充分全面地了解企业的情况，以及企业未来的发展趋势，为制定有利于企业发展的、能够充分体现企业优势的广告策略提供思路。

第 1 象限说明企业在所面临的环境威胁中的劣势，这些要素是企业发展需要消除的，企业要减少内部弱点，回避外部威胁，在广告策略中可以体现为规避这些要素，或者凸现企业已经提出的有效的改进方法等。

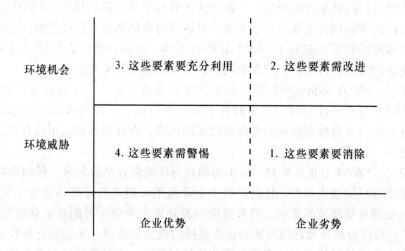

环境机会　　　3. 这些要素要充分利用　　　2. 这些要素需改进

环境威胁　　　4. 这些要素需警惕　　　　　1. 这些要素要消除

　　　　　　　企业优势　　　　　　　　企业劣势

图 3-9　SWOT 分析图

第 2 象限说明企业在所面临的环境机会中的劣势，这些要素是企业需要改进的地方，企业要利用外部机会、克服内部弱点，在广告策略中可以体现为规避这些要素，或者凸现企业如何把握机会、积极改进的有效方法及过程等。

第 3 象限说明企业在所面临的环境机会中的优势，这些要素是企业发展需要充分利用的，企业要依靠内部强项、利用外部机会，在广告策略中可以体现为作为广告内容的重点等。

第 4 象限说明企业在所面临的环境威胁中的优势，这些要素是企业发展需要警惕的，企业要依靠内部强项、回避外部威胁，在广告策略中可以体现为广告内容的重点等。

二、SWOT 分析的意义

SWOT 分析法是对企业自身状况进行分析的一个有效的方法，它通常被企业自身用作形势分析，制定企业战略的方法。同样，对于广告调查人员来说，SWOT 分析法也是广告主调查的一种重要方法，可以帮助其真实、全面、客观、发展地了解企业情况，从而制定出有效、适用的广告策略的方法之一。利用 SWOT 分析法对广告主进行调查，具有重要的意义。

第一，SWOT 分析法可以帮助调查者对广告主企业的情况进行综合、全面的调查。本章第一节介绍了对广告主的调查包括广告主战略调查、组织调查、品牌调查、产品调查、文化调查等几个方面，事实上，SWOT 分析法包含了对广告主调查的所有内容进行综合的调查。这种方法对每项调查内容都进行分析，并把分析的结果分成两类——企业的优势和劣势。换句话说，SWOT 分析法把对广告主的调查变成了一个主体，对各项内容的调查不是孤立的，它们之间有着紧密的联系，都属于 SWOT 分析的范畴。这样，调查人员就可以对广告主企业的情况进行综合、全面的调查，从全局的角度来考虑问题。

第二，SWOT 分析法可以综合运用各种调查方式对广告主企业进行调查。由于 SWOT 分析法涉及对广告主的各个方面进行调查，因此可以综合运用各种调查方法，并且根据各项调查内容的不同性质，有针对性地运用最有效的调查方法。

第三，SWOT 分析法将对广告主的调查与环境调查结合起来。任何事物都不可能离开环境独立生存，任何广告主企业也不可能离开外部环境独立发展，它必然受到外界环境的影响，只有适应外界环境，企业才可能真正获得发展。SWOT 分析法分析外界环境可能为企业提供的机会与威胁，并综合分析在外界环境为企业提供的机会中，企业有哪些优势和劣势，在外界环境对企业的威胁中，企业存在哪些优势和劣势。这种将外界环境与内部条件有机结合的方法，可以更加有效地对企业的实际状况进行分析，使调查者更好地把握企业的形势，从而制定科学、合理的广告策略。

三、SWOT 分析的判断

究竟如何利用 SWOT 分析法来对广告主企业进行调查，作出合理的判断呢？我们用下面这个案例进行详细的说明。

案 例

用 SWOT 分析法对某企业进行调查①

1. 该企业外部环境中的机会、威胁分析

由于该企业是一家玻璃企业，所以对它来自于外部的机会和威胁分析应着重于整个玻璃行业的竞争态势分析，以下就几个重要的考察指标结合该行业实际状况加以分析。表 3-1 是玻璃行业竞争因素分析表。

---

① 李建波、钟美：《SWOT 分析法及其在某企业的应用》，《昆明理工大学学报》2002 年第 6 期。

表 3-1 玻璃行业竞争因素分析表

主要分析指标	指标简述	玻璃行业表现症状（激烈、正常、低沉）
1. 行业增长率	如果某行业增长迅速，那么现有企业不必为自身发展而相互争夺市场份额。	行业平均增长速度 10% 以上，属正常，但生产能力已提前 5 年达到 "十五" 规划 指标：正常
2. 竞争者的集中和平衡	集中程度影响着企业调整定价和其他竞争措施的力度。	300 多家浮法玻璃厂 300 多家淘汰小玻璃厂，分布于全国各地 指标：激烈 +
3. 差异程度和替代成本	同一行业中的企业能在多大程度上避免正面竞争，取决于它们所提供的产品和服务的差异程度。	技术、规模、品种、质量、趋同达 70% 以上 指标：激烈 + +
4. 退出障碍	如果企业资产专业化程度高，或按法规退出该行业成本较高，那么退出该行业就存在很大的障碍。	进得来，难出去 指标：激烈 + +
5. 法律障碍	许多行业的法规制约着新企业的加入	国家建材局撤销，经贸委产业政策指导，行业协会协管，投资主题多元化，审批监管不力 指标：正常
6. 替代品威胁分析	相关的替代品并不一定是形式相同的，而是那些具有同样效用的产品。	传统建筑、汽车等需要无新品替代 指标：正常
7. 供应商议价能力分析	同一行业中购买的相对议价能力分析，可以析取出对卖方的相对议价能力的分析	生产能力剧增和退出障碍，导致生产企业死撑，原材料供应紧张，价格上涨 指标：激烈 + +

从该行业竞争因素分析表和其他相关资料可以看出企业面对的主要威胁是：

（1）众多生产厂家，竞争者集中，如 "耀华"、"洛玻" 等；

（2）技术规模、品种等趋同 70% 以上，差异程度小；

（3）进易退难；

（4）原材料价格上涨，产品价格下跌 5%，减少赢利 58%；

（5）其他：加入 WTO 新的竞争者加入，进一步开拓出口市场难度大。

而企业拥有的机会是：

（1）玻璃产品替代品少；

（2）行业发展快；

（3）西部地区浮法生产线少；

（4）高档优质及深加工玻璃需求增加；

（5）国家政策性债转股，资产负债率下降20%，少付利息380万元。

2. 该企业的优势、劣势分析

该企业的优劣势可从其公司概况及年度经营状况中略知一二。

优势：

（1）生产能力强；

（2）浮法玻璃生产线在国内达到同规模先进水平；

（3）某些产品透光度好、指标达到国际水平；

（4）其产品在河口、瑞丽两个地方具有明显优势；

（5）好的管理经验和制度，职工对企业有认同感，对新事物、新技术有较强适应能力。

劣势：

（1）年度盈利情况分析见表3-2。

表3-2　　　　　　　　　**某企业1998年至2001年利润分配表**　　　　　（单位：万元）

项　　目	1998年	1999年	2000年	2001年
1. 主营业务收入	10 470	16 117	24 224	19 159
主营业务成本	10 811	14 567	17 919	16 502
主营业务税金及附加	47	74	206	124
2. 主营业务利润	−386	1 476	6 099	2 533
其他业务利润	−19	−40	−104	96
营业费用	289	332	229	189
管理费用	1 314	2 912	3 599	3 038
财务费用	2 120	1 619	1 264	1 483
3. 营业利润	−4 129	−3 427	801	−2 080
投资收益	−97	−192	−210	−87
营业外收入	163	68	62	1 011
营业外支出	4	3	12	103
4. 利润总额	−3 960	−3 493	598	−1 071

从表 3-2 中我们发现：

① 4 年中三项期间费用居高不下；

② 4 年中只有 2001 年有 96 万元的其他业务利润（深加工产品带来），其余 3 年都呈亏损状态；

③ 4 年来对外投资损失已超过 586 万元，2001 年营业收入达 1 011 万元（保险公司赔款），剔除此因素 2001 年亏损额在 2 000 万元以上。

（2）销售费用分析见表 3-3。

表 3-3　　　　　　　　**某企业消费费用分析表**　　　　　（单位：万元）

项　目	1998 年	1999 年	2000 年	2001 年	比 1998 年减少	减幅
销售费用	289	332	229	189	-100	34.60
运输费用	135	229	58	52	-83	61.48
广告费	33	2	6	0.1	-32.9	99.70
人员工资	48	13	16	10	-38	79.17
差旅费	6	7	7	8	2	33.33
物料消费	30	9	14	25	-5	-16.67
工艺分厂	17	42	74	61	44	258.82

从该表看出销售费用占三项费用比例较小，结构上工艺分厂费用增幅较大，而广告费用支出较少，这说明三项费用结构不协调，企业缺乏营销意识。

（3）投资收益和其他业务利润分析见表 3-4。

表 3-4　　　　　　**某企业投资收益和其他业务利润分析**　　（单位：万元）

项　　目	1998 年	1999 年	2000 年	2001 年
长期投资	2 377	2 857	2 315	2 241
当年投资收益率	-97	-192	-210	-87
其他业务利润	-19	-40	-105	96
其中：磁控镀膜				-29
镜子				-23
喷砂				-2
钢化玻璃				97

从该表进行分析，公司长期投资是不成功的，4年累计投资损失达586万元。其他业务利润只有2000年有利润，其余年份连续亏损，深加工能力没有发挥出来，不具备竞争力。

（4）其他劣势：企业债务风险大；企业原料采购半径过大，运输成本过高。

3. 构建该企业的SWOT分析矩阵

综合对该企业的内外环境分析，明确了企业的优劣势及机会与威胁，就可以构建出该企业的SWOT分析矩阵（见图3-10）。

	企业优势	企业劣势
环境机会	1.行业发展迅速； 2.国家政策优惠； 3.生产能力强； 4.对新事物、新技术有较强的适应能力 ……	1.西部地区浮法玻璃生产线少，但该企业成本高出同行200～300元； 2.高档优质及深加工玻璃需求增加，但该企业深加工能力差； ……
环境威胁	1.浮法玻璃生产线达到国内先进水平，但该产品技术、规模、品种趋同率高； 2.产品地区优势强，但竞争对手不断加入； ……	1.生产成本增加，产品价格下跌，利润大幅度减少； 2.企业各项费用高，对外投资失败，企业负债率高； 3.供应商议价能力强； ……

图3-10 某企业SWOT分析图

从SWOT分析图中可以清楚地看到企业在外部环境所提供的机会中存在哪些优势和劣势，在外部环境的威胁中有着哪些优势和劣势。在对广告主企业的状况进行综合、全面的SWOT分析之后，广告调查者就可以依据这个调查所获得的信息进行有效的广告战略制定和广告策划等活动了。

【思考·案例·练习】

1. 广告主调查包括哪些方面？广告主调查的目的是什么？
2. 比较内部访谈、座谈会、问卷调查、档案调阅四种调查方式的优劣势，分析它们在广告主调查中适用范围。试指出除了上述四种调查方法之外，还有什么方法适用于广告主调查。

3. 为什么运用内部访谈法进行调查的时候要分企业高层、企业中层管理人员、企业一般员工进行访谈？请就"产品包装"这一主题设计出针对企业内部三个不同层次的访谈提纲。

4. 什么是 SWOT 分析？SWOT 分析对广告主内部调查有什么特别的意义？

5. 以下为某企业的基本情况：

以生产休闲食品为主。总人口 2 000 人，职工总数 1 253 人。企业位于 A 市某开发区内。企业年产值 8 000 万元，利税 500 万元，职工人均收入 3 500 元。近年企业连续 3 年获该市最佳经济效益企业，还被评估单位评为特级信用企业。该牌休闲食品被评为 A 市名牌产品。2001 年企业获得进出口经营权。

目前，企业已发展至一定的规模，就同行业而言在 A 市处于前列，在全国居中等偏上的水平；企业集中了一批经验丰富的技术人员，技术人员占 43%。但是，国内外同类型产品不断增多，市场价格持续走低。特别是来自境外企业的压力太大，消费者偏向于购买国外品牌。仅 2000 年，全国 80% 的休闲类食品企业亏本，28% 的企业关门。现在"入关"在即，发达国家企业也对中国市场虎视眈眈。另外，同行业竞争加剧，仅 A 市就有 8 家，原材料供应不容乐观。企业间的拼杀进入白热化状态，企业间争夺生存权、发展权的斗争异常激烈。

请根据上面所提供的资料，构建该企业的 SWOT 分析矩阵。

第四章 广告环境调查

【**本章提要**】本章主要介绍了广告环境调查的范围和主要方法。广告环境主要包括：广告主所在行业的行业环境、竞争对手动向、政策法规环境以及所处的广告媒介环境。各种社会力量和行动者的组合形成了企业的广告环境。要获取广告环境资料，通常是以文献调查、网上调查和专项咨询为主，其他调查手段为辅。只有充分了解行业动态、掌握竞争对手动向、把握地区相关政策法规以及熟悉地区媒介环境，才可能使广告公司为广告主制定出精确的广告策略。

第一节 广告环境调查的范围

任何广告活动都是在特定的环境背景下进行的，其广告的战略战术的制定必然受到环境中诸要素的影响和制约。现代营销理念特别强调由外至内的思维方式，根据广告环境特点和趋势制定和调整广告策略，及时把握环境中的有力因素，避免环境威胁，帮助企业更好地完成营销目标。广告环境调查是广告公司在实施广告策划时所进行的前期调查活动。其主要目的是了解地区行业动态、掌握竞争对手动向、把握地区相关政策法规以及熟悉地区媒介环境。

行业环境是由行业经营者以外的各种社会力量和行动者构成（如图4-1），对行业环境态势的调查也主要是从这些社会力量和行动者开始。

一、行业发展态势

行业环境是影响企业所经营行业生存和发展的因素组合，是广告环境的一个分支，包括与企业经营相关的人口环境、经济环境、物质环境、社会文化、技术环境等行业基础环境以及某特定行业的行业特征环境。其中基础环境是企业从事营销活动必须首先了解的内容，我们首先就来探讨一下该行业发展的基础环境因素。

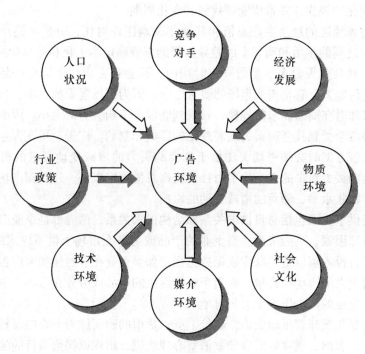

图 4-1 广告环境构成图

1. 经济环境

广告行业的经济环境主要是指广告主所进入市场的消费者收入和支出两方面的能力。一个地区的购买力大小主要取决于该地区的经济基础与发展趋势，具体来说分为地区生产总值及其发展趋势、地区社会商品购买力水平、地区社会消费结构及其变化等。

（1）通常我们衡量一个人的消费能力是按照其收入状况得出结论的，一般而言收入较高的人具有较大的购买能力和较高的生活水平，而收入较低的人则购买能力明显偏低。同样我们衡量一个地区的购买能力也应该看地区的总收入状况，而直接影响地区收入状况的最主要因素就是地区生产总值。社会生产总值是能够说明一个地区经济发展的重要和基础的指标，它描述了一个地区所生产的全部最终物品和劳务的最终市场价值。在对社会生产总值进行调查时应着重考察如下几个指标：

a. 收集该地区的生产总值基本资料，以掌握该地区当下经济发展的总规模和水平。

b. 收集一段时间内该地区社会生产总值的时间数列资料，以掌握其发展变化的规律，并希望能够找到其变化周期。

c. 将该地区的社会生产总值和其他相关地区作对比，分析不同地区消费者之间的生活和购买上的差异，帮助企业确定本土化和差异化的营销。

（2）社会购买力水平是指一定时期内，社会各方面用于购买产品、劳务的货币支付能力，它是构成市场的要素之一。因为市场规模的大小，包括现实商品需求和潜在商品需求的规模，归根到底取决于购买力的大小。因而企业广告活动必然会受到社会购买力发展变化的影响和制约。广告公司在为企业制定和实施广告方案时必须密切关注由于社会购买力的增减变动带来的机会和威胁。社会购买力水平的大小除了由社会生产总值决定以外，还受到市场供求关系、通货膨胀水平、储蓄的增减变动的影响。

市场供求关系包括总量供求关系和结构供求关系，两者都是企业广告策略的重要参照因素。一般来说，当企业的产品或劳务在市场上供不应求的时候，企业的广告投入可以适当减少或保持稳定，如果企业在这时候加大广告投放则可以获得更大的市场销售量；而当企业所提供的产品或劳务在市场上供过于求的时候，企业的广告压力也会相对增大。

通货膨胀意味着纸币贬值，物价上涨，货币的购买能力下降以及行业环境的恶化。一方面，通货膨胀会导致消费心理恐慌，出现以保值为目的的抢购风潮，从而给广告主带来大量混乱虚假的信息，增加广告主的投资风险度；另一方面，由于货币贬值，各种生产要素涨价，会提高企业生产成本，影响资金周转和投资组合，增加广告主进行营销活动的难度。

消费者的收入大致流向了两部分，一部分形成了社会购买力，另一部分则形成储蓄，所以社会购买力在量上还与储蓄的变动密切相关。在一段时间内，储蓄的增加将降低社会购买力，反之则会增加近期社会购买力。因此储蓄的增减会引起市场需求规模的结构变化，对广告主所在行业也必将产生或近或远的影响。

除了上述三个方面，社会信贷制度也在一定程度上影响着社会购买力，"花将来的钱"是当前的热门话题，随着社会信贷机制的不断完善和社会诚信水平的不断提高，信贷规模将不断变大，从而带来购买力的增加。

（3）著名的恩格尔系数揭示了消费支出模式的变化规律。恩格尔认为一个国家的食品消费支出占全部消费支出的比例能够反映出该国生活水平的富裕程度。食品支出比例在 15% 以下的国家为富裕国家，在 30% 左右为比较富裕国家，在 50% 以上的为贫穷国家。由此我们可以看出，社会消费结构与社会经济发展和人们生活水平的高度密切相关。当地区经济发展相对落后，人民生活水平较低的时候，食品等生活必需品成为消费的主要对象；随着社会经济发展和人民生活水平的提高，食品和其他生活必需品在社会消费中占有的比重逐渐下降，而用于住房、交通、娱乐、保健、教育等方面的支出将逐渐上升。反过来看，由于社会经济发展水平在一定程度上取决于消费者的收入水平，因而，消费者的收入水平不仅决定着消费市场的购买力高低，还决定着消费者的支出行为模式。消费者的任意可支配收入是影响消费需求构成最活跃的经济因素，这部分收入越多，人们的消费水平也就越高，企业的行业机会也就越多。因此广告调查人员应能够及时地分析和研究在不同的社会经济发展时期，人们在思想、观念和意识形态等方面的变化和潜在变化，以及由此而引起的消费倾向和购买力投向变化。掌握社会消费结构的变化趋势，对于企业有效地发现市场机会，及时调整行业营销方案有着极为重要的意义。

2. 人口环境

人是构成市场的主体，也是企业进行产品和劳务推向的终极目标，因此对于与行业相关的人口信息，企业尤为关注，也就成为了行业环境调查的另一个重要方面。广告公司应该着重帮助企业了解所在行业市场的人口总量、结构、分布、趋势，为正确地估计潜在市场总量，确定目标市场规模提供基础性数据。

地区人口总量是构成地区市场规模的基本要素，在人均消费能力一定的前提下，地区市场的行业需求总量直接取决于人口的总规模。无论广告主从事的是什么行业，他必然要关心市场地区的人口总量。关于人口总量的广告调查主要包括下面几项指标：市场历年的人口总量、市场内的人口增长率、市场人口总量变化的基本趋势、市场的人口流动特点和规律。

人口结构、分布和发展趋势调查是对人口总量调查的继续。随着市场经济的不断发展，以往的大众化的市场正在被马赛克式的细分市场所取代。具有相同消费特征的特定消费群成为广告主市场营销的核心对象。而决定细分市场的依据往往就是人口结构和人口分布状况，因此在对人口总量进行调查的前提下，对人口的结构和分布状况调查也十分必要。人口结构调查往往是按照自然特征变量和社会特征变量两方面将人口划分为若干细分群体，这些变量是区分消费者不同消费倾向和消费偏好的基础指标，自然特征变量通常包括：年龄、性别、种族、婚姻状况、受教育水平、职业、经济收入状况等（详见表4-1）。

表 4-1   人口结构变量表

变量	年龄	性别	种族	婚姻状况	受教育水平	职业	月收入（元）
值	儿童 少年 青年 成年 中年 老年	男性 女性	汉族 回族 藏族 满族	未婚 已婚 离异 同居	小学以下 小学 初中 高中 大学 研究生 研究生以上	教师 行政 服务 操作工人 技术人员 学生 ……	500 以下 500～1000 1000～3000 3000 以上

　　社会特征变量的获取要比自然特征变量复杂得多，社会特征变量通常可以从人的社会角色、社会地位、生活方式以及经济收入状况等方面来探究。

　　人口发展趋势在一定程度上能够反映市场未来的变化趋势。广告主应该对行业的市场人口发展趋势有明确的认识，对于人口发展趋势的研究可以帮助企业掌握有利的市场机会。对于人口发展趋势，广告调查人员应该尤其注重如下方面：

　　a. 当前地区人口增长水平

　　b. 青年人群的受教育水平提升趋势

　　c. 人口老龄化趋势

　　d. 家庭结构的变化趋势

　　我们以家庭结构为例作简单说明：家庭是构成社会的基本细胞单位，大多数有关生活的买卖活动都是以家庭为主体形成起来的。家庭结构将直接影响家庭的购买倾向，而家庭分布状况又是社会购买力影响因素。影响家庭购买倾向的主要变量有：家庭年收入/支出、家庭规模、家庭居住条件、家庭生命周期等等。

　　3. 其他环境

　　其他环境主要是指与广告主行业相关的社会文化环境、物质环境和技术环境三个方面。

　　（1）社会文化环境。在企业面临的诸多环境因素中，社会文化环境是最为复杂和难以掌控的。社会文化环境是在社会历史发展过程中逐渐形成起来的，作为生活在社会的个体，人们在自身成长过程中或多或少地会受到其所处社会文化环境所给予的基本信仰、价值观和社会行为规范的影响。这些信仰、价值观和社会行为规范不像其他环境因素那样容易被理解，但它又无时无刻不在支配着消费者的消费行为，影响着企业的广告策略。例如对于餐饮行业，中国的南方沿海地区和北方地区就存在着明显的因文化环境的不同而产生的消费行为差异。由此，广告公司在进行行业环境调查的时候，对于已经进入或准备进入的市场文化环境，诸如当地民众的信仰、价值观、心理特征、审美情绪、消费习俗等都要进行详细的调查与分析，并且研究这些文化环境因素的发展趋势，从而帮助企业充分利用文化环境中有利于企业的因素，避免由于文化环境的不同对企业产生的风险。

（2）物质环境。物质环境是与企业所从事行业相关的物质资源供给状况。物质资源可以分为两类：自然物质资源和社会物质资源。

在自然资源方面，当代企业面临两大难题：一是自然资源紧缺，水、石油等能源和金属矿产等原材料成本不断提高带来的威胁；二是一些企业的生产活动将不可避免地造成环境污染，威胁人类正常的生活和健康，为此各级政府和团体对企业保护自然环境的管理和干预随之加强。由此广告公司在为企业作与行业相关的自然环境调查时，应注意研究来自自然环境各方面的影响，尤其是以下一些因素：

a. 企业生产的原材料、能源方面的供给情况

b. 具有较好市场前景的新材料和原料的来源

c. 了解地区行政和各种社会团体对于环境保护的法律规范和要求

d. 研究本行业可能带来的环境污染情况，以及相关的治理办法和治理成本

社会物质资源环境主要是与企业从事行业相关的其他社会行业的物质供给状况。我们可以把社会经济看作是一个大系统，各种行业是这个系统的组成要素，并形成系统的组织结构。这样的组织结构类似化学中的碳分子模型，所有的要素之间或多或少地存在着一定的联系。用"牵一发而动全身"来形容社会经济系统的内部关系是比较恰当的。因此广告公司有必要为企业做好社会物质调查。社会物质调查要注重对以下问题的研究：

a. 地区相关行业的类型和相关程度

b. 地区相关行业的发展水平

c. 地区相关行业的发展走势

d. 对相关行业构成威胁的其他因素

（3）技术环境。我国改革开放的总设计师邓小平曾作出了这样的评价："科技是第一生产力"。可见科学技术是社会生产力的重要组成要素，科学技术的进步推动着人类社会的发展。正如营销大师菲利普·科特勒所说，每一项重大的科技进步，都是一种"破坏性的创造"，新产品、新行业的兴起意味着一些旧产品和旧行业的衰落。科学技术对社会经济产生的影响主要表现在这么

几个方面：第一，大部分产品的生命周期缩短；第二，劳动密集型企业的压力加大；第三，流通方式更加现代化；第四，人力资源成本的低廉优势被削弱；第五，对人力资源素质，尤其是领导者的素质提出了更高的要求。

目前，人类的科学正处在空前的发展阶段，技术革新与科技进步可能会给企业所在行业带来新的市场机会，也可能带来潜在的威胁。因此，广告调查也应该密切关注社会技术环境的变化及趋势，具体来说要关注下面几个方面：

a. 调查与行业相关的科技前沿变化

b. 调查新的科技成果对行业带来的新的利润增长点

c. 新成果的出现会给哪些老产品和行业带来威胁

以上都是论述有关行业的基础环境，行业的特征环境主要包括行业产品利润情况、生命周期；行业技术标准的控制权和完善程度；行业的品牌环境等。行业信息主要包括：本行业的整体发展态势和水平，同行业其他品牌的经营方针、市场占有率、品牌形象、广告和推销的形式、消费群体、技术水平、质量水准、价格、成本、利润、原料来源、购销制度以及售后服务等等状况。

二、竞争对手动向

知己知彼才能百战不殆。要帮助企业制定有效的竞争策略，广告公司必须对竞争者信息进行调查，了解竞争对手的优点、弱点和特点，从而学习他人的长处，克服自己的短处。对于竞争对手的调查应该着重回答"企业的竞争者是谁"、"竞争者的实力如何"、"竞争者当前的经营战略是什么"、"竞争者的发展策略如何"、"竞争者的优势和劣势是什么"。

要明确企业的竞争者必须首先明确企业的竞争地位和市场角色。所以我们广告调查也必须注意分析企业自身在行业中的地位和角色。

1. 企业在市场中由于投资规模、技术水平、硬件条件、人力资源、市场环境等方面的差异，形成了各自的市场势力。通常来说，企业所拥有的市场势力被分为主导地位、优势地位、有利地位、保守地位、弱小地位、困难地位。

处于主导地位的企业往往是行业中的技术标准制订者和控制者，属于一流企业。由于行业标准控制权在其手中，这些企业选择市场以及营销策略的余地很大。世界上软件行业的龙头企业微软（Microsoft）就占有这样的市场地位。

能够长期保持行业竞争中的优势地位，不受其他企业营销策略影响，或者受影响不大的企业被定位为行业竞争中的优势企业。优势企业往往在行业品牌方面具有较明显的地位，通过一贯的品牌传播理念和不断创新的品牌传播策略，优势企业在行业中的品牌地位无可动摇。美国宝洁（P&G）公司就属于日用化工行业中的品牌优势企业，它以众多子品牌长期占据行业市场的较大份额。

处于有利地位的企业虽然暂时不具备强势企业的地位，但其拥有较多的市场发展空间，以及改善市场地位的机会。这样的企业有机会通过努力跻身行业优势乃至领导地位。而具有保守地位的企业则只能令人满意地维持下去，难以改善自己的竞争地位。

弱小企业和困难企业在行业中的经营状况都处于不能令人满意的状况。弱小企业还存在着改进和发展的机会，关键在于领导者的观念和思路；困难企业则基本无法生存于市场，是处于被行业淘汰的边缘企业。

2. 由于企业的行业地位不同使得其在行业中所扮演的角色也有所差异。处于主导或者优势地位的企业在行业中往往扮演的是领导者的角色；处于有利地位的企业则是行业中最为活跃的挑战者；处于保守和弱小地位的企业则往往是市场的追随者，当这些追随者希望有所突破的时候，他们往往采取寻找市场缝隙的方法来扩大自己的市场份额和提升自己的行业地位，这样他们又成为了钻空者。

在明确了企业自己的行业地位和角色后，就是如何确定竞争者的问题。对于一个企业而言，其竞争对手可以被分为两类：直接竞争者和潜在竞争者。直接竞争者所占有的市场地位、服务对象和产品定位与企业的相同或类似。因此他们之间的竞争往往转化为产品特性以外的品牌竞争。例如宝洁和联合利华在日用化工领域里面的竞争关系就属于直接竞争者关系。由于直接竞争者之间的市场营销竞争往往比较激烈，所以广告调查人员很容易得到直接竞争者的资料，而潜在竞争者则比较隐蔽，不容易被调查者发现。所谓潜在竞争者是指那些进入成本较低的企业，或者是市场壁垒效应对其作用不强的加入者；市场中原本不存在直接竞争关系的大企业作品牌延伸而形成的竞争者；行业中其他可替代产品的生产者。

调查确定竞争对手仅仅完成了对调查目标的锁定，对竞争对手的深入了解和分析才是竞争者调查的主要任务。对竞争者动向的调查应集中在如下方面：

a. 竞争者市场地位

b. 是否存在竞争群体

c. 竞争者现在在做什么

d. 什么是竞争者未来目标的驱使者

e. 竞争者的竞争力如何

f. 竞争者对自己的市场地位满意与否

g. 竞争者什么方面最容易受到攻击

h. 当受到攻击时，竞争对手往往采取怎样的反应措施

我们以对竞争对手广告方面的分析来具体谈谈对竞争对手的调查。了解竞

争对手的广告策略及其对待竞争广告的态度是有效制定广告策略，顺利开展广告活动的有利参考。竞争者广告的分析可以分为竞争者广告活动的基本概况分析和竞争者广告策略分析两个方面。

1. 竞争者广告活动的概况分析

广告活动概况是针对广告活动的最表层信息而言，是进一步广告调查分析的基础和依据。调查项目主要包括竞争者广告活动开展的时间、地点、作品；广告发布的媒介选择；广告的效果如何；广告活动的代理方式；广告费用的投入以及分配情况（调查这一项十分困难，但如可以得到则对企业实施竞争战略非常有帮助）。

2. 竞争者广告策略分析

收集整理了概况资料就应该对这些资料进行进一步的分析，得到竞争对手广告策略的深层次信息，包括竞争对手的目标市场；产品定位；广告诉求与定位；广告表现策略；广告媒介策略；广告竞争策略等等。

对竞争者动向的调查最终应该以竞争者调查表的形式来表达，竞争者调查表的通用格式如表4-2所示：

表4-2　　　　　　　　　　　竞争者动向调查表

地　区		姓　名		开会检讨日	年　月　日
竞争厂商名称					
公司地址					
工厂地址					
业务人员姓名					
学历、年龄					
服务时间					
业务员的口才					
行销能力					
业务员给客户的印象					
业务的方针及做法					
待遇					
销售的对象					
代理商名称					
产品的种类（特殊规格）					
产品的性能					
产品的品质					
产品的价格					
市场占有率					
其他特别人、事、地、物、时					

三、政策法规环境

政策法规环境指影响企业广告活动的政策与法规形势和状况。企业的一切活动都不能超出政策法律规定的范围，不了解这些信息，将会导致企业经营活动发生偏差。政策法规调查的对象主要包括：国际政治经济体制；中国经济长远发展规划，经济发展战略；各省、市、地区的经济发展规划；政府的有关法令，如工商法、环境保护法、商品检验法、合同法、专利法；一般行业政策及其他特殊行业政策；国际市场的行业惯例等等，有关的政策如价格政策、商标政策、市场管理政策等等。

政策法规对不同行业的发展和行业中经营主体的行为会产生不同程度的影响。这些影响有些对行业发展有利，有些可能不利。对政策法规环境的调查分析就是为了了解现有和即将出台的政策法规。政策法规对广告主所处行业是约束，是保护还是促进发展，影响的程度有多大，范围有多宽等，都将影响企业所制定的战略方案的法律可行性。广告公司也应该充分利用对广告主发展有利的法律文件来保护广告主利益。

政策法规也是地区性的，事实上，不仅国与国之间的有关政策法规是不相同的，即使在同一个国家，如在我们国内，不同省、地区甚至县一级的政策法规都是有差别的。这些差别性政策和法规主要是地方工业政策、商业政策和税务政策，以及一些管理性法规。在这其中，税务政策和价格管理政策是尤为重要的，直接关系到广告主的利润水平。因此，要对目标市场所在地的政策法规进行调查研究和分析，全面掌握当地政策法规情况，并找出有关政策法规中对广告主市场发展有利的和不利的方面和内容，从而为企业的广告决策提供政策上的依据。当然，除了先行的政策法规，还必须对市场所在地目前所处的政策法规的发展形势进行调查和判断，进而预测其未来发展趋势。这样，也就必须去了解和分析对当地政治经济发展变化构成直接影响的各种政治势力的发展动向。如宗教信仰和意识形态领域的压力变化，经济政策的调整等，都将对地区政策法规的发展产生影响，进而对企业的广告策略产生影响。

四、广告媒介环境

广告媒介种类繁多，包括传统的四大传播媒介（报纸、杂志、广播、电视）、网络媒介、户外媒介（路牌、霓虹灯、海报、车站、车身等）、销售现场广告（POP、卖场橱窗等）以及其他类型广告媒介（直邮、工商名册、特制礼品等）。广告媒介是广告信息的载体，是广告信息和广告受众之间起中介作用的物质手段，也是广告代理者主要的购买对象。如果没有广告媒介，广告信息就无法传递，广告活动就无法完成，更无从谈到广告代理。从广告媒介的概念中我们可以体会出广告媒介在广告活动中具有三种基本功能：传播功能、吸引功能和适应功能。传播功能是广告媒介的基本功能，通过媒介进行信息传播也是广告与人员促销的主要区别。经过广告策划与媒介计划的精心安排，广告媒介适时地将广告信息发布出去，使广告受众可以接受并了解广告信息的内容，直至产生购买欲望和购买行为。就目前的媒介经营方式来看，广告都是其二次销售的产物，很少有媒介单纯地播发广告信息，而是在大量的传播政治、经济、文化等各方面信息或者提供娱乐、教育等特定内容的同时穿插广告信息。由于当前信息全球化的发展，几乎没有人能够生活在没有外界信息的环境中，因此广告媒介的主要信息内容对于大众来说具有相当的吸引力，这种吸引力可以帮助广告吸引到大量的受众，从而扩大单纯广告信息的影响。广告媒介的繁多同时也可以适应繁多的广告形式以及不同的广告策略和要求。不同的广告在诉求对象、市场区域、广告预算等各方面都存在巨大的差异，进而产生对广告媒介的不同要求。而广告媒介的适应能力必须充分满足广告的特定要求，更好地服务于广告。

广告媒介环境主要是针对广告发布地区的媒介种类、媒介性能以及媒介生态而提出的概念。广告者要更好地为广告主服务，获得更多的信息，就必须对广告发布地区的媒介环境进行深入的了解和分析，从而制定出精准的广告媒体投放方案。

1. 对于广告地区媒介种类的调查是媒介环境调查的首要内容。媒介种类的划分标准很多，根据广告要求，我们可以按照如下一些方法进行媒介分类。

按照广告信息传播方式划分，可以分为直送媒介和刊播媒介。直送媒介主要是以直接传递的方式将信息传达到受众，包括直邮、赠品等，这种媒介的广告投放时效性强，到达率高。刊播媒介则以刊载或播放的形式，利用受众对感兴趣信息的需求或者是视觉冲击进行广告信息传播，广播、电视、报纸、杂志、网络以及众多户外媒介都属于这个类型。这类媒介的广告信息到达可以是直接的，也可以是非直接的。

按照媒介覆盖范围划分，广告媒介可以分为国际媒介、国内媒介和地方媒介，这种媒介覆盖能力的区别将直接影响广告企业的业务拓展区域。国内媒介主要指本土媒介，传播范围覆盖全国，地方性媒介是覆盖某个地区的媒介，这两种媒介对于企业的本土化或区域化战略有重要作用；国际媒介须具有跨国传播渠道，例如卫星电视、网络媒体等。

按照媒介物理属性划分，可以分为印刷媒介、电波媒介、光效媒介。印刷媒介是经由印刷工艺实施的媒介形式，如报纸、杂志、购物指南、手提袋等；

电波媒介是以电磁信号作为载体的媒介形式，例如广播、电视、电影等；光效媒介是利用直接的二维或三维光场所产生的视觉冲击来进行信息传播的媒介形式，包括户外广告牌、霓虹灯、激光等。

按照媒介的流动性划分可以分为流动性媒介和相对流动性媒介。这里的所谓流动性主要是针对媒介自身，如果媒介流动则属于流动性媒介；如果媒介固定而受众流动，则被称为相对流动性媒介。显然不管是媒介还是受众，他们之间必须存在一种"动"的关系，如果相对静止则信息传播的能力会大幅下降。流动性媒介主要有报纸、移动电视、文化衫、手提袋等，这类媒介比较适应于受众相对固定的广告信息传播；相对流动性媒介主要有路牌、橱窗、建筑造型等，这种媒介本身静止，但在媒介周围的受众却往往拥有较大的流动量，受众通常在生活中不经意地接触到这样的媒介。

按照媒介传播内容划分，可以分为综合媒介和专业媒介。综合媒介传播不同种类、不同性质的信息，内容庞杂，受众结构层次多样化，范围广泛；专业媒介是以行业或科学技术方面专业性信息为主要传播内容的媒介，其内容范围相对固定，受众多为特定行业的从业人员或是某一固定群体。

按照媒介传播周期划分，可以分为长效媒介和暂时性媒介。长效媒介广告暴露时间长，一般可以持续数月甚至数年，长效媒介主要是一些户外媒介，比如路牌、霓虹灯等。暂时性媒介的广告信息传播周期较短，一般为数天到数十天不等，如报纸、广播、电视等，适用于时效性较强的广告信息传播。

根据以上媒介种类的划分方法，我们通过调查可以了解到广告发布地区的媒介构成，从而找到最佳的广告媒介购买方案。

2. 对广告媒介环境的调查还必须充分照顾广告媒介的传播性能，广告媒介传播性能是对广告发布媒介的一些基本的要求，不同的广告媒介会表现出不同的性能特征，但以下几种特性应该是广告媒介的必备性能，我们在对广告媒介环境调查的时候应该重点关注：

（1）信息的可承载性。广告媒介必须能够刊登广告主所要求的广告信息，这是广告媒介最基本的性能。

（2）表现形式的多样性。随着市场经济的发展，受众对于广告信息出现了厌烦和抵触的情绪。广告主为了让广告信息具有更好的感染力和说服力，就必须在广告形式上多下功夫，这就对广告媒介提出了信息承载形式上的新要求。

（3）处于相对流动性。不管是流动性媒介还是相对流动性媒介，"流动"是广告媒介的必备特性。报纸每天送到千家万户、杂志按期发行；广播、电视通过电信号传播到万里之外；直邮广告被投递到目标受众的手中；户外广告每天不断吸引经过的流动人群。广告信息的传播无不是在流动过程中完成的，因此，广告媒介应处于流动状态。

（4）具有信息复制功能。广告主对广告信息传播的要求是精准而广泛，对于一对一的广告投放，其传播效果虽然很好，但是价格过于昂贵。因此广告主对于广告媒介的信息复制性能尤为关注。好的广告媒介应能通过一次传播引发传播的多米诺骨牌效应，使得广告信息在尽可能大的范围内被传播。

3. 地区广告媒介生态是广告媒介环境调查的又一个方面。随着传播科技的发展，以四大传媒为代表的传统媒介生态被打破，不同的地区出现了不同的媒介生态。对于广告传播有较大价值的新的媒介生态包括媒介科技性能；媒介的传播性能；媒介沟通方式三个主要方面。

（1）随着科技的不断发展，人们获取信息的渠道越来越丰富：移动电话、通讯卫星、数字电视、计算机网络等。以数字电视为例，它可以为受众提供各种类型的专业频道（新闻、电影、音乐、体育等），对于这些专业频道，受众拥有相对自由的选择权。广告目标地区的媒介技术特性对于广告主来说是十分重要的，尤其是以电讯传播为核心的电子媒介，其互动传播特性可以使广告更加精确地到达预期目标，并且可以改变传统的消费方式，实现所谓的"按键式购物"。

（2）媒介的传播性能主要是指地区媒介是以传统的大众传播、皮下注射式的广告传播模式为主还是以双向互动、小众传播的广告传播模式为主。媒介传播的小众化对于广告主来说无疑是件好事情，这意味着广告主不用再花费巨额资金进行地毯式的广告轰炸，他们可以更有针对性地将力量用于自己的目标市场和潜在目标市场上。

（3）媒介沟通方式主要指一个地区的受众与媒介的普遍交流方式。例如在一个文化层次相对较低的地区，媒介的沟通方式采用图像、声音为主；而在计算机网络使用较多的地区，媒介的沟通则主要使用象征、符号、视频。通过对广告目标市场媒介沟通方式的了解，广告者可以更好地掌握与受众沟通的方式，让受众在自己熟悉的信息环境中被说服。

第二节 广告环境调查的途径

针对第一节中的环境调查内容，广告公司应该设计相关的调查方法和调查途径去获取有关这些内容的信息。而关于广告环境的信息获取，我们通常采用的方法有：文献调查、网上调查、专项咨询。

一、文献调查

市场调查的操作程序往往是由搜集文献资料开始的，这一阶段也可以被称为二手资料调查阶段。文献调查主要可以得到广告运作环境的关键信息，广告调查人员在对广告环境展开正式的实地调查活动之前，首先要对企业内部、外部公开的或者未公开的各种信息和资料进行系统的调查，由此才能了解广告调查主题的背景资料，实现更加准确的后续市场调查工作。由于文献调查的成本较低而收到的效果较好，所以在广告环境调查中被广泛使用。

1. 文献调查的意义

文献资料主要是针对实地调查资料而言的企业内外部的现成资料。这部分资料一般不是为了某次特定的调查活动，或者某个特定的市场环境而搜集整理的，但它们和调查人员所从事的广告环境调查的主题或多或少地会存在一些相关性，调查人员可以从中获取一些大概的信息，当然如果调查得力，有时也会得到一些关键性信息。文献资料对于广告调查活动的意义具体体现在五个方面：

（1）提供大量有关广告环境的背景资料

文献资料最重要的功能就是可以为广告环境调查提供大量的背景资料。例如了解目标市场以往的人口统计及结构分布、了解竞争对手惯用的竞争策略等等。这些有关市场的历史镜头为当前的广告环境调查提供了重要的信息基础。

（2）直接获取有关广告环境的重要信息

广告环境中的有些信息，例如行业政策法规、媒介价格等，是可以从文献中直接得到的。因此，文献调查也可以直接获取有关广告环境的重要信息。当然，要得到准确的信息，文献调查人员也必须付出更多的努力。我们生活在信息爆炸的时代，这样的信息环境中信息是唾手可得的，然而得到的信息中也存在着大量的虚假、无用的信息，因此在文献调查的过程中，对所得信息进行梳理，判断信息的可用性就显得十分关键。这里文献资料调查得到信息的可用性主要可以分解为相关性、时效性和可信度。相关性即信息与本次广告调查活动的主题是否相关，是否可以借鉴；时效性则是由于社会发展的速度加快，使市场资料的更新速度异常迅速，文献资料中所使用的数据、年份等信息是否与本次调查活动相适应，太老的文献资料不具备参照价值；可信度是因为文献资料的来源比较广泛，渠道也复杂，加之调查过程中可能存在的技术问题，使得调查获得的文献资料信息存在不同的可信度，在对文献信息进行使用之前必须对其进行可信度评估。

（3）有助于确立一手资料调查的目标问题

广告环境调查的基本目的是了解地区行业动态、掌握竞争对手动向、把握地区相关政策法规以及熟悉地区媒介环境。调查人员必须将这几个大问题分解为若干个小问题来着手进行调查、分析工作，而这些小问题的来源往往就是文献资料。

（4）为正式的调查活动提供依据

特定主题的某一次广告环境调查任务的完成，基本上还是要依靠正式的实地调研，即通过对原始资料的收集和整理，得出第一手的调查结论和报告。然而由于正式调查对时间、人力、物力和费用的消耗较高，在正式调查之前必须对调查活动进行有效的论证。相对来说，文献资料的调研具有一定的探索功能，其成本较低，既能够为正式的调查活动扫清障碍，又能够为正式调查活动的顺利开展创造有利条件。

（5）提示调查人员在正式调查过程中可能存在的困难和障碍

广泛的文献调研，可以为广告调查人员提供大量的相关信息，其中也包括一些不利于调查进行的信息。访问对象的合作性不强、最难收集的数据、最难处理的问题等等都是可以从文献资料的调查中提前作出判断的不利信息。对这些信息的掌握可以帮助调查人员进行必要的心理准备，以便应付这些困难和挑战。

文献资料调查的主要途径包括对企业内部资料的调查和对企业外部资料的调查。对企业内部的文献调查在本书第三章第二节中已经详细论述，此处不再作详细说明。这里我们主要来探讨对企业外部文献的调查。

2. 文献调查的资料来源

企业外部的文献资料来源往往要多于企业内部，主要包括社会机构资料、工具资料两个大类。

（1）社会机构资料来源

a. 信息部门

信息部门主要指可以提供行业相关信息的组织，包括政府信息部门、各种社会信息中介。国家政府信息部门是专门搜集和整理各种国民经济综合信息的部门，例如国家经贸部就设有专门的市场调查机构，利用其分布在全国各地的信息网络，可以获取较为全面的市场信息。该部门定期发布有关国家或地区国民经济的统计报告，如人口总数及结构、国民生产总值及增长率等，还包括各级行政机构组织的关于地区消费者收入和消费水平及其结构等方面的调查和报告。由于这种报告是政府行为，不带有倾向性，因此其内容相对比较客观。通过对这些报告的搜集和整理，调查人员可以了解特定地区的消费者基本状况、行业发展的动态等。

社会信息中介也是文献调查的主要信息来源。如各类经济信息中心、信息咨询公司、市场调研机构等都属于社会信息中介部门，他们主要提供的是有偿信息服务。

b. 行业协会

行业协会是半政府半民间的行业管理组织，往往拥有关于特定行业比较权威的综合信息。行业协会的信息平台包括有自办的内部刊物、定期公布的业内信息、各类业内数据统计报告，这些信息相对全面、真实、准确，对于广告环境调查人员调查行业发展的基本情况有非常重要的参考价值。

相对于行业协会，商会则更加民间化一些。商会所发布的信息也是文献调研的重要渠道。商会是一个相对独立的非盈利性的商业研究机构，其主要功能是协助所辖会员企业有效的经营和健康的发展。商会拥有各类有价值的市场信息，包括会员企业的基本状况、地区市场贸易习惯和贸易方式、地区市场贸易法规等。商会的信息发布一般是以出版书刊和发布调研报告的形式来完成的，所以广告调查人员也应该抓住这一重要的市场信息资料来源。

c. 业内企业

业内企业有自己的战略合作伙伴，也有自己的竞争对手，所以广告主往往对业内企业的资料十分关注。广告调查人员可以采取各种手段向有关企业索取市场资料，如商品目录、价格表、公司报告等，当然共处一个行业的企业或多或少地存在着竞争关系，所以向业内企业索取资料不是件容易的事情，如果处理得不好容易引来商业纠纷。

（2）工具资料来源

a. 图书馆

图书馆是文献资料最权威的地方，是广告调查尤其是广告环境调查人员不可忽视的文案资料的重要来源。高校图书馆和地区大型综合图书馆是广告调查人员经常光顾的地方，它能够提供一个地区甚至是一个国家比较全面的市场情报，包括人口、经济、政策、社会文化、行业特征等各方面的综合资料。

b. 各种文献目录

文献目录可以帮助广告调查人员解决文献资料来源的问题。在文献调查中最突出的问题就是文献资料的来源，而文献目录则可以为调查人员提供各类资料的来源线索。主要包括工商企业名录、各类统计资料、各类媒体等。

工商企业名录是一种不定期的出版物，它可以向广告调查人员提供特定地区特定行业的主要企业名称、竞争对手、合作伙伴以及他们的详细联系方式。这种目录大致可以分为两种：地区性企业名录和行业名录。地区性企业名录主要介绍一个特定区域内所有企业的名称、经营范围和详细地址；行业名录则按照行业类别来介绍企业的名称和地址。

各类统计资料主要是指国家行政机构或者商业团体定期或者不定期发布的各种市场信息。这些信息可以帮助广告调查人员掌握和比较各地区或者各个国家的基本市场情况和轮廓。

当然，作为大众信息传播平台的社会传播媒介也是文献资料的重要来源。报纸、杂志、广播、电视等媒介经常刊载或播报国内国际有关经济、科技、市场等信息，并分析其发展趋势，有时也会刊登国家或者地区的政治经济发展背景和行业市场的基本状况。在这些媒体中，由权威机构主办的杂志的参考价值最大，在这些杂志上经常会刊登市场发展的前沿信息以及相关的科研成果等，这些都应该是广告环境调查人员必须搜集的资料。

要在上面所谈到的大量的文献资料中获取需要的资料，广告调查人员不但需要有专业的知识、丰富的经验，还必须掌握正确的文献调研方法，优秀的调查方法可以达到事半功倍的效果。

3. 文献调查的程序

文献调查的程序我们可以用这样一幅流程图（图4-2）来概括：

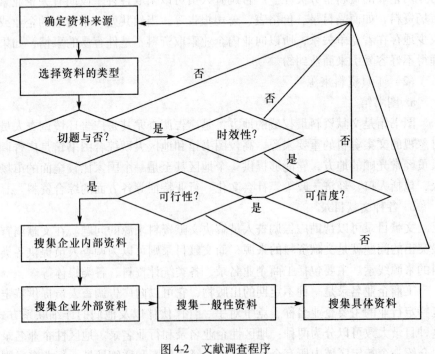

图4-2 文献调查程序

从流程图上我们可以看出，广告调查人员在进行文献调查的时候首先必须明确此次调查的主题和与主题相关的调查内容，并且弄清楚从哪些渠道可以获得自己需要的文献资料。然后对可以获得的文献资料从切题、时效、可行、可信四个方面进行可用性评估，确定那些真正有价值的文献资料。

为了节约调查成本，文献资料的调研往往是从企业内部开始，然后再去搜集企业外部的文献资料；从资料内容来说，首先，也是最容易获得的是一般性资料，例如市场人口环境、政治经济环境、社会文化环境等。然后再搜集具体资料，例如消费者行为特征、竞争者的产品策略、价格策略等。

4. 文献调查的方法

文献资料的检索从操作上来说有两种方法，一是通过计算机数据库进行智能检索，目前计算机智能检索使用的是关键词检索技术，由于数据库资料往往十分庞杂，因此关键词的使用对检索结果有很大影响。二是通过人工目录检索，这种查找方式较计算机检索范围要小得多，但是由于资料的价值判断从计算机转移到人，所以检索结果要准确一些。

无论是使用计算机检索还是人工检索，检索的方法都包括资料索取、目录查阅、信息筛选三个阶段。

在很多情况下，广告调查人员需要的文献需要向有关组织索取，在进行资料索取的时候应该注意下面几个问题：

- 给对方一个好印象
- 表述清楚自己的来意
- 使对方对调查话题感兴趣
- 索取的资料具体明确且不易过多

目录是一种题录性的检索工具，它一般只列出文献的名称、作者和出处，用来引导查询者。目录主要包括学科分类目录、书名目录、主题目录以及著作目录四种。在检索的时候可以按照拼音顺序、笔画顺序等方法，英文文献目录主要采用首字母顺序法。

信息筛选一般包括四个步骤：浏览、筛选、阅读和记录。通过这些步骤，调查人员才可以获得本次广告环境调查真正需要的文献资料，为下一步的调查活动打下坚实的基础。

二、网上调查

将计算机、现代通信、数码技术结合起来的因特网是当今社会人们谈论最多的前景最广阔的新媒体。随着上世纪 90 年代互联网在世界范围内的巨大发展，网络已经成为各种社会活动的重要信息来源和信息传播手段。网上调查就是随着网络使用的日益增加而出现的一种全新的信息搜集方式。我们每天打开互联网都能看到一些网络调查问卷，其调查内容十分广泛。相信随着 IT 技术的不断发展，网络调查会越来越得到调查人员的重视，在广告调查领域发挥更加重要的作用。

从调查方式来说，网上调查可以分为网上资料检索和网上问卷调查两个方面。网上信息检索是被动式的调查方式，而网上问卷则是主动式调查方式。

1. 网上信息检索调查

网络传播的诞生和发展使人类社会进入了信息爆炸的时代，网上信息的丰富性是每一个接触网络的人都深有体会的。在进行广告环境调查的时候我们完全可以借助网络中的海量信息进行相关资料的收集。就广告环境信息而言，网上信息搜集应该主要集中于行业发展态势、竞争者状况、网络媒介环境三个方面。

由于互联网的迅猛发展，当前大多数企业以及行业相关的管理部门都建有自己的网站或主页，各大门户网站的经济频道也在不断地对各个行业进行报道，因而从互联网上搜集有关行业发展和竞争者状况的信息是十分便利的。网上的行业和竞争调查可以得到的主要信息有：行业规模、行业发展的最新标准、竞争企业数量、竞争企业的竞争策略等。

对于网络媒介的媒介环境调查则主要是以网络媒介自身为目标的网上调查活动。企业要利用网络媒介进行广告活动，就必须了解网络媒介的各项属性，包括网络媒介的广告发布权、网络媒介的广告费用、网络媒介的覆盖面、网络媒介的受众数量以及与企业目标受众的相关度等等。需要说明的是通过网上资料检索的方式得到的关于网络媒体自身的信息必须是来自第三方的，否则难以有可信度。网上的资料检索应该注意利用下列资源：

（1）充分利用网络上的数据库

互联网包含了数目众多的数据库，这些数据库就是企业了解行业信息、竞争信息和媒介信息的最大资源库。调查人员必须查找适合广告主的数据库，选用适当的搜索引擎；同时还应该经常查看每个已链接的数据库，保证数据库信息的及时性和准确性。网上可供利用的数据库一般有以下几种类型。

基于浏览器的数据库：基于浏览器的数据库包括简单的文本文件字段和复杂的附有图表和格式化文本的主页。浏览器一般会下载整个数据库文件来搜索目标对象。

链接型数据库：这种数据库一般使用 HTML 编辑器来建立。像其他文本文件一样，数据库文件能被写入链接。

基于服务器的数据库：基于服务器的数据库是那些包含非常巨大的信息量

或者需要及时更换信息的数据库。这种数据库使用 SQL 表单，不仅能够通过网页显示日常的主页信息，而且其中的文本盒还允许使用者键入新信息。

无论是哪一种数据库形式，调查人员要想获取自己期望的信息，必须了解其基本结构，以确定信息检索的方法。

（2）充分利用网站跟踪技术进行调查活动

自己获得的一手资料才是最可信的资料，利用网络追踪，可以监视某个网站的使用情况，如用户数量、用户来源（用户是从哪里链接过来的）、用户的网上浏览的路径，以及在某个站点停留的时间。当这些信息数据和用户的注册信息相结合起来的时候，将能够提供更有价值的受众市场信息。

2. 网上问卷调查

在讨论网上问卷调查之前我们不妨将网上问卷调查和其他问卷调查方法作一些简单的比较，如表 4-3 所示：

表 4-3 网上问卷调查与其他调查方式对比

对比特征	网上问卷调查	人员问卷调查	电话访问	邮件问卷调查
成本	低	高	一般	一般
反馈速度	快	立刻	立刻	慢
反馈率	一般	高	一般	低
人群类型	集中	广泛	广泛	广泛
地域范围	最大	很小	中等	大
时间周期	短	长	长	长
个性化程度	高	最高	高	低
回答准确性	低	高	一般	一般
技术含量	高	低	一般	一般
情感沟通能力	低	高	一般	低

由表 4-3 我们可以看出网上问卷调查表现出其明显的优势，同时也存在一些问题。其优势有：成本低、周期短、受众集中、地区跨度大（全球性）、更多的技术含量以及由此带来的更多的乐趣和美感；问题主要包括：网民的市场代表性、网络匿名性、网络上的跨文化性、网民的自我保护心理、网上注意力的短暂性、网上交流中的人际情感沟通欠缺等等。

案　例

ISDN"一线通"市场调查表

您的姓名：　[　　　　　　　　　　　]

性别：◉男　○女

年龄：○20岁以下　◉20～30岁　○30～40岁　○40岁以上

邮政编码：　[　　　　　　]

通信地址：　[　　　　　　　　　　　　　　　　　]

亲爱的用户，欢迎您参加无锡邮电局的"一线通"产品调查。请选择合适的选项填写此表。您的意见和建议我们将悉心采纳，作为无锡发展一线通的重要市场依据，使我们更好地为您服务。

您的职业性质是：

○党政机关　○金融保险　○商业贸易　○信息产业　○制造

○交通运输　○餐饮旅游　○新闻出版　○文教卫生　○其他

您家庭主要成员的文化程度是：

○高中以下　○高中或同等学历　○大专　○大学本科及以上学历

您家庭月平均收入是：

○1500元以下　○1500～2500元　○2500～3500元　○3500元以上

在选择电信新业务时您主要考虑哪些因素？

□业务功能及通信需求　□通信速率及质量　□经济性（设备价及资费）

□操作方便性　□对业务的了解程度　□别人是否已经使用　□其他

您家中还有哪些信息类产品：

□电脑　□电话　□传真机　□调制解调器　□其他

您以前知道"一线通"吗？

○是　○否

如选择"是"，请选择了解途径：

□邮电ISDN广告宣传　□商家宣传　□专业书刊　□朋友介绍

□邮电新业务展示厅　□通信展览　□网络展览　□INTERNET

□邮电大型宣传活动　□受理窗口　□16011240　□其他

你想用"一线通"作什么用途：

□代替传统电话　□高速INTERNET接入　□可视电话　□会议电视

□远程教学　□远程医疗　□工业自动化　□G4传真　□网络连接

□数字专线的高速备份　□其他

您是否了解目前 ISDN 的优惠措施?　◉是　○否

- 您对"一线通"是否感兴趣?
  ◉是　○否
- 您打算何时安装"一线通"?
  ○已经安装　○已经申请　○现在申请　○一年内　◉看看再说
  您目前不打算安装 ISDN 的原因是:
  ○电话已经够用
  ○看看 ISDN 的发展趋势,普及时再装
  ○终端设备价格较贵
  ○对 ISDN 不够了解
  ○其他
- 您可接受的"一线通"终端设备价格是:

  终端适配器 TA ⎕⎕⎕⎕⎕元

  ISDN 内置网卡 ⎕⎕⎕⎕⎕元

  ISDN 数字话机 ⎕⎕⎕⎕⎕元
- 您对"一线通"的发展有何宝贵意见:

　　网上问卷调查方法主要有电子邮件问卷、主页公告问卷、网上论坛问卷等。

　　(1) 使用电子邮件问卷调查

　　据 CNNIC (中国互联网调查中心) 历年的调查报告显示,因特网上被使用得最多的服务就是电子邮件,收发电子邮件已经成为网民上网首先要做的事情。电子邮件问卷调查是将问卷包含在电子邮件中发送给调查对象。这种调查一方面可以说是广告调查,另一方面也是一种广告宣传形式,可以说一举两得。但是使用这种方法的信息回收率一般都不是很高,原因在于,因特网的受众相对于其他媒体受众来说是最没有耐心的。曾经有这样一个试验能说明网民的耐心,在打开一个网页之后,网民的平均等待时间是 15 秒,超过 15 秒,他们就会关掉这张页面。在收到的电子邮件里面,网民对于调查和广告是比较反感的,往往是完全不看就删掉。要获得更高的信息反馈率,目前普遍的激励做法有两种:一是与邮件服务商合作,用户要使用该邮件服务商提供的电子邮件服务就必须阅读和填写相关的调查信息;另一种是在调查的过程中以提供产品或服务的试用、赠送或者抽奖等方式调动受众的积极性。在下面的调查策略部

分我们还将详细地讨论这些激励手段。

（2）网页公告问卷

网页上直接公布调查问卷也是目前常用的网上问卷调查方式。通常的做法是：在访问量较大的页面上设置一个调查图标或类似新闻标题的链接，点击图标或链接就可以进入调查问卷，被调查的对象可以根据自己的兴趣对问卷进行填写。由于网民的耐心不足，网上调查问卷设计的问题不宜采用开放式的，而应该简单、明了，最好是"是、否"问题。

（3）网上论坛调查

此种调查方法严格来说应该属于访谈类调查，因为论坛调查并不是要受众回答文本问题，而是由论坛主持人对受众进行发问，通过受众即时的回答来了解受众对特定问题的观点、看法和意见。

3. 网上调查的技巧

调查人员在采用网络调查的各种方法时必须采取一定的策略，下面对一些常用的有效策略做介绍。

（1）电子邮件与来客登记

在目标消费者集中的网站上附上回执电子邮件和来客登记簿。电子邮件可以附有 HTML 表单，顾客能在表单界面上点击相关主题并且填写附有收件人电子邮件地址的有关信息，然后回发给调查者。来客登记簿是让受众填写并回发给公司的表单。如果受众愿意，所有企业相关信息可以不间断地发给他们。通过这种来客登记制，调查者可以更多地掌握相关调查对象的电子邮件地址，避免"垃圾邮件"的发送，进一步降低电子邮件调查的成本。

（2）物质鼓励

物质鼓励永远是最有效的激励手段之一。如果调查者能够提供一些奖品或者免费商品，会容易从访问者那里得到想要知道的信息（姓名、职业、电子邮件……）或是让他们填写相关的调查表格。因为有物质奖励，许多访问者都会完整填写一份包括个人习惯、兴趣、假期、特长、收入等个人情况的调查问卷。这种策略已经在大量地使用，并被证明是有效可行的。它能减少因访问者担心个人利益被侵犯而发出不准确信息的数量，从而使调查者提高调查的工作效率。

（3）调查内容的设计

前面我们谈到过，网民的耐心相对是比较差的，所以在调查的时候要注意问题的长度。当提及的问题短小精悍时，人们还是非常乐意完成调查问卷的。一个有效的策略是在制定调查问卷时，厂商应在每个问题后设置 2 个按钮，让访问者直观地表达他们的观点，它们要求被调查人将他们的电子邮件地址传送到公司的邮件信箱中。

在网络上进行调研时，问的问题越多，访问者就越不愿意参与。因此，掌握调查问卷中所含问题的数量是设计调查问卷的一个技巧。在每个行业中，调查问题的最佳数目各不相同，同时，调查问卷中问题的答案选项也应提供给访问者相应的信息。当然如何让网上调查行之有效，还有赖于调查者从实际操作中不断总结经验与教训。

三、专项咨询

所谓专项咨询是针对某一具体的广告环境问题进行的外脑咨询活动，它是一种依靠专家的知识、经验和市场观察能力，来搜集和分析广告问题的方法。这里的外脑主要是指专业的咨询公司或者是对某一问题有深入专业研究的专家。如果企业聘请的是专业的咨询公司，一般由该公司组成咨询小组到企业开展咨询活动。如果企业是聘请对某一问题有研究的资深专家来开展咨询活动，这些专家通常是以个人身份，而不是以某公司员工的身份接受邀请。

这种方法是就某一专项问题，以专家作为征询意见的对象，预测小组将搜集到的意见进行汇总整理，作为参考资料发给每一个专家，供他们分析判断并提出新的论证。如此循环多次，使得专家的意见趋于一致，这样得到的结论的可靠性非常高。[①] 从这里我们可以总结出专项咨询的两个主要特点：反馈性和统计性。

反馈性是专项咨询取得好效果的关键属性。控制论告诉我们一个系统只有发生负反馈的时候才可以走向良性循环，可见反馈在整个咨询活动中的重要作用。参加咨询的专家从反馈回来的意见调查表上得到经整理的上一轮的各种观点，以及赞同和反对观点的理由，并依此作出新的判断。这种反馈既实现了专家之间的意见沟通，又排除了面对面交流带来的相互影响。

统计是对调查结果的科学分析方法，在纷繁复杂的社会经济体系中，各种问题层出不穷，只有利用统计的方法才可能实现从现象到本质的转化。专项咨询对咨询的意见和结果采用统计的方法进行处理，从而提高结论的科学性。

在这里，需要说明以下两点：第一，专项咨询可以运用在广告调查的许多环节，本章我们主要讨论在广告主环境调查中这种方法的运用；第二，专项咨询过程中，可以采用多种方法进行调查，如德尔菲法、头脑风暴法等，也可以是几种方法的融合，我们在这里主要介绍专项咨询的流程，并不特指运用某种

---

① 张明立：《市场调查与预测》，哈尔滨工业大学出版社 2003 年版，第 196 页。

方法的调查，只是对其一般过程进行描述。

无论企业是聘请专家或是专业的咨询公司来开展专项咨询活动，其流程一般如下：

第一步：确定调查问题及提纲。根据本次咨询的专项问题及其要求设计调查提纲，问题内容应该包括问题的必要性、实现的可能性和实现的概率、答案的置信度及其他要说明的问题。调查提纲应该以调查咨询表的形式发放给咨询小组的每位成员。

第二步：选定调查专家。咨询小组的人数一般以20人左右为最佳。如果是聘请专家进行调查，专家之间最好没有什么联系，他们之间的联系必须通过调查组织者的中转来完成。如果是聘请咨询公司进行调查，则有咨询公司自身来选派参加咨询的人员。一般来说，咨询公司会派出该公司在被调查问题方面最资深的专家以及专业的合作者，如资料整理员、资料分析员等一起组成专家小组。

实际上，在真实的专项咨询情景下，调查专家小组并不是完全由外部专家组成的，这个小组还会包括企业内部的专业人才。这些人平时工作在第一线，对于企业某方面的现实问题是最为清楚的，他们所掌握的情况也是最为真实和可靠的。有了他们的帮助，咨询活动可以更加顺利并且符合实际地开展下去。

第三步：循环反复交流。调查组织者将咨询的专项问题编写为含义明确的咨询提纲，连同目前已经掌握的环境背景资料一起发送给咨询小组的各位成员，请他们对问题作出判断，提出意见并将意见迅速地反馈给调查组织者。组织者在收到咨询结果后，迅速对结果进行综合汇总和分析，再将综合归纳以后的咨询结果反馈给咨询小组的各位成员，请他们根据反馈结果重新考虑自己的意见，然后再反馈给调查组织者。如此循环反复几次以后（一般经过3~4次反馈以后咨询小组成员就不再改变自己的观点了），咨询小组成员的意见将趋于一致。

第四步：综合归纳分析结果，提出咨询结论。对咨询小组成员给出的意见进行总结归纳，分析出其中的代表性意见，作为本次咨询的结论。如果经过数次反馈以后依然没有代表性意见，则需要对咨询小组成员的意见进行综合处理，得出咨询结论。

我们可以用图4-3来表示这一过程。

专项咨询在实际操作中经常会遇到一些困难，例如专家对咨询问题的背景和初衷不熟悉，无法给出咨询意见；专家之间缺乏必要的沟通，难以实现智慧的合力；反馈次数太多，加大了调查活动的时间和资金投入等。为了克服这些

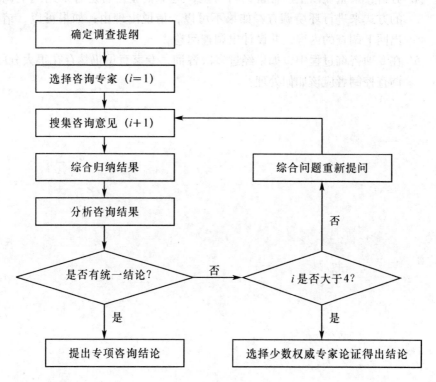

注：i 为讨论次数

图 4-3　专项咨询流程图

问题，人们在实际操作中作出了一些改进。例如调查组织者在发放调查提纲，提供调查背景资料以后要求专家给出至少三种意见，并给出这些意见最后被采纳的概率，这样就可以减少反馈的次数。又或者在咨询过程中采用半匿名的方式，即咨询初期采用匿名方式，而在意见反馈的时候采用公开讨论的方式。有时为了节约成本，在咨询初期选择较多的专家，而在意见反馈期只选择权威专家进行意见反馈。通过这些改进，专项咨询可以更加科学和合理。

【思考·案例·练习】

1. 何为广告环境？它包括哪些主要因素？
2. 分析：对于一个以洗发水为主要产品的企业，其物质环境调查应该包括哪些方面？
3. 广告文献调查的流程如何？

4. 分析：某企业以生产牲畜饲料为主，这个企业是否适合采用网上调查的方式来进行环境调查？如果不可以，请说出理由；如果可以，请列出网上调查的内容，并设计出调查问卷。

5. 在专项咨询过程中，如果经过多次咨询，专家意见仍然存在很大分歧，调查控制者应该如何处理？

第五章 | 市场调查的抽样操作

【**本章提要**】本章对市场调查抽样操作的基本问题作了论述。市场调查建立在市场的多元细分的基础上，本章首先论述的是市场有效细分的条件，并按照消费者的人口统计学变量、市场的动态以及市场的目标结构三个向度对其进行了细分；接下来论述的是市场抽样的方法，主要阐述了属于随机抽样的简单随机抽样、系统抽样、分层抽样、整群抽样和多阶抽样以及属于非随机抽样的任意抽样、判断抽样、配额抽样和滚雪球抽样等这些实用的抽样技巧。在本章的第三部分具体论述了市场样本获取的步骤和方法，主要关注的是样本量的确定和样本抽取的实施。

第一节　市场的多元细分

市场细分（Market segamentation）是指根据消费者对产品不同的欲望与需求，不同的购买行为与购买习惯，将整体市场分割成不同的或相同的小市场群的过程。市场细分这一概念是由美国市场学家温德尔·史密斯（Wendell R. Smith）在20世纪50年代中期首先提出来的，其提出及应用具有客观的基础。当时市场趋势已是买方市场占统治地位，市场营销观念已逐渐成为企业经营指导思想，即顾客的需求已成为企业营销活动的出发点，而顾客的需求随着商品经济的发展表现出多样性，为满足不同顾客的需求，企业要在激烈的竞争中获胜，就必然要进行市场细分。

显然，市场上存在着成千上万的消费者，并分散于不同的地区，其需求千差万别，企业面临消费者各式各样的需求，由于人力、物力及财力的限制，不可能生产各种不同的产品来满足顾客不同的需求，也不可能生产各种产品来满足消费者的所有需求。为了提高企业的经济效益，有必要细分市场。消费者需求的差异便不可避免地成为了企业进行市场细分的内在机制。从理论上说，只要存在两个以上的消费者，便可根据其需求、态度和购买行为的不同，进行市场细分；从市场竞争的角度看，企业为了在市场营销过程中占据优势，必须评价、选择并集中力量用于对其最有效的市场，这是市场细分的外在机制。

一、有效细分的条件

市场细分的结果，对企业而言往往至关重要，在某种程度上甚至决定了企业的生死存亡。企业是否应该涉足某一细分的市场，或者不应涉足某一细分的市场，其评价的标准便是市场的细分是否有效，而判断市场细分的结果是否有效，可从以下几个标准进行评判。

1. 可衡量性

可衡量性（Measurability），指细分市场的规模及其购买力的可衡量程度。企业涉入某一细分的市场，其内在动力必然是可以在此市场中获利，倘若其获利的具体程度难以衡量，此种市场细分对于企业而言便不具备科学性，由此便使得企业的决策必然冒着极大的风险，这种不确定性往往使得企业在面临诸多机遇时犹豫不前。因此，有效的市场细分，应该采用科学的方法精确估算每个细分市场的容量、规模、购买力以及在某一特定时间内企业可从中获利的多少。

2. 可达到性

所谓可达到性（Accessibility），指企业能有效接触到服务细分市场的程度，有利于企业发掘市场机会，开拓新市场，并在此基础上集中人力、物力和财力投入新市场的程度。通过有效的市场细分，企业可对每个细分市场透彻了解，掌握不同市场群顾客的需求，从中发现各细分市场的购买者的满足程度；同时，分析和比较不同细分市场中竞争者的营销状况，着眼于未满足需求的而竞争对手又较弱的细分市场，寻找有利的市场营销时机，开拓新市场。

显而易见，有效的细分市场对于竞争力并非很强的企业更加有用，因这些企业资源能力有限，在整体市场上缺乏强有力的竞争能力和手段，通过细分市场，可选择符合自己需要的目标市场，集中有限的资源能力，去取得局部市场上的相对优势。

3. 足够价值性

足够价值性（Substantiality），指细分市场的容量够大或其获利性够高，达到值得公司去开发的程度。通过有效的市场细分，企业可以了解不同细分市场群的顾客对市场营销措施反应的差异，对产品需求状况，据此将企业营销预算在不同细分市场群上进行分配。这样可以避免企业有限资源的浪费，使企业资源用于最适宜的地方。一般来说，通过有效的市场细分，企业便可以把注意力与费用分配到潜在的、最有利的细分市场上，便可提高营销能力，在此基础上获得足够的经济效益。

4．可操作性

可操作性（Actionability），指要拟订有效营销方案以吸引和服务细分市场的程度。在有效的细分市场的基础上，企业可以选择目标市场，并制定相应的销售策略，满足不同目标市场顾客的需求，这样便可有针对性地了解各细分市场需求的变化，迅速而准确地反馈市场的信息，使企业有比较灵活的应变能力。一个不具备足够可操作性的市场细分方案，对于企业而言是毫无意义的。

二、人口统计式细分

人口细分指根据各种人口变量（Demographics variables），如年龄、性别、家庭人口、家庭生命周期、收入、职业、教育、宗教、种族、国籍等，把市场分割成不同的群体。由于消费者的需求结构与偏好，产品品牌的使用率与人口密切相关，同时人口因素比其他因素更易于量化和统计，因此，人口细分是细分市场中使用最广泛的一种细分方式。

1．年龄细分

一般来说，消费者对某些商品的需求购买量的大小随着年龄的增长而发生改变，而不同年龄阶段的消费者，对于商品种类的需求也不一样。青年人市场和中老年人市场有明显的不同。青年人花钱大方，追求时尚和新潮刺激；而中老年人的要求则相对于保守稳健，更追求实用、功效，讲究物美价廉。因此，企业在提供产品或服务、制定营销策略时面对这两个市场应有不同的考虑。

2．收入细分

根据收入可以把市场分为高收入层、白领阶层、工薪阶层、低收入群等阶层。高收入阶层和白领阶层更关注商品的质量、品牌、服务以及产品附加值等因素，而低收入者则更关心价格和实用性。几乎对于所有的商品，都可以按照此类方式进行市场细分，然后以此为依据设计出适合不同收入阶层需求的商品，以满足特定收入消费者的需求。比如服装企业，房地产公司针对不同的收入人群提供不同的产品和服务。

3．职业细分

按照职业可将消费者划分为不同的细分市场，如大学教师、外企白领、IT人士、工程师、大学生、中小学生、国企普通工人、出租车司机等等。做出这种划分的原因在于，不同职业的消费者，其消费习惯、消费方式、消费行为等存在相当大的差别。比如大学教师和外企白领，前者更加注重对于知识、科技等相关商品和服务的购买和消费，而后者则明显地追求时尚和新潮，起着引领消费时尚的作用，另外，如大学生，其消费行为和消费习惯亦是有着自身所独有的特点。

4. 性别细分

以性别为标准，可将消费者划分为男女两个不同的消费群体，这种划分方式在服装、化妆品、首饰、奢侈品、香烟、时尚杂志、电视节目、饮品等商品和服务中使用得较为广泛。男性市场和女性市场的需求特点有很大不同，比如女性服装和男性服装的诉求点可能截然不同，男性服装，尤其是西装往往强调其质地的优良和做工的考究等，而女性服装往往更多地诉求其款式设计的新颖、色彩搭配的独特等。

5. 区域细分

区域细分是企业为了让产品更加适合特定消费者的需求，或者更加便于营销活动的开展而经常采用的一种细分标准，就是将市场分为不同的地理单位，地理标准可以选择国家，省、地区、县、市或居民区等。一方面，由于不同地区的消费者有着不同的生活习惯、生活方式、宗教信仰、风俗习惯等偏好，因而需求也是不同的。比如欧洲和亚洲的消费者由于肤质、生活条件的不同，对护肤品、化妆品的需求有很大差别，因此，当羽西在中国打出"特别为东方女性研制的化妆品"的口号时，得到了中国女性的青睐。另一方面，现代企业尤其是规模庞大的跨国企业，在进行跨国或跨区域营销时，地理的差异对营销的成败更显得至关重要，同时，小规模的厂商为了集中资源占领市场，也往往对一片小的区域再进行细分。

美国雷诺公司（R. J. Reynolds）曾将芝加哥分成三个特征的香烟小型市场：A. 北岸地区市场。这里的居民大多受过良好的教育，关心身体健康，因此公司就推销焦油含量低的香烟品牌；B. 东南部地区市场。该地区是蓝领工人居住区，他们收入低并且保守，因此公司就在此推销价格低廉的云丝顿香烟；C. 南部地区市场。该地区是黑人居住区，因此公司就大量利用黑人报刊和宣传栏促销薄荷量高的沙龙牌香烟。

三、市场动态式细分

所谓市场动态（Dynamic）式细分，即是按照商品或者服务的现有市场占有状况而提出的一种客观的细分方式。在这种市场细分方式下，在特定地理空间和特定时点上的消费者，理论上可以被划分到下述任何一种细分市场之中，即潜在市场、既有市场和流失市场。

1. 潜在市场细分

所谓潜在市场（Potential market）是对企业而言的，某些消费者可能成为其商品或服务的购买者或接受者，但是由于某些原因，目前却暂时没有成为其消费者，由这些人所构成的一个假想的消费群体即潜在市场。潜在市场的提出对于企业有着重要意义。企业可借此确定哪些消费群体或者消费者是自己需要努力开阔的市场空间，在某些情况下，企业甚至可以建立潜在市场的消费者数据库，并由此开展直效营销（Direct Marketing）。潜在市场则对于广告调查有着更加直接的意义，对潜在市场中部分消费者所进行的调查和访谈，对于产品设计和广告传播的功用异常明显。

2. 既有市场细分

对于某一特定企业，当前阶段正在购买或者接受其产品或者服务的那部分消费者所构成的群体，我们将其称为既有市场。显然，在某商品或者服务的既有市场中，每一个消费者都对于企业利润的获取有着贡献，这个市场也正是企业所孜孜追求的。在既有市场中，根据消费者对商品或者服务忠诚程度的不同，我们将其再细分为两个市场，即偶涉市场和忠诚市场。在前一市场，其中的消费者往往仅偶尔购买企业的商品或者接受其服务，在大多时候他们可能会选择其他的商品或者服务；而在后一市场，其中的消费者常常固定地选择特定企业的商品或者服务，并对这种商品或者服务显示出极高的忠诚度。

3. 流失市场细分

企业在当前保有相当数量的消费者的同时，也有一部分消费者，曾经购买企业的商品或者接受其服务，但目前这部分消费者已不再是企业的既有消费者，由这部分消费者所构成的群体，我们将其称之为流失市场。显然，任何一个企业都存在一定范围的流失市场，因为企业不能从根本上保证曾经购买过其商品或者接受过其服务的消费者对其完全满意，而一旦这些消费者不满意，他们则有可能选择其他的商品或者服务，如此流失市场就形成了。流失市场的形成对于企业而言是一种损失，流失市场愈大，则损失愈严重。将企业的流失市场改造为既有市场，是每一个企业所面临的重大课题。

四、目标结构性细分

按照企业的商品或服务在市场中所处的位置及消费者消费层次的高低，我们将市场划分为不同的市场级别和不同的市场档次，对于前者，存在一级、二级和三级市场，对于后者则存在高档、中档和低档三个市场。

1. 市场级别细分

由于并非所有的商品或者服务购买或者交易都是在生产者与消费者直接接

触过程中实现,这样就产生了市场级别。所谓市场级别,是指商品或者服务在市场中所处的位置而言的。一般说来,我们将终端消费者所构成的市场称为一级市场,而将位于终端消费者与生产者之间的市场分别称为二级、三级……市场。对于特定的企业而言,其所面临的市场,不仅仅只有一级市场,同时还有处于不同层次的经销商所构成的一级级的市场,企业的市场营销工作,事实上涵盖了不同级别的市场营销活动。

2. 市场档次细分

市场档次是与市场级别截然不同的概念。由于不同的社会阶层所处的社会环境、成长背景等方面的不同,因而兴趣偏好不同,对产品或服务的需求也不尽相同。我们根据消费者对于商品或者服务档次追求的不同,将整个市场具体分为高档、中档和低档三个市场。在高档市场中,消费者追求消费商品或者接受服务的高品质和享受,尤其注重商品或者服务的附加值,即品牌所带来的心理满足;而在低档市场中,消费者更加注重商品或者服务是否能满足其实用需求,而并不怎么注重心理满足。比如同样是香烟,低档市场的消费者是纯粹为了抽烟,而高档市场的消费者则比较关注所抽的香烟是否与其身份相符,能否从中得到心理满足。

第二节　市场抽样的方法

众所周知的普查(Census),是针对总体中每一个样本成员进行普遍调查的过程,与普查相对应的是抽样调查(Sampling survey),所谓抽样调查,即按照一定的程序,从所研究对象的同质总体(population)中抽取一部分,即样本(sample)进行调查,并在一定的条件下运用数理统计的原理和方法,对总体的数量特征进行估计和推断。从收集数据的角度出发,普查的结果与抽样调查相比,具有更大的准确性;但在实际调查中,却很少使用普查的方法,因为其同质总体可能包括成千上万个个体,大规模地进行普查在成本和时间上都耗费极大;且在实行普查的过程中,从每一个个体那里获得完整、准确的信息,也存在极多的困难和障碍。

大多数市场调查皆是抽样调查,即从调查对象总体中选取具有代表性的部分个体或样本进行调查,并根据样本的调查结果去推断总体。显然,抽样调查有许多优点。首先,它利用抽样技术(Sampling Techlonogies)及概率理论(Probability Theory),可获得既定精确估计值,以代表总体特征;其次,抽样调查节省了大量的人力、物力、时间及经费;再次,经由少数优秀人员施予特殊训练及配合特殊设备,施行调查,可获得较深入且正确的调查结果。因此,在实地市场调查中，抽样调查为一种不可或缺的调查工具。在抽样调查的实施过程中，可将抽样的方式分为随机抽样和非随机抽样两种。

一、随机抽样

随机抽样（Random Sampling）是按照随机原则进行抽样，即调查总体中每一个个体被抽到的可能性都是一样的，这是一种客观的抽样方法。此种抽样方法由于每个样本的中选概率是均等的，因此可计算抽样误差。随机抽样又被称为概率抽样，其一个基本原则是：如果总体中的每一个成员都具有被选入样本的同等机会，从这一总体中抽取的样本就能够代表总体。其两个突出的优点在于，第一，它虽然不能完全精确地代表总体，但由于避免了偏差，可以比其他类型的样本对总体更具代表性，在实践中，概率抽样比非概率抽样对总体更具代表性；第二，概率论可以对样本的精确性和代表性做出估计。①

根据调查对象的性质和研究目的的不同，随机抽样方法主要有简单随机抽样、系统抽样、分层抽样、整群抽样、多阶抽样等。在通常实地调查中，会将这几种抽样方法结合使用。下面针对各种抽样技术的概念、特点等内容进行介绍。

1. 简单随机抽样

简单随机抽样（Simple Random Sampling），也称为纯随机抽样，即从样本总体中不加任何分组、划类、排队等，完全随机地抽取调查单位，其特点是每个样本单位被抽中的概率完全相等，样本的每个单位完全独立，彼此间无一定的关联性和排斥性。

简单随机抽样可以分为两种具体的方式。如果抽样是无放回的（Sampling without replacement），即每个样本被抽中的概率是一样的，所得到的样本就叫做简单随机抽样样本；如果抽样是有放回的（Sampling with replacement），即每次抽中的签要放回，并再次混合均匀后，再继续抽取，则得到的样本叫做非常简单随机抽样（Very Simple Random Sampling）样本。前一种方法，总体中每个单元被抽中的概率完全相等；后者，总体中每个单元被抽中的概率并不相等。但是如果总体很大，样本量相对较小时，两者的差别会非常小。

简单随机抽样一般可采用抽签法，或查阅随机数表的方法来取得样本。抽签法是先将总体中的每个单元都编上号，写在签上，将签充分混合均匀，每次抽取一个签，签上号码所对应的单元即入样，抽中的签不放回，再接着抽取下

---

① ［美］艾尔·巴比著，李银河编译：《社会研究方法》（第3版），四川人民出版社1987年版，第121页。

一个签，直到抽够所需样本量为止。随机数表法是先将总体中的每一个单元都编上号，所有号码的位数均应相同，然后从随机数表的任一位置开始，向任何一个方向连续地摘录数字，将得到的数字按上面编号的位数分割为若干组数码，得到的数码所对应的单元即入样，重复的数码和没有对应单元的数码去掉，直至抽足所需样本量为止。

简单随机抽样是最完全的概率抽样，总体中的每一个元素都有一个相等的被抽中概率，它是其他各种抽样形式的基础，各式各样的实用抽样技术，皆在其基础上发展而来；但在实际操作中，通常只是在总体单位之间差异程度较小和数目较少时，才采用这种方法。

2. 系统抽样

系统抽样（Systematic Sampling），即按照某种顺序给总体中所有单元编号，然后随机地抽取一个编号作为样本的第一个单元，样本的其他单元则按照某种确定的规则抽取（如等距原则）的抽样方法。其中最常用、最简单的系统抽样叫等距抽样。

系统抽样基本上是在只做一次简单随机抽样后，就依固定间隔数抽出一个样本。

比如某制造灯泡的工厂，计划生产5000个灯泡，想从中抽取50个样本，以了解不良产品的比例，若采取系统抽样，则按照5000个灯泡生产的顺序，作为假想的编号，其次决定抽样区间k，可计算出 k = 5000/50 = 100，然后从1至100中以简单随机抽样抽出一数，作为起始点，如抽出35，最后只要每生产第100个灯泡，便将该灯泡抽出，即生产顺序为35、135、235、335……4935的灯泡，被抽出作为样本。

3. 分层抽样

分层抽样（Stratified Sampling），即先将总体按一定特性划分为不同的层次（strata），然后在每一层次中随机选取部分个体组成样本。其特点是先将总体按照某种特征或指标分成几个排斥的又是穷尽的子总体或层，然后在每个层内按照随机的方法抽取元素；其原则是子总体内元素间差异尽可能小，而不同子总体间的差异大，然后再按简单随机抽样的方法从各层中抽样，以确定具体的调查对象。分层抽样的关键在于，首先要正确地选择分层标志，然后再计算各层抽取的样本数，被分出层的过程称为层化（stratification）。

比如某高中共有2700位学生，欲从中抽取120位学生作为样本，设有1620位男生，1080位女生，若用简单随机抽样抽出120位学生，抽出的结果可能女生过多，或男生过多，甚至也可能抽出没有一个女生，或没有一个男生。若是想调查全校学生的平均身高，则男女之间的差异就很大，若选取过多女生，这样就会影响到最后调查的结果。因此最好的方式就是采用分层抽样，按男女的比列 3∶2 来选取。在男生部分抽取 $120 \times 0.6 = 72$ 位，女生部分抽取 $120 \times 0.4 = 48$ 位，其次在男女生中，利用简单随机抽样分别抽出 72 人、48 人，此 120 人便构成我们要的样本。

分层抽样过程中，要确定样本的数目，一般有两种方法：一是定比，就是对各个分层一律使用同一抽样比例，抽样比例 f 的计算公式为：$f = n_{(样本个案数)} / N_{(总体个案数)}$；二是异比，如遇其中某一层人的数量特别少，按照统一的比例取得的个案数量太少以致会影响这一层抽样个案的分析时，则这一层可采用比其他层较大的抽样比例。①

分层的作用主要有三：一是为了工作的方便和研究目的的需要；二是为了提高抽样的精度；三是为了在一定精度的要求下，减少样本的单位数以节约调查费用。因此，分层抽样是应用上最为普遍的抽样技术之一。按照各层之间的抽样比是否相同，分层抽样可分为等比例分层抽样与非等比例分层抽样两种。

分层抽样是科学分组与抽样原理的有机结合，前者是划分出性质比较接近的层，以减少标志值之间的变异程度；后者是按照抽样原理抽选样本。因此，分层抽样一般比简单随机抽样和等距抽样更为精确，能够通过对较少的样本进行调查，得到比较准确的推断结果，特别是当总体数目较大、内部结构复杂时，分层抽样常能取得令人满意的效果。

4. 整群抽样

整群抽样（Cluster Sampling）首先将总体划成许多相互排斥的子总体或群，然后以群为初级抽样单元，按某种概率抽样技术，如简单随机抽样，从中抽取若干个群，对抽中的群内的所有单元都进行调查。

整群抽样与分层抽样有着本质的差异，整群抽样最终所抽取样本单位不是一个个的样本，而是一群群的样本，这是因为整群抽样所划分的各个群体，其特性必须大致相近，分布均匀；与此相反，分层抽样所划分的各个群体或者各个层之间，其特性却完全不同，而对于整群抽样，所抽中的群体之间的差异愈小愈好，而在群体之中，恰恰存在极大的差异。因此，对于群体内差异大而群体之间差异小的情况，采用整群抽样是十分合算的。

例如在某地区的农村进行受众调查时，采用简单随机抽样所得到的样本可能极其分散，难以调查。如果将一个个的村子做为抽样单元，抽取几个村子，对这些村子内的所有村民进行调查，实施起来就会方便和经济得多。在这种情况下村子就是群。在采用整群抽样时不需要获取包括所有更次一级单元（如

---

① 范伟达：《市场调查教程》，复旦大学出版社 2002 年版，第 118 页。

村民）的抽样框，只需要得到有关初级单元（村子）的名单和资料即可。在电视收视率调查中，一般也都采用以户为抽样单元的整群抽样，对抽中的住户内所有 4 岁以上的居民进行调查。

5. 多阶抽样

多阶抽样全称是多阶段抽样（Multi-stage Sampling），也称为多级抽样，是指在抽取样本时，分为两个及两个以上的阶段从总体中抽取样本的一种抽样方式。其具体操作过程是：第一阶段，将总体分为若干个一级抽样单位，从中抽选若干个一级抽样单位入样；第二阶段，将入样的每个一级单位分成若干个二级抽样单位，从入样的每个一级单位中各抽选若干个二级抽样单位入样……依此类推，直到获得最终样本。多阶抽样最常见的例子是全国性的受众调查，在调查过程中可能将省、地市、区县、街道（乡镇）、居（村）委会、居（村）民小组、住户以及个人做为各级抽样单元，先按照某些相关指标（如经济发展水平、社会发展水平、地理位置等）将地市分层，从每层中抽取若干地市，再从每个抽中的地市中抽取区县、街道（乡镇）、居（村）委会、居（村）民小组、住户，最后抽取个人。

多阶段抽样区别于分层抽样，也区别于整群抽样，其优点在于适用于抽样调查的面特别广，没有一个包括所有总体单位的抽样框，或总体范围太大，无法直接抽取样本等情况，可以相对节省调查费用，操作性更强。其主要缺点是抽样时较为麻烦，且从样本对总体的估计比较复杂。

实际上多阶抽样也可看作是分层抽样和整群抽样的特例。对于分层抽样，每一层就是一个初级单元，分层就相当于在第一级抽样中抽取了全部初级单元，而层内抽样就相当于第二级抽样；对于整群抽样，相当于在第二级抽样中抽取了全部次级单元。因此，分层抽样既具有整群抽样简单易行的优点，又比整群抽样效率更高，因为在样本量相同的情况下，避免了调查过多的次级单元，可使所抽取的单元在总体中分布得更加广泛，因而精度更高，更有代表性。①

二、非随机抽样

相对于随机抽样，非随机抽样法（Nonrandom Sampling）即不采用随机方法进行抽样，而是凭主观的判断选择样本，故其样本选中几率无法以统计概率理论计算。因此，非随机抽样法又称为非等概率抽样法（Non-probability Sam-

---

① 柯惠新、祝建华、孙江华：《传播统计学》，北京广播学院出版社 2003 年版，第61 页。

pling）。严格说来，使用非几率抽样法会使样本代表性降低，用于统计推论误差亦较大，但其支出的成本较低，运用较方便，因此亦不失为广泛利用的抽样方法。实际操作中常用的非随机抽样的方法有以下4种：

1. 任意抽样

任意抽样（Convenience Sampling）又称为便利抽样、方便抽样，纯粹以方便为基本着眼点的抽样方法，无条件地、随意抽取一部分样本，样本的选择只考虑是否容易得到或容易观察。

常见的任意抽样，如未经许可的街头随访或拦截式访问、邮寄式调查、杂志内问卷调查等都属于便利抽样的方式。任意抽样的优点是花费小（包括经费和时间）、抽样单元可以接近、容易测量并且合作。其缺点是存在选择偏差，如被调查者的自我选择、抽样的主观性偏差等。显然，任意抽样不能代表总体和推断总体。由于任意抽样没有一定的规律，其结果有很大的偶然因素，因此不能保证抽样的质量。随着抽样理论和实务的发展，这种方法已被"判断抽样法"所替代。任意抽样通常是应用于正式调查之前，正式调查时并不常用。

2. 判断抽样

判断抽样（Judgment Sampling）是基于研究者对总体的了解和经验，从总体中抽选"有代表性的"、"典型的"单位作为样本。例如，现在需要对某一广告作品的效果进行实验，研究者可根据个人经验，选取对实验有着代表性的被试进行实验。

由于判断抽样是在抽样之前，先经由研究人员进行主观判断所研究的基本单位符合研究目的的程度，符合者便选入样本中，不符合者就去除，受研究者个人主观因素影响较大，因此这种抽样方法需要研究者对母体的有关特征必须相当了解，主要适用于总体的构成单位极不相同而样本数很小的情况。

3. 配额抽样

配额抽样（Quota Sampling）是非随机抽样方法中最流行的一种方法。所谓"配额"是指对划分出总体各类型，并分配给一定数量，从而组成的调查样本的方法。按照某些特性（这些特性与所研究的总体特性应有较强的相关性，且其各种取值在总体中所占的比例是已知的）将总体细分为几个次总体，然后将总样本量按照各次总体中所占的比例分配，如此在选择样本单元时，即可为每一个调查员指派"配额"，要其在某个次总体中访问一定数额的样本单元。

在市场研究中配额抽样经常被使用。访问员有极大的自由去选择子母体中的样本个体。此法并不需要太多的事前准备工作便可快速地进行，同时若受访者拒答时，可随意另外找人递补，并不会影响抽样设计。若需要快速得到调查结果，配额抽样是不错的选择。此外，若母体根本没有底册时，亦可利用此法。

配额抽样类似于随机抽样中的分层抽样，有两点重要区别：首先，配额抽样的被调查者不是按随机抽样的原则抽选出来的，而分层抽样必须遵守随机抽样的原则；其次，在分层抽样中，用于分类的指标，应联系研究目标来选择，而配额抽样无此要求。由于配额抽样法是在规定了样本配额后，由调查人员主观抽取调查单位的，因而被认为缺乏理论根据，不能由样本调查结果推断总体特征，从而使配额抽样调查结果的客观性大打折扣。

4. 滚雪球抽样

滚雪球抽样（Snowball Sampling），顾名思义便是如同滚雪球般，样本愈抽愈大。利用随机方法或社会调查名义选出起始受访者，然后从起始受访者所提供之信息去取得和接近其他受访者。此法主要目的是为了估计在母体中很难寻找或十分稀少的几种特性的样本，例如单亲家庭、特殊疾病、特殊生活习惯等。滚雪球抽样的精髓在于通过少量样本获得更多调查单位，最终越来越接近总体。

滚雪球抽样方法的优点在于调查费用大大减少，当然这种成本的节约是以牺牲部分调查质量为代价的，整个样本可能出现极大的偏差，因为那些个体名单来源于最初接受调查的受访者，他们之间可能十分相似，因而样本可能不具有很好的代表性。

在以上所介绍的几种非随机抽样方法中，滚雪球抽样效率最高，其次是配额抽样、判断抽样，而便利抽样效率最差。非随机抽样由于其基本单位被抽取的概率不相等，完全依赖研究人员的专业素养与主观判断，虽称不上是一种科学方法，且误差也很大；但其最大优点在于成本低廉，单独使用常会带来很大的误差，但是和随机抽样配合使用则为有效且符合实际的应用方法。一般来说，可根据抽样总体信息、研究者自身经验和技巧、研究的时间限制、研究的经费限制等标准来比较概率抽样和非概率抽样的适用程度。在实际选择抽样方法时，应考虑调查目的和实际情况选择，有时两种方法可并用，各取其长。

最后还需要说明的是，以上所介绍的是抽样的方法，即获取调查单位的方法，而不是资料的搜集方法。在广告研究和市场调研活动中，原始资料的搜集方法分为两大类，即定性的方法和定量的方法，前者主要包括小组访谈、深度访谈、投影技法（包括语句联想法、完成技法、结构技法、绘画法等）、观察法等方法，后者主要包括面访调查（包括入户面访、街头拦截、留置式问卷调查、计算机辅助调查等）、电话调查（包括传统的电话调查、计算机辅助电话访问）、邮寄调查（包括单程邮寄调查、固定样本邮寄调查等）、实验法、观察法等方法。一般来说，抽样调查，尤其是经过精心设计的系统的、科学的抽样调查是为定量研究服务的，在按照一定的程序严格获取抽样样本之后，然后具体采用何种资料搜集方法（如面访法、电话调查等），还需要视具体情况而定。

第三节　市场样本的抽取

一、抽样调查的基本术语

1. 总体与样本

抽样的总体或者母体（population），是在调查研究中，所有调查研究对象的集合体。如要研究武汉市的饮品消费者，则所有目前居住在武汉市城区的有一定购买力的市民就组成了调查研究的总体。样本（sample）是总体的一部分，它是由从总体中按一定程序抽选出来的那部分被调查单位所组成的集合。

2. 抽样框与抽样比

抽样框（Sampling frame）指用以代表总体，并从中抽选样本的一个框架，其具体表现形式主要有包括总体全部单位的名册、地图等。抽样框在抽样调查中处于基础地位，是抽样调查必不可少的部分，其对于推断总体具有相当大的影响。抽样框有三种形态：其一是具体的抽样架构，每一个抽样单位名字皆列成表册，可直接按表册名字抽取样本；其二是抽象的抽样架构，没有抽样单位之名册，只要符合调查之条件就有被抽中的可能。例如在百货公司举行消费者抽样，虽然没有抽样名册，但是抽样框却隐约可见；其三是阶段式抽样架构，在采用多阶抽样方法中，按照抽样阶段的不同，产生不同之抽样框。对于抽样调查来说，样本的代表性如何，抽样调查最终推算的估计值真实性如何，首先取决于抽样框的质量。抽样比（Sampling ratio）则指在抽选样本时，所抽取的样本单位数与总体单位数之比。

3. 抽样单位与元素

抽样单位（Sampling unit）即在抽样框上排列的名单的个别单位。元素（element）指接受调查的最小单位，通常是指人，有时抽样单位和元素是合一的。抽样单位可由一个元素组成，也可由多个元素组成。通常按照抽样的过程将抽样单元由大到小或者由先到后分级，分别叫做一级抽样单元（或者初级单元）、二级抽样单元（或者次级单元）、三级抽样单元等等，最后一级或者最小一级抽样单元叫做基本抽样单元。

4. 抽样误差与容忍误差

在抽样调查中，通常以样本作出估计值对总体的某个特征进行估计，当二者不一致时，就会产生误差。因为由样本作出的估计值随着抽选的样本不同而变化，即使观察完全正确，其和总体指标之间也往往存在差异，这种差异纯粹是抽样引起的，故称之为抽样误差（Sampling error）。抽样误差是所选择的样本的结果不能完全代表总体而导致两者之间的差值，这个差值可用统计方法估计。对于随机抽样，其抽样误差可事先计算并加以适当控制。非抽样误差是与抽样误差相对应的概念，前者指在调查设计、抽样实施、数据搜集和数据分析过程中，由于人为的差错所造成的误差，这一类误差无法予以测量，只能通过一定的措施尽量使其减小。

抽样误差又称为标准误差（Standard error）。抽样误差对于研究人员来说是十分重要的，它以中央极限定理的概念为基础。这个定理以简单的形式来说，就是大量随机分布的自变量会近似于常态分布（Normal distribution）。从理论上说，所有样本都应该包含在常态分布中，此种分布可用常态曲线表示。重复测量产生的抽样误差一般趋向于常态分布，所以常态分布在评估抽样误差时便显得更为重要。由上文可知，评估抽样误差实际上就是测量和断定样本与总体之间的差异，虽然有些误差无法查明，但随机抽样误差可透过样本和常态曲线之间的关系确定误差的发生率。①

在抽样调查时，调查者所要求的精确度并非百分之百，而是在设定母群体平均数上下各多少百分点作为可以容忍的误差之范围，该范围我们将其称为容忍误差（Tolerated error）。一般而言，在调查实施之前，研究者会人为地设置一定水平的容忍误差，比如对于某地电视观众收看广告节目的调查，研究者事前可能设定，此次调查的相对误差不超过 3%。

5. 置信水平与置信度

置信水平（Confidence level）也称为可靠度，或把握度、置信系数，置信度与置信水平是相对应的概念。因在抽样对总体参数作出估计时，由于样本的随机性，其结论总是不确定的，因此，采用一种概率的陈述方法，也就是数理统计中的区间估计法，即估计值与总体参数在一定允许的误差范围以内，其相应的概率有多大，这个相应的概率称作置信度。若置信度是 95%，那么意味着正确估计的概率为 95%，调查研究者正是以此来表示其正确估计程度。

在抽样调查中，一般规定置信度为 95%、99% 和 99.9%，即置信水平为 0.05、0.01 和 0.001，它们分别表示在由抽样调查的结果推及总体的时候其结

---

① 戴元光：《传播学研究理论和方法》，复旦大学出版社 2003 年版，第 142 页。

论的可信程度为95%、99%和99.9%。置信水平是估计抽样误差时必须用到的重要概念，在抽样设计和宣布调查结果时，研究者一般会同时给出两个数，一为置信度，一为结果的误差估计值，比如，宣布某个抽样调查的结果的置信度为95%，误差不超过3%等。

二、样本量的确定

样本量，又称为样本容量，或者样本大小，所指的是样本所含被调查个体数量的多少。样本量不仅影响着样本自身的代表性，而且还直接影响到调查所要花费的经费和涉及的人力、物力。一般说来，样本量的确定受制于多个因素的影响和相互作用，在通常的抽样调查实践中，会考虑到以下4个原则，即合总体性原则、合目的性原则、误差适度原则、可操作性原则。

1. 样本量确定的原则

（1）合总体性原则

合总体性原则，指样本量的确定，要考虑到总体的构成情况，一是要考虑总体的规模，即在所要考察的总体之中，其所包含的抽样调查的对象有多少，二是要考察总体的内部构成情况，即总体的异质程度。一般来说，总体越大，所需要的样本量会越大，但要注意的是总体的大小与样本量并不成正比例关系，而是缓慢的曲线关系。如从1000人之中抽取380人，可信度为95%，置信区间为3%，以同样的可信度和置信区间从5万人之中所抽取的样本量，也仅仅是600人。此外，总体内部各个构成单位之间在某些特征方面的差异，即异质程度在很大程度上决定了样本量。一般来说，异质程度越高，则所需要的样本量越大，异质程度越低，则所需样本量越小。从理论上说，倘若总体之中没有任何差异存在，即异质程度为零，那么仅需调查一个个体即能满足要求。事实上，总体的异质程度，决定了抽样的具体实施过程中需要采用何种具体抽样方法（如多阶段抽样）以及具体的资料收集方法（如入户面访或者传统的电话调查法）。不同的抽样方法和资料收集方法，则直接从理论上决定了样本量应该有多大。

（2）合目的性原则

所谓合目的性原则，是指样本量的确定，需要由调查研究的目的来决定。调查研究的目的，有的是为了进行探索性的调查（exploratory research，为正式的研究探讨思路），有的是为了进行解释性的研究（explanatory research，如为何报纸广告对于年轻人而言效果并不好），有的是为了进行预测性的研究（Predictise research，如在不同的时间某一档节目中电视广告的效果分别达到何种程度），有的是为了对总体参数进行估算（如女性月平均化妆品购买量），有的是为了对总体比例进行估算（如在某一时刻某电视节目的收视率），有的则是为了对研究假设进行检验（如检验"年轻女性电视节目看得越多，其消费方式越时尚"这一假设的正确性）。不同的调查研究的目的，需要数量不同的样本大小。一般来说，调查研究的目的越正式、越重要，则所需的样本量越大。

（3）误差适度原则

抽样误差是由抽样的随机波动而产生的样本对于总体的代表性偏差。一般说来，抽样误差与样本量之间存在曲线反比关系，即样本量愈大，误差愈小，但误差减少的趋势并不与样本量增大的量成正比，而是随着样本量的增大，抽样误差减小的速度逐渐放缓。所谓误差适度原则，即是指根据调查研究的实际需要，确定适度的误差水平，并在这一水平下确定样本量的大小。在下述"样本量确定的方法"一节之中，我们将看到，实际运作抽样，抽样误差事实上已经在某种程度上决定了样本量的大小。

（4）可操作性原则

可操作性原则，指样本量的确定要考虑到实际调查中的操作。这里首先涉及到调查研究的经费和时间的限制问题。一般说来，样本量越大，经费要求越多，时间要求则越长。因此，确定样本量，就需要在研究目的的指引下，在不影响研究准确性的前提下尽可能地减少样本量，以尽可能地降低研究经费、节约调查时间。同时，在调查的具体实施过程中，还会出现问题的有效回答率和问卷的有效回收率的问题，这些具体而微的操作问题，研究者也须事先考虑到。最后，研究者还需要注意的是，抽取的样本要比实际需要的样本多一些，因为在调查过程中，样本损失是正常的事情，很难避免，一般抽取的样本要比设计的样本多出10%～30%。[①]

2. 样本量确定的方法

在具体的调研实践中，研究者通常会根据以往的调研经验和当前调查工作的实践需要，来确定样本量。在实际调查中最常使用的样本量有200个、300个、400个、500个。此外，还可以采用"大样本小样本"原则，即样本量较大的样本对于总体的代表性要优于样本量较小的样本。对于抽样调查，这一原则明确界定了大样本和小样本的样本含量：样本量达到总体的5%或者以上，这样的样本可称之为大样本，达不到的则称之为小样本；倘若样本数虽不足总体的5%，但是数量上已达到500，也可被认为是大样本，若小于500则是小样本。"大样本小样本"原则指出，若要样本对于总体有相当的代表性，应使

① 戴元光：《传播学研究理论和方法》，复旦大学出版社2003年版，第141页。

样本达到总体的 5% , 或者在数量上达到 500 个。

以上采用经验的形式来确定样本量的方法,虽然可能颇为实用,但并不科学,科学的样本量的确定方法,还得借助于统计学关于样本量的计算方法。统计学关于各种抽样方法条件下样本量的计算方法很多,鉴于篇幅所限以及实际运作的情况,此处仅介绍几种实用的计算方法。

实际调查研究中在确定样本量时,往往会先计算出在一定精度下简单随机抽样的样本量,然后在此基础上修正,确定复杂抽样方法的样本量。

(1)估算总体均值时样本量确定的方法

在随机抽样条件下,当所考察的目的是为了估算总体均值时,样本量的确定公式为:

$$n = \left(Z_{\alpha/2}\sigma/d \right)^2 \tag{5-1}$$

上式中,n 为样本量,α 为置信水平,$Z_{\alpha/2}$ 即是置信度一半相应的 Z 值,σ 为总体之标准差,d 为最大允许抽样绝对误差,倘若已知的不是最大允许抽样绝对误差,而是相对误差,则还须将最大允许抽样相对误差与总体均值相乘,得出最大允许抽样绝对误差 d 之值。通常情况下,最大允许抽样绝对误差 d 和置信水平 α 是由研究人员事先确定的,而总体之标准差 σ 可以以往类似的调研结果、试点调查或者相关领域的专家的分析判断等方式获得。

如现在希望通过调查了解某城市 20 ~ 35 岁之间的年轻女性平均每月花多少钱买化妆品,要求最大允许绝对误差不超过 10 元,置信度为 95% (即 $\alpha = 0.05$),以往的调查表明,该城市 20 ~ 35 岁之间的年轻女性平均每月买化妆品所花的钱的标准差为 100 元,则调查研究中所需要的样本量应为:

$$n = \left(1.96 \times 100/10 \right)^2 = 384.16$$

这个计算结果就说明,在简单随机抽样前提下,此次调查需要选择至少 384 个样本进行调查。需要说明的是,倘若研究者事先确定的不是要求最大允许绝对误差为 10 元,而是要求最大相对允许误差为 5% ,那么就必须根据以往的研究结论,或者根据试点调查所得的结果获知该城市 20 ~ 35 岁之间的年轻女性平均每月约花多少元钱来买化妆品,然后以这个平均值乘上 5% ,得出最大允许抽样绝对误差 d ,再将其代入公式 (5-1) 进行计算。

在实际调研中,我们最常使用的三种置信度分别为 99% 、95% 和 90% ,它们所对应的 Z 分别为 2.58、1.96 和 1.65。

(2)估算总体比例时样本量确定的方法

在随机抽样条件下,当所考察的目的是为了估算总体比例时,样本量的确定公式为:

$$n = \left(Z_{\alpha/2}/d \right)^2 \times P \left(1 - P \right) \tag{5-2}$$

上式中，n 为样本量，α 为置信水平，$Z_{\alpha/2}$ 即是置信度一半相应的 Z 值，d 为最大允许抽样绝对误差，P $(1-P)$ 事实上相当于公式（5-1）中之总体之方差 σ^2，此处之 P 亦是由以往的经验或者探测性研究所得出的总体之中某一特征的百分比，如在某一电视节目中插播广告目标受众的收视百分比为 40%，则 $P=40\%$。根据概率理论，函数 P $(1-P)$ 之最大取值为当 P 取值为 0.5 时，故在实际运作中，最保守之 n 值的计算方法可采用：

$$n = (Z_{\alpha/2}/2d)^2 \tag{5-3}$$

比如在某城市调查某一广告节目的收视率，采用 90% 的置信度，确定最大允许抽样绝对误差为 3%，则调查研究中所需要的样本量应为：

$$n = (1.65/2 \times 0.03)^2 = 756.25$$

计算结果表明，在简单随机抽样前提下，此次调查需要选择至少 756 个样本进行调查。

上述计算方法，皆是针对简单随机抽样的条件，而在实际运作中往往采用其他更为复杂的抽样方法，如系统抽样、分层抽样、整群抽样、多阶段抽样等方法，在这些条件下，样本量的确定往往通过以下公式：

$$n = n_0 \times deff/r \tag{5-4}$$

上式中，n_0 为简单随机抽样条件下的样本量，$deff$ 为设计效应（design effect），设计效应是复杂抽样方法的抽样方差与等同规模的简单随机样本的抽样方差之比值，即 $deff = S^2_{(复杂抽样)}/S^2_{(简单随机抽样)}$，$r$ 为实际调查中的回答率（response rate），因为在实际调查过程中，必然存在着无回答（no response）的情况。

对于分层抽样，由于其对总体进行了分层处理，使得总体中的每一个层次都具有代表性，从而缩小了抽样误差，所需样本量也因此降低，因而对于分层抽样，其 $deff \leqslant 1$。对于整群抽样，由于其抽样方式导致了方差的增大，因而 $deff$ 的取值范围一般为 $1.1 \leqslant deff \leqslant 3.0$。①

例如，中央电视台在 1990 年调查北京地区观众的电视收视情况时，要求置信度为 90%，最大允许绝对误差为 3%，其样本量的确定步骤如下：首先计算出简单随机抽样条件下所需的样本量为 $n_0 = (Z_{\alpha/2}/2d)^2 = (1.65/2 \times 0.03)^2 = 756$；其次考虑到整群抽样引起抽样方差的增大，引入 $deff = 2$；再次考虑到调查问卷的回收率，取 95% 作为修正系数，则最终实际上需要的样本量为：

---

① 李奇云：《广告市场调研》，四川大学出版社 2004 年版，第 125 页。

$$n = n_0 \times deff/r = 756 \times 2/0.95 = 1591.6$$

最终调查所采纳的合适的样本量为 1600 人。

三、样本抽取实施

1. 建立样本框

抽样框即抽样范畴，是将抽样单位进行编号排列而形成的一张涵盖所有被调查单位的清单。在这个清单中，每一个抽样单位皆有一个独特的代码（如工人的工号、学生的学生证号、家庭所在街区的门牌号码等）作为其标志，在这个基础上，研究者便得以对总体中的所有个体进行识别，并能保证对每个个体以同样的概率将其抽中。

因采用抽样方法的不同，抽样框中的基本单位亦不同。对于元素抽样而言，抽样框即为总体所含全部元素之总体。在整群抽样中，所有群体则构成抽样框。在多阶段抽样中，每一级皆有相应的抽样框，如在最常见的全国性调查中，所有的省份就构成了第一级抽样框，某省的所有县市级单位则构成了第二级抽样框，依此类推。抽样框随着总体的类型之不同而变化，如当所要调查的元素是个人时，抽样框中的基本单位就是个人，而当所要调查的元素是家庭时，则抽样框中的基本单位就是家庭。此外，即使同样的抽样单位，亦可以采用不同的抽样框的编制方式，如现在要调查某大学所有的学生，用于编制抽样框的标志可以是学生的学生证、考试证、身份证、寝室的床位号等，所以当用不同的标志来标志抽样框时，抽样框的内容和形式都不相同。[1]

有效的抽样框应该至少包含两种涵义，其一是完整性，其二是互斥性。完整性表明抽样框中应不遗漏所要调查的总体中的任何一个个体；而互斥性要求任何一个个体不能被重复列入抽样框中。在实际操作过程中由于种种限制，要满足这两个要求相当不易。

在广告调查和市场调查中，有些调查的抽样框是现成的，而有些则根本不存在。现成的抽样框如电话号码簿、工商名录、邮政编码簿、企业目录等等，皆为正规的出版物，但事实上，它们总会将某些个体遗漏掉，而有些个体则会重复记入。如同样是以街区的门牌号作为编制抽样框的标准，有的住户可能有好几处住处，而在同一门牌号下可能住着好几户人家；再如最常使用的电话号码簿，很多家庭事实上根本就没有向外公布其电话号码。在实际调查中，需要对这些现成资料进行适当的编码和整理方能使用。对于那些没有现成抽样框资料或者资料很不完善、合理的抽样框，则需要进行补充甚至需重新建立。

---

① 李奇云：《广告市场调研》，四川大学出版社 2004 年版，第 75 页。

在各种调查中最经常用到的抽样框是关于居民住户的资料。但在实际操作过程中，由于人口流动、户籍管理的滞后以及资料的可得性等种种原因，常常得不到完善的抽样框，因此在入户调查中，需进一步修正或重新建立抽样框。

倘若已获取了现成的居委会的住户户籍管理资料，可直接在此基础上选派访问员加以核实、修正，即可作为调查用的抽样框。当没有现成的居委会户籍管理资料时，建立居委会住户抽样框的方法是：以居委会的行政区域为界限，给出该居委会的住宅分布路线图，同时依照一定的顺序（如右拐弯原则），抄写出区域内各住户的详细地址，这些地址和路线图便是一份完整的抽样框。在绘制住宅分布和路线图时，通常要注意标出该辖区内的标志性建筑物以及公共汽车停靠站，使访问员入户时便于行走和查找。按照这种方法建立的抽样框资料，相对来说误差会大一点。①

2. 确定样本对象

在建立了具有可操作性的抽样框之后，接着需要解决的问题是按照抽样的要求逐一抽取构成样本的单元。事实上，编制抽样框的根本目的，即在于为确定合理的样本对象提供可供选择的清单。

在广告调查和市场调查的随机抽样的实际操作中，常常以户为最小抽样单位进行随机抽取。当样本户确定之后，所面临的另一个问题是，一个家庭之中往往包括若干成年人，在这些人之中到底该访问哪一个呢？对于这个问题可有多种解决方案，可访问生日最近者（last birthday），可采用抽签法，还可采用随机数法；但在实际运用时，这些方法都颇为麻烦，一种比较简单的方法是采用美国著名抽样专家 Kish 所创立的 KISH 表，即入户调查表，其原理与随机数表的原理是一致的。KISH 表如表 5-1 所示。

对于表 5-1 的运用，首先是确定该住户符合调查要求的人口数，即该表最左边"序号"一列所示的数字号码（一般说来，一个家庭之中符合调查研究的人口数会在 10 个以下），并将该住户中所有符合调查研究的人按照年龄大小排队；然后再找出问卷的编号尾数，即最上边的一行所显示的数字，在这两个数字相交叉的方格里的数字，即是调查者所要访问的该住户中年龄大小排序与此数字相符的人。这样，研究对象就最终确定下来了。如某问卷的编号为453，尾数为3，某住户家中有 4 人符合调查要求，两者相交叉的方格中的数字为4，则该家庭中符合调查要求的年龄最小者为最终确定的访问对象。

---

① 黄合水：《广告调研技巧》，厦门大学出版社 2003 年版，第 160 页。

表 5-1 　　　　　　　　　　KISH 表（入户抽样表）

序号	问卷编号尾数									
	1	2	3	4	5	6	7	8	9	0
1	1	1	1	1	1	1	1	1	1	1
2	2	1	2	1	1	2	1	2	2	1
3	1	3	2	2	1	3	1	1	1	2
4	2	2	4	1	3	4	1	3	3	2
5	2	5	3	4	4	1	1	1	5	3
6	3	1	4	1	5	2	6	2	3	6
7	4	5	6	5	7	2	3	1	7	3
8	4	5	6	2	7	1	8	3	4	5
9	2	4	9	5	9	3	7	6	1	8
10	5	3	2	4	10	8	9	8	9	1

【思考·案例·练习】

1. 市场的有效细分应符合哪些条件？分别按照消费者的人口统计学变量、市场的动态以及市场的目标结构对市场进行的细分，各有何种优缺点？

2. 假定某公司现在要生产一种碳酸类饮料，请你根据自己平日所做的观察，将自己所在的社区的所有人口，按照人口统计学的每个变量分别对这一市场进行划分，然后按照市场有效划分的标准检验自己的划分是否合理有效。

3. 市场级别细分和市场档次细分的关键点在哪里？

4. 常用的随机抽样和非随机抽样的方法各有哪些？

5. 整群抽样和分层抽样的区别何在？

6. 在各种非随机抽样方法中，其分别适用于何种情况？

7. 简单随机抽样条件下，最常用的用于确定估算总体均值所需样本量的公式如何？

8. 简单随机抽样条件下，最常用的用于确定估算总体比例所需样本量的公式如何？

9. 采用入户访问的方式搜集原始资料，倘若没有现成的抽样框，该如何进行编制？

10. 阅读并思考下面二个案例：

案例 1：从汇源果汁谈深度动态市场细分

营销大师科特勒曾说："现代战略营销的中心，可定义为 STP 市场营销——就是市场细分（Segmentation），目标市场（Targeting）和市场定位（Positioning）。"市场细分是企业战略营销的起点，是对拟进入或希望通过评估来决策是否进入的单一体市场，以消费者或客户的需求为出发点，对影响购买决策的外在行为和内在考虑因素进行一系列的市场调研和论证，运用数理统计、实验等方法将单一的市场按照不同的标准和特性（从表象的二维变量到层级性的多维变量）划分成多个具有某一或某几种相似特质性的子市场（各子市场之间有时会有交叉）。企业则根据自身的资源和外部竞争情况从中选择自己具有比较优势或认为更具有投资价值的子市场作为企业的目标市场。企业的一切营销战略，都必须从市场细分出发。没有市场细分，企业在经营时就如同"瞎子摸象、大海捞针"，根本无法锁定自己的目标市场，企业也就无法在市场竞争中找到自己的定位。如果没有明确的市场定位，企业也就无法规划和塑造差异化的品牌形象并赋予品牌独特的核心价值；当然就更无法有针对性地去设计独特的产品去满足市场了。只有进行市场细分，才有营销战略的差异化。因此，市场细分是企业战略营销的重要组成部分和平台。

在碳酸饮料横行的 20 世纪 90 年代初期，汇源公司就开始专注于各种果蔬汁饮料市场的开发。虽然当时国内已经有一些小型企业开始零星生产和销售果汁饮料，但大部分由于起点低、规模小而难有起色；而汇源是国内第一家大规模进入果汁饮料行业的企业，其先进的生产设备和工艺是其他小作坊式的果汁饮料厂所无法比拟的。"汇源"果汁充分满足了人们当时对于营养健康的需求，凭借其 100% 纯果汁专业化的"大品牌"战略和令人眼花缭乱的"新产品"开发速度，在短短几年时间就跃升为中国饮料工业十强企业，其销售收入、市场占有率、利润率等均在同行业中名列前茅，从而成为果汁饮料市场当之无愧的引领者。其产品线也先后从鲜桃汁、鲜橙汁、猕猴桃汁、苹果汁扩展到野酸枣汁、野山楂汁、果肉型鲜桃汁、葡萄汁、木瓜汁、草莓汁、酸梅汤等，并推出了多种形式的包装。应该说这种对果汁饮料行业进行广度市场细分的做法是汇源公司能得以在果汁饮料市场竞争初期取得领导地位的关键成功要素。

但当 1999 年统一集团涉足橙汁产品后一切就发生了变化，在 2001 年统一仅"鲜橙多"一项产品销售收入就近 10 亿元，在第四季度，其销量已超过"汇源"。巨大的潜力和统一"鲜橙多"的成功先例吸引了众多国际和国内饮料企业的加入，可口可乐、百事可乐、康师傅、娃哈哈、农夫山泉、健力宝等纷纷杀入果汁饮料市场，一时间群雄并起、硝烟弥漫。根据中华全国商业信息中心 2002 年第一季度的最新统计显示，"汇源"的销量排在鲜橙多之后，除了西北区外，华东、华南、华中等六大区都被鲜橙多和康师傅的"每日 C"抢得领先地位，可口可乐的"酷儿"也表现优异，显然"汇源"的处境已是大大不利。尽管汇源公司把这种失利归咎于可能是因为"PET 包装线的缺失"和"广告投入的不足"等原因造成，但在随后花费巨资引入数条 PET 生产线并在广告方面投入重金加以市场反击后，其市场份额仍在下滑。显然，问题的症结并非如此简单。

在市场的导入初期，由于客户的需求较为简单直接，市场细分一般是围绕着市场的地理分布、人口及经济因素（如年龄、性别、家庭收入等）等广度范围展开的，与行业分类方法有点相似（注：行业细分一般只是把业已存在[哪怕很小]或潜在的市场用容易区分或识别的标准[如年龄、性别、性能、原料、产地等单一要素，最多为二维变量]来划分成更小的子行业，以便于统计、分析和归纳其特性。各细分的子行业由于有易于识别的有形标准，相互间往往不交叉，且这种分类标准一经确定后往往多年不变。其一般应用在政府、行业协会及社会研究机构等，主要目的是为了从行业整个产业链的角度加以引导和规范使其健康发展。）其特征表现在目标细分市场的形象化。也就是说，通过市场的广度细分，其目标细分市场可以直接形象地描述出来。比如说，当企业把市场分割为中老年人、青年人以及儿童等几个目标细分市场时，人们都能形象地知道这些细分市场的基本特征。由于这种"分类"方法简单、易于操作、费用低，大部分企业都可掌握且也乐于采用。但只有在市场启动和成长期的恰当时机率先进行广度市场细分的企业才有机会占有更大的市场份额。这时候品牌竞争往往表现得不够明显，竞争一般会表现在产品、质量、价格、渠道等方面，有人称之为产品竞争时代，汇源果汁就是在此期间脱颖而出的一个专业品牌，并成为数年来果汁业的领跑者。

但当客户的需求多元化和复杂化，特别是情感性因素在购买中越来越具有影响力的时候，此时市场竞争已经由地域及经济层次的广度覆盖向需求结构的纵深发展了，市场也从有形细分向无形细分（目标市场抽象化）转化，即细分后的目标市场，无法通过形象的描述来说明。例如，我们可以通过市场的深度细分，找到"追求时尚"这一目标细分市场。但这个目标细分市场在哪里？它是由哪些顾客组成？这些顾客是否有着共同的地理、人口及经济因素特征？企业应该采取什么样的方法与这个目标细分市场人群沟通？显然，这时的目标细分市场已经复杂化和抽象化了，企业对消费者的关注也已从外在因素进入心理层面因素。同时，企业也无法用传统的方法去接近所选择的目标细分市场，这时运用科学的市场研究方法来正确地细分市场就显得尤其重要了。而这时仍然运用市场竞争初期的浅度市场细分方法或者"行业细分"的方法对市场进行细分已根本无法适应市场竞争的要求。以统一"鲜橙多"为例，其通过深度市场细分的方法，选择了追求健康、美丽、个性的年轻时尚女性作为目标市场，首先选择的是500ml、300ml等外观精致适合随身携带的PET瓶，而卖点则直接指向消费者的心理需求："统一鲜橙多，多喝多漂亮"。其所有的广告、公关活动及推广宣传也都围绕这一主题展开，如在一些城市开展的"统一鲜橙多TV-GIRL选拔赛"、"统一鲜橙多阳光女孩"及"阳光频率统一鲜橙多闪亮DJ大挑战"等，无一不是直接针对以上群体，从而极大地提高了产品在主要消费人群中的知名度与美誉度。再看可口可乐专门针对儿童市场推出的果汁饮料"酷儿"，"酷儿"卡通形象的打造再次验证了可口可乐公司对品牌运作的专业性，相信没有哪一个儿童能抗拒"扮酷"的魔力，年轻的父母也对小"酷儿"的可爱形象大加赞赏。而"汇源"果汁饮料从市场初期的"营养、健康"诉求到现在仍然沿袭原有的功能性诉求，其包装也仍以家庭装的为主，根本没有具有明显个性特征的目标群体市场。只是运用广度（也是浅度）市场细分的方法切出"喝木瓜汁的人群"、"喝野酸枣汁的人群"、"喝野山楂汁的人群"、"喝果肉型鲜桃汁的人群"、"喝葡萄汁的人群"、"喝草莓汁的人群"等一大堆在果汁市场竞争中后期对企业而言已不再具有细分价值的市场。即使其在后期推出了500ml的PET瓶装的"真"系列橙汁和卡通造型瓶装系列，但也仅是简单的包装模仿，形似而神不似。（汇源近期推出的"他她水"功能饮料颇有新意，另当别论）

至此，我们已能看出在这场果汁饮料市场大战中，汇源公司领导地位如此轻易被动摇的真正原因。我们说"汇源"与统一、可口可乐公司间的经营出发点、市场细分方法的差异才是导致市场格局发生变化的关键因素。"汇源"是从企业自身的角度出发，以静态的广度市场细分方法来看待和经营果汁饮料市场；而统一、可口可乐等公司却是从消费者的角度出发，以动态市场细分的原则（随着市场竞争结构的变化而调整其市场细分的重心）来切入和经营市场。同样是"细分"，但在市场的导入期、成长期、成熟期和衰退期，不同的生命周期却有不同的表现和结果。

由于市场细分的重要性，国内越来越多的企业已经开始关注并加以应用。但由于传统计划经济的影响以及"市场细分"理论体系本身尚未完善，加之市场细分方法的实际应用在国内也鲜有流传，故许多企业在运用时往往容易陷入认识的误区，即不管市场所处的竞争结构和环境只对市场进行静态的浅度市场细分，而当市场的竞争结构发生变化时仍然使用原有的市场细分方法从而丧失了很多市场机会，甚或丢失已有的市场份额。

动态的深度市场细分是市场竞争中、后期企业取得成功的必然选择，因为只有这样才能锁定自己的目标市场群体，集中有限资源，运用差异化的深度沟通策略并辅以多种手段赢得其"芳心"并不断培养其忠诚度，从而达到最大限度阻隔竞争对手的目的。而使用静态的浅度市场细分的企业，由于与客户建立的是一种"不痛不痒"的关系，其客户忠诚度极低，当有更多的企业进入该行业抢夺市场时，企业能采用的市场竞争手段也就是价格战和增加广告投入等常规方法了，其实这是众多企业对市场细分认识不足的一种无奈选择。

（周春兵：从汇源果汁谈深度动态市场细分。2005.1.10下载于：http://info.news.hc360.com/html/001/002/009/007/005/58172.htm）

案例2：CNNIC第十五次互联网调查所采用的抽样方法

为了对我国互联网络上网计算机数、用户人数、用户分布、信息流量分布、域名注册等方面的信息及时追踪，使国家和企业动态掌握互联网络在我国的发展情况，经国家主管部门研究决定，中国互联网络信息中心（CNNIC）自1997年，便开始联合互联网络单位来实施这项调查统计工作，其中涉及到调查的抽样问题。在2005年1月发布的"中国互联网络发展状况统计报告（2005/1）"中，该报告的第五部分详细说明了该调查所采用的抽样方法。

这次调查同时采用了网上联机调查和网下抽样调查，网上联机调查重在了解网民对网络的使用情况、行为习惯以及对热点问题的看法和倾向。具体方法是将问卷放置在CNNIC的网站上，同时在全国各省的信息港与较大ICP/ISP上设置问卷链接，由互联网用户主动参与填写问卷的方式来获取信息。调查得到了国内众多知名网站、媒体的大力支持，国内许多知名网站均在主页为本次联机调查问卷放置了链接。该次网上联机调查共收到调查问卷32143份，经过有效性检查处理得到有效答卷23506份。这里的网上联机调查方法，从本质上讲是一种便利抽样，因为相对而言，只有上网且愿意主动填写问卷的网民，方能构成该次网上联机调查的样本，因而这是一个便利样本。

该次调查所采用的网下抽样调查，侧重于了解中国网民的总量、相关的特征及行为特点等。其具体方法是，就调查总体而言，调查的目标总体有两个，一是全国有住宅电话的6岁以上的人群（总体A），采用电话调查的方式，样本对全国有代表性；另一个总体是全国所有高等院校中的住校学生（总体B），采用面访的方式进行调查。在对全国结果进行推断时，将两个子样本的统计量应用加权公式进行汇总。

对于总体A，其抽样方法是按照科学性和可操作性相结合的原则，对目标总体按省进行分层。

1. 抽样指标的确定

从全国的情况来看，各省的城市住宅电话与乡村住宅电话的比例差异很大，由于城市与农村家庭的平均人口数差异很大，所以在确定各省样本量以及用各省数据推断全国时，我们考虑的指标是"拥有住宅电话的人数（或称住宅电话覆盖的人数）"；我们采用地市的"住宅电话数目"作为抽样指标。为了得到地市"住宅电话数目"的近似估计，借助省一级的"住宅电话数目"与有关的经济、人口指标建立的回归预测模型，再利用地市一级的有关经济、人口指标的值来计算。

2. 样本量

为了保证目标比例估计值的精度，在95%的置信度下，每省的样本量为1600，对各省网民人数估算的最大允许绝对误差不超过3%。

省内各地市的抽样方法，采用PPS（probability proportional to size）抽样方法（概率与规模成比例抽样方法）。

第一步：用PPS法每省抽取7个地市（此处的地市包括地级市和地区行署，每个地市下都包含城镇和乡村，为不引起歧义，以下简称为地市），其中广东省和四川省由于地市较多，对其抽取8个地市进行调查。在地市多于7个的省中，各省的样本量在抽中各地市中按抽中的次数平均分配，在地市少于或等于7个的省中，各省的样本量在各地市中的分配与各地市的住宅电话成比例。

抽取地市的方法：在各省中抽取地市，根据所确定的入样指标"住宅电话的数目"，按照PPS抽样法，使每个地市被抽中的概率，等于该地市"住宅电话的数目"与该省"住宅电话的数目"之比。利用EXCEL软件产生0～1之间的均匀分布的随机数，根据随机数落在各地市对应累计百分比的范围，抽取7个地市。如果一个地市被抽到两次以上，则该地市样本量相应加倍。例如：某地市被抽中一次，样本量为229个，如果该地市被抽中两次，则样本量为457个。

第二步：获得抽中地市的所有电话区号，根据该地市的区号生成电话号码库。电话号码中除区号外的后四位或后三位数字，由随机数生成。

第三步：确定抽取调查对象，在电话拨通后，把接听电话的人作为被访对象，先询问家庭基本状况和他（她）本人上网（不上网）的有关情况、个人背景资料和家庭其他成员的最简要资料。如果他（她）不上网，但家中有人上网，则再随机抽取一名上网的成员来接听电话，回答有关上网的问题以及自己的个人基本资料。

3. 全国加权方法

对全国的推断采用对各省的调查结果进行事后加权处理的方法。

最终，通过以上方法确定了调查对象后，对有家庭电话的住户进行电话访问，经过事后加权得出总体A；对于总体B（住校的高等学校学生），由于近年来大学生在全国人口中所占比例变化不是很大，而且大学生中网民的比例已经比较高，所以本次调查中涉及大学生的数据是在 2000 年底进行的大学生面访调查的基础上，结合最新的在校大学生数据建立数学模型推算得到。最后将这两部分调查结果综合加权计算以后即得到中国网民的总量、相关特征、行为特点等数据。

（CNNIC（中国互联网络信息中心）：中国互联网络发展状况统计报告（2005/1）。2005.2.20 下载于：http：//tech.163.com/special/A/050119cnnic.html）

第六章 市场调查的问卷设计

【本章提要】本章主要介绍了有关市场调查中的问卷设计。包括问卷调查的历史、问卷调查中的测量技术和评价指标。同时讲解了问卷的基本结构、题型分类、问卷设计的程序以及问卷设计中的注意事项。其中要重点掌握测量尺度、测量的信度和效度、态度量表几大概念和分类。问卷调查中常用名义尺度、定序尺度、间距尺度和比率尺度四种测量尺度来测量人们在经济中的行为和态度。同时一般用信度和效度两项技术性指标来评估测量的质量，也就是问卷和量表的设计是否科学。市场调查中经常用直接测量表和间接测量表来测量主观态度。常见的量表有评比量表、顺位量表、固定总数量表、语意差别量表、Stapel 量表、Likert 量表等。这涉及问卷设计是否专业科学、问卷调查是否成功。此外，问卷设计中的注意事项给出了问卷调查中常见易犯的错误，在具体实践中可作参考。

第一节 问卷调查与测量

一、问卷调查的发展

问卷调查是市场调查研究的基本工具。问卷调查技术的发展是伴随着市场调查研究的发展逐步发展完善起来的。因此，要了解问卷调查的来龙去脉，先要明确市场调查的涵义与发展。

市场调查是指有计划地、系统地收集、整理、分析市场营销资料的过程，其目的是为市场营销决策提供科学的依据。① 市场调查的对象通常是消费者，

---

① 黄合水：《市场调查概论》，东方出版中心 2000 年版，第 1 页。

即那些购买商品和消费商品的个人或机构等。问卷调查，则是指根据研究调查的主题设计问卷表，让调查人员根据心理学原理以书面回答的形式了解对象的反应和看法，以此获得资料和信息的一种调查方式。

市场调查的发展与市场经济的发展密切相关。在竞争激烈的市场经济环境下，企业要致胜必须重视市场信息的收集，市场调查应运而生。我们可以从市场经济发展较早且高度成熟的美国来追溯市场调查的脉络。

市场调查在美国的发展大致可分为三个阶段，即萌芽阶段、发展阶段和成熟阶段。市场调查在每一阶段的发展与变化，都直接影响到问卷调查的变化。

萌芽阶段，即1920年以前。市场调查从政治领域转向经济领域。问卷调查在这个阶段，调查的主题也由政治领域转移到经济领域。根据已有资料，第一项市场调查是一项选举调查，由美国的 Harrisburg Pennsylanian 报纸于1824年7月进行。第一项明确用于营销决策的调查是 N. W. Ayer 广告公司于1879年进行的调查。此外，问卷调查的问卷发布方式引入了邮寄调查。大约在1895年，明尼苏达大学的心理学教授 H·盖尔采用了邮寄问卷调查的方式。他邮出200份问卷，回收20份。

接下来是发展阶段，时间为1920～1950年。市场调查开始广泛运用于商业领域。作为市场调查重要工具的问卷调查也不断发展。这个阶段，主要是对问卷的统计分析技术得到了一定的发展。出现了按收入、性别或家庭情况不同进行分类比较的简单的相关分析。此外，随着经济和社会科学的发展，和问卷调查密切相关的调查技术也得到了极大的发展，且运用于问卷调查之中。例如将心理学的研究方法引入到产品的消费者测试领域，随机抽样技术运用于问卷调查等。

1950年之后是市场调查的成熟阶段。1950年，二战后的西方经济呈现高速增长的繁荣景象，市场也由卖方市场转向买方市场。生产者越发重视市场信息。在这种背景下，市场调查研究逐步走向深入。依据人口统计特征进行市场细分的研究和消费者的动机研究出现了。利益细分技术运用于市场调查。描述和预测的数学模型技术以及计算机技术在飞速发展。在这个调查技术和市场需求都高速发展的环境下，问卷调查技术也不断成熟，无论是项目设计、与受调查者互动还是调查数据结果的分析运用，都有了长足的发展。时至今日，在美国及其他西方发达国家，市场调查早已成为一个兴盛的行业，问卷调查成为市场调查业广泛运用的重要工具。

在我国，问卷调查的历史非常短暂。它是伴随着改革开放之后，市场经济的繁荣而逐步发展起来的。改革开放之前，我国是计划经济体制，没有市场的概念，更不用说市场调查了。20世纪80年代到90年代初，市场调查的概念

传入我国，但由于当时商品供不应求，市场调查没有受到重视。直到 20 世纪
90 年代中期之后，我国经济进入"过剩经济"时代，企业不断感受到来自市
场竞争的压力，市场调查才得到人们的重视，各种专业化的市场调查公司应运
而生。而进入有"信息时代"之称的 21 世纪后，市场调查和问卷调查更是蓬
勃发展，甚至渗透到人们的日常生活中。街头、商场常常见到散发调查问卷的
访员，甚至高中生们也在课外兴趣小组里学会了用问卷调查来研究社会问题。

二、问卷调查的优缺点

作为一种高度成熟、广泛运用的市场调查工具，问卷调查有着突出的优
点，同时也有一定的局限性。

1. 优点

（1）有利于全面、准确地收集市场信息

一份设计合理的问卷一般服务于同一资料或主题，将主题分解为不同的类
别和细目，范围广泛全面。每个问题的询问形式都具体清楚、用语准确规范，
问题之间既不重复又相互关联；问题的设置遵循被调查者的社会文化心理，加
之在排列顺序上注意到时间和类别顺序，符合回答者的思维习惯，容易得到被
调查者的合作。所以，一份设计科学的问卷能够全面、准确地收集市场信息。

（2）使用问卷可以节省调查时间

统一使用标准化的问卷，无需访员就调查目的向受访者作详细的解释，也
可以避免双方的沟通游离于主题之外。在答卷时，大量题目是已经提供了现成
答案的封闭式问题，按顺序被调查者勾选即可，这样就节省了调查时间，从而
可以提高调查研究的工作效率。

（3）标准化的问卷易于统计整理和分析

问卷中问题的设计都使用可测量的尺度，尤其是较高级别的测量尺度，使
定性或定类的问题均可转化为定量分析；再加上科学的编码，使得问卷既可以
获取丰富的信息资料，又方便下一步的统计整理和分析。尤其是 SPSS 软件的
运用，能够批量、快速地处理问卷结果。

2. 缺点

（1）受限制的因素多。在主观方面，问卷调查要求被调查者具有一定的
文化水平。填写问卷的人至少要能看懂问卷，理解题目的含义，如果是包含了
开放式问题的问卷还要求被调查者有一定的书面表达能力。因此，问卷调查不
适合文化层次较低的群体。在客观方面，入户式问卷调查要求有大量的经费保
障，电话访谈式问卷调查要求被调查对象有电话。

（2）难以获得深入详尽的信息。考虑到问卷的回收率，一般问卷的篇幅

不能太长，一般控制在 20 分钟之内比较好，不宜超过 30 分钟。20 分钟填写的问卷可以涉及比较广泛的内容，但却难以深入地反映问题。

（3）常常陷入在回收率与经费、效率之间的矛盾中。如果是采用访问式的调查问卷法，问卷回收率有保障，但是耗费的人力、时间多，效率低，经费开销大；而采用邮寄问卷、媒体征答式的问卷调查法，时间短、效率高、耗费的人力少，但是问卷回收率难以保证。因此，采用问卷调查法常常陷入回收率与经费、效率难以兼顾的境地。

三、问卷调查中的测量

1. 测量的概念及作用

通常来说，测量是自然科学中的概念，指的是用标准尺度和仪器对长度、重量、时间、温度、湿度、压力和压强等各种化学属性差异进行度量或计量。它是对自然现象进行定量研究的前提和不可或缺的重要手段。随着社会科学的发展与成熟，定量研究成为主流的研究方法，测量也大量运用于社会科学领域，尤其是对各种经济现象的调查研究活动。

在市场调查中的测量是指用预先设计的特殊尺度和量表对调查对象的行为、态度和有关人文背景等方面的属性差异进行度量。例如："你喜欢海尔这个品牌吗"，这是态度属性；"你是否购买了海尔冰箱"，这是行为属性；性别、年龄、种族和受教育程度等，这是人文背景属性。在市场调查中，就某些属性对一个调查总体进行调查。测量就是对调查总体中的每一个体在各个不同属性上表现出的差异进行精确观察或仔细询问，并对观察和询问的结果进行系统记录和分析。

所谓系统记录和分析，一般是向不同的属性表现分配数字和符号，这些数字和符号的涵义是人为主观赋予的，不同于数学上的涵义。例如：

你认为海尔冰箱的外观怎么样
1. 很好 …………………………………………… 5
2. 好 ……………………………………………… 4
3. 一般 …………………………………………… 3
4. 差 ……………………………………………… 2
5. 很差 …………………………………………… 1

给该项目的五个选项分别赋予数字"5、4、3、2、1"（具体如何赋值可视情况而定），这样就可以用数值来度量不同选项的差异，但这不意味着"很好"比"好"要多出"1"来。这里的数字不是严格数学上的含义的,而只是为了将属性差异转化为数值差异,从而将定性问题转化为定量研究。这也是测量运用于社会科学最重要的意义。

2. 测量的尺度

现代统计学将社会经济领域的变量按数学处理的复杂程度划分为定类变量、定序变量、定距变量和定比变量。相对这四种变量,有四种测量尺度,即名义尺度、定序尺度、间距尺度和比率尺度。

定类变量是指有类别属性差异的变量。它的取值或变量值只能反映类别如何,而无大小或程度之分。例如,婚姻状况,用1和2分别表示未婚和已婚、男性和女性。测量定类变量的名义尺度,数字1和2只是用来区别分类,数码大小没有比较意义。

定序变量是指具有逻辑顺序或等级位次属性差异的变量。各选项之间存在着等级次序的差别,因此有大小、程度之分。例如用1、2、3、4、5表示受教育程度的小学、初中、高中、本科和研究生,在此,各选项之间存在着由低到高的等级顺序。定序尺度是用来度量定序变量的,它除了具有分类作用之外,还依程度、大小或多少的不同表示出各类之间的顺序关系,是一种类别顺序符号。数值之间具有比较关系,不能随意变更顺序。

定距变量是指具有等距间隔属性差异的变量。观察定距变量的取值或变量值,可反映等级次序的差别及差别的距离,因此不仅有大小、程度之分,还可以进行加减数学运算。例如,对于品牌偏好程度,可用1、2、3、4、5分别表示很不喜欢、不喜欢、一般、喜欢和很喜欢等。假设1、2、3、4、5之间的距离相等,5和3比较,就说明很喜欢比一般高两个级别,"5-3=2"是有意义的。测量定距变量的间距尺度则比定序尺度要高一个层次,除了具有分类和定序的功能外,还可确定顺序位置之间的距离。数值之间不仅有比较关系,还可以用于加减运算。

定比变量是指具有可形成比率关系的等距间隔属性差异的变量。观察等比变量的取值或变量值,它不仅有定距变量的全部特性,而且还可以进行加减乘除运算。比率尺度是测量定比变量的,一般市场调查中用不到它,在此不详谈。

3. 测量的信度与效度

在社会科学中,大多数要研究和测量的对象都是感性的,并不真实存在的事物,那么怎么知道我们确实测量出了那些事物呢?一般用信度和效度两项技术性指标来评估测量的质量,也就是问卷和量表的设计是否科学。

(1) 测量的信度

测量的信度是指使用相同研究技术重复测量同一个对象时,得到相同结果的可能性。也就是测量工具能否稳定地测量所测事物或变量。比如用皮尺测量桌子的长度，量了几次，得到的长度都是一样的，这说明皮尺的信度很高。

信度的测量有三种方法：再测信度、复本信度和折半信度。

再测信度，是指用完全相同的测量方法，对同一测量对象测量两次，根据两次测量结果的比较得出的信度。例如，问卷调查中用同一份问卷在不同时间两次测试同一批被调查者，然后将两次测量的结果进行比较，如果无显著性差异，就说明再测信度高，也就是问卷设计得好，调查信度高。

复本信度，是在同一个调查中同时使用两份问卷，这两份问卷在内容、数量、形式、难易程度一致只是问法或者遣词造句有所不同，用两份问卷得出的结果进行比较就得到复本信度。使用复本信度测量法时要求复本与原问卷之间在题目的数量、形式、难度、内容等方面一定要保持真正的一致。

折半信度是在没有复本，且没有条件进行再测的情况下采取的信度测量方法，多适用于态度量表。就是将测试后的结果，按照题目的单、双数分成两半记分，再计算这两半得分的相关系数，以得出衡量问卷和量表的信度。

（2）测量的效度

测量的效度，即测量的有效性程度。它指的是测量工具或测量手段能够准确测出所要测量特质的程度。即实证测量在多大程度上反映了该概念的真实含义。比如说，我们要某品牌的顾客忠诚度，我们可以设置"请问您在一年内重复购买××品牌的商品有多少次"的题目，也可以设置"请问您最近一次性购买××品牌商品的数量有多少"。但显然，前者比后者更能反映"顾客忠诚度"的含义，也就是前者的效度比后者的高。

效度的类型主要有内容效度、标准关联效度和建构效度。

内容效度分析法也称为表面效度分析法，主要用于分析测量量表的内容效度。所谓内容效度指的是量表的语句陈述能否代表所要测量的内容或主题。通常的做法是首先计算各个项目分数和总和，然后根据相关系数的显著性程度（相关系数的大小）来分析其效度。相关关系显著，其内容效度就高；反之，其内容效度就低。

标准关联效度，有时也被称为实用效度，它指的是用一种不同于以前的测量方式或指标对同一事物或变量进行测量时，以原有的测量方式或指标为准则，将新的测量方式或指标所得结果与原有准则的测量结果相比较，如果新的测量方式或指标具有与原有测量方式或指标同样的效度，那么就可以认为该测量方式或指标具有准则效度，例如，要测量某品牌2004年在某城市的市场占有率，测量法A，设置选项询问该城市的经销商，2004年各大品牌的销售金额的比例是多少？如果我们公认这种方法具有内容效度，接着，测量法 B，设置选项询问该城市的经销商，2004 年各大品牌的进货数量的比例是多少？如果测试某样本，测量法 B 得到的结果和测量法 A 得到的结果高度相关，那么我们可以说测量法 B 的准则效度高。

建构效度，是建立在变量之间的逻辑关系上的，它指的是理论上变量 A 和变量 B 是相关的，那么对变量 A 的测量也应该和变量 B 的测量相关。它一般适用于对态度的测量法的效度检验。对于一些很难找到行为标准来直接测量的态度，我们通常可以考虑把研究变量与其他变量在理论上的关系作为大致的标准。例如，要测量品牌满意度，很难找到一些行为标准来有效地直接测量这个态度。那么，除了直接设置选项询问对该品牌的满意程度外，我们还可以考虑建立起"品牌满意度"和其他变量之间的关系。从理论上讲，品牌偏好度和品牌满意度之间存在着逻辑关系，我们推断在同类中对该品牌的偏好程度高，那么对该品牌的满意度就高。如果在样本测试中，品牌满意度测量正如预期的与品牌偏好度相关，那么，就证明了这一测量具有建构效度。如果发现品牌不满意的却有很高的品牌偏好度，那么，测量的建构效度就成问题了。

4. 态度测量和量表

在市场调查中经常需要了解消费者对商品、品牌、价格、口味、外观、促销和广告等事项的看法、观点、态度和反应等。这些涉及定性态度方面的表现不便于直接记录，也不便于整理分析。在市场调查的长期实践中，已经形成了一套专门的态度测量方法，采用量表的方式，即对于所要调查资料进行数量化，以测量主观态度。态度测量法可以分为直接测量表和间接测量表。

（1）直接测量表，是指由调查者设计或选择要询问的问题或问句，并直接询问被调查者，然后由被调查者自己测量其态度并选择答案，从而取得有关态度的资料。常见的有评比量表、顺位量表、固定总数量表、语意差别量表、Stapel 量表、Likert 量表等。

A. 评比量表

评比量表由刻度和两端组成。设计时确定出两种极端态度，分别居于两端，中间刻度表示态度程度的逐渐变化顺序，可以用计分或者不计分表示出来。这样就可以确定人们的态度，从而将态度问题数量化。其形式如下：

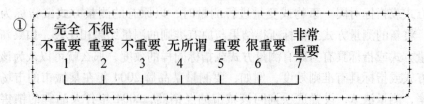

② 在平均之下　在平均之上　稍佳　甚佳　最佳之一　最佳
　　　□　　　　　□　　　　□　　□　　□　　　　□

　　第一种格式的评比量表，在资料处理时可以直接把态度的数值进行加、减、百分比的运算，以此来比较被调查者的态度值。第二种格式的评比量表，则主要用于同类产品的比较，效率高，一目了然。

　　B. 顺位量表

　　顺位量表，是指调查人员向被调查者列出若干不同项目，被调查者根据对这些项目的偏好程度，将给出的各个项目按要求的标准排列顺序的一种量表。例如：

> 请按你喜爱的程度对以下品牌的 PC 进行打分，最不喜爱的为 1 分，最喜爱的为 6 分（顺序由 1 到 6）。
> □联想　　　　　□康柏　　　　　□戴尔
> □IBM　　　　　□acer　　　　　□海尔

　　在进行资料处理时，将各品牌所得分数平均，就得出该品牌在消费者心中的排位了。

　　C. 固定总数量表

　　固定总数量表，是指调查人员列举出若干用于对比的项目，由被调查者根据自己的认识程度给每个项目评分，各项目得分加总后必须是固定的 100 分。常用于与同类竞争对手商品的调查。例如：

> 请给以下各种茶饮料品牌打分，分数总和必须为 100 分。
> 康师傅＿＿＿＿　　　统一＿＿＿＿　　　娃哈哈＿＿＿＿

　　D. 语意差别量表，是同时列出若干子量表，每一子量表的两端是极端反义词，在两个反义词之间划分出三个以上刻度，在不同刻度用不同的形容词记录态度或意见；被调查者在每一子量表上都选择一个答案，然后将答案汇总，以判断被调查者的态度或意见。例如：

　　这一量表的优势在于，它既可计算总和得分，又可了解细分单项情况，对于比较两个或两个以上的商品或品牌具有重要意义。

	−3	−2	−1	0	+1	+2	+3	
售后服务不周	□	□	□	□	□	□	□	售后服务周到
价格不合理	□	□	□	□	□	□	□	价格合理
外观过时	□	□	□	□	□	□	□	外观时尚
质量不好	□	□	□	□	□	□	□	质量可靠

（2）间接测量表，是指不直接询问被调查者关于某事物的态度与看法，而是列出一组与要测量的事物的属性相关的陈述语句，由被调查者对各陈述语句进行判断，从而间接得出有关该事物态度的资料。常见的有李凯尔特量表（Likert Scale）。

李凯尔特量表（Likert Scale），通常由一组 10～15 个对某事物态度与看法的陈述语句组成，回答者对于这些陈述的态度划分为："非常同意、同意、未定、不同意、很不同意"五类。通过被调查者对每一个陈述句的判断来测量其态度。陈述句一般是由正面陈述语句与负面陈述语句随机排列组成。例如，我们要了解人们对于海尔冰箱的认知：

关于海尔冰箱观点的李凯尔特量表设计方案
请问你是否同意以下说法：

问题陈述	评分标准				
	非常同意	同意	未定	不同意	很不同意
1. 海尔冰箱比其他品牌的冰箱更耐用	5	4	3	2	1
2. 海尔冰箱比其他品牌的冰箱更可靠	5	4	3	2	1
3. 海尔冰箱的知名度不如西门子冰箱	1	2	3	4	5
4. 海尔冰箱的售后服务比其他公司的要高	5	4	3	2	1
5. 海尔冰箱的名气比不上国外知名品牌	1	2	3	4	5
6. 海尔冰箱比其他公司的冰箱提供更高的价值	5	4	3	2	1
7. 海尔冰箱的设计比其他公司的更人性化	5	4	3	2	1
8. 海尔冰箱的外观不是很现代	1	2	3	4	5
9. 海尔冰箱的价格不是很合理	1	2	3	4	5
10. 海尔冰箱采用的技术是最先进的	5	4	3	2	1

每一个被调查者在这一量表上的 10 项得分加起来，就构成了他对海尔冰箱的基本态度。按照上述赋值方式计算其总得分，就可以将被调查者的态度定量化。得分越高，说明被调查者对海尔冰箱越偏好。

第二节　问卷的题型设计

问卷中的问题类型可以分为两类：一类是封闭式问题，一类是开放式问题。

一份问卷中，题目既可以全部是封闭题，也可以全部为开放题（用于深度访谈），这完全取决于研究问题的性质、特点。在一般情况下，一份问卷往往既有封闭式问题，又有开放式问题。

一、封闭式问题

封闭式问题是指事先设计好了各种可能的答案，以供被调查者选择的问题。封闭性问题的答案是标准化的，既有利于受调查者对问题的理解和回答，又有利于研究者对问卷的统计和整理。但封闭式对答案设计的要求较高，对一些较复杂的问题，有时很难把答案设计周全。一旦设计有缺陷，被调查者就可能无法回答，从而影响调查的质量。

封闭式问题的答案是选择回答型，所以设计出的答案不能重合，必须要互斥和穷尽。遇到无法列出所有答案的问题，要设置"其他"项以供选择。

根据提问项目或内容的不同，封闭式问题又可分为：判断题、单选题和多选题。

1. 判断题

也叫是非题。这类题目是给予两个相反的答案，供调查者选择。例如：

> 您知道是西门子冰箱率先推出"零度保鲜"这一概念的吗？
> 1. 知道　　　　　　　　2. 不知道

有时这种题目带有强迫性质，在这种情况下，也叫迫选题。例如：

> 您喜欢还是不喜欢"鲜橙每日 C"饮料？
> 1. 喜欢　　　　　　　　2. 不喜欢

2. 单选题

即要求被调查者从提供的答案中选择一项的题目。例如：

在众多国产彩电品牌中，您认为哪一个品牌的质量最值得信赖：
1. 长虹
2. TCL
3. 海尔
4. 海信
5. 厦新
6. 创维
7. 康佳
8. 夏华

3. 多选题

即要求被调查者在给定的答案中选择一个以上答案的题目。例如

请问您在购买彩电时主要考虑哪些因素？
1. 价格　　　　2. 款式　　　　3. 尺寸
4. 品牌　　　　5. 售后服务　　6. 功能

二、开放式问题

开放式问题即不给回答者提供答案，要有被调查者用自己的语言回答的题目。

开放式问题包括疑问题、投射题和建议题。

1. 疑问题

即提出一个问题，让被调查者作答，旨在直接地了解被调查者的看法或意见。例如：

您为什么喜欢"动感地带"的广告？
_____
_____

2. 投射题

是运用一些模棱两可的刺激（例如字词、图片、句子），让受调查者在不受限制的情况下自由地作答，通过他们的回答，分析其中所隐含的态度或者冻结。这类题目是借鉴心理学中的投射测验发掘受调查者潜意识中的反应。常见的方法有词汇联想法、文句完成法、完成故事法、角色扮演法、装扮游戏法、讲故事法等。

（1）词汇联想法

这个方法要求回答者在听到一个刺激词汇时说出脑中出现的第一个词汇。在自由词汇联想中，只有第一个词汇是重要的。在连续词汇联想中，要求有一系列词汇。通常，一个中性词会被插在访谈者最感兴趣的词之间。例如：

```
请将由下列词汇联想到的词句写下来：
刺激词汇        词汇联想        接下来的词汇联想
多乐士        _____        _____  _____
长春藤        _____        _____  _____
立邦          _____        _____  _____
```

（2）文句完成法

这种方法要求回答者用出现在脑中的第一个字或者词语来完成一系列不完整的句子。例如：

```
请描述一个人的形象来完成下面的句子：
我认为多乐士是一个_____
我认为长春藤是一个_____
我认为立邦是一个 _____
```

（3）完成故事法

这种方法是一种变相的完成句子的测试。在这个测试中，访谈者告诉回答者一个故事的部分细节，并且要求回答者在测试中将其补充完整。例如：

```
一个男人和一个女人与他们9岁的女儿正在街上走着，他们正好停
在一家比萨店和一家麦当劳店中间，并且讨论进哪一家。他们彼此
在说些什么，以及这个场景如何结尾？_____
（自由回答）
```

（4）角色扮演法

要求回答者扮演另一个人或者物品的角色。这种方法常被用来揭示出回答者对产品和潜在消费者的态度。例如：

> 请您扮演商场的促销人员，说服消费者购买西门子冰箱。您会怎样
> 劝说？
> _____
> _____

（5）装扮游戏法

回答者被要求将产品想象成一个普通的人、一个电影明星、一个运动员或者一位亲戚。通常来说，访谈者会提出一些有关人们住在哪里、他们居住房屋的样式以及他们的年龄之类的问题，得到的回答就用来为品牌形象或者个性提供定义。

（6）讲故事法

这种方法是建立在这样的前提上，即大量影响消费者的因素是未知的。通过讲故事使人们显示出他们内在的感受和思想。比较著名的有哈佛商学院的杰里·扎尔特曼开发的一种方法。产品使用者被引导着从相册、目录、杂志上——实际上是从任何事物中收集形象，并且将这些形象糅合在一起。这些形象可以作为人们内心思想和感受的隐喻。例如：

> 1. 产品使用者被召集起来并被问道："你对购买或者使用海尔空调的想法和感受是什么。"
> 2. 使用者被要求收集大约 12 张照片。
> 3. 一星期以后，这些使用者将接受一个紧凑的 2 小时的采访。回答者交付收集的 12 张照片，并大致解说选择的理由。
> 4. 在技术人员的帮助下，由电脑制作一个拼贴（也就是通常在象征效应或者暗示效应下产生的不协调的形象组合）。这些新图片就成为通往消费者内心的窗口。

（7）主题统觉测验法

给出一幅有关购买情况的图片，上面画的是一个家庭主妇站在罐头食品陈列架前。要求受访者将主妇的想法写出来。由于图片上没有任何其他提示，因此回答者所写出的主妇的想法其实折射的是他本人的想法。

3．建议题

建议题就是要求受调查者就某一个主题提出对策、建议的题目。例如：

> 请您给别克君威汽车想两条广告语：
>
> _____
>
> _____

三、封闭式问题与开放式问题的比较

在问卷设计中，封闭式问题与开放式问题各有其特点，现将其优缺点作一比较。见表6-1

表6-1　　　　　　　　　　封闭式与开放式问题的比较

问题类型	优　　点	缺　　点
封闭式问题	1.回答是标准化的,容易进行编码	1.容易导致受调查者猜测乱填答案
	2.回答者容易作答,调查效率高	2.若问卷中没有合适答案,回答者很难作答
	3.可以紧扣主题,避免无关回答	3.容易出现书写错误
	4.所提供的答案有助于理解题意,问题含义具体清楚。	
开放式问题	1.适合于不能用几个简单答案来作答的复杂问题	1.回答者需要耗费较多的时间和精力,因此容易遭到拒绝
		2.答案不是标准化的,较难进行统计分析
		3.资料的编码往往非常困难和主观。由于没有限定,答案可能非常散,难以归类
	2.适合于不便于量化的主题调研	4.搜集到的资料中可能包含了大量不相干的材料
		5.要求受调查者具有一定的书面表达能力

第三节　问卷的结构设计

不同的调查问卷在具体结构、题型分布、遣词造句、版式等设计上会有所不同，但在基本结构上一般都是由卷首语、甄别部分、主体部分和问卷记录组成。

一、卷首语

卷首语部分包括问候语、填答指南。

1. 问候语

在自填式问卷中，写好问候语十分重要，它关系到被调查者参与的态度和问卷的回收率。它可以引起被调查者对调查的重视、消除顾虑、激发兴趣，以争取他们的积极配合。

问候语要言辞亲切，诚恳礼貌，文字要简洁准确。其内容一般包括下列几个方面：

（1）称呼。××先生、女士（或××同学，××同志）：您好！

（2）自我介绍。例如"我是零点调查公司上海分部的访员"等。

（3）简单描述调查研究的目的。如"我们正在进行一项有关饼干口味的问题的调查"。

（4）说明作答的意义或重要性。"您的回答十分重要，将有利于我们改良配方，为您提供更优质的产品"。

（5）消除受调查者的顾虑。"您的回答无所谓对错，只要真实地反映您的情况和看法，就达到了此次调查的目的。"或者"我们对您的回答是保密的，不会用于本研究以外的用途，希望得到您的积极配合"。

（6）说明回答者所需的时间。例如"调查要耽搁您10分钟时间，请您谅解。"

（7）说明接受调查后的答谢。"在完成调查后，我们将给您奉上一份小礼品"说明如何、什么时候、给他们什么礼品或是礼金。

（8）致谢。"谢谢您的支持与合作！"

上述所列的并不一定要全部包含进问候语中。在实际问卷设计中，应根据资料采集方式以及实际情况来确定具体内容。例如他填式问卷中就不需要印制这些内容，而是将它用作规范访员的开场白。下面是几个例子。

例1：电话访问的卷首语

> 喂……您好！我是武汉恒华市场研究公司的调查员，我们正在进行一项关于海尔家电的市场调查，这个号码 84190322 是您家的吗？（如果不是，就说"对不起，我们打错电话了"、如果是，就继续下面的介绍）您家的号码由电脑随机抽中，我们很乐意了解您对海尔冰箱的意见，以便我们改进产品。访问只需要占用您 5 分钟时间，谢谢您的合作。现在开始，好吗？

例2：入户访谈的卷首语

> ＿＿＿先生、女士或小姐：
>
> 您好，我是武汉恒华市场研究公司的调查员，我们正在进行一项关于海尔冰箱的市场调查。我们很希望知道您对海尔家电产品的意见，以便于我们改进产品。请您根据您的实际感受回答。访问只需一刻钟，访问完后我们将送给您一个礼品作为纪念。谢谢您的配合，现在开始行吗？

2. 填答指南

在自填式问卷中要有详细的填答指南，让被调查者知道如何填写问卷，如何将问卷回复到调查者手中。这部分内容可以集中放在问卷的前面，也可以分散到各类型题目的前面。以下是一份详细的自填式问卷的填答指南。

> 填写要求：
> 1. 请您在所选择的答案的题号上画勾。
> 2. 对只许选一个答案的问题只能画一个勾；对可选多个答案的问题，请在您认为合适的答案的题号上画勾。
> 3. 需填写数字的题目请在下画线上填写。
> 4. 对于表格中选择答案的题目，在所选的栏目内画勾。
> 5. 对注明要求您填写的内容，请在空白处写上您的意见。
> 6. 填写问卷时，请不要受别人影响，独立地填写。

二、甄别部分

甄别也被称为过滤，它是先对被调查者资质进行过滤，筛选掉不合要求的被调查者，然后针对特定的被调查者进行调查。这个部分并不是问卷设计所必需的，视调查研究的要求而定。

通过甄别，一方面可以筛选掉与调查事项有直接关系的人，以达到避嫌的目的；另一方面，也可以确定哪些人是符合要求的被调查者。甄别的目的是确保被调查者合格，使样本具有代表性，从而符合调查研究的需要。

下面是一份问卷的甄别部分：

S1. 请问您或您的家人有没有在以下行业中工作的？
    1. 广告、公关公司………………………………终止访问
    2. 市场研究、咨询、调查机构…………………终止访问
    3. 报纸、电视、电台等大众媒介机构…………终止访问
    4. 汽车制造公司…………………………………终止访问
    5. 汽车批发、零售、修理公司…………………终止访问
    6. 以上皆无………………………………………继续调查

S2. 请问您的年龄是：
    1. 18 岁以下……终止访问
    2. 18～30 岁
    3. 30～40 岁
    4. 40～50 岁
    5. 50 岁以上……终止访问

三、主体部分

这个部分是调查问卷的核心部分，包括了所要调查的全部问题，主要由问题和答案组成。主体部分设计的质量直接关系到整个调查研究的质量。

为了提高问卷的回收率，设计问卷时，应站在被调查者的角度，顺应被调查者的思维习惯来安排。有以下几点需要注意：

1. 问题的安排应有逻辑性，相同题型的题目以及相关联的题目放置在一起，题目设置由浅入深。

2. 问题的安排应先易后难。把简单的、容易回答的题目放在前面，而复杂的，较难的题目放在后面，使被调查者开始时感到轻松，有能力继续回答下去。

3. 能引起被调查者兴趣的题目放在前面，这样可引起被调查者的注意力，

而将比较敏感的问题放在后面。如果一开始就遇到敏感性问题，会引起被调查者的反感情绪，产生戒备心理，不愿意作答甚至终止调查，从而影响这个调查。

4. 开放性问题放在后面。被调查者在回答开放性问题时需要花费时间思考。因此，开放性问题一般放在后面，否则会影响被调查者填写问卷的积极性。并且，开放性题目不宜过多，以免被调查者嫌麻烦而不愿作答。

四、问卷记录

问卷记录一般包括以下几个方面：

1. 访员姓名、编号；
2. 审核员姓名；
3. 编码员姓名；
4. 受访者的姓名、地址、电话号码等；
5. 访问时间；
6. 问卷编号。

问卷记录一般放置在题目之后，也有放置于问卷首页右上角的。

问卷记录主要用于检查问卷完成质量。相关的访员、审核员和编码员的记录有利于增强他们的工作责任感。出现问题时，便于追踪数据质量环节的责任人和采取相应的补救措施。受访者姓名地址、电话号码以及访问时间的记录便于进行复访检核，杜绝访员作假、敷衍的可能性。问卷编号则方便数据的统计整理，避免出现混乱。

第四节　问卷设计的程序

一、准备阶段

对于问卷设计而言，问卷设计的第一步是要构思问卷调查的全部工作，包括问卷的目的、被调查的对象、问卷发放方式、使用的测量方法等。这些都关系到问卷如何设计。问卷的目的不同，则收集资料的范围、精确度就不同；被调查对象的背景也决定了问卷中的措辞；问卷发放方式决定了问卷的整体构架，例如拦截式沟通的问卷不能太长；使用的测量方法不同，问题的设置就不同。因此，在正式设计问卷之前，先要明确以上内容。

此外，为了能设计出确实有效、可操作性强的问卷，还需要了解研究主题的基本情况，这包括二手的文献资料和现实情况的调研。通过查阅文献资料，深入、全面地把握研究主题；通过访谈相关人物了解现实情况，包括被调查者的背景资料、行为特征等，以方便问卷的问题设置和答案设计。

二、设计初稿

这个阶段是在前一步整理资料，明确主题的基础上，将抽象的调研主题转化为具体指标的过程。这一阶段是问卷设计非常重要的一环，它关系到调研的可操作性，问卷设计的成败。通常有两种方法：一种是顺序设计，即研究主题—测量变量—具体提问项目；一种是逆序设计，即具体提问项目—测量变量—研究主题。

顺序设计法的操作步骤如下：第一步是根据研究主题和所需调研资料，在纸上构造出问卷的各个子主题部分及其顺序；第二步是将各部分子主题化解为具体的问题，并列出选项，安排好顺序；第三步是统合整张问卷，作出局部调整，使其方便被调查者填写，从而产生问卷初稿。

逆序设计法的操作步骤如下：第一步是根据调研主题将需要了解的问题一项项列出来；第二步是将列出的具体问题进行归类汇总，将测量相近变量的问题，或者关联度高的问题放在一起；第三步是调整问题顺序，使之成为一个整体；第四步是看整张问卷是否适合被调查者填写方便，对问题顺序加以调整，最终产生问卷初稿。

在安排问卷顺序时应考虑到被调查者的心理，一般可以将问题按其作用划分为五大类，形成五种标题，然后按其所涉及的广度或普遍性分层排列。这五类问题按顺序分别是前导性问题、过滤性问题、试探和启发性问题、实质性问题和背景性问题。

前导性问题是能引起回答者兴趣，构建合作氛围的问题。例如，"现在很多母亲都在关注如何提高孩子记忆力的问题，你注意到了吗？

过滤性问题是将被调查者限于有符合要求的经历的问题。这类问题不是问卷设计所必需的，视调查主题而定。例如，针对酸奶市场的调查，可设置一过滤性问题如下：

您曾经购买或食用过下列哪些食品？
□酸奶　　　□脱脂奶　　　□全脂奶　　　□奶酪

如果有回答没食用过酸奶的人，应中止提问。

试探性问题的作用是对一些敏感性的问题探询被调查者是否愿意讨论，以减少阻力，争取配合。启发性问题则是唤起被调查者的回忆，以提高回答速度和准确性的问题。例如：

> 您最近一次购买酸奶是什么时候？
> 酸奶是什么味道的？原味的还是果汁的？
> 请您回顾一下，你喝酸奶时的感受。

实质性问题，即要调查了解的全部信息，是问卷的核心问题，主体部分。这部分问题的设计是根据调研的主题来展开的。其他类型的问题都是服务于这类问题的，只有通过这部分问题的调研才能达到调研目的。因此，它占据了问卷的绝大部分篇幅。

背景性问题是指有关被调查者个人背景的问题，包括年龄、性别、民族、受教育程度、职业等。这部分资料对于后续的资料整理和分析非常重要。

三、问卷试用

问卷设计好之后，还只是草稿，如果直接用于现场调查，很可能暴露出某些缺点。因此，调查人员必须仔细推敲，设想各种可能遇到的情况。最好在条件许可情况下，进行问卷试用。

所谓问卷试用，就是在被调查者总体中抽取一个小样本，让他们试答。这个小样本不一定是随机样本，但要有代表性。问卷试用应按照正式调查的要求进行。如果打算用电话访谈沟通法，那么预测试也用电话访谈沟通法；如果是采用入户访谈沟通法，则预测试也用入户访谈沟通法。这样便于提前发现问卷中的不足，并计量回收率和有效率。回收率是指问卷回收的数量占问卷发放总量的比率；有效率是指扣除废卷后的有效卷占问卷发放总量的比率。回收率低，则问卷设计失败；回收率高而有效率低也说明问卷中有需要调整的地方。

试用的问卷收上来后进行统计整理，根据分析的结果可以对问卷的效度、信度进行评估。另外还可以同时从以下两个方面来检验问卷的初稿：一是看问卷的整体设计是否合理，例如问卷长度、问题的数量是否合适，被调查者回答所需的时间、问卷的总体编排是否妥当；二是分析检查问卷的具体内容，如提问的项目、提问的用语、问题答案、提问顺序等。另外对问卷中出现的以下问题要引起注意：①出现填写错误，包括答非所问和填答方式错误，这时要检查问卷填写说明是否交待清楚或者提问的措辞是否要修改。②出现漏答现象，要看看是否提问的内容超出了被调查者的理解范围，或者不在他们的经验范围之内，或者属于敏感难答的问题。

四、修改印制

通过认真分析问卷试用暴露的问题，接下来就是一一修改问卷中的不足，最后定稿，就可以大量印刷了。这是问卷设计的最后一个环节，要注意不要出现印刷错误，不要出现漏页、漏印的现象。这样，问卷就准备好了，可以投入实地调查了。

第五节　问卷设计的原则与注意事项

在问卷调查中，问卷设计得是否科学合理直接关系到整个调查的质量。然而在问卷设计中常常会碰到一些问题，比较严重的问题有：不是针对研究主题来设计问卷题项、问卷设计未能配合统计分析方法、问卷设计和问卷发放回收的方式不协调等。另外还有一些小的瑕疵，如词语艰涩绕口、立场偏颇、顺序安排逻辑矛盾或杂乱无章，以及诱导回答等。这些问题都将影响调查的结果。因此，研究者在设计问卷时，必须相当谨慎而周密，以免因问卷设计不当而破坏了整个研究工作，浪费了人力、物力，结果却是白忙一场。为避免问卷设计时出现上述的情况，有几项原则是研究者在进行问卷设计时所必须予以考虑的，同时还有一些具体实践中要特别注意的事项。

一、问卷调查的原则

1. 目的导向性原则

目的导向性原则指的是问卷必须紧扣市场调查的主题。如果违背了这一条，就好像作文跑题，问卷再漂亮再精美都是无益的。而所谓问卷体现调查主题，其实质是在问卷设计之初要找出与调查主题相关的变量。

问卷的设计者在将研究主题操作化时，不能一头扎入具体的题目，要不时地回顾主题，检查提问项目是否切合研究主题。这在问卷设计的第二个阶段要特别注意贯彻。研究主题就好比是一个导向标，在将主题转换为测量变量时，测量变量要确实能够反映主题；在测量变量转换为一个个具体的提问项目时，提问项目要确实能反映出测量变量来。

例如：一家化妆品公司委托市场研究公司做一项题为"某化妆品的用户消费感受"的市场调查。遵循目的导向性原则，首先可以明确研究的主题是消费者对某化妆品的感受，这是一个非常主观，无法直接客观测量的主题。接下来，要将主题转换为可测量的变量。从化妆品行业的特性与商业知识出发，有三个测量变量和用户消费感受紧密相关，即：消费者的基本情况、消费者的购买力和购买欲、消费者对该产品的具体评价。最后，分别将这三个测量变量转换为提问项目。消费者的基本情况，要询问消费者的年龄、性别、皮肤性质、使用化妆品的习惯、使用化妆品的周期。消费者的购买力和购买欲，则可以询问消费者的收入水平、职业、受教育程度、常用的化妆品品牌、可以接受的化妆品的价位等。消费者对该产品的具体评价，则可以询问对包装与商标的评价、对产品气味的评价、对产品颜色的评价，对产品状态的评价（固态、液态等粘稠状况）、对该产品价格的评价、对产品广告等促销手段的评价、对产品销售者的评价、使用该产品的心理满足感、对该产品效果的评价等等。最后将各个测量变量下的提问项目组织成一张调查问卷。

2. 化难为易原则

化难为易原则有两层含义。第一层含义是指将专业的术语用简单明白的口语来表述，即问卷用语口语化。除非针对某些特定对象或专业人士的访问，一般民意调查或市场调查的受访对象均涵盖各种教育程度的人士，问卷中的用语若太艰涩、冷僻，不但访员调查作业时困难重重，受访者也很难理解问卷的内容，甚至可能拒绝接受访问。用具体明确、易懂且口语化的用语，是问卷设计化难为易的一大原则。此外，应尽量避免冗言赘语，以陈述句取代倒装句或被动句，以简单句取代复杂句，这些技巧都能使问卷用词简练清楚，同时也能提高问卷的可读性与被理解程度。

第二层含义是指用婉转含蓄的方式询问重要的但被访者不愿意回答或者不愿真实回答的问题。在问卷设计中常常会设置一些涉及个人隐私，如年龄、财产、收入、婚姻状况等问题，这些问题作为重要的背景材料又往往省略不得。如果单刀直入地询问，被访者十有八九会拒绝，或者处于虚荣心或者其他心理给出虚假的答案。这时，我们要化解被访者难以真实作答的困境，采用一些迂回、委婉的策略，化难以回答的问题为轻松易答的问题。以下是一些策略：

（1）不过分具体地询问，而给出几个档次选择。如：

> 请问您的年龄是属于哪一类？
> ① 18～25 岁
> ② 26～30 岁
> ③ 31～35 岁
> ④ 36～40 岁

（2）采用递进式构造问句。如先问：

> 您的月收入在家中排第几位？

这个问题相对来说更多的被访者愿意回答，然后再问：

> 您的月收入属于下面哪一类？

在回答了第一问后，被访者往往有进一步合作的心理趋势。

（3）假借被访对象。如：

> 您的业余时间主要如何安排？

这个问题很多被访者会往"好"的方面说，不愿真实回答，尤其是爱好搓麻将、玩老虎机的人。不如问：

> 您周围的朋友业余时间主要做些什么？

这样不仅保全了被访者的面子，真实性也会更强一些。

3. 简约明白原则

简约明白原则主要是指问题和选项的设置应当具有明确性，被访者能够对此作出清晰明确的回答。也就是问题设置得是否规范。这一原则具体是指：命题是否准确？提问是否清晰明确、便于回答；被访问者是否能够对问题作出明确的回答等等。遵循这一原则，被访者能够快速作答，而资料后期处理也能迅速分类。例如：

> 请问您通常用多长时间读报？
> A. 15 分钟
> B. 半个小时
> C. 1 个小时
> D. 一个半小时

以上问题中"15 分钟"、"半小时"、"1 小时"等设计就是十分明确的方便资料统计处理。反之，如果将答案设置为档次选择、如"10~60 分"，或"1~2 小时"等，则不仅不明确、难以说明问题，而且令被访问者也很难作答。

不要询问被访者难以回忆的问题。例如：

> "请问您自去年以来，用什么牌子洗衣粉，一共买了多少袋？"

在这样长的时间，能把所买的洗衣粉品牌以及数量记得很清楚的人不多。

在设置问题时，必须常常设身处地地思考，如果自己都感到困难的问题，就不要询问别人。

一个提问项目当中，只限一个主题，这样不会引起被访者的误解，并且选项的设置也一目了然。

4. 公正客观原则

公正客观原则是指问卷设置不能带有引导性和暗示性的陈述语气，以免使人质疑研究者立场的公正性。陈述问题时应采取正反两面意见并陈的方式，设计选项时也需平衡处理。例如：

> 有专家指出，目前上海的房价远远超出了公众的承受力，房市蕴涵着巨大的泡沫，也有人说上海的房市火爆正是公众购买力强的体现，房市并不存在什么泡沫，请问您的看法如何？
>   A. 房价超过了公众的承受力
>   B. 房价与公众的承受力相当
>   C. 房价低于公众的承受力
>   D. 无意见
>   E. 不知道
>   F. 拒答

另外问卷的用词不能带有倾向性的感情色彩，问题要设置在中性位置，没有提示或主观臆断，完全将被访问者的独立性与客观性摆在问卷操作的限制条件的位置上。例如：

> 问题：你认为这种化妆品对你的吸引力在哪里？
> 客观的答案：A. 色泽；B. 气味；C. 使用效果；D. 包装；E. 价格
> 主观的答案：A. 迷人的色泽
>   B. 芳香的气味
>   C. 满意的效果
>   D. 精美的包装

显然，后一种答案设置要比前一种答案设置更具有诱导性和提示性，在不自觉中掩盖了事物的真实性，从而会给被访者带来暗示和诱导。

5. 系统合理原则

系统合理原则是指整张问卷是一个系统的整体，提问项目之间应该具有逻辑性。即问卷的设计要有整体感，这种整体感即是问题与问题之间要具有逻辑性，独立的问题本身也不能出现逻辑上的谬误。从而使问卷成为一个相对完善合理的小系统。例如围绕着一个测量变量设置选项，应当遵循一个提问项目一个主题、提问内容由浅入深，符合被访者的逻辑思维习惯。例如这样来设计提问项目群：

> 问题一：你通常每天上几个网站浏览新闻？
>   A. 不看网络新闻
>   B. 1 个
>   C. 2 个
>   D. 3 个以上

> 问题二：你通常花多长时间浏览网络新闻？
>   A. 10 分钟以内
>   B. 半小时左右
>   C. 1 小时
>   D. 1 小时以上

> 问题三：你经常浏览以下哪几类网站的新闻？
>   A. 新浪
>   B. 搜狐
>   C. 网易
>   D. 人民网
>   E. 千龙网
>   F. 其他（请注明）＿＿＿＿＿＿＿＿

在以上的几个问题中，由于问题设置紧密相关，因而能够获得比较完整的信息。调查对象也会感到问题集中、提问有章法。相反，假如问题是发散的、带有意识流痕迹的，问卷就会给人以随意性而不是严谨性的感觉。因此，逻辑性的要求是与问卷的条理性、程序性分不开的。在一张综合性的问卷中，调查者将差异较大的问卷分块设置，从而保证了每个"分块"的问题都密切相关。另外，"块"与"块"之间也要遵循由浅入深、循序渐进的逻辑思维习惯。

6. 便于整理分析原则

成功的问卷设计除了考虑到紧密结合调查主题与方便信息收集外,还要考虑到调查结果的容易得出和调查结果具有说服力。这就需要考虑到问卷在调查后的整理与分析工作。

首先,要求调查指标是能够累加和便于累加的;其次,指标的累计与相对数的计算是有意义的;再次,能够通过数据清楚明了地说明所要调查的问题。

这在设置询问主观态度、观点的问题选项时要特别注意。设计出科学的量表,将主观问题数量化,以便于比较和分析。

二、问卷调查的注意事项

问卷调查的注意事项其实是对问卷设计原则的具体化。在具体设计问卷时,通常要注意以下十个方面的问题。

(一) 问题应该通俗易懂

调查问卷的提问语言和提问方式,应该通俗易懂。不要使用一些晦涩难懂的专业术语,也不要用一些艰涩的词句和不常见的字。例如"直销"、"ＣＦ"、"POP"等都是广告或者市场营销中的专业术语,普通的被访者难以了解。例如:

> 请问您认为海飞丝的现场 "POP" 怎样?
> A. 很精美　　 B. 精美　　 C. 一般　　 D. 粗糙　　 E. 很粗糙

问卷设计者忽略了"POP"只是广告圈中人挂在嘴边的一个词,对于一般的消费者而言是一个晦涩难懂的专业术语,因此,大多数被访者碰到这个问题根本无从答起。

(二) 问题应该易于回答

调查提问的方法应该是使调查对象容易回答的,尤其是最前面的几个问题,要用温和的语气,简单而有趣,使调查对象容易回答也乐意回答,不要使对方难以启口,必须有助于对方的答复。因此,提问方法应该有启发性,尽量简明扼要,不要把问题提得过长。问题的陈述越长,就越容易模糊不清,甚至给回答者造成歧义。

另外问题不要太大,每一个问题的内容不要过多。如果想要了解详细的信息,应该把大问题拆开来进行提问,每个问题都应该很具体。例如,不要问调查对象"您是如何了解××产品的?"这样提问可能令调查对象一时难以回答。而应该提出几种情况供调查对象选择。可以这样问："您从什么渠道第一次知道××产品的名字？"然后给出选项：听熟人介绍、看报纸、看电视、看杂志、从网络上、在大卖场或超市。因此，应该更多地使用封闭式题型中的多选题或者单选题，而不是开放式的题目。

（三）问题应该确定

在调查问卷的提问语言中，应该注意不要有概念含糊、寓意笼统的语言。问卷中一个问题如果题意不明或者含糊不清，调查问卷的"信度"就不可能高。凡是提问，都应该语言肯定、内容具体、含义准确。

（四）问题的范围应该清晰

每个问题的提问范围应该清晰，概念应该明确。这样既可以使需要了解的问题得到具体的答案，也可以使调查对象比较轻松地进行回答，也只有这样才可以提高调查问卷的"信度"和"效度"。例如，不能询问"你的生活属于什么水平？"因为调查对象可能不了解什么是生活质量水平，也可能不了解生活质量水平分成多少个等级或者档次，因此他们根本不可能进行回答。而应该把关于生活质量水平的几个指标进行细分以后再提问。可以这样提问："您居住的周围环境是否安静（可以解释为噪音是不是影响工作和休息）？是否清洁（可以解释为是不是到处有垃圾等）？您一天内可以自由支配的时间有没有超过三个小时？您空闲的时间是：看书、下棋、旅游、看电视、听音乐、与朋友相聚、打麻将"等问题。这样调查对象既可以轻松进行回答，企业也可以了解到需要的信息。

（五）问题应该易于确定

不要用数目不能确定的语言向调查对象提问。凡是需要对关于数字方面的问题进行询问，都必须作出明确的界定而不能模糊和笼统。需要使用数目进行回答的问题和具体的提问方法主要有：

1. 关于时间问题的提问

调查问卷提问有关时间数字方面的问题时，应该具体到一个月或者一个星期，甚至是一天。例如，不能问"您经常带小孩到公园去吗？"因为调查对象不知道多少次算是"经常去"；也不要问"您平均一个月带孩子去几次公园"。因为调查对象可能从来没有统计过，更没有平均过，他们不可能回答调查人员的提问；应该问："上一周您带您的孩子去公园了没有？最近两周去过吗？最近三周去过吗？最近一个月内去过吗？"

不要问调查对象"一支牙膏您大概用多长时间"，因为调查对象可能没有留意。而应该问："您现在使用的牙膏是这个星期买的？是上个星期购买的？是再上个星期购买的？"然后再询问："是大支的还是小支？现在还有 1/3 还是一半?"如果属于上门对顾客进行家庭调查,还需要具体看看正在使用的牙膏和剩余情况,才能确定调查对象的牙膏使用时间周期。这样提问,既使调查对象易于回答,又可以了解调查对象的购买行为规律。

2. 关于数量的问题

询问关于数量的问题,提问方法也应该注意使调查对象容易判断和回答。例如,不能问"您的收入属于高级还是低级",应该问:"以下哪个档次更适合您家庭所有人的总收入? 1000 元/月,2000 元/月,3000 元/月,4000 元/月,5000 元/月,5000 ~ 1 万元/月,1 万 ~ 2 万元/月?"然后让调查对象挑选。

(六)提问应遵循循序渐进的思维习惯

问题的提出应该与调查对象的实际购买行为和思维习惯相吻合。问卷的设计者应该加强对消费心理、组织行为、社会科学、经济学、市场营销学等学科的了解和研究,按照一定的逻辑规律进行问卷的设计。例如:

1. 没有前提的提问是没有结果的

对于调查对象的提问应该按照逻辑学的规范进行。因为符合逻辑的提问,一般情况下,也符合调查对象思考的实际过程。例如,不能立即问调查对象是否会购买某个产品。这样的提问,因为没有前提,调查对象也没有任何思想准备,在回答的压力下,按照心理活动的规律和思维逻辑,他(她)的选择只能是两个:一是拒绝回答,一是乱回答。无论哪一种情况,都是调查人员不愿意看到的。因为没有前提,也就没有态度,没有态度的回答,当然不可能导致行为。那样的调查活动是没有结果的。因此,调查问卷不能在没有前提的情况下进行提问。

2. 应该有提问前提

在问卷中,应该对一切可以导致消费者购买行为的前提进行询问,或者说是把一切导致消费者购买障碍或者购买驱使的原因都询问清楚,才可以询问调查对象的态度,然后才可以询问调查对象的行为及其特点。例如,应该首先询问调查对象对于该类产品的要求是什么(列出若干条原因供调查对象选择。这是一个大前提),再问调查对象是否了解或者听说过该产品的名字(分"是"与"不是",这是一个中前提),如果调查对象回答"是",再询问顾客了解的该产品的优点是什么(列出若干个答案由调查对象挑选,是一个与产品结合的小前提),再询问顾客购买时主要考虑哪些因素(列出若干个答案由调查对象挑选。这样的提问使调查对象的态度有了一个结论性前提,也有了一个对购买行为进行试探性结论的大前提),然后询问是否有购买该类产品的意向(是一个有前提的关于态度的结论,也是询问具体行为的小前提)。

3. 最后才是结论

在进行了以上的提问后，最后才可以询问产品是否符合您所考虑的各种因素："您会在什么时间进行购买？是1个星期内？1个月内？2个月内？半年内？1年之内？"这样从大前提到小前提的提问，从试探性的提问态度，到对调查对象进行购买行为的提问，既符合调查对象的心理活动过程，可以循序渐进地了解到调查对象的真正态度，又可以使回答有了逐步靠近调查目的的可能性，使调查结果可以直接为企业的市场营销决策提供依据。如果调查对象回答没有听说过该产品，或者听说该产品有不足之处，则需要更仔细的询问，以了解该品牌的产品在调查对象的心目中处于什么样的地位，在市场上有什么样的影响等。最后才可以询问，"如果该产品在您上面所指出的方面做了改进，您是否会考虑购买？"如果调查对象的态度是购买，才可以进行关于购买时间、购买数量、购买价格的询问等。总之，提问应该按照调查对象的思考规律，按照市场营销学的规律，按照个别消费者的购买动机和购买行为规律，尽量循序渐进地争取慢慢把问题问清楚，从而找出可以作为决策依据的答案来。

（七）避免使用引导性问题

在市场调查问卷中，不应该有引导或者诱导调查对象的提问方法。例如，不能向调查对象提出"在您的印象中，您是否认为海尔空调是最好的。"因为这可能得到调查对象不负责任的回答；也不能提出类似"您喜欢康佳电视机吗？"因为调查对象在一般情况下只能回答"是的"。

（八）注意委婉地询问涉及个人隐私的问题

1. 内容保密

为了使调查对象能够更好地回答问题，与其他问题相反，在涉及调查对象隐私的部分时，调查问卷应该含糊和注意回避。

一是尽量放在调查问卷的最后部分；二是提问应该尽量含糊一些。例如：不要详细地询问对方的具体年龄，可以问属相，然后由调查人员判断对方的年龄阶段：也可以把年龄分为几个阶段，例如20~30岁；31~40岁；41~50岁等；三是其他，例如收入、避孕、夜生活、夫妻、家庭、单位等的具体内容，总之一切调查对象认为属于个人隐私的内容，都应该注意尽量回避；四是注意向调查对象作出保密的承诺。

2. 做法保密

为了使调查对象易于回答一些比较尴尬的问题，可以采取一些方法使调查对象感到调查人员实行了回避。例如具体方法可以是：在询问时不说话，而把调查问卷给调查对象看，让他（她）指出属于哪个范围等；有的调查人员故意离开或者转脸回避，待到调查对象回答问题后再靠近；有的调查公司在调查问卷上列出了比较多的问题，然后动员调查对象摸彩球，说明只需要按照彩球上的号码回答相关的问题。实际上彩球上的问题只是必不可少的几个问题，使调查对象有喜出望外的感觉而乐意回答等。

（九）问卷应该简洁为好

从调查活动的经济性考虑，在可能的情况下，问卷应该是尽量简单和短小些为好。因此，不应该提出多余的、无用的问题询问调查对象；一些比较明白或者答案比较清楚的问题，不能为决策提供深层次原因的问题等就不要提问。这也符合调查问卷设计的适用原则。例如，不要提出类似"您认为目前家用电器的价格是否过高？""您认为目前商品房市场滞销的问题是否因为价格不合理或者是中间猫腻太多？"等等。因为这样提问，只能得到肯定的、没有任何意义的答复，而且不是真正的答案。当然，调查问卷的简单并不是可以简单化地对待调查对象和调查内容。

（十）应该设置一些制约与回应的地方

除去电话调查和一些简单的调查外，在调查问卷中，应该在适当的地方设计一些可以相互制约和回应的问题，以便检查和控制调查问卷质量，也可以监控调查人员的工作作风。

1. 对于调查对象的检查

为了提高调查问卷的质量，使调查对象的回答有比较高的信度，调查问卷中可以设定一些问题，看调查对象是否经过认真思考，是否进行了认真的回答。因为调查对象在认真思考后作出的回答，在调查过程中是应该保持一致的，是可以互相印证的。因此，对某个比较重要的问题，可以在调查问卷的不同地方、设计一些用字虽然不同，但是内容完全一样的问题，不动声色地向调查对象进行再次提问。这样，就可以对调查对象的回答进行检查。例如，可以在调查问卷的不同地方，提出以下几个问题：

"购买产品时您会主要考虑哪些方面？"然后列出一些可以考虑的问题供调查对象挑选。而在间隔一段文字后，又提出"您认为应该从什么方面挑选该类产品？""您认为可以判断该类产品优劣的标准有哪些？它们的顺序是怎样排列的？"等。而后又有一些类似的考虑因素供调查对象挑选。最后计算两次答案的相关系数，从而确认调查问卷的"信度"和调查对象回答问题的"信度"。

2. 对调查人员的检查

调查问卷中设立可以回应的问题，也可以检查调查人员的工作质量。不同的是对调查人员进行监督，则应该在最不经意的地方提出一些简单的问题。例如，把前面已经询问过的一个比较简单的问题"您是否抽烟？"在调查问卷的后半部分,再进行询问:"您一天抽几支香烟?"等。因为一个进行问卷作假的人,总是不能自圆其说的,匆忙中总会对一些自以为简单的问题作出错误回答,于是可以立即确定该问卷为虚假问卷。

【思考·案例·练习】

1. 封闭式问题和开放式问题有何异同点?

2. 问卷试用的意义何在?

3. 一家培训教育机构准备到新的城市开拓市场,现在做前期的市场调研。他们先主要以高校在读学生为目标群体,想要了解以下信息:

(1) 市场已有的知名度高的培训机构;

(2) 感兴趣的培训项目;

(3) 愿意承受的费用。

请针对高校在读生,拟订一份调查问卷。

4. 一家大型超市的经理想了解顾客对商场服务的看法,他决定采用问卷调查的方法收集相关信息。

(1) 请你帮这位经理设计出一份问卷;

(2) 请讲述你设计问卷的思路;

(3) 检查你所设计的问题,看是否符合要求;

(4) 你所设计的问题包括了哪些题型,为什么这样设置?

5. 一家新型厨房家具(整体橱柜等)制造商想要了解以下问题:

(1) 潜在的市场范围;

(2) 现有产品品牌的知名度;

(3) 顾客愿意承受的价格。

请你设计一份能够取得以上信息的调查问卷。

6. 一家英语学习机的生产厂家非常关心市场对其新推出的"神速记"英语学习机的熟悉程度,他做了一次问卷调查,其中一个问题是:"'神速记'这个名称使你联想到什么?"

(1) 你认为问卷中所提出的这一问题是否合适?请说明理由;

(2) 你认为问卷中的这一问题在对哪类问题进行调查时比较适合?

7. 阅读并体会下面二则示例:

示例1:上海创信市场研究公司轿车用户研究问卷

女士/小姐/先生:

您好!我是上海创信市场研究公司的访员,我们正在进行一项有关汽车使用方面的调查,我想和您谈谈有关的问题,要耽搁您一些时间,谢谢您的支持与合作!

甄别部分

S1. 请问您或您的家人有没有在下列行业中工作的呢?

　　1. 广告、公关机构……………………………………………… 终止访问

　　2. 市场研究、咨询、调查机构…………………………………… 终止访问

　　3. 电视、广播、报纸等媒介机构………………………………… 终止访问

　　4. 轿车制造………………………………………………………… 终止访问

　　5. 轿车批发、零售………………………………………………… 终止访问

　　6. 以上皆无………………………………………………………… 继续访问

S2. 您在近半年内是否接受过同类采访:

　　1. 是………………………………………………………………… 终止访问

　　2. 否………………………………………………………………… 继续访问

S3. (记录性别,不要问)

　　1. 男

　　2. 女

S4. 请问您的年龄是:

　　1. 20 岁以下……终止访问

　　2. 20 ~ 30 岁

　　3. 30 ~ 40 岁

　　4. 40 ~ 50 岁

　　5. 50 岁以上……终止访问

S5. 您驾驶的这辆车是:品牌_____型号_____

S6. 这辆车的车主是:

　　1. 自己

　　2. 公司

　　3. 单位

S7. 您驾驶这辆车已经有: _____ 月

主体问卷

Q1. 您觉得自己这部车怎么样:

　　1. 非常满意

　　2. 比较满意

　　3. 一般

4. 不太满意

5. 不满意

Q2. （注意追问并记录）具体说它的

优点是： _____

_____

缺点是： _____

Q3. （对车主提问）您当时决定购买这部车时主要考虑到哪些因素：

（对非车主提问）如果您自己要买车，主要会考虑哪些因素：

	第一提及	第二提及	其他提及
1. 整车价格	1	1	1
2. 耗油量	2	2	2
3. 启动加速性	3	3	3
4. 外形	4	4	4
5. 乘坐舒适	5	5	5
6. 行驶平稳	6	6	6
7. 操纵灵活	7	7	7
8. 制动性好	8	8	8
9. 维修方便	9	9	9
10. 维修费用	10	10	10
11. 零配件价格	11	11	11
12. 故障率低	12	12	12
13. 车速	13	13	13
14. 售后服务周到	14	14	14
15. 空调	15	15	15
16. 内部装饰	16	16	16
17. 其他：_____	17	17	17

Q4. 如果您或您的单位在一年内买车，您认为最合适的价位是：

_____ 万元到 _____ 万元

Q5. 您认为这个价格档次的车适合什么身份的人：

1. 出租车司机

2. 大老板

3. 中小老板

4. 公司职员

5. 国家公务人员

6. 县处级干部

7. 司局级及以上干部

Q6. 就您所知，这个价格档次的车都有哪些品牌、型号：

1. ＿＿＿＿＿＿＿

2. ＿＿＿＿＿＿＿

3. ＿＿＿＿＿＿＿

4. ＿＿＿＿＿＿＿

Q7. 就您所知，下列车型是哪个厂生产的：

	生产厂家	不知道
捷达		
富康		
桑塔纳		

Q8. 请您就以下几个方面对神龙富康、捷达和桑塔纳三种轿车进行评分：（评分标准：很满意－5；比较满意－4；一般－3；不太满意－2；不满意－1）。

	神龙富康	捷达	桑塔纳
1. 耗油量低			
2. 外观大方			
3. 乘坐舒适			
4. 整车价格合理			
5. 驾驶容易			
6. 制动性好			
7. 维修方便			
8. 零配件齐全			
9. 故障率低			
10. 售后服务周到			
11. 启动加速快			
12. 内部装饰美观			
13. 其他			

Q9. 您认为在同类轿车中，最理想的是：＿＿＿＿品牌＿＿＿＿型号

其优点是：＿＿＿＿＿＿＿＿＿＿＿＿＿＿＿＿＿＿＿＿

	第一提及	第二提及	其他提及
1. 整车价格	1	1	1
2. 耗油量	2	2	2
3. 启动加速性	3	3	3
4. 外形	4	4	4
5. 乘坐舒适	5	5	5
6. 行驶平稳	6	6	6
7. 操纵灵活	7	7	7
8. 制动性好	8	8	8
9. 维修方便	9	9	9
10. 维修费用	10	10	10
11. 零配件价格	11	11	11
12. 故障率低	12	12	12
13. 车速	13	13	13
14. 售后服务周到	14	14	14
15. 空调	15	15	15
16. 内部装饰	16	16	16
17. 其他：_____	17	17	17

Q10. （出示新捷达 CIF 舒适型 MT 的资料并介绍其性能及特点）您认为这种车型怎么样：

1. 很好
2. 好
3. 一般
4. 不太好
5. 不好

Q11. 您对这种捷达新款车有何更具体的看法：_____

_____

Q12. 您或您单位在未来一年内，更新轿车的可能性：

1. 非常有可能
2. 很有可能
3. 可能性不大
4. 不可能

Q13. 您或您的单位在未来一年内，添置新轿车的可能性：

1. 非常有可能
2. 很有可能
3. 可能性不大
4. 不可能

Q14. 如果更新或添置新轿车时，将会考虑选择哪几种车型？

  1. _____

  2. _____

  3. _____

Q15. 您或您的单位会考虑购买捷达新款车吗？

  1. 非常有可能

  2. 很有可能

  3. 可能性不大

  4. 不可能

理由是：_____

Q16. 请您对以下几种汽车销售方式进行评价：

销售方式	很好	较好	一般	较差	很差
汽车交易市场	a	b	c	d	e
汽车展示厅	a	b	c	d	e
上门一条龙服务	a	b	c	d	e
大商场	a	b	c	d	e

Q17. 您一般是从哪些方面得到轿车信息的：

  1. 电视广告

  2. 报纸广告

  3. 路牌广告

  4. 杂志广告

  5. 电台广播

  6. 亲朋有这种车

  7. 别人介绍

  8. 自己开过

  9. 展览会

  10. 厂家宣传

Q18. 在过去 6 个月里，您都接触过哪些轿车的广告：

  1. 品牌：_____

  2. 品牌：_____

  3. 品牌：_____

  4. 品牌：_____

Q19. 在轿车广告中您对哪个品牌的轿车广告印象最深刻：_____

Q20. 您从哪里看过捷达车的广告：

_____

Q21. 在广告中您看到些什么：

_____

Q22. 您认为该广告想要向您反映的内容是：

_____

Q23. 对下述说法，您的意见如何？请您打分：

非常同意 – 5；比较同意 – 4；无所谓 – 3；不太同意 – 2；非常不同意 – 1

1. 轿车是一种代步工具	
2. 有车是一种时尚	
3. 有车出行更方便	
4. 是一种谋生工具	
5. 是一种小康的标志	
6. 朋友介绍比广告更可信	
7. 上门推销汽车也是一种有效的促销手段	
8. 15 万元 ~20 万元的轿车更适合我们单位	
9. 10 万元以下的轿车更适合我们单位	

M1. 请您介绍一下您经常收看的电视台及其时段：

台	18：30 前	18：30 ~19：00	19：00 ~19：30	19：30 ~20：00	20：00 ~21：00	21：00 ~22：00	22：00 后
中央台							
省台							
市台							
卫视							

M2. 您经常阅读哪些杂志：

1. _____

2. _____

3. _____

M3. 您经常阅读哪些报纸：

1. _____

2. _____

3. _____

M4. 您经常收听哪个电台的节目：

1. _____

2. _____

3. _____

4. _____

M5. 您喜欢在每天的什么时间收听广播节目：_____

背景部分

G1. 请问您的职业是：

1. 军人

2. 教科文卫部门人员

3. 党政干部

4. 企业管理人员

5. 商业服务业人员

6. 工人

7. 家务劳动者

8. 个体经营者

9. 公司职员

10. 离退休人员

11. 其他（请注明）_____

G2. 请问您的受教育程度是：

1. 小学及以下

2. 初中

3. 高中

4. 中专/技校

5. 大专、大学本科或以上

G3. 您是属于_____：

1. 政府机关

2. 公检司法

3. 事业单位

4. 三资企业

5. 国营企业

6. 民营企业

7. 出租

8. 私人

9. 其他

G4. 您的车/您开的车是属于：

1. 公务用车

2. 商务用车

3. 出租/运输用车

4. 其他

示例2：上海市高、中档商品房需求调查

被访问者电话 ＿＿＿＿＿＿＿

访员姓名 ＿＿＿＿＿＿＿　　　　访问日期 ＿＿＿＿＿＿＿

访问开始时间 ＿＿＿＿＿＿＿　　访问结束时间 ＿＿＿＿＿＿＿

审核日期 ＿＿＿＿＿＿＿

被访问者所在区：（1）黄浦区（2）杨浦区（3）徐汇区（4）长宁区（5）虹口区（6）普陀区（7）闵行区（8）浦东新区（9）静安区（10）闸北区（11）卢湾区

一、填写要求

1. 请您在所选择的答案□内打上"√"。

2. 对只许选择一个答案的问题只能打上一个"√"；对可选多个答案的问题，请您在认为合适的答案□内打上"√"。

3. 需填写数字的题目在留出的横线上填写。

4. 对注明要求您自己填写的内容，请在规定的地方填上您的意见。

二、过滤部分

S1. 请问我能否和您家里任何25岁以上的成年人通话？

　　□　可以

　　□　不可以

S2. 请问您或您的配偶是否已经购买了有完全产权的高中档商品房？

　　□　是（跳至Q12）

　　□　不是

S3. 请问您是否在两年内打算购买具有完全产权的高、中档商品房？
- □ 是
- □ 不是

三、主体问卷

（访员注意 Q1～Q15 是对有意愿购买者的问题，Q15 之后是对已经购买者的提问）

Q1. 提起上海市商品房房地产公司的名单，您都听说过哪些？（请说出三家名字）

(1) _____

(2) _____

(3) _____

Q2. 下面是上海一些较著名的商品房名单，请问您都听说过哪些？
- □ 证大家园
- □ 上海春城
- □ 万科四季花城
- □ 万邦都市花园
- □ 春申景城
- □ 世茂滨江花园
- □ 欧洲豪庭·韵都城

其他 _____（请注明）

Q3. 您是通过何种途径了解商品房的信息的？
- □ 报纸
- □ 杂志
- □ 互联网
- □ 朋友介绍
- □ 电视
- □ 房展会
- □ 广播
- □ 其他 _____（请注明）

Q4. 目前所推出的商品房相对于您的购买力来说：
- □ 很高
- □ 有些高
- □ 适中
- □ 有些低

☐ 很低

Q5. 您认为商品房价格将会怎样？

☐ 会上升

☐ 变动不大

☐ 会下跌

☐ 说不清楚

Q6. 您购房所能承受的总价格是 _____ 元

Q7. 您希望选择的付款方式为：

☐ 一次性付款

☐ 分期付款

☐ 小于 5 年的银行贷款

☐ 5 年的银行贷款

☐ 10 年的银行贷款

☐ 20 年的银行贷款

☐ 20 年以上的银行贷款

Q8. 您若购房，选择的最佳地段是：

☐ 黄浦区

☐ 杨浦区

☐ 徐汇区

☐ 长宁区

☐ 虹口区

☐ 普陀区

☐ 闵行区

☐ 浦东新区

☐ 静安区

☐ 闸北区

☐ 卢湾区

Q9. 您心目中预期购买商品房的建筑面积是_____平方米。

Q10. 您预期购买商品房的户型是：_____ 室 _____ 厅_____ 卫。

Q11. 您预期购买的商品房楼型是：

☐ 多层

☐ 高层

☐ 复式结构

☐ 错层结构

☐ 别墅式

Q12. 您购房的目的是为了：

☐ 投资

☐ 自用

☐ 为家人购买

☐ 其他_____（请注明）

Q13. 您购买商品房所考虑的前三位最重要的因素是：

第一位因素 _____

第二位因素 _____

第三位因素 _____

Q14. 您在购买商品房时所希望的装修标准是：

☐ 毛坯房

☐ 初装修

☐ 厨卫精装

☐ 全部精装

Q15. 您购买商品房所期望的是：

☐ 期房

☐ 现房

（访员注意：意愿购房者回答完 Q15 后跳至 D1 个人部分）

（Q16~Q26 仅对已经购置商品房者提问）

Q16. 您目前所在的商品房小区是 _____

Q17. 您当时购买商品房所考虑的前三位最重要的因素是：

第一位因素 _____

第二位因素 _____

第三位因素 _____

Q18. 您购买商品房的价格是：_____元

Q19. 您购置的商品房付款方式为：

☐ 一次性付款

☐ 分期付款

☐ 小于 5 年的银行贷款

☐ 5 年的银行贷款

☐ 10 年的银行贷款

☐ 20 年的银行贷款

☐ 20 年以上的银行贷款

Q20. 您购买的商品房的总建筑面积是 ＿＿＿＿＿＿平方米

Q21. 您家的房屋户型是：＿＿＿＿＿＿ 室 ＿＿＿＿＿＿ 厅 ＿＿＿＿＿＿ 卫

Q22. 您购买商品房的楼型是：
- ☐ 多层
- ☐ 高层
- ☐ 复式结构
- ☐ 错层结构
- ☐ 别墅式

Q23. 您购房的目的是为了：
- ☐ 投资
- ☐ 自用
- ☐ 为家人购买
- ☐ 其他 ＿＿＿＿＿＿（请注明）

Q24. 您在最近的两年内会不会再购买商品房？
- ☐ 会
- ☐ 不会

Q25. 您对您小区的物业管理满意度是：
- ☐ 很满意
- ☐ 满意
- ☐ 稍微满意
- ☐ 无所谓
- ☐ 稍不满意
- ☐ 不满意
- ☐ 很不满意

Q26. 您所购买的商品房价格相对您的购买力来说：
- ☐ 很高
- ☐ 有些高
- ☐ 适中
- ☐ 有些低
- ☐ 很低

Q27. 您认为商品房今后两年的价格趋势是：
- ☐ 会上升
- ☐ 变动不大
- ☐ 会下跌

　　□　说不清楚

四、个人及家人背景

D1. 您的年龄是 ＿＿＿＿＿＿ 岁。

D2. 您的性别是：

　　□　男性
　　□　女性

D3. 您的婚姻状况：

　　□　已婚
　　□　未婚
　　□　离婚
　　□　分居
　　□　丧偶
　　□　其他

D4. 您的家庭有几口人？

　　□　1 人
　　□　2 人
　　□　3 人
　　□　4 人
　　□　4 人以上

D5. 您的职位是：

　　□　董事长
　　□　部门主管
　　□　总经理/副总经理
　　□　市场营销人员
　　□　市场营销/销售总监
　　□　财务总监/总会计师
　　□　专业人士
　　□　行政经理/人事经理
　　□　其他＿＿＿＿＿＿（请注明）

D6. 您工作的地点是：

　　□　黄浦区
　　□　杨浦区
　　□　徐汇区
　　□　长宁区

　　　□　虹口区

　　　□　普陀区

　　　□　闵行区

　　　□　浦东新区

　　　□　静安区

　　　□　闸北区

　　　□　卢湾区

　　　□　其他 _____ （请注明）

D7.　您的受教育程度：

　　　□　研究生及以上

　　　□　大学本科

　　　□　大学专科

　　　□　高中

　　　□　中专

　　　□　初中

　　　□　小学毕业及以下

D8.　您的家庭年收入为：

　　　□　小于 1 万元

　　　□　1 万 ~ 3 万元 （含 3 万元）

　　　□　3 万 ~ 5 万元 （含 5 万元）

　　　□　5 万 ~ 7 万元 （含 7 万元）

　　　□　7 万 ~ 9 万元 （含 9 万元）

　　　□　9 万 ~ 11 万元 （含 11 万元）

　　　□　11 万 ~ 13 万元 （含 13 万元）

　　　□　13 万 ~ 15 万元 （含 15 万元）

　　　□　大于 15 万元

　　　□　不知道/拒答

D9.　您是否有供自己自由支配的汽车？

　　　□　是

　　　□　否

第七章 | 市场调查的访谈沟通

【本章提要】本章主要介绍市场调查中常用的几种访谈沟通方式，包括拦截访问、入户式访谈、电话访谈、媒体征答式沟通和电脑网络访谈法。以上访谈沟通方法各有其优缺点，相应地也有不同的适用范围。

其中拦截访问和入户访谈都属于面谈式的沟通方法。这类沟通方法需要灵活的沟通技巧。因此，面谈沟通技巧是本章的重点内容。面谈式沟通一般可分为探询、倾听、说明三个环节，在沟通过程中要把握好非指示性原则、适当控制性原则及良好心态原则。面谈沟通可分为访前的准备阶段、进入阶段、主要阶段和尾声阶段四个阶段，每一个阶段都有相应的技巧和注意事项。

电话访谈、媒体征答式沟通和电脑网络访谈法是借助于其他中间媒介、不与调查者发生实质性接触的访谈沟通。要特别注意他们所借助的中间媒介给访谈沟通带来的影响。

第一节　当面访谈沟通技巧

在市场调查中，常常会用到面谈访问的方法来收集资料。被访问者是否愿意配合，是否说真话在很大程度上取决于访谈技巧。访谈沟通技巧影响着问卷的回收率、问卷质量，影响着访问成本。

一、沟通三环节

访谈技巧就是沟通术，通常可将沟通分成三个环节，如图 7-1 所示：

1. 探询

这是指向被访者探询有关信息。要注意问话技巧，应能背诵问卷并按问卷次序询问。

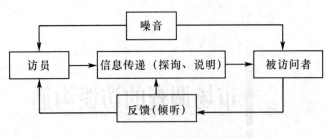

图 7-1　访谈沟通反馈三环节

2. 倾听

这是指仔细听取被访问者的述说。要注意以下几点：

（1）面对被访问者，注意聆听；

（2）对方表白观点时，应点头微笑；

（3）确认你的理解与对方所说无异；

（4）听话听音，判断其是否还有言外之意；

（5）不轻易打断谈话，不急于解释。

3. 说明

这是指对被访问者所提出的问题作出说明，或对其言语过程进行适当控制。对有些问题，应当充分归纳思考后再回答，勿太急或太慢。在做说明时不可发挥过度，带上访员的主观倾向性，诱导被访者回答。

另外，沟通中所传递的信息还可能会被各种噪音所干扰，访员要能适时返回到主题上来。

要做好访谈工作并取得预期目的，访员必须在此三个环节进行训练，具体讲就是探询技巧、说明技巧及倾听技巧等方面的训练。

二、基本原则

访谈需要一定灵活性的技巧，还必须有始终不变的原则。下面简单介绍非控制性原则、适当控制性原则及良好心态原则。

1. 非控制性原则

又称非诱导性原则，指访员对被访问者的意见、态度不作价值判断，不插嘴诱导其选择答案，不歪曲对方的意见。

2. 适当控制性原则

在下列情况下，访员应该运用相应的方法对访问进程进行适当控制。

（1）辅助。对方在表达上发生困难时，提供话题以辅助之。

（2）摘要。对于对方漫无重点的回答要加以归纳。

（3）深挖。涉及问题本质时，要集中话题。

（4）反复。对决定性因素，重复询问。

（5）指导。指导其不离话题，主导谈话的进程。

虽然运用上面的方法对于保证访问的顺利进行是必不可少的，但是，一定要注意适度，不恰当的插话可能会成为诱导性的控制，妨害调查的客观公正性。因此在具体操作中，要注意平衡上述两条原则。

3. 良好心态原则

要以真诚的、没有压力的，信赖的心态对待每一位被访问者。这是访谈得以顺利进行的最重要的保证。

三、访谈过程及其注意事项

与每一位被访问者的接触过程都有四个阶段，各阶段都有注意事项，分别简介如下。

（一）访前的准备工作

"凡事预则立，不预则废"。访问的成功，依赖于事前充分的准备。在出门之前做好该做的事，带好该带的东西，并调整好心态，以面对访问任务。具体地讲有如下几件事情：

1. 该做的事情

主要做好以下几个方面的准备工作：

（1）修饰服装仪容，给被访问者一个良好的第一印象；

（2）拟定访问的路线及其单位，以避免浪费路途时间；

（3）预约（为确保访问成功率，一般要预约访问时间）；

（4）查询资料（查看以往的记录，看是否能得到启示）；

（5）模拟化训练（自我介绍身份及调查目的等）。

2. 对服装的要求：

（1）合身、不花哨、稳重；

（2）口袋勿装得太满；

（3）裤子不可太宽或太窄；

（4）鞋子干净光亮，不破损；

（5）衬衣领子挺直，领带宽窄适中；

（6）女性裙子应过膝。

3. 对仪容的要求：

（1）眼神和蔼可亲，不带凶相；

（2）表情关切不紧张；

（3）身体微前倾，距对方 1 米左右；

（4）双手平放，手指摊开；

（5）头发整洁，不过分华丽；

（6）胡子刮干净；

（7）口、体臭除去；

（8）佩戴物不过分昂贵。

4．该带的东西

（1）问卷；

（2）记录用品；

（3）地图；

（4）身份证明材料；

（5）礼品及宣传材料。

5．心态调整

（1）要有使命感；

（2）要有自信心；

（3）坦然面对拒访；

（4）做好承受恶劣天气的心理准备，不怕疲乏。

（二）开始阶段

访谈开始阶段面临的两个问题是：如何接近访问对象、不能进入访谈怎么办。

1．如何接近访问对象

接近被访问者是正式访谈前的序幕，关系甚大，一定要有技巧。有两种接近方法：正面接近和侧面接近。

（1）正面接近。即开门见山，先介绍自己的身份，说明调查意图，征得对方同意后即可进入主要阶段。例如，在入户访谈沟通中，某访员敲门，待对方开门，访员直接微笑着说明来意："大婶，您好！我是创信市场研究公司的访问员，到您家做洗衣粉使用情况的调查，能和您聊几分钟吗？"

（2）侧面接近。即先在某种场合认识对方，如与被访问者一起开会、学习、住宿或娱乐等等，但不公开自己的身份，等到与被访问者建立了友谊或有一定的信任度后，再在一种轻松自然的氛围中进行访谈。

2．不能进入访谈怎么办

不能进入访谈，主要有两个原因：一是被访问者不在；二是被访问者拒绝访问。

对于第一种情况，应设法找到被访问者或重新预约。有一些属于事实询问的题目也可以由熟悉其情况的家属或同事代为回答；属于态度或理由询问的，则等到下次相遇时再填写。实在无法找到或调查时间不允许的，可以让备用的调查对象代替，或放弃。

对于第二种情况，访员应冷静分析拒访的原因，不做不该做的事，同时正确应对。如果经过努力，仍无效，则放弃。

（1）拒访的原因

①怕麻烦；

②怕露底；

③认为调查无意义；

④文化水平低，回答困难；

⑤心情不好；

⑥不喜欢访问员（访员某种言行或其他原因造成）。

（2）不该做的事

①辩论；

②批评；

③情绪化反应（生气）；

④失礼的言行；

⑤过早地放弃。

（3）处理技巧

①焦点法。了解真正的问题所在，对症下药。

②认同法。承认对方的看法，让他觉得你了解他，伺机再进入访谈。

③折返法。把对方反对的理由折返到他该填写的理由。

④舒解法。建立与对方一体的感觉，以舒解其拒访情绪。

⑤引导法。将注意力转移到双方同意的领域，从而避免争议。

（三）主要阶段

经过前面的努力，被访问者同意接受访问后，便正式进入了访问的主要阶段。这时，要设身处地为被访问者着想，并提高对被访问者的注意力和反应力。另外，还要注意如下几件事情：

（1）说话要慢而清晰，使对方能理解所提的问题；

（2）书写要整齐清楚；

（3）如实记录任何答案；

（4）如果被访问者问起，应将自己的全名和调查公司的电话告知被访问者；

（5）除非调查委托单位允许，一般不暴露调查委托单位；

（6）按提纲或问卷逐项询问，遵循跳答次序，防止漏题；

（7）避免与被访问者做不必要的聊天；

（8）在必要和时间允许时，从被访问者关心的话题开始，逐步缩小访问范围；

（9）坚持非指示性原则和适当控制性原则；

（10）文明用语，并保持轻松的心情和真诚的心态；

（11）涉及个人收入、婚姻及信仰等隐私，务必为其保密；

（12）对开放式询问要作进一步的探究和阐明，以获得更多的意见；

（13）对每一个中断访问要记下中断的理由。

（四）尾声阶段

在结束访问之前，应做好如下几件事情：

（1）迅速重温一下访谈结果，避免遗漏或不正确；

（2）再征求对方意见，看还有什么想法或要求；

（3）真诚地感谢对方。

四、访谈可能遇到的问题及对策

在访问过程中，除了前面提到的被访问者不遇和被访问者拒访这两种情况之外，还可能遇到各种各样的问题。下面简单列举几项并附上相应对策，以资参考。

（1）房屋搬迁或主人出远门——放弃访问；

（2）门卫拒入——说明身份、意图，恳请代为用电话与有关部门联系；或日后电话预约再来；

（3）被访者不在——重约再来，并一定如约前往；

（4）填写人身份不对——弄清填写人身份，如不合适，注明并放弃；

（5）填写不认真——在"可信度"栏目标明情况；

（6）拒访——对策已在前面说明；

（7）被访问者指出问卷的不合理性——倾听并带回意见；

（8）开场白不当——多练习，不可用"调查"二字；

（9）访前准备不充分，被访问者不感兴趣——做好访前的充分准备，详见前面；

（10）腿脚受伤，身体疲乏——不穿高跟鞋，多休息，同时在心理上应有毅力。

五、访问过程控制

对访问过程实施有效的控制是调研工作的重要一环。该环节一旦出了问题，将会使整个调研结果"前功尽弃"。为了对访问过程实施有效控制，除了与访问员签订协议、明确奖惩办法之外，还应注意如下几个环节。

（一）发挥调查督导员的作用

督导员是直接管理控制访问过程的，应使之在以下几个方面发挥作用。

1. 问卷审核

督导员应负责每天回收问卷，进行初审，若发现问题，应及时加以解决和控制。同时还应搜集问卷以外的信息，为日后的市场分析提供依据。督导员应审核问卷是否有空题，是否有弄虚作假的现象等。此外，还要细审问卷，剔除可信度差的问卷以及有其他严重问题的问卷。

2. 抽样控制

实际调查中，访问员往往会放弃太远的、难以接近的或不想接近的被访问者，结果就会破坏抽样的随机性和既定的样本结构。所以，督导员要保证访问员是严格按照抽样方案去抽取样本单元的，而不是方便地选取。督导员应每天统计访问的数量、不遇的数量、拒访的数量及样本的构成情况等。

3. 复查验收

督导员对访问员完成的工作要进行核实，一般应抽取 15% 左右的被访者进行回访——电话回访或实地回访。

4. 控制进度

督导员应及时记录访问员的工作进度和费用发生额。

5. 评估访员

对访问员工作质量的评估，一般从发生的费用和所需时间、问卷回收率、访谈能力、数据质量、服务态度、责任心及职业道德等方面进行。

（二）举行每日访问例会

如果有可能，应每日举行访问例会，以便督导员更好地发挥作用。其主要任务是：

（1）听取访问员汇报，了解访问中发生的各种问题；

（2）及时回收问卷，进行初审，若发现问题，应及时解决；

（3）催交当天访问日记（如果可能的话）；

（4）安排下一天的访问工作（包括分发新问卷，指定访问路线等）；

（5）控制访问进度和费用。

第二节　不同类别的访谈沟通

一、拦截式访谈沟通

拦截访问，也叫街头访问，一般是由访员在人流量较大的地点例如商场门前、卖场门口或者繁华的商业街头等拦住适当的过往者进行访谈。拦截访问一般适用于调查对象具有一定的特殊性或者总体抽样框架难以确认的情况。

1. 拦截对象的选择

拦截对象的选择需要遵循调查研究的抽样方式，通常采用任意抽样或者判断抽样，有时可以采用等距抽样（它不是严格的等距随机抽样，抽样距离由研究人员事先规定好）。

2. 拦截合作的沟通

拦截访谈操作得是否成功，访员取得受访者的合作是第一步。

拦截访谈的对象选择具有一定的偶然性，可能会碰到以下情况。一是碰到的受访者在没有心理准备的情况下会存在戒备心理，通常以"有事"为理由拒绝接受访谈。对于这部分人，访员的自我介绍就非常重要，要在短时间内打消受访者的疑虑，取得其信任。首先，要以真诚的态度说明访谈的目的或意图，接着强调整个访谈内容不多，时间不长，同时提前给予访谈赠品。二是有时会碰到一些过度热情或喜好自我表现的受访者，他们会主动要求接受访问。对于这部分人，访员要注意甄别，看他们是否合适。例如，碰到好几个嘻笑打闹的年轻人，那么其中的受访者访谈的结果有可能和单独接受访谈的结果大相径庭。因此，访员要根据当时的情况，不合适的给予婉言拒绝。

3. 拦截访谈的沟通

拦截访谈的沟通能否顺利进行，受两大因素影响。

一是问卷的设计。在拦截访谈中，受访者通常没有从容的时间、舒适的场所来回答问题。因此，问卷设计的长度要适当，最好不要超过两页。问题的设计要能在几秒钟之内给出答案，以封闭式问题为主，开放式问题控制在 1~2 道。设置的问题不要涉及个人隐私等难以回答的敏感问题，因为拦截访谈是在大庭广众之下进行的，这样的问题容易遭到拒绝。

二是访员的专业素质，这包括访谈技巧和职业道德。拦截访谈的现场控制比较依赖于访员。访员按照问卷要求对受访者进行询问与受访者自己填写问卷得到的答案可能不一样。调查者的语气语调会影响受访者，有些可能会给予倾向性的暗示。因此调查前，要对访员的询问方式做统一的培训。此外，拦截式访谈很难通过回访的方式来判断拦截式访谈的规范性,因此访员的职业道德就显得比较重要。

4. 拦截访谈的优缺点

A. 优点:

(1)费用较少。拦截式访谈可以在较短的时间内采集到较多的样本,因此,单个样本的访问费用比较低。

(2)样本数量可以得到保证。由于拦截式访谈是在人流量大的地点采集样本,不愁样本的数量,而且样本不合格可以现场筛除马上补充。

(3)可以保证问卷的有效性。和邮寄问卷的方式相比,拦截式访谈因为有访员在现场给予受访者引导,能有效地保证问卷的有效性。

B. 缺点:

(1)抽样的方式不符合概率论,很难得到具有代表性的样本。

(2)街头访问的环境不适合访谈的进行,时间仓促、环境嘈杂,容易出现访员无法控制的因素,影响收集到的信息质量。

(3)受访者的拒绝率比较高。

(4)不适合做比较深度的问卷测评。

二、入户式访谈沟通

入户式访谈是由访员对抽取的样本逐门逐户地进行访谈。访谈地点设置在受访者家中,由访员严格按照问卷要求向受访者询问,然后将受访者的答案逐一记录下来。受访者的作答范围是有限制的,大多数情况下只能从访员提供的答案中作出选择。入户式访谈是一种被广泛运用的市场调查方法。

1. 入户对象的选择

入户式访谈对象的选择一般是以某一地区的全体住户为样本框,采用多级整群抽样的方法,按照区、街道、小区等层级进行抽样。由于我国经济快速发展,人口流动率大,常常会发生抽取的样本已流动到其他地区的情况。同时,近年来,由于种种原因,住户对于陌生人入户戒备心理重,不愿接受调查访问,登门入室变成一件难事。因此在确定样本、选择入户对象时,最好能够和列入样本的居委会取得联系,以保证入户访谈的成功率。

在确定入户对象时,常常会发生找不到住户的情况。或者是住户搬迁,或者是碰上住户外出不在家。碰到第一种情况,要和抽样人员协商,按照要求寻找替代样本。如果是第二种情况,访问员要另找时间登门访谈。一般在不同时间登门三次后仍然找不到,再寻找替代样本。

2. 入户沟通的准备工作

入户访谈成功与否，能否登门入室是关键。这在缺乏社会信任感的现代社会，难度越来越大。这要求访员在登门访谈之前做好充分的准备。

A. 预约准备

要获得住户尽可能详细的信息。如果有受访者电话号码的，最好先电话预约，选定一个住户方便的时间入户访问，同时给住户充分的心理准备。如果能够取得居委会的配合，则更能取得住户的信任。如果没有这些有利的条件，在登门时碰到住户刚好不在家，可以采取留置信件到住户信箱的方式和住户沟通，告知访谈的目的或意图、给予的礼品或酬金以及联系方式等。

B. 材料准备

(1) 交通地图：标明住户地址及其交通路线；

(2) 介绍信或证明访员身份的证件；

(3) 访问对象资料：名单、地址、户内受访者的抽样表等；

(4) 问卷：准备比实际访问人数更多的问卷，以备不足；

(5) 记录工具：笔和笔记本等；

(6) 给受访者的礼品或酬金；

(7) 访谈所需的交通、食宿等费用。

3. 入户访谈的实施过程

要成功地实施入户访谈，要求访员在刚和受访者接触时就营造一个调研访谈的环境。

(1) 注意着装得体。受访者对于访员的印象是从着装打扮开始的。和受访者风格相近或者符合主流社会审美观的装扮能够取得受访者的信任与合作，为顺利开展访谈奠定基础。有时候，访员的外观举止甚至决定了受访者是否接受入户访谈。

(2) 言谈举止要得当。对于受访者而言，访员暂时介入了个人生活。因此访员在访谈过程中言语要具备一定的亲和力，必须向受访者传达一种诚恳的了解受访者的态度，而不是像是在打探或者审讯一样。控制询问的节奏、语气与语调，保持轻松与友善的态度，对于实施入户访谈非常重要。

(3) 熟悉调查问卷，并严格按照问卷的要求来询问。假如访员不熟悉调查问卷，访谈就无法顺利开展，耗费的时间多而且还进行得不愉快，其效果还不如让受访者自行填写问卷。一个理想的访员要能够像是演员在电影中背台词那样，尽力像自然谈话一样提出问题。同时必须完全遵循问卷中所使用的语言，严格按照为问卷而设计的说明书的要求来处理一些意外情况。

(4) 谨遵问卷中的遣词造句。问卷的遣词造句对于收集答案非常重要，措辞上的些微改变都有可能改变受访者的答案。因此，访员要严格按照问卷的用语来询问，碰到受访者不理解题意，可以重复提问，不可自行解释。

（5）准确地记录答案。如果问卷中包含了需要受访者用自己语言回答的开放式问题，逐字逐句、确切无误地记录受访者所给予的答案是相当重要的。不要试图修改、提炼或者解释受访者粗糙的词句。因为，对于访员而言，在分析之前是不知道这些开放式问题的答案如何归类。即使是研究者本人，也需要在大量阅读问卷之后才知道归类的标准。原汁原味的原始答案更能反映问题的趋向。在许多情况下，受访者可以在记录下受访者的口头语言之外使用旁注来解释当时情景下访员所理解的额外信息。

（6）深入追问受访者。有时，受访者会给出模糊不清的答案。例如，问题要求给出一个态度陈述，需要受访者在非常同意、同意、不同意和非常不同意之间选择一个答案。而受访者却答道"这的确不是那么妥当"。这时，访员应该寻此追问："您的意思是不同意呢还是非常不同意"。必要时，访员可以向受访者解释，要求他必须在现成答案中挑选一个来回答。如果受访者坚持要给出自己另外的答案，访员就得在旁边准确地记录受访者的答案。深入追问还经常适用于开放式问题。例如，您对长虹彩电的外观设计评价如何？受访者回答"还可以"。这时，访员就可以通过不同的深入追问来获得更为详尽的陈述。访员或者以期许的眼神看着受访者，暗示他接着展开陈述；或者采取适当的口头追问"在哪些方面呢?"

（7）掌握访谈的主控权。访员应当主导整个访谈过程。如果受访者的回答偏离询问话题，要巧妙地将话题拉回，但不能伤害受访者的自尊。对于受访者提出的不适当要求应予以拒绝。例如，受访者要求自己填写答案，访员要委婉回绝并进行解释以取得受访者的配合。否则，就变成置留问卷调查了。

4. 入户访谈的优缺点

A. 优点

（1）容易建立起访员与受访者之间的信任和合作关系，对于一些敏感的问题，也比较容易进行询问。

（2）访员可以采取多种手段和受访者沟通。例如向受访者出示图片、实物、卡片等。

（3）可以保证问卷的有效性。入户访谈因为有访员给予受访者"一对一"的引导，可以避免漏答问题和误解题目含义随意作答的现象。

（4）可以收集到问卷以外更为丰富的信息。在相对从容的时间里，访员可以观察受访者的居住环境，通过观察受访者的表情、姿态等非语言行为，来判断受访者回答的真实性。

B. 缺点

（1）费用大。入户访谈要求访员——登门对受访者进行访谈，访谈的地点和时间跨度大，因此投入的人力和时间多，耗费的成本高。

（2）对访问过程的监督比较难。访员是分散作业，因此要检查他们的操作质量和是否尽责，就比较困难。

（3）客观性较差。入户访谈是由访员按照问卷要求向受访者询问，访员的语气语调可能会影响受访者的回答。而且同一个受访者接受不同的访员访谈可能得到的答案是不一致的。因此入户访谈的客观性较差。

（4）入户困难。近年来，由于社会治安变差、社会信任度降低的原因，许多居民住宅都装了安全防盗门，有的甚至有多重防盗门。居民们尤其对登门拜访的陌生人有很强的防备心理，许多访员经常被拒绝在门外。尤其是年轻的男性访员入户的成功率尤其低。此外，还由于防盗门质量的问题，无法与居民取得联系。

（5）有时访谈的时间过长。碰到特别热情或者主导意识强的个别受访者，访问员会耽搁访谈的时间。

三、电话访谈沟通

电话访问是一种由访员通过电话这一通讯工具向受访者进行访问的资料收集方法。电话访问广泛运用于电信业发达的国家。

电话访问一般应用于时间紧、经费有限、调研范围大的市场调研项目。

1. 电话访问对象的选择

电话访问对象的选择基本原理和其他的访谈一样，但在操作上有其独特性。具体包括下列三个步骤：

A. 抽取样本户

电话访问中常用的两种抽样方法是电话簿抽样和随机拨号。

（1）电话簿抽样程序包括：

①根据电话簿的页数及样本大小，决定平均间隔若干页抽取一个样本，假设此间隔为 x。

②在 1～x 的数字中，随机抽出一个数字，然后以这个数字为第一页，每隔 x 页抽出样本户所在的页码。

③从第一页中随机抽出第 y 栏，第 z 个号码为样本户，以后每一页均以这个位置的号码为样本。

（2）随机拨号法有两种具体方法，即简单随机拨号法和集群随机拨号法。

简单随机拨号法的程序是：选定要访问的区域号；以随机方式选定用

户号。

简单随机拨号法经常会拨到空号，集群拨号法则是在一定程度上减少拨到空号的方法。操作程序如下：

①确定一定数量（如 100 号）的号码为一群，将一个区域号下的号码分出若干群。

②以分层抽样方法决定每一区域号码中抽出若干个样本群。

③以随机抽样方法抽出若干个群，用随机拨号法试拨。如果某一群的第一个电话号码不是空号，这个群就保留为样本群，再抽取群内的样本。如果第一个电话号码是空号，就放弃整个群，另抽取一群来代替。

电话簿抽样可能由于新增电话没有列入电话簿以及有些用户不愿意公开其电话号码的缘故，而使得抽样框不够完整。随机拨号法可以克服电话簿抽样中可能没有涵盖所有电话用户的缺点，但是常常会拨到空号。

B. 选择受访者

抽出一个样本户之后，还要决定访问户内哪一位成员，常用的选择方法有两种：

（1）任意面成人法。即抽取户内的任何一位成人。

（2）随机访问"派斯利表"法。即先询问样本户家中有几位不在学的成人，再问其中不在学的女性数目，然后根据这两个数字查表决定访问哪一位。如表 7-1 所示：

表 7-1　　　　　　**随机选择受访者的派斯利表**

样户中不在学成人数	其中不在学的女性数	应选受访者
1	0	男性
	1	女性
2	0	年轻男性
	1	男性
	2	年轻女性
3	0	最年长男性
	1	较年长男性
	2	较年长女性
	3	最年长女性

续 表

样户中不在学成人数	其中不在学的女性数	应选受访者
4	0	最年长男性
	1	次年长男性
	2	较年轻女性
	3	次年长女性
	4	最年长女性
5 人以上	0	第三年长男性
	1	次年轻男性
	2	最年轻男性
	3	最年长女性
	4	次年长女性
	5 人以上	第三年长女性

C. 选择替代样本

电话访谈抽取的样本有时会遇到电话不通，电话变迁或者多次无人接听的情况，这时候就要使用替代样本。

通常采用阶层取样的方法寻找替代样本。例如在采用电话簿抽样时，先将抽到的号码及其前一位置和后一位置的号码一起抄下来。当该号码废弃时，再顺位拨前一号码和后一号码。而在随机拨号抽样时，假设抽到号码为54180823，当这个号码废弃时，依次拨54180821、54180822、54180824和54180825。

2. 达成电话访谈的沟通

当电话接通后，和其他访谈一样，访员应当先作自我介绍，并把调查的目的以及访问所需时间等作说明，以取得受访者的信任和配合。

电话访谈仅靠声音进行沟通，要让受访者愿意拨出时间来认真地接受访员的询问，访员的语音沟通技巧相当重要。语音除了传达信息之外，还要将访员亲和、恳切的态度传递过去。另外沟通时机的选择也很重要。一般，晚上打电话过去，接通的几率比较高。如果访谈的时间比较长，又刚好碰上受访者不方便，访员还要和受访者另行约定访谈时间，不要轻易放弃样本。

为了提高电话访问的达成率，还可以在开头的介绍中允诺给以一定的报酬，或者是小礼品或者是小笔酬金。

3. 电话访谈的沟通

传统的电话访谈就是访员通过电话进行询问，然后用笔在问卷上逐一记录受访者的回答，与面对面的访谈没有什么大的区别。而随着计算机技术的迅速发展并应用于电话访谈，电话沟通有了很大变化。例如现在先后出现了计算机辅助电话访问（简称 CATI）和全自动电话测评（简称 CATS）。

计算机辅助电话访问是将受访者的电话、访问的问题及其选择答案输入计算机，让计算机根据程序自动拨号。电话接通后，计算机屏幕上会依次呈现问题，访员按照屏幕的提示——询问受访者，同时将受访者的答案即时输入计算机。这种电话访问技术省略了传统访谈的结果录入程序，并且在访员输入答案时可自动查错，同时研究员可随时了解测评结果。

全自动电话测评是利用交互声音反应（IVR）技术进行访问。CATS 用专业访员的访问录音代替访员读问题和答案。当问题为封闭题时，受访者只要在按键电话机按一下相应号码即可，而当问题为开放式题目时，则将受访者的回答录音下来。全自动电话测评有两种方法：一种是往外打电话，即由测评公司拨号给受访者；一种是往内打电话，即通过邮件征求受访者的配合，并要求他们给测评公司打电话。

4. 电话访谈的优缺点

A. 优点

（1）比较容易得到社会经济地位高的受访者样本。对于社会地位和经济地位较高的人，采用电话访问的方式比入户访谈的方式成功的几率更高。

（2）节省经费和时间。电话访谈可以解决样本分散，交通成本高的问题，可以在集中的时间内处理大量的样本，节省了大量的金钱和时间。

（3）抽样过程简单，样本获取容易。电话访谈的抽样中先进的随机号码拨号技术简单易行。比起入户访谈而言，既不需要耗费时间建立抽样框，也不需要烦琐地分层。

（4）避免了面对面人际交往的某些微妙因素的影响。首先是访员的外观举止不会影响受访者的回答。对于一些敏感问题，在没有访员在场的情况下，受访者更能真实、自如地回答。

（5）避免了个人安全造成的困扰。电话访谈无需面对面的进行，访员和受访者都没有个人安全上的顾虑。

（6）方便对访谈进行督导。所有的访员都集中在一个房间里进行电话访谈，更方便负责人在现场进行即时的督导。发现操作不规范的地方，可以马上指出。访员碰到问题也能得到及时的指导。

（7）访员的偏差减少。由于访员是集中作业，访员之间的操作差异小，偏差也少。

B. 缺点

（1）抽样代表性不强。特别是在电话普及率不高的地区，电话访谈会造成抽样误差。

（2）受访者比较容易拒绝访问。不愿意接受访问的受访者不需要找什么理由，只要挂掉电话就可以拒绝访问。在电话访谈的中途，受访者也可以轻易地中止访谈。而在面对面的访谈中，受访者不会轻易地退出访谈。

（3）无法判断受访者作答的真实性。面对面的访问，访员可以根据受访者的表情、姿态等来判断回答的真实性。在电话访问中，即使受访者随意作答，误解问题的含义，访员也难以觉察。

（4）录音电话的使用，造成电话访谈的障碍。有些家庭安装了录音电话，这种设备使得与受访者的直接对话变得困难。

（5）提问只能限于简单的问题，无法深入测评。

四、媒体征答式沟通

媒体征答式沟通是将设计好的问卷公布在报纸或者杂志上，要求受测评者填写后再邮寄回测评机构的一种资料收集方法。它是邮寄问卷调查的一种，但不同于传统邮寄问卷调查。两者发出问卷的方式不同，传统邮寄问卷调查是将问卷直接邮寄给被测评者。传统的邮寄问卷调查是西方市场研究的重要方法之一，但是由于问卷回收率低等原因，在我国的市场研究中较少为人们所采用。本节将主要讲述新兴的媒体征答式沟通。

1. 媒体征答式沟通的基本程序

（1）准备好在媒体上发布的问卷以及调研说明

因为这种市场调查方式以书面为主，没有访员的双向沟通，而问卷是媒体征答式沟通的主体，因此在发布问卷时要特别注意以下几点：

①注明每一类题目的作答方法。例如是单选还是多选，答案填写在何处，打勾还是画圈。

②尽量减少或避免使用开放性问题。许多被测评者在做问卷时嫌麻烦喜欢做选择题而不愿填写大段开放性问题。有些人甚至为此而放弃测评机构允诺的精美礼品。

③避免跳答（或相倚）的题目。

④避免复杂难答的题目。

⑤问题表述要简洁、明了。

⑥要注重对受测评者背景调查的问题设计。不同于其他访谈，在媒体征答式沟通中，不是由测评机构抽样选择受测评者，并且没有即时的双向沟通来了解这些受测评者的背景信息。因此，要特别重视对受测评者背景调查的问题设计。

在问卷主体的前面应当有一段调研说明，一般要包含以下要点：

①媒体征答的目的和意义

②如有疑问，怎样寻求解答

③如果寄回问卷将会收到的回馈（礼品或礼金）

④问卷回收邮寄的地址

（2）确定发布的媒体

能否让足够多的人注意到发布的问卷关系到媒体征答式沟通的问卷回收率如何。一般媒体征答式沟通多发布在发行率高、传阅率高的都市类报纸。也有些发布在目标读者群和产品消费群重合的媒体上。例如，资生堂要进行媒体征答式沟通就不能选择覆盖率高的都市类报纸，而是多选择《时尚》、《都市丽人》之类的白领女性杂志。

（3）等候接受征答者的回复

收到回复后，按照承诺寄出礼品或者礼金。如果在一段时间（一般是一周左右）问卷的回收率不高，可以采取传统邮寄问卷的办法。向登载了问卷的那家媒体的固定用户邮寄出问卷，并随信附上回寄的信封和问卷说明书。

2. 媒体征答式沟通的优缺点

A. 优点

（1）费用较低。如果是调研跨度大的地区例如全国范围内的市场，那么媒体征答式沟通比其他形式的访谈费用要低很多。例如入户访问的费用包括访员劳务费、差旅费、食宿费、问卷印刷费以及访员训练费等，单个成本高。而媒体征答式沟通可以集中在一段时间内，用少量的人力就能完成调研。费用支出中以媒体购买为主体，并且媒体征答式沟通还兼有广告宣传的效用。因此，媒体征答式沟通的费用相对较低。

（2）区域广泛。测评区域不受测评者所在地的限制。媒体发行所到的地区、邮政所达的地区，均可以列入测评区域。

（3）答题时间充裕。受测评者不一定要在特定的时间内完成所有问题。对于难答的问题他们可以多花点时间思考。

（4）避免访员偏见。可以避免因访员引导不当而造成的回答偏差。

（5）便于联系。对于地点分布很散，地处偏远的受测评者，借助于大众媒体可以快速地发布问卷，而被征答者通过廉价的邮寄方式就把问卷回复给测评机构。测评机构与受测评者之间的联系方便、快捷。

（6）测评者可在无压力的环境中作答。没有访员在场，受测评者更能真实地填写问卷。

B. 缺点

（1）收率较低。媒体征答式沟通由于没有访员在场直接沟通催促，接触到问卷的媒体读者或对测评不感兴趣，不愿意回答某些问题，或因问卷过长、过于复杂等原因而拒绝作答。而且，在信息泛滥、节奏快的现代社会，很多媒体读者会自动跳过广告之类的信息，因此与传统的邮寄问卷相比，问卷的有效到达率不高。

（2）有意无意漏答问题。由于没有访员的现场监督、检查，受测评者常常会有意无意地漏掉某些问题。国外的研究人员发现，尽管有时问卷回收率达50%左右，但其中对某一个问题仅有30%左右的人作答。

（3）缺乏样本的代表性。媒体读者群是一个缺乏具象的未知整体，具有匿名性。媒体征答式沟通没有掌握选择受测评者的主动权，无法控制受测评者的资质。因此，媒体征答式沟通不适合于对受测评者的组成有规定的市场调研。例如，某运动产品想要针对青少年中的男性作一个市场调研，要求受测评者全部由12~18岁的男性组成，这个调研就不能采用媒体征答式沟通的方式。即使在以少男为读者群的杂志上发布问卷，有可能却是阅读了这本杂志的其他人填写了问卷。甚至不排除受测评者让别人代填问卷的可能。

（4）对问题次序无法控制。研究人员为消除回答偏见而精心设计的问题次序，可能因为回答者在回答前先浏览整份试卷、先易后难的答题习惯或者跳过某些问题等而遭到破坏。有些人甚至会因为看了问卷后面的问题而改变前面问题的答案。

（5）对问卷完成日期无法控制。有些测评往往要求受测评者在一定的时间内完成。但是受测评者能否按期完成并寄回问卷，研究者也把握不了。因此，对于一些需要在短时间内获得资料的市场研究，媒体征答式沟通则无法适用。

（6）不适合作连续而又深入的测评。

五、电脑网络访谈沟通

电脑网络访谈法也称为联机访谈法或者网络访谈法，英文名为 online survey。它是指通过电脑网络来进行的有计划地、系统地收集、整理、分析市场营销资料的市场调查。在网络已经成为信息传递必不可少的工具时，利用电脑网络进行市场调查可能会成为一种潮流，被称为现代调查方法。我国已经有机构利用这种新的方法组织过市场调查活动。

现代信息技术发展飞速，利用电脑网络技术收集市场信息的手段也相应发展。常见的有特定网站调查法、E-mail问卷调查法、网络焦点团体调查法等。即使用已经建立的网站，通过事先的邀请，让确定的若干名网友在指定的时间登录一个特定的网站而进行市场调查的方法。

1. 网络调查的步骤

（1）选择调查对象

在需要进行一次网络小组焦点访谈的市场调查活动时，首先调查人员应该搜索他的数据库，利用已经有的顾客资料，按照既定的条件筛选可以作为访谈调查的受访者名单，建立一个受访者的数据库，然后向受访者发送电子邮件，邀请他们届时接受访谈。如果是以浏览某特定网站的网民作为调查对象，则可省去这个步骤，只需将调查问卷放置在该网站的显著位置即可。

（2）事先通知访谈内容

凡进行电脑网络访谈，都应该事先将访谈的主题、内容和要求通知参与访谈的对象。有的列出事先访谈指南或者调查的详细题目，以便访谈对象事先做好准备。如果是通过 E-mail 问卷的方式进行调研，则直接发送电子问卷即可。

（3）进行访谈

访谈主持人在指定的时间前打开网站迎接受访者，讲解问题和再一次讲解讨论要求，并且与他们进行轻松的交流。主持人通过在网络上输入讨论的问题来控制访谈。这一步骤适用于网络焦点团体座谈。

2. 网络调查的方式

具体实施方法主要有三种：E-mail、CATI 系统和因特网 CGI 程序调查方法。

（1）E-mail 调查法

E-mail 调查法主要是指利用电脑网络上调查对象的电子信箱进行问卷收发和完成市场调查的方法，也包括把一份简单的调查问卷以电子广告的形式，在电脑网络上进行公开调查的方法。进行 E-mail 调查时，调查主持者在自己的终端机上制定调查问卷，而后或者按照已经知道的 E-mail 网址发出问卷（电子调查邮件），或者直接粘贴在自己的网站上。受访者在自己的信箱中或者电脑网络上看到问卷后，直接把答案寄回到调查者的信箱，或者立即进行点击回答。调查主持者通过事先设计好的软件程序进行调查结果的统计。

E-mail 调查法的优点有：

• 比较快捷。利用现代技术和已经存在的电脑网络，调查机构可以在比较短的时间内完成问卷的准备、制定、搜集以及 E-mail 的发布和信息资料的整理。E-mail 的问卷制作简单方便，分发和回收迅速，是其他任何载体难以比拟的。

• 能够引人注意。像传真机刚刚面市时一样，凡是在电脑网络上设置了网址和电子信箱的人，往往都比较注意开启和观看。有的人打开电脑的第一件事就是看看自己信箱内有没有 E-mail。因此，较能引起调查对象的注意。

- 有比较好的调查回收率。虽然购买电脑并且上网的人占总人口的比例很少，但是这是一个有着明显特征的群体，他们对网络上的事情都比较关心和乐于参与。如果调查内容能够有足够的吸引力的话，志愿接受调查的人数也不会少。

- 具有定量研究的价值。E-mail 调查法以较为完整的 E-mail 地址清单作为样本框，采取随机抽样的方法发放 E-mail 问卷，然后再对受访对象使用电子邮件催请回答。访问者通过多媒体技术，可以向受访者展示包括问卷、图像、样品在内的多种测试工具。这种调查方法较具定量价值，在样本框较为全面的情况下，调查结果可用于推论研究的总体，对特定网民的行为模式；消费规模、网络广告效果、网上消费者消费心理特征等可获得多方面的准确资料。

E-mail 调查法的缺点则为：因为即使是对经过专门挑选的网站和网友进行调查，也很难了解对方的真实情况。所以，很难对调查对象进行分类，往往不能满足企业市场营销决策的需求。另一个问题是利用电脑网络进行市场调查，往往只能提问一些比较简单的问题，而不适宜进行深入访谈。

（2）网上焦点团体座谈

直接在网民中征集与会者，并在约定时间举行网上座谈会。该方法适用于需要进行深度或探索性研究的主题。很多企业都希望能有这样一个机会，去和网络用户一对一地直接交流。有的企业与网站达成协议，企业为这个站点的某个与该企业产品相关的栏目提供赞助；同时，企业希望网站能设立一个专门的讨论组，由企业的专家或销售人员与网络用户进行各个方面的交流和讨论。这样，企业就可以通过这个窗口与消费者建立长久的联系。

企业可以通过这个窗口了解网络用户对其产品的看法，有什么问题、有什么想法，有什么对企业好的建议，都可以通过它来解决。

（3）使用 BBS 电子公告板进行网上调查

网络调查也可以采用 BBS 电子公告板来进行，网络用户通过 Telnet 或 web 方式在电子公告栏发布消息。BBS 上的信息量小，但针对性较强，适合行业性很强的企业。

（4）特定网页调查

在高访问率的网页上设置调查专项，访问者按照个人兴趣，选择是否访问有关主题。这项研究方法的研究对象属于该网页受众中的特殊兴趣群体，它适用于对待某些问题的参考性态度研究，可以反映访问者对待所研究问题的态度。调查专页所在网页的访问率越高，调查结果反映网民意见的可能性越大。

3. 网络调查的技巧

网上调查在实际操作中应注意以下几点技巧性问题。

(1) 选择好相关主题

因特网是集大众传播与分众传播于一体的媒体，要取得好的调查效果，最好是根据分众（往往是根据兴趣爱好划分）设立主题。尤其是网上主动浏览访问与访问者个人兴趣有着明显的相关性，不同主题可以获得不同群体的参与。零点搜狐最近的调查还发现，有近91%的网民对网上调查这种形式是比较欢迎和支持的。

(2) 选择的主题要具有娱乐性和趣味性

即便是调查客户对企业产品的熟悉情况，也应该注意娱乐性和趣味性。例如菲利浦公司在雅虎中文网站上宣传其新产品，它首先展示各种新产品及其性能和适用的使用人士，然后以做游戏的方式让客户填写一个表格，为画面上出现的人士选择适合他们的菲利浦新产品。如果全部填写正确，即有机会获得赠送新式手机的奖励。新颖别致的调查方式让人感觉妙趣横生，兴致盎然，自然能去积极参与。

(3) 调查的题目数量要适当

由于上网者要花费一定的时间和费用，而且回答与否全凭自愿，因此，网上调查除了要求主题具有娱乐性、趣味性以外，调查题目数量的多寡也影响到上网者是否能够完整地答完全部问题。

不同年龄及职业的回答者的态度存在着较大的差异，20岁以下的年轻人常希望题目少些，而从事企业管理工作的回答者却希望题目不要太少。

4. 网络访谈法的优缺点

A. 优点

(1) 快捷

利用网络访谈法进行市场调查可以说是速度最快、最省时间的一种调查方法。由于因特网具有超越时空限制的特点，网络调查不需要访员一家一家地上门调查或者一个个地打电话。可以集中在最短的时间内调查大范围的受访者。并且，收集到的信息本身已经是电子形式的，收集到的信息几乎与受访者填写同步，这省去了问卷信息录入的时间，因此网络调查具有其他调查法无可比拟的快速性优势。据有的调查公司通过实践总结认为：从征选受访者到获得调查结果，并且进行信息资料的汇总和访谈总结，只需要5～6天时间。以零点搜狐网上调查系统为例，该站点每天有约400～600名主动浏览的网民，在5天内可以收集到2 000～3 000名的受访对象，而通过街头拦截或电话访谈要获得同样的样本数量，至少需要2～3倍的时间，更不用说采用入户式访谈了。

(2) 低成本

利用网络访谈法最大的优点就是降低了调查实施的成本。这包括人工成本与附加成本。由于网络调查所耗费的时间少，这意味着耗费的人工时间少；没有访问场合、座谈场地的要求，可以节省会议室的租赁费用，使用仪器的费用，旅差费用，住宿费用，办公用品费用、问卷的印制费用等。而且，网络调查可以随时修改调查的内容或细节，实行完全的"无纸化办公"。网络调查所需要的只是网络的费用和付给受访者的费用（其他方法也不能免）。随着电脑价格的下降和网络登录成本的减少，网络访谈法费用将越来越节省。

(3) 易接近

使用网络访谈法可以使无论地理位置多么遥远的受访者，都可以在很短的时间内实现接近，而且可以与任何人进行接近。例如行动不方便的人或者其他有特殊特征的人士等。只要双方认为有接近的必要性，都可以实现接近，几乎不存在接近障碍。而且，由于网民较有规律地查询个人电子邮件，网络能够成为准确抓取目标调查对象的有效工具。另外，网络集大众传播与小众调查于一体，调查公司可以通过邮件列表，或者直接到专业论坛或 BBS 公告牌征集网络受访者。当然，有必要适当地给予受访者一些小礼品。一般，网民都乐于参加网上调查。

(4) 真实

在电脑显示器的遮挡下，受访者对别人而言都是匿名的，他们可以对于任何问题开展畅所欲言的讨论，也可以随意地进行思想的驰骋。网络访谈法的隐蔽性，使任何想公布自己真实想法的人士，都可以毫无顾虑地公开自己的秘密，而不会不好意思，除非他不愿意公开。受访者完全以一种人的本来面目进行讨论。这对于进行市场调查的机构而言，获得的应该是完全真实的回答，而且能有更多的收获。

(5) 分析准确

网络调查省却了编码录入环节，从而减少了数据录入过程中的疏漏与错误，在利用成熟的自动统计软件的情况下，能够用很短的时间完成标准化的统计分析工作。另外，还可以根据实际需要，对分析应用软件进行改进和提高。

B. 缺点

(1) 样本的代表性差

现在进行网络访谈法的最大问题，可能是样本的代表性。作为新兴的媒体，因特网的分布存在着年龄、性别、受教育程度的差异。根据第十三次 CNNIC 调查结果显示，网民结构呈现低龄化特征，18~24 岁的年轻人所占比例最高；网民中受教育程度为高中（中专）的比例最高，占到 29.3%，其次是大专（27.4%）和本科（27.1%）。这意味着，因特网的网民构成与现实社会的构成不一样，从中抽取的调查样本代表性差。因此，如果市场调查的目的是针对大范围的目标对象的话，则不可能使用网络访谈法进行调查活动。

（2）对象的不确定性

在进行网络访谈法时，你甚至不知道与你进行对话的是一个人还是一只狗，或者是一个大猩猩。而且，网民已经习惯了匿名化的存在方式，有许多网民在填写年龄、性别等基本信息时都带有很大的随意性与不真实性。因此，对市场细分和目标市场的选择而言，这样的调查活动可能收集不到真实的信息。

（3）调研过程的可控性差

利用电脑网络进行市场调查的方法和技术远远不够完善，仍然需要进行深入的研究。在网络调研中，从样本的选取到对受访者基本背景资料的汇总信息，研究者主导的余地非常有限，因此网络调研容易出现影响分析结果的"噪音数据"。例如，网络问卷中重复填写问卷的现象，因网络匿名而不认真对待调查等。

【思考·案例·练习】

1. 比较拦截式访谈沟通、入户访谈沟通、电话访谈沟通、媒体征答式访谈沟通的异同点。

2. 分析拦截式访谈沟通、入户访谈沟通、电话访谈沟通、媒体征答式访谈沟通的优劣之处。

3. 谈谈拦截式访谈沟通、入户访谈沟通、电话访谈沟通、媒体征答式访谈沟通的适用范围。

4. Sony 推出最新的几款数码相机，准备在数码广场做现场推广。同时，准备在现场推广接近尾声时做现场问卷调查。请你结合这个活动，设计一份调查问卷，并做好访员开场白的设计。

5. 王翼是一名在校大学生，准备在校园内自主创业。他想开一个虚拟的代购公司，给那些不愿走远路到学校外购物的学生提供物品购买的服务。现在正在做一个前期的市场调研以便制定代购的物品范围与定价。请你帮他做一个入户式访谈的调查方案。

第八章 调查数据的统计分析

【**本章提要**】本章首先简要介绍了广告调查中常用的统计分析软件 SPSS 的功能、特点及其安装、启动与退出的操作；接着介绍在进行数据的统计分析之前资料的处理工作，包括原始资料的审核与复查，对问卷资料进行编码、录入，数据清理三个部分。然后以单变量为对象，介绍了统计分析方法中描述统计和推论统计两类方法。描述统计部分依据变量的测量层次介绍频数和频率分布、集中量数测量法和离散量数测量法；推论统计部分从参数估计和假设检验两个方面来介绍。

第一节 调查数据处理工具：SPSS

一、SPSS 的功能与特点

SPSS（Statistics Package for Social Science）是目前世界上最优秀的三大统计分析软件（SPSS、SAS、SYSTAT）之一，广泛地应用于自然科学和社会科学中，涉及的领域包括工程技术、应用数学、经济学、商业、金融、社会学、传播学、生物学、医疗卫生、体育、心理学、农林等等。

SPSS 是一个组合式的软件包，它集数据整理和统计分析功能于一身，其统计功能十分强大，基础统计分析部分有描述性统计、列联表分析、各种简单的方差分析、回归分析、相关分析、t 检验、非参数检验等；专业统计分析包括因子分析、聚类分析、距离分析等等；高级统计分析有多变量方差分析、重复测量方差分析、多协变量方差分析、非线性回归分析、曲线估计、Logistic 回归分析、概率单位回归分析、Cox 模型回归分析等等。此外，SPSS 还能生成各种统计图，如条形图、饼形图、散点图、直方图、时间序列图等等。

目前的 SPSS 绝大部分是 SPSS for Windows，是 SPSS/PC 的 Windows 版本，其最高版本已经到了 SPSS 13.0。下面简要地介绍 SPSS for Windows 的特点：

1. 界面的友好性

如图 8-1 所示，一打开 SPSS，就可以看到数据编辑窗口，这个窗口有 Data View 和 Variable View 两个标签，可以非常直观方便地进行数据的录入、编辑和变量的定义。

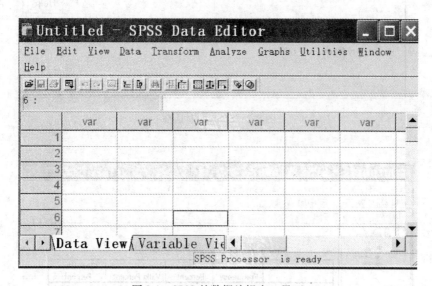

图 8-1　SPSS 的数据编辑窗口界面

2. 操作的简便性

SPSS for Windows 使用 Windows 的窗口方式展示各种管理和分析数据方法的功能，使用对话框展示出各种功能选择项，清晰、直观、易用，只要掌握一定的 Windows 操作技能，粗通统计分析原理，就可以用 SPSS 进行基本的统计分析。

3. 统计结果的美观性

如果在 SPSS 的统计对话框（如图 8-2 所示）中选择了要进行统计分析的变量和需要的统计分析功能后，"OK" 按钮会由灰变黑，单击 "OK" 按钮，则会弹出 SPSS 结果输出窗口，统计结果无论是表格还是图形都十分美观且简明易懂。如图 8-3 所示：

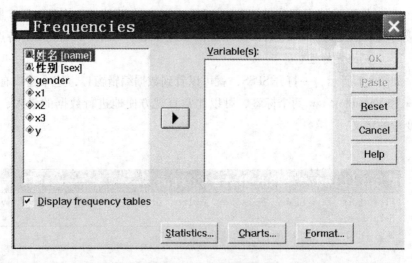

图 8-2　SPSS 的对话框

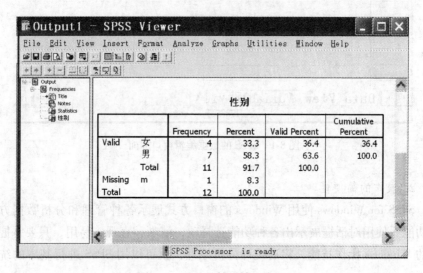

图 8-3　SPSS 的结果输出窗口

4. 数据接口的易用性

　　除了可以直接在 SPSS 的数据编辑窗口输入数据以外，SPSS 的数据接口还可以很方便快速地读取 EXCEL、ACCESS、TEXT 等其他格式的数据文件，不会有任何的数据丢失。比如，在 SPSS10.0 中，可以直接读取 5.0 版以上的 EXCEL 数据文件（包括 EXCEL 2000），要打开 EXCEL 文件只要在文件类型中选择 EXCEL（*.xls）类型，然后选择文件名就可以了，SPSS 会自动识别具体是哪个版本，将其读取在 SPSS 的数据编辑窗口中。打开数据文件的操作如图 8-4 所示，选择文件类型的对话框如图 8-5 所示。

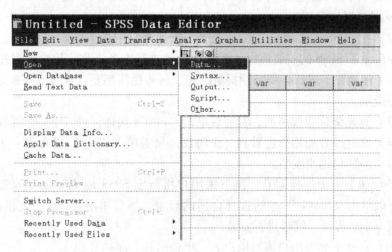

图 8-4　打开数据文件的菜单选择

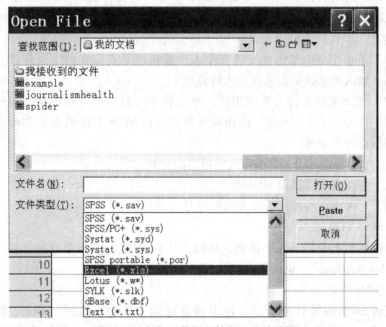

图 8-5　选择打开数据文件类型的对话框

二、SPSS 的安装、启动与退出

1. SPSS 的安装

（1）首先机器上要安装有 Windows 95、Windows 98 或 Windows 2000、Windows XP 操作系统。

（2）把 SPSS 的安装光盘放入光驱，找到光盘中的 setup. exe 文件，双击它，即启动了 SPSS 的安装程序，系统会自动进行准备工作。用户可以按照提示一步一步地往下进行。要特别提醒的是，每步操作都要认真阅读屏幕显示的信息与提示。

（3）首先阅读版权声明，看完后单击"next"按钮，进入下一个界面。

（4）在这个界面用户会看到一个协议，只需单击"yes"进入下一步，否则单击"no"将退出安装。

（5）如上一步选择同意，接下来用户将指定 SPSS for Windows 的安装目录，可以单击"browse"按钮选择合适的目录，然后单击"next"按钮确认，并显示下一个界面，继续进行安装。

（6）在这个界面用户填写用户名、单位名称、序列号。

（7）接下来选择安装的类型。Typical（典型安装）将安装对大多数用户来说最常用的模块；Compact（最低要求安装）只安装最基本的模块；Custom（自定义安装）已经熟悉 SPSS 软件的用户可以选择此项，安装的模块由用户自己选定。

（8）下一个界面是选择安装在个人计算机还是安装在网络服务器上由用户共享。默认的选择是安装在个人计算机上。

（9）接下来是选择安装的组件。单击各项的复选框进行选择，在选中的复选框中打勾。单击"next"按钮系统自动进行 SPSS 程序的安装和载入。这个过程约需时几分钟。

（10）安装完成后，单击完成按钮退出安装程序。

以上的安装步骤是以 SPSS10. 0 为例的，其他版本的 SPSS 的安装在个别步骤等细节上可能有所不同，但大的顺序是一致的。

2. SPSS 的启动

单击桌面上的"开始"按钮，选择"所有程序"，右拉菜单中会有一项为"SPSS for Windows"，单击即启动了 SPSS。

3. SPSS 的退出

完成 SPSS 的统计分析后，退出该系统的方法是：选择"File"菜单的"Exit"项，回答系统提出的有关是否需要存储原始数据、计算结果和 SPSS 命令之后，即退出。

尽管 SPSS 的统计功能十分强大，但它充其量只是用于统计分析的工具而已，如果不懂各种统计分析方法的原理和技术是不可能真正自如地运用 SPSS 的，就像一个不会打乒乓球的人拿着一副天底下最好的球拍也打不出好球来。本章接下来将会介绍一些基本的统计分析方法。不过，在对资料进行统计分析之前，首先要将数据输入到 SPSS 统计软件包中，并要对数据进行处理，因此下一节将先介绍包括原始数据的审核与复查、资料的编码与录入及数据清理等的数据处理工作。

第二节　调查资料的处理

在运用各种广告调查的方法收集到一批调查资料之后，接下来的任务就是要对这些原始资料（主要是问卷形式的资料）进行某种特定方式的处理，使之成为进行统计分析的基本数据（Data）。资料处理的工作主要包括对原始资料的审核与复查，对问卷资料进行编码、录入和数据清理三个部分。

一、原始资料的审核与复查

1. 资料的审核

资料的审核是资料处理的第一步工作。它是指研究者对调查所收集到的原始资料，如问卷、量表等，进行初步的审查和核实，校正错填、误填的答案，剔出乱填、空白和严重缺答的废卷。其目的是使得原始资料具有较好的准确性、完整性和真实性，从而为后续资料整理录入与统计分析工作打下较好的基础。

资料的审核工作包含两个方面的内容：一是检查出问卷资料中有没有误答、漏答、乱答的情况，二是重新向被调查者证实。在实践中，资料的审核工作有两种不同的做法。一种是在调查的过程中进行，边调查边审核。这种做法的长处是特别及时，且效果较好；其困难是调查工作的组织和安排要特别仔细，调查员个人处理各种情况的能力要比较强。另一种做法是，先将调查资料全部收集回来，然后再集中时间进行审核。这种做法的好处是调查工作便于统一组织安排和管理，审核工作也可以统一在研究者的指导下进行，审核的标准比较一致，检查的质量也相对好一些；但整个调查工作的周期会相对拉长，少数个案的重新询问和核实工作有时因时间相隔较长而无法落实。

2. 资料的复查

为了确保调查资料的真实性、准确性，除了要对原始资料进行上述审核工作外,通常还要进行复查的工作。所谓资料的复查,指的是研究者在调查资料收回后,又由其他人对所调查的样本中的一部分个案进行第二次调查,以检查和核实第一次调查的质量。

复查的基本做法是:由研究者自己或者由研究者重新选择另外的调查员,从原来的调查员所调查过的样本中,随机抽取 5% ~ 15% 的个案重新进行调查。一方面核实原来的调查员是否真的对个案进行过调查(有的调查员会由于各种原因自编自填问卷答案,而实际并没有发送给被调查者或访问被调查者);另一方面可将两次调查的结果进行对比,以检查第一次调查的质量。在广告调查中,这种复查工作是必不可少的。

需要说明的是,并非所有的调查都能十分方便地进行如上所述的复查。这是因为,复查必须依据第一次调查结果所提供的被调查者姓名、地址等信息才能进行。对于一些缺少上述信息的调查样本来说,要进行复查往往是比较困难的。但作为研究,在对调查方案、抽样方案及资料收集方法进行设计时,就要考虑到复查的问题,有意识地创造一些可以进行一定程度复查的条件。比如,对某市居民进行电视收视率的调查,可先抽好城区、街道和居委会,调查时,只由调查员从居委会中抽取某一个楼栋的居民作对象进行调查。这样,研究者只要每个调查员提供所抽取的楼栋号码,就可对调查情况进行复查了。

通过审核和复查,研究者可以发现并纠正原始资料中所存在的一些错误,可以剔除一些无法进行再调查但又有明显错误的问卷,还可以普遍了解整个资料收集工作的质量,从而对资料的真实性和准确性具有更大的信心。

二、资料的编码和录入

要对在广告调查中所收回的问卷或量表进行分析,还必须进行一项资料的转换工作。这是因为,现代社会调查的资料统计分析工作已全部由计算机来承担了,而计算机中的统计分析软件所识别的资料形式与我们在问卷或量表中所得的资料通常有很大的差别。

为了便于用计算机来处理和分析调查资料,研究者需要先完成下列几项工作任务。

1. 问卷编码

所谓编码就是给每个问题及答案一个数字作为它的代码。从资料处理的角度看,编码就是用阿拉伯数字来代替问卷中每一个问题的回答,或者说是将问卷中的文字答案转换成数字的过程。下面,我们举例说明编码的过程与方法。

通常,调查问卷在设计时就已将答案的代码确定好了,如表 8-1 所示。

表8-1　　　　　　　　　　问 卷 节 选

A1　你的性别：① 男　　② 女

A2　你的年龄_____周岁

A3　你的文化程度：
　　① 小学及以下　　② 初中　　③ 高中或中专　　④ 大专以上

A4　你的婚姻状况：
　　① 未婚　　② 已婚　　③ 离婚　　④ 丧偶　　⑤ 其他

A5　请问你有几个孩子?_____个

上例中，问题的代码分别为 A1，A2……A5，而每个问题中的每个答案也都被赋予了一个阿拉伯数字作为代号，比如 A1 中，男性被赋予了数字 1，女性被赋予了数字 2。这样，我们就把文字的答案转换成了数码。

根据问卷中问题形式的不同，代码的赋予形式也略有不同。对于填空形式的问题，比如上例中的 A2 和 A5，问卷中没有标出具体答案，而是给被调查者留了一个空白_____，让其根据自己的情况，直接将数字填入空白中。因此，我们就用回答者所填写的数字作为其回答答案的代码值。比如，甲回答年龄为 25 岁，他在空白处填下 25，这个数字就是他在 A2 这一问题所给予的答案的代码值。

对于有选择答案的问题（这是问卷中使用最多的一种问题形式），我们一般直接用问卷设计时对每一答案的预编码来作为它们的代码值。如上例中 A1、A3、A4 中各项答案前的数字就是它们的代码值。值得提醒的是，这些代码值虽然都是我们在算术中所使用的阿拉伯数字，但它们此时却不能作为那种数字来进行各种运算。它们此时仅仅只能作为各种不同答案类别的一个代号或一种记号。

矩阵式问题与表格式问题的情况稍有不同。由于问卷设计时通常未对矩阵式问题和表格式问题的答案预编码，故资料收回后首先需要对回答进行后编码。对于某些具有定序层次答案的问题，后编码时还要特别注意它的方向性。下面我们举例说明（如表8-2所示）：

表8-2　　　　对于你所看到三段广告片的主题表现你觉得如何

	非常突出	比较突出	一般	比较不突出	非常不突出
广告片 A					
广告片 B					
广告片 C					

我们可对这样一个表格式的问题的五种答案分别赋值为：1＝非常突出，2＝比较突出，3＝一般，4＝比较不突出，5＝非常不突出。这样，每一份问卷中被调查者所选择的回答结果，都可以用上述五个阿拉伯数字表示出来。

对于问卷中的开放式问题，往往还需要做更多的工作。因为开放式问题所得到的信息不像封闭式问题那样可以简单地数字化，而是需要调查者查阅每份问卷中的同一道开放式问题的答案，然后对这些答案根据某些特征先进行简单的分类，然后再对这些类别进行编码。为了避免由于分类过粗，而使一些受访者的信息被忽略，就需要在分类的时候尽量将类别分得细一些。开放式问题的编码，会由于调查者的判断而存在一定的主观性，所以问卷调查中不宜过多设计开放式问题，一般以 1～2 个为宜，且最好放在问卷的最后。

2. 数据录入

经过前述的编码处理，调查所收回的问卷中的一个个具体答案都已成功地、系统地转换成了由 0～9 这 10 个阿拉伯数字构成的数码，接下来的任务就是将这些数码输入计算机内的统计软件如 SPSS 中，以便进行统计分析。基本的数据录入有两种方法：人工录入和机器录入。

人工录入是指将编好代码的问卷交给数据录入人员，由他们按照问卷中的每个信息的代码依次进行录入。这种数据录入的方法，需要录入人员在录入数据时仔细核对，因为这种数据录入方法比较容易产生错误。

机器录入是目前数据录入工作最常选用的录入方法，是录入人员先将问卷中的编好代码的信息记录在光学扫描纸上，然后通过电脑或其他电子识别装置自动把这些数据录入。这种自动化的数据录入方法，相比人工录入要更准确更快，但是这种方法也有自身的缺点，就是将问卷中的信息转化到光学扫描纸上也不是一件容易的事情，这种录入方法所依赖的扫描装置也会增加调查的费用。

有些调查活动为了节省从问卷到光学扫描纸的信息转化的过程，就选择直接让被调查对象或调查人员在专用的答案纸上做记录。只要将这些答案纸妥善保存，没有什么折损的话，光学扫描装置就可以直接从这些答案纸上扫描录入数据。但是这种方法却增加了被调查对象接受调查的难度，因为有时候被调查对象会不清楚到底要在哪一行的哪一个位置做记号。

三、数据的清理

数据录入到计算机内的统计软件包后，在开始正式的统计分析之前，还需要清除数据库中的错误数据，也就是对录入好的数据进行清理。因为不管在录入数据的时候工作人员的工作是如何的仔细、小心，还是难以避免错误数据的产生，可能发生编码的错误、录入数据时位置的错误等等，这些错误的出现会对整个数据库的准确性带来影响，严重的会出现统计错误的情况。

在数据的清理工作中首先要进行错误检查。例如：在对问卷进行编码时，关于被调查者的性别，只有 3 个可能的编码：1. 男性；2. 女性；0. 没有回答。如果在某个问卷的性别这个变量的编码上出现数字 5 的话，这就是一个很明显的错误。这种错误的检查可以通过调查者翻阅问卷或利用统计软件中的相关程序来完成，一旦发现错误就需要及时的纠正。

其次，还要检查一些逻辑上的错误。例如，问卷中某道题目是专门设计来问女性被调查者的，而所有的男性被调查者都应该跳过这个问题不作回答。但是如果发现在性别变量上填写的是男性的人，也对这个问题给出了答案，这就是一个逻辑上的错误，对于这样的错误需要及时的纠正。

第三节　单变量的描述统计

统计分析一般分为两个方面，一是描述统计，二是推论统计。统计分析方法的内容可以根据变量的多少划分为单变量分析、双变量分析和多变量分析。本章以单变量为对象介绍统计分析方法，本节介绍单变量的描述统计，下节介绍单变量的推论统计。

描述统计的主要目的在于用最简单的概括形式反映出大量数据资料所容纳的基本信息。本节将依据变量的测量层次——定类层次、定序层次、定距层次与定比层次，来介绍相应的描述统计方法，在实际运用时应该根据所研究变量的测量层次选择具体的统计方法，其原则是适用较低测量层次的统计方法，也可以适用于较高的层次；反之，适用于较高层次的统计方法不能用于较低的层次，因为后者的数学特质不符合较高统计方法的要求。

一、基本技术

1. 定类层次

（1）频数分布（frequency distribution）

这是最基本的一种方法，描述的是变量取不同值的个案的次数分布情况，一般用频数分布表的形式来表达。如表 8-3 就简化了某校 550 个学生父亲的职业的资料，很容易看出其中农民最多，干部最少。

表8-3   某校学生父亲职业的频数分布表

职业	频数
干部	110
工人	152
农民	288
合计	550

（2）频率分布（rates distribution）

频率分布是指变量取不同值的个案的次数相对于总数的比率分布情况。一般用频率分布表的形式表达（见表8-4）。

表8-4   某校学生父亲职业的频率分布表

职业	频率（%）
干部	20.0
工人	27.6
农民	52.4
合计	100

SPSS软件中频数分布和频率分布的统计功能均可以通过如下步骤达到：

Analyze→Descriptive Statistics→Frequencies

具体的菜单操作如图8-6所示。

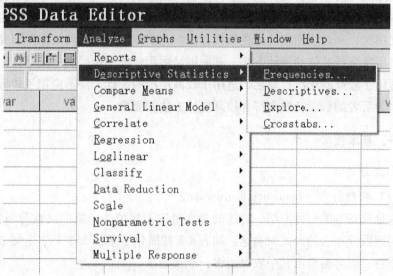

图8-6 在SPSS中计算频数和频率分布的菜单操作

2. 定序层次

（1）累积频数（cumulate frequency）：

累积频数就是把频数逐级相加起来。分为两种，一种是向上累加，一种是向下累加。它们的作用是使我们容易知道某值以上或以下之次数总和。如表8-5，可以很容易地看出某校学生父亲教育水平是第三级或以下的有392人。

表8-5 某校学生父亲教育水平的频数分布表

教育水平	频数	cf↑	cf↓
一级	68	550	68
二级	90	482	158
三级	106	392	264
四级	193	286	457
五级	93	93	550
合计	550		

（2）累积频率（cumulate rates）

累积频率就是把各级的频率数值逐级相加，其作用与累积频数相同（见表8-6）。

表8-6 某校学生父亲教育水平的频率分布表

教育水平	频率	cr↑	cr↓
一级	12.4	100.0	12.4
二级	16.3	87.6	28.7
三级	19.3	71.3	48.0
四级	35.1	52.0	83.1
五级	16.9	16.9	100.0
合计	100.0		

3. 定距、定比层次

通常定距和定比层次所适用的统计分析方法是基本一致的。由于定距、定比变量的值是非常多的，比如某社区居民每月用于日常消费的费用可能会有630元、700元、850元、1 200元等等，如果每个值都要计算其频数有多少就会很麻烦很琐碎。所以对于定距和定比变量，一般是先将各值分成若干组，然后再计算每组的频数（见表8-7）。

表8-7   某社区居民每月日常消费费用的频数分布表

收入（元）	频数	cf↑	cf↓
499.5～699.5	10	550	10
699.5～899.5	65	540	75
899.5～1099.5	136	475	211
1099.5～1299.5	158	339	369
1299.5～1499.5	141	181	510
1499.5～1899.5	40	40	550
合计	550		

二、集中量数测量法（measures of central tendency）

前面讲述的频数分布和频率分布可以用来简化变量的资料分布情况，但还不够精简，还可以用集中量数测量法，就是找出一个代表值来反映一组数据的一般水平。这种方法有一个特殊的意义，就是可以根据这个集中量数值来估计或预测每个个案的数值。这样的估计和预测当然会有错误，但由于所根据的集中量数是最有代表性的，所以发生的错误的总和应该是最小的。下面还是根据变量的测量层次来分别介绍相应的集中量数测量法。

1. 定类层次

众数（mode）：频数最大的数值。

众数的计算方法是先列出频数分布表，然后找最大的频数，最大频数所对应的变量的取值就是众数。比如前面表8-3中某校学生父亲的职业的众数就是农民，因为农民的频数最多（288）。因为众数是频数最多的数，其代表性最大，所以具有估计或预测的意义，比如从某校中任意抽取一名学生，应该估计其父亲的职业为农民，长远来说，以众数作预测所犯的错误总数是最小的。

众数适合于分析定类层次的变量，当然也可以用来分析定序、定距和定比等较高层次的变量。

2. 定序层次

中位数（median 简写为 Md）：就是在一个序列的中央位置的数值，即高于此值有 50% 的个案，低于此值也有 50% 的个案。计算中位数有下面两种情况，一种是用原始数据，一种是用分组资料。

（1）根据原始数据求中位数

计算方法是将各个案由低至高或由高至低排列起来，位于中间位置的个案的值就是中位数。如某楼栋住户的人数由少至多排列如下：

$$2, 3, 4, 6, 8$$

中间位置的计算公式为

$$Md \text{位置} = \frac{n+1}{2}$$

其中，n 是个案的数目。

上例中中间位置计算出来为 3，所以排列在第 3 个位置上的数 4 即是中位数。

上例中的 n 是奇数（5 户人家），计算出来的中间位置是整数，如果 n 是偶数呢？如某楼栋住户的人数由少至多排列如下：

$$2, 4, 4, 5, 7, 8, 10, 10$$

则 $Md \text{位置} = \frac{n+1}{2} = \frac{8+1}{2} = 4.5$，这表示中位数的位置落在序列上的第 4 户和第 5 户之间，则 $Md \text{位置} = \frac{5+7}{2} = 6$。

（2）根据分组数据求中位数

在序列中可能有许多相同的数值，此时可形成分组数据。以表 8-5 为例，先计算中间位置，$Md \text{位置} = \frac{n+1}{2} = \frac{550+1}{2} = 275.5$，根据累积频数表，找出中间位置落在哪一栏，该例中中间位置落在教育水平第四级所对应的栏，所以该例中的中位数应该是教育水平四级。

长远来说，以中位数去估计定序变量的数值所犯的错误总数是最小的。

3. 定距、定比层次

定距和定比层次的变量是可以作加减运算的，所以可以将所有变量的值相加起来，求取一个平均的数值，即均值或称平均数（mean），一般用 $\bar{x}$ 表示。均值的计算方法也分原始数据和分组数据两种情况来介绍。

（1）根据原始数据求均值

$$\bar{x} = \frac{\sum_{i=1}^{n} x_i}{n}$$

其中：n 表示个案的数目；x_i 表示每个个案的数值。

比如，某楼栋住户的人数为：

$$6, 4, 4, 8, 6, 3$$

则均值为：

$$\bar{x} = \frac{\sum_{i=1}^{n} x_i}{n} = \frac{6+4+4+8+6+3}{6} = 5.2$$

（2）根据分组数据求均值

其公式为：

$$\bar{x} = \frac{\sum_{i=1}^{n} x_i f_i}{n}$$

其中：n 表示个案的数目；x_i 表示每个个案的数值；f_i 表示每个个案取值的频数。

以表 8-8 为例：

$$\bar{x} = \frac{\sum_{i=1}^{n} x_i f_i}{n} = \frac{17 \times 10 + 18 \times 25 + 19 \times 50 + 20 \times 40 + 21 \times 20 + 22 \times 5}{150}$$
$$= 19.33$$

表 8-8   某班学生年龄的频数分布表

年龄	频数
17	10
18	25
19	50
20	40
21	20
22	5
合计	150

即该班学生的平均年龄为 19.33 岁。

如果分组数据中的取值为组距，则先计算组中值，以组中值为每组数据取值的代表计算均值。如表 8-7，则先计算出每组的组中值分别为 599.5、799.5、999.5、1199.5、1399.5 和 1699.5，将这些数值作为 x_i 代入上述公式即可得均值。

SPSS 中众数、中位数、均值的计算可由下列操作达成：

Analyze→Descriptive Statistics→Frequencies 中的 Statistics 功能

Frequencies 的统计功能对话框如图 8-7 所示：

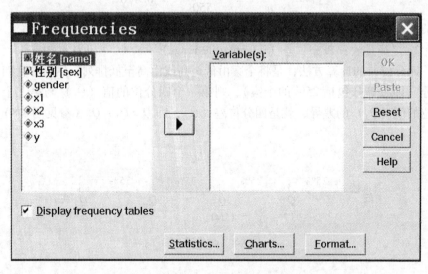

图 8-7　Frequencies 的统计功能对话框

三、离散量数测量法 （measures of dispersion）

离散量数测量法是用一个值来反映个案与个案之间的差异情况。离散量数与集中量数相互对应相互补充，集中量数是一个最能代表变量所有资料的值，但其代表性的高低却要取决于各个个案之间的差异情况。如果个案之间的差异很大，则众数、中位数或均值的代表性就会很低，用众数、中位数或均值做估计或预测，所犯的错误就会很大。因此，对于每个变量的资料，既要测量其集中量数，也要测量其离散或差异的程度。

1. 定类层次：离异比率／异众比率 （Variation Ratio）

离异比率即非众数的次数与全部个案数目的比率。计算公式为：

$$v = \frac{n - f_{mo}}{n}$$

其中，n 为全部个案的数目，f_{mo} 为众数的频数。

异众比率表示的是全部的个案中有多少是偏离众数的，不属于众数所占的比例愈大，即异众比率越大，就表示众数的代表性愈小，用众数来作估计或预测时所犯的错误也就愈大。

根据表 8-1 的数据，可计算出某校学生的父亲职业的差异情况：

$$v = \frac{n - f_{mo}}{n} = \frac{550 - 288}{550} = 0.476$$

即某校学生父亲有 47.6% 不是农民，差异幅度较大。

2. 定序层次：四分位差（interquartile range）

四分位差的计算方法，是将个案由低至高或由高至低排列，然后分为四个等分（即每等分包括 25% 的个案），则第一个四分位的值（Q_1）与第三个四分位的值（Q_3）的差异，就是四分位差（Q），即 $Q = Q_3 - Q_1$（参见图 8-8）

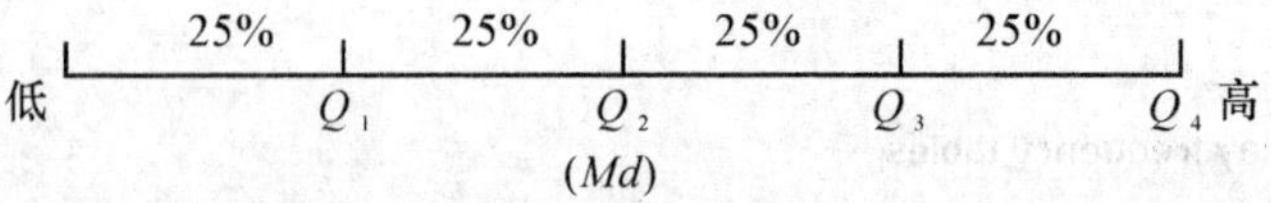

图 8-8　四分位点

图 8-8 表示四个等分。Q_2 就是中位数（Md），两边各有 50% 的个案。要注意的是，在中位数的两旁的 Q_1 和 Q_3 之间，共有 50% 的个案。因此，Q_1 与 Q_3 的差异越大，表示有 50% 的个案的分布越远离中位数，因而中位数的代表性就越小，以之作为估计或预测所犯的错误就越大。

计算四分位差，要先求出 Q_1 的位置和 Q_3 的位置，然后计算在这两个位置上的值的差异。实际计算时，分为原始数据与分组数据两种情况。考虑到计算原理相同，本节只介绍根据原始数据计算四分位差。

Q_1 的位置和 Q_3 的位置的计算公式为：

$$Q_1 \text{ 位置} = \frac{n + 1}{4}$$

$$Q_3 \text{ 位置} = \frac{3(n + 1)}{4}$$

其中 n 是全部个案的数目。

如，调查 A 村家庭人数，每户人数如下：

2，2，3，4，6，9，10，10，11，13，15

因为 Q_1 位置 $= \frac{n+1}{4} = \frac{11+1}{4} = 3$，在上面的序列中排在第 3 位的数为 3，所以 $Q_1 = 3$

因为 Q_3 位置 $= \frac{3(n+1)}{4} = \frac{3(11+1)}{4} = 9$，在上面序列中排在第 9 位的数为 11，所以 $Q_3 = 11$

则四分位差 $Q = Q_3 - Q_1 = 11 - 3 = 8$

又如，调查 B 村家庭人数，每户人数如下：

$$2, 3, 4, 7, 9, 10, 12, 12$$

因为 Q_1 位置 $= \dfrac{n+1}{4} = \dfrac{8+1}{4} = 2.25$，$Q_1$ 即是在序列中排在第 2 位和第 3 位之间，距第 2 位数有 0.25 距离的数，所以 $Q_1 = 3 + 0.25 \ (4 - 3) = 3.25$

因为 Q_3 位置 $= \dfrac{3 \ (n+1)}{4} = \dfrac{3 \ (8+1)}{4} = 6.75$，$Q_3$ 即是在序列中排在第 6 位和第 7 位之间，距第 6 位数有 0.75 距离的数，所以 $Q_3 = 10 + 0.75 \ (12 - 10) = 11.5$

则四分位差 $Q = Q_3 - Q_1 = 11.5 - 3.25 = 8.25$

3. 定距、定比层次

（1）全距（range）：最大数值和最小数值之差。

如下列数值：3，8，2，30，4，全距就是 28（30 - 2）。

计算全距这种方法由于只考虑两个极端的数值，而不理会其他的数值，精确性难以保证。

（2）标准差（standard deviation）：

分析定距和定比的变量的离散情况，最常用的方法就是标准差，简写为 S，即将各数值（x）与其均值（$\bar{x}$）之差的平方各除以全部个案数目（n），然后取其平方根，公式如下：

$$S = \sqrt{\dfrac{\sum\limits_{i=1}^{n} (x_i - \bar{x})^2}{n}}$$

公式中 x 与 $\bar{x}$ 的相差，就是表示以均值作为代表值时会引起的偏差或错误。如果各个实际值与均值之差的总和很大，就表示变量数值的离散情况很大，即均值的代表性很小。各个 x 与 $\bar{x}$ 的差异，在未相加以前先变为平方值，可以避免相加时的正负值相抵消。

公式以 n 为分母，是要求出各个个案的数值与均值之间的差异"平均"有多少，反映均值的代表性。也就是说，如以均值来估计或预测各个个案的数值，所犯的错误（$x - \bar{x}$）平均是 S。

计算标准差，可以根据原始数据，也可以根据分组资料。

a. 根据原始数据求标准差：

所用计算公式如下：

$$S = \sqrt{\frac{\sum\limits_{i=1}^{n}(x_i - \bar{x})^2}{n}}$$

其中 x_i 表示每个个案的数值；$\bar{x}$ 表示变量 x 的平均值；n 表示个案的数目。

如，调查十个家庭中孩子的年龄，数据如下：

8，18，14，14，8，15，12，17，12，19

十户孩子的平均年龄为：

$$\bar{x} = \frac{\sum\limits_{i=1}^{n} x_i}{n} = \frac{8 + 18 + 14 + 14 + 8 + 15 + 12 + 17 + 12 + 19}{10} = 13.7$$

十户孩子的年龄的标准差为：

$$S = \sqrt{\frac{\sum\limits_{i=1}^{n}(x_i - \bar{x})^2}{n}} = \sqrt{\frac{(8 - 13.7)^2 + (18 - 13.7)^2 + \cdots\cdots + (19 - 13.7)^2}{10}}$$
$$= 3.6$$

b. 根据分组资料计算标准差：

所用的计算公式如下：

$$S = \sqrt{\frac{\sum\limits_{i=1}^{n} f_i (x_i - \bar{x})^2}{n}}$$

其中，x_i 表示每个个案的数值；f_i 表示每个个案的频数；$\bar{x}$ 表示变量 x 的平均值；n 表示个案的数目。

以表 8-8 的数据为例计算学生年龄的标准差：

$$S = \sqrt{\frac{\sum\limits_{i=1}^{n} f_i (x_i - \bar{x})^2}{n}}$$
$$\sqrt{\frac{(17 - 19.33)^2 \times 10 + (18 - 19.33)^2 \times 25 + (19 - 19.33)^2 \times 50 + \cdots\cdots + (22 - 19.33)^2 \times 5}{150}}$$
$$= 1.19$$

如果是组距分组数据，则先计算出组中值，再将组中值代替 x_i 代入上述公式。

定距、定比变量的离散程度，常用标准差表示，另一种常用的方法是方差（variance）。方差（简写为 S^2）就是标准差的平方值，其意义与标准差相同。

SPSS 统计软件中离散量数的计算可以通过下述过程实现：

Analyze→Descriptive Statistics→Frequencies 中 Statistics 功能

总而言之，离散量数测量法和集中量数测量法是有互补作用的。二法并用，就可以一方面知道资料的代表值，有助于估计或预测，另一方面可以知道资料的差异情况，反映估计或预测时所犯的错误。

四、正态分布和标准值

在描绘定距和定比资料时有一种曲线很值得注意，就是正态分布曲线（见图 8-9）。此曲线呈钟形，数学公式如下：

$$f(x) = \frac{1}{\sqrt{2\pi}}e^{-\frac{(x-\bar{x})^2}{2s^2}}$$

其中，x 为变量的数值；$f(x)$ 表示该变量的频数；S 表示标准差；$\bar{x}$ 表示均值；$\pi = 3.1416$；$e = 2.7183$。

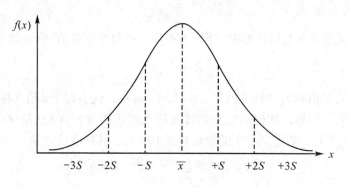

图 8-9　正态曲线

从公式中，可知 x 是可变的值，只要将每个 x 值代入公式中，便可求出该 x 值在正态分布中的次数有多少。要注意的是，依据公式，可推算出正态分布具有单峰和对称的特质，因此众数、中位数和均值是相同的。正态分布的另一特质，是 x 值与均值 $\bar{x}$ 的差异越大，其频数会减少，但不会等于零，即钟形曲线的两端会逐渐下降，但不会接触横轴。

在正态曲线下每一部分的面积（即频数总和）都可以计算出来。例如，据数学运算，在均值（$\bar{x}$）两旁各一个标准差（S）的范围内所包括的面积，约占全部面积的 68.26%，换言之，有 68.26% 的个案，其数值（x）是在 "$\bar{x}+S$" 和 "$\bar{x}-S$" 之间。同理，约有 95.46% 的个案是在 "$\bar{x}+2S$" 和 "$\bar{x}-2S$"

之间；又有 99.37% 在 "$\bar{x}+3S$" 和 "$\bar{x}-3S$" 之间。那我们为什么要用标准差（S）作为计算单位，而不是用原来的度量单位呢？

由于不同的变量会用不同的度量单位（如工资用元，年龄用岁），结果形成不同大小和不同形状的正态分布；它们的均值与标准差数值各有不同，其扁平或高耸的程度也就各有不同。如果我们要分别计算每一种正态分布内的各部分面积，就会很麻烦了。以标准差为单位的好处，是可以使正态分布标准化，不受度量单位所影响。换言之，无论是什么变量和用什么度量单位，只要是正态分布，则在一定的标准差数值的范围内，个案的比例是一定的，如在 "$\bar{x}+S$" 和 "$\bar{x}-S$" 之间就一定有 2/3 的个案。

从上面的讨论，可见将正态分布的数值改用标准差为单位是有重要的意义，可以将不同形态的正态分布归纳为一种分布，简化了统计分析的工作。这个以标准差为单位的正态分布，一般称为标准正态分布（standard normal distribution）。其函数表达式为：

$$f(x) = \frac{1}{\sqrt{2\pi}}e^{\frac{x^2}{2}}$$

如果正态分布是以标准差（S）为单位，则每个变量值（x）就变为：

$$Z = \frac{x-\bar{x}}{S}$$

上面的 Z 值称为 "标准值"（standard score），代表每个 x 值在标准正态分布上的数值。例如，某校学生平均每月用于娱乐的费用（$\bar{x}$）是 90 元，标准差（S）是 5 元，假定某学生的娱乐费是 102 元，其标准值就是：

$$Z = \frac{x-\bar{x}}{S} = \frac{102-90}{5} = 2.4$$

从标准值的公式，可推算出标准正态分布的均值是 0，标准差是 1。因此，$Z=2.4$，就表示该值与均值的距离是 2.4 个标准差。那在这段距离内有多少个案呢？根据本书后面的附录表，可以查出相应的比例。

在社会科学研究中常用到的与 Z 值相对应的比例如下：

$|Z| \geq 1.65$ 的比例为 0.05

$|Z| \geq 1.96$ 的比例为 0.025

$|Z| \geq 2.33$ 的比例为 0.01

$|Z| \geq 2.58$ 的比例为 0.005

$|Z| \geq 3.09$ 的比例为 0.001

$|Z| \geq 3.30$ 的比例为 0.0005

在这里之所以详细地介绍正态分布与标准值，是因为它们在统计学上扮演着很重要的角色，在下一节推论统计中就要用到所学的知识。

第四节　单变量的推论统计

描述统计的作用是简化变量的资料分布。在社会科学中的研究通常不是对整个总体的研究，而是要从总体中抽取出一个较小的样本进行研究。如果所研究的是一个样本的话，我们固然要简化样本的资料，但也要根据样本的研究结果来推测总体的情况，而根据样本来推测总体就是推论统计（statistical inference）要完成的任务。

简单地说，推论统计就是得用样本的统计值对总体的参数值进行估计的方法。推论统计的内容主要包括两个方面：一是参数估计（parameter estimation），二是假设检验（hypothesis testing）。

一、参数估计

如果样本是以概率抽样抽得的，可以用样本的统计值来估计总体的参数值。分点值估计（point estimation）与区间估计（interval estimation）。

1. 点值估计

用一个最适当的样本统计值来代表总体的参数值。样本越大，抽样方法越严谨，这种估计方法越可信，在社会科学的研究中点值估计用得较少。

2. 区间估计

用两个数值之间的间距来估计参数值。至于间距的大小，就要取决于我们在估计时所要求的置信度（level of confidence）是多少。在样本大小相同的情况下，如果要求的置信度越大，则间距就会越大，这个间距，通常称为"置信区间"（confidence interval）。运用区间估计法时，可以根据研究需要，自己选定置信度，但一般都为95%或99%。下面介绍总体均值和总体百分比的区间估计方法。

（1）总体均值的区间估计

总体均值的区间估计公式为：

$$\overline{X} \pm Z_{(1-\alpha)} \frac{S}{\sqrt{n}}$$

其中，$\overline{X}$ 为样本均值，S 为样本标准差，$Z_{(1-\alpha)}$ 为置信度是 $1-\alpha$ 所对应的 Z 值，n 为个案的数目。

假设置信度为95%，则总体均值的估计区间如下：

$$\overline{X} \pm 1.96\frac{S}{\sqrt{n}}, \quad \text{或}$$

$$\overline{X} - 1.96\frac{S}{\sqrt{n}} \leq M \leq \overline{X} + 1.96\frac{S}{\sqrt{n}}$$

（2）总体百分率的区间估计

总体百分率的区间估计公式如下：

$$p \pm Z_{(1-\alpha)}\sqrt{\frac{p(1-p)}{n}}$$

其中，p 为样本的百分率。

假设置信度为95%，则总体百分率的估计区间如下：

$$p \pm 1.96\sqrt{\frac{p(1-p)}{n}}$$

二、假设检验

假设检验是推论统计的另一种类型。实际上是先对总体的某一参数作出假设，然后用样本的统计量去进行验证，以决定假设是否为总体所接受。假设检验所依据的是概率论中的小概率原理，即"小概率事件在一次观察中不可能出现"的原理。但是，如果现实的情况恰恰是在一次观察中小概率事件出现了，那该如何判断呢？一种是认为该事件的概率仍然很小，只不过是很巧被碰上了；另一种则是怀疑和否定该事件的概率未必很小，即认为该事件本身就不是小概率事件，而是一种大概率事件。后一种判断更合理，它所代表的正是假设检验的基本思想。

我们举例来说明假设检验的基本思路。某单位职工上月平均收入是210元，这个月的情况与上月没有什么变化，我们设想平均收入还是210元。为了验证这一假设是否可靠，我们抽取了100人作调查，结果得出月平均收入为220元，标准差为15元。显然，样本的结果与总体的结果之间出现了误差。这个误差是由于我们假设错误引起的呢？还是由于抽样误差所引起的呢？如果是抽样误差引起的，那么我们就应该承认原来的假设；而如果是假设错误引起的，我们就应该否定原假设。研究者通过将原假设作为虚无假设（null hypothesis），而将与之完全对立的假设作为研究假设（research hypothesis），然后用样本的数据计算统计值，并与临界值相比较。当统计值的绝对值小于临界值时，即 $|Z| < Z_{\alpha/2}$ 时，则接受虚无假设，否定研究假设；当统计值的绝对值大于或等于临界值时，即 $|Z| \geq Z_{\alpha/2}$ 时，则拒绝虚无假设，接受研究假设。

概括起来，假设检验的步骤是：

1. 建立虚无假设与研究假设;

2. 根据需要选择适当的显著度,如,$\alpha = 0.05$,$\alpha = 0.01$;

3. 根据样本数据计算统计值,并根据显著度查出对应的临界值;

4. 将统计值与临界值相比较,看是接受虚无假设还是研究假设。

1. 总体均值的假设检验

以具体的例子介绍。

例 1 某单位职工上月平均收入为 210 元,本月调查了 100 名职工,平均月收入是 220 元,标准差为 15 元。问该单位职工本月平均收入与上月收入相比是否有变化?

解 首先建立虚无假设和研究假设

H_0: $M = 210$ H_1: $M \neq 210$

选择显著度 $\alpha = 0.05$,由附录中的 Z 检验表查得 $Z(0.05/2) = 1.96$.

然后根据样本数据计算统计值,

$$Z = \frac{X - M}{S/\sqrt{n}} = \frac{220 - 210}{15/\sqrt{100}} = 6.67$$

由于 $6.67 > 1.96$,所以拒绝虚无假设,接受研究假设,即从总体上说,该单位职工平均收入与上月相比有变化。

2. 总体百分率的假设检验

以具体的例子介绍。

例 2 一所大学全体学生中抽烟者的比例为 35%,经过学习和戒烟宣传后,随机抽取 100 名大学生进行调查,结果发现抽烟者为 25 名,请问戒烟宣传是否收到了成效?

解 设 H_0: $p_0 = 0.35$ H_1: $p_0 < 0.35$

选择显著度 $\alpha = 0.01$,由 Z 检验表查得 $Z_{0.01} = 2.33$

根据样本资料计算统计值

$$Z = \frac{p - p_0}{\sqrt{\dfrac{p_0(1 - p_0)}{n}}} = \frac{0.25 - 0.35}{\sqrt{\dfrac{0.35 \times (1 - 0.35)}{100}}} = -2.1$$

由于 $|Z| = 2.1 < 2.33$,所以,接受虚无假设,否定研究假设,即,从总体上来看,戒烟宣传没有收到成效。

【思考 · 案例 · 练习】

1. 在老师的指导下,在计算机上熟悉 SPSS 统计分析软件的基本操作。最好从数据编码、录入开始练习。

2. 利用 SPSS 中自带的数据库,在计算机上进行 SPSS 基本统计分析的练习,如频数分布、平均值、众数、中位数、标准差、全距、四分位差的计算等。

3. 在 1990 年亚运会调查中,某工厂 20 名职工的一个样本表明,他们亲身参加过的亚运会有关的活动的件数为

3, 3, 0, 1, 3, 3, 5, 2, 4, 0, 0, 3, 6, 1, 0, 7, 3, 2, 1, 2

(1) 画出频数分布表;

(2) 求平均数、中位数和众数;

(3) 如果另一工厂的 20 名职工参加活动的件数的均值为 2.25,中位数为 2,众数为 2,那么这个样本参加活动的总件数是多少?

4. 为了研究美国的黑人儿童是否表现出某种民族意识以及是否有不喜爱黑色的偏见,1958 年美国某学者对 252 名黑人儿童进行了研究,让每个孩子从两个娃娃中挑一个和自己玩,两个娃娃中一个是黑种娃娃,一个是白种娃娃。如果没有偏见,黑人儿童选中白种娃娃的比例应该是 50%,结果 252 个孩子中有 169 个选了白种娃娃。请问可否由此推断美国的黑人儿童有不喜爱黑色的偏见?($\alpha = 0.01$)

附录:

Z 检 验 表

$p \leqslant$	$\mid Z \mid \geqslant$	
	一端	二端
0.10	1.29	1.65
0.05	1.65	1.96
0.02	2.06	2.33
0.01	2.33	2.58
0.005	2.58	2.81
0.001	3.09	3.30

第九章 | 广告效果的实验与观察

【本章提要】本章就广告效果的实验与观察做了详细论述。在第一节"广告效果的实验"中，作者对古典实验设计的基本成分——自变量与因变量、前测与后测、实验组与对照组做了解释，并探讨了如何在实验设计中有效控制无关变项以及设计实验刺激；接下来作者结合广告效果实验的特点，论述了基本实验设计以及双因素和多因素的实验设计方法。在第二节"广告效果的观察"中，作者具体阐述了观察的特征和方法，并结合广告效果测试的特点，论述广告效果观察的内容与结构，以及观察的记录和分析方法。

第一节 广告效果的实验

实验法（Experimental method）是社会科学研究中一种重要的资料收集方法，它是通过对某些影响实验结果的无关因素加以控制，系统地操纵某些实验条件，然后观测与这些实验条件相伴随现象的变化，从而确定条件与现象之间的因果关系（causal relationship）的一种研究方法。尽管典型的实验是在实验室内进行的，但并不是所有的实验都需要实验室；另外，在人们的日常生活之中，即当人们试图对置身其中的世界进行概括性（generalize）理解时，都会进行内容丰富的实验，比如在炖菜时先在其中加一点点盐尝一尝之后再加一点、通过不断的练习最后学会游泳等等，这些都是广义上的实验。按照著名社会学家艾尔·巴比（Earl Babbie）的说法，实验基本上包括两点：一是采取行动，二是观察行动所造成的后果。①

———————

① ［美］艾尔·巴比著，邱泽奇译：《社会研究方法》（第 8 版），华夏出版社 2000 年版，第 295 页。

实验法有着许多独有的优点。首先，它具有主动变革性，要求主动操纵实验条件，人为地改变对象的存在方式、变化过程，使其服从于认识的需要，可人为地创造条件，对某些在自然观察中不易观察到的情景进行研究，从而扩大研究范围；其次，它具有可控制性，要求根据研究的需要，借助各种方法、技术，减少或消除各种可能影响研究之科学性的无关因素的干扰，可以比较严密的程序组织研究，便于重复验证，提高结论的科学性；再次，实验法特别适合用于假设检验，更适于解释（explanation），而不是描述（description），因而便于发现现象之间的因果关系，是揭示事物间的因果联系的有效工具和必要途径。由于实验法能预设实验条件，并能测量（measure）有关事物，测量结果比较可靠、精确，往往能说明问题。然而，实验性研究也有其局限性，它只能是对提纯的变量而言，实验中常常可能是某些无法控制的因素在起作用，影响对实验结果的明确解释；另外，实验法对研究者必须具备相关的素质与准备，对于其科研能力、知识经验、技术水平的要求较高。

实验法对于广告效果的研究有着极其重要的意义，显然，这与实验方法的特点及广告主对于广告效果的热切关注有密切关系。在这一章里，我们将就实验方法的基本构成、如何在广告效果的检测上采用实验方法、具体采用何种方法、如何进行实验设计等基本问题进行阐述。

一、实验的成分

在传统的自然科学与社会科学实验研究中，古典的（classical）实验方法主要涉及三对主要成分：（1）自变量与因变量；（2）前测与后测；（3）实验组与对照组。下面将分别对这三对成分予以讨论。

1. 自变量与因变量

自变量（independent variables）指引起其他因素产生变化的变量，比如在某一函数关系式中，x 的变化引起了 y 的变化，在社会科学实验研究中，自变量也称为实验变量（experimental variable）、实验刺激（experimental stimulus）或者实验处理（treatment）、刺激因素等，是在实验过程中被研究者所操纵的变量或因素。在广告实验研究中，自变量可以是刺激特点，如广告诉求形式（感性诉求或者理性诉求）、广告特点（比如颜色、大小等）、广告设置的位置；可以是被试（subject，即作为研究对象的人）的特点，比如消费者的年龄、性别、收入水平、媒介使用的状况；还可以是暂时造成的被试差异，如被试的卷入程度等等。①

---

① 黄合水：《广告调研技巧》，厦门大学出版社 2003 年版，第 347~348 页。

因变量（dependent variables）则是由于其他变量的变化而随之变化的、在实验研究中被观测的变量。因变量的观察值就是实验结果，是为某一实验单元采用某一实验处理所获得的结果。比如在关于广告图片的颜色与受众对于广告记忆率之间关系的研究中，广告图片颜色是自变量，受众的记忆率即为因变量。自变量和因变量是相对的。在某一实验研究中的自变量，可能成为另一实验的因变量，而某一实验的因变量，也可能成为另一实验的自变量。比如在上面的例子中，受众的记忆率为因变量，但在消费者的广告记忆率与其购买意向之关系研究中，前者就成为了自变量。

在某种程度上可以说自变量是原因，因变量是结果。如在其他条件等同或者外在变量得到很好控制的情况下，广告图片的颜色愈夸张，消费者对该广告的记忆率愈高，那么可说是更为夸张的广告图片颜色，导致了消费者对其记忆率的升高。值得注意的是，在运用实验方法时，在实验开始之前，必须对自变量和因变量进行操作定义（operational definition），与调查研究、内容分析或者任何其他研究方法一样，实验研究应在搜集资料时多方观察，在做分析时再确定最有用的操作定义，比如消费者对某则广告的记忆率，到底采用何种方法进行测量，需要具体化与标准化。

2. 前测与后测

在实验因素或者实验刺激未对实验对象施加作用之前，事先对因变量进行测量，即事前测验（pretest），其结果通常用 Y_0 表示。在实验因素对实验对象施加作用之后所进行的测量，即事后测验（posttest），其结果用 Y 表示。Y 和 Y_0 之间的差值，即后测与前测之间的差值，称为实验效果，可被视为是自变量的影响力所致。

如现在要就时尚杂志上的化妆品广告对年轻女性化妆品购买意向的影响进行实验。研究者可在实验之初就测定被试化妆品的购买意向，并采用适当方法（如平衡法）将被试分配到实验组与控制组，然后在实验组中让被试在一段时间内（如15天）随时可很容易接触到刊有各种化妆品广告的时尚杂志，而控制组却完全不能接触到任何有关这方面的信息。如果这个过程中可以确信排除或有效的控制外在变项，那么在15天之后再次进行测定，实验组前后之间意向的差异，可认为是实验的效果。当然，这是一种理想状态，我们需要进行有效的实验设计来消弭一些外在变项的影响（比如控制组和实验组实际上都可在这段时间从另外的许多渠道接触化妆品广告），关于这一点作者将在下文予以详细论述。

3. 实验组与对照组

在实验研究中，接受实验刺激或者被置于实验处理之下的被试或者实验单元的集合，是实验组（experimental group）；与此相反，没有接受任何实验刺激或者实验处理的被试或者实验单元的集合，即是控制组（control group）或称对照组。显然，控制组的主要目的用于与实验组进行比较，以便观察实验刺激的效应。事实上，实验法很少只观察接受刺激的实验组，研究者往往还必须观察没有受到实验刺激的控制组或对照组，这是一种消除实验本身影响的首要方法。对于社会科学实验而言，控制组之所以重要，不仅在于防止实验本身的影响，而且在于排除实验进行过程中外在事件或者因素的影响。

实验本身往往会对实验结果产生影响，这是需要采用控制组进行参照的重要原因。社会科学研究史上著名的"霍桑效应"（Hawthorne Effect）印证了这一点。20 世纪 20 年代晚期和 30 年代早期两位美国学者研究位于芝加哥市郊霍桑的西部电器工厂"电话配线机房"的工作条件，他们试图发现改变工作条件会改善员工的满足感并提高生产量。结果却令研究人员大为惊讶，工作条件的改善使得员工的满足感与生产量都提高了，比如照明条件的改善使得生产量提高；为了进一步证实其结论的科学性，研究者将灯光转暗，但是生产量还是提高！①

在实验研究中，由于实验组与控制组都会受到影响，但若结果发现实验组与控制组两者间的差异显著存在，则说明实验刺激仍然有着影响。有时候，实验设计要求一个以上的实验组或者控制组，就可以确定每一种刺激因素的单独影响，以及几种刺激因素的综合效果。比如在上一个例子中，我们设计几个实验组，让其中每一组分别只接触时尚杂志、电视、报纸、广播不同媒介上的化妆品广告（还可以设计不同媒介广告的组合），然后再与控制组相对照。

二、实验的控制

在实验研究中，除了自变量和因变量之外，还存在着一些影响因素，这些因素被称为无关变量，或者外在变量、外在变项（external variables）。外在变量在实验过程中需要努力加以控制、排除或者平衡。对于外在变项的控制、排除或者平衡是实验设计的核心部分，否则，实验的结论将无法解释或者缺乏效度（validity）。对于外在变量的控制，目的在于使这些变量在实验中保持不变或者较少变化，如有可能，应尽量将其排除，使其不致影响或者混淆自变量和因变量之间的因果关系。

在控制外在变量之外，实验设计的另一核心部分即为设计实验刺激或者实

---

① ［美］艾尔·巴比著，邱泽奇译：《社会研究方法》（第 8 版），华夏出版社 2000 年版，第 297～298 页。

验变量及其呈现方式，及建构其指标（index）与测量（measurement）的方法。比如现在要研究广告恐惧诉求对消费者的认知和说服效果，那么恐惧诉求到底达到何种程度为最佳？采用何种方式表现？"恐惧"这一概念如何定义？如何操作化？如何测量？所有这些都需要研究者精心设计，其中尤其重要的是刺激的强度问题，限于本章篇幅以及论述重心的需要，这里仅对后者做具体阐述。

1. 相关因素的隔离

实验研究中对于外在变量，即无关变量的控制显得尤其重要，可说对外在变量的控制是实验成败的关键，外在变量的控制得好，自变量和因变量之间的关系就比较明晰，相反，外在变量没有得到有效的控制，那么因变量的变化是否由自变量引起，就很难加以判断。[1] 为了提高实验的内在效度（internal validity）和外在效度（external validity），在实验过程中，通常采用如下方法来控制外在变量。

（1）恒定法

在设计实验时，为了将可能影响实验结果的外在变量排除在实验之外，可使之保持恒定。例如，研究者考虑到某一实验结果会受消费者年龄的影响，因而可采用在某一年龄区间内进行实验，以排除该因素的影响；但从实验研究的价值来看，使用恒定法后所得的研究结果，其外在效度往往较低。

（2）纳入法

纳入法是将影响实验结果的某种干扰因素，当作自变量处理，令其产生系统的变化，且观察、测量、记录和分析被试的反应与这一因素的关系。例如，研究者在研究广告文案长度与广告传播效果之间的关系时，考虑到受传者的年龄、广告商品的类别也可能影响了广告的传播效果，这时便可将后两个因素纳入到实验的自变量之中一并进行考察。

（3）随机法

随机法是利用概率论的原理，将参加实验的被试用随机抽样与随机分派的方式进行分组，通常是先用随机抽样的办法，在总体中先抽取被试样本，然后再用随机分派的方式，将样本编入实验组与控制组内，或分派到各个不同的实验组内，使各组受试者所具备的各种干扰因素机会均等，互相平衡而抵消，便不致产生系统性偏差，即使有差异出现，也是由抽样误差造成的。理论上这是惟一能有效地控制所有无关变量干扰的方法，在实践中也是最常使用的方法。

---

[1] 黄合水：《广告调研技巧》，厦门大学出版社 2003 年版，第 349 页。

（4）循环法

考虑到被试个人因素会对实验结果产生影响，在设计时，可把同一组被试接受几种实验处理，每个被试都重复接受几种不同的实验刺激。在各种实验被试之下，被试个人因素基本不变，如此可认为被试个人因素对各个实验处理结果的影响机会均等，从而排除了干扰。循环法的处理事实上是一种被试内设计，其目的在于控制被试个人差异对实验结果的影响，但是可能会存在着多种实验刺激之间的顺序效应。

（5）匹配法

匹配法是通过找出两组在各个方面的条件都完全相同的被试来控制无关变项的方法，但在实际操作中这种方法往往并不能得以严格执行，因为即使要找到两个完全相同的消费者就很难，更何况是两组？研究者更多采用的是两种不太严格的配对法：一种是在主要的影响变量上对实验组和控制组的被试进行匹配；另一种则是使实验组和控制组的被试在各种特征的比例上都大致保持相同。

2. 实验刺激强度

在实验研究中，实验刺激是研究者用于对实验单元或者被试施加影响的各种实验材料，在许多情况下，实验刺激事实上就是自变量。一般来说，在同一实验研究中，实验材料通常包含多种特征，每一种特征就是一种实验刺激，而每一种实验刺激往往有不同的水平（level），这些不同的水平即自变量的不同变化。最常见的实验变量的水平有两种、或者三种，不同的实验特征之间的搭配，将会产生不同的实验刺激。

比如现在要研究不同广告长度的文案与不同广告图像的色彩之组合对受众广告认知效果的影响，那么广告文案的长度与广告图像的色彩即实验材料的两种特征，而如果我们设定广告文案有长、短两种，广告图像色彩有夸张的、平和的两种，那么即是说这两种实验变量皆有两种变化水平，将这两种实验变量进行组合，即会产生 2×2 共 4 种实验刺激或者实验处理，这个实验设计我们称之为二因素实验设计。倘若在这一实验研究中，广告文案的长度与广告图像的色彩我们分别设置了 3 种变化水平，那么就会产生 3×3 共 9 种实验刺激。倘若我们在广告文案与广告图像这两种实验变量之外，我们还同时研究广告在杂志版面上所处的位置对受众广告认知效果的影响，即有三种实验变量，而如果对于每一种实验变量，我们皆设置了 3 种变化水平，这种就是一个多因素实验设计，且会产生 $3 \times 3 \times 3$ 共 27 种不同的实验刺激。倘若我们仅仅研究广告文案的长短对于受众广告认知效果的影响，而对其他所有可能影响这个效果的因素予以控制，即仅设置一种实验变量，同时这个实验变量设置了 3 种变化水平，那么这个实验设计即为单因素实验设计，且仅有 3 种实验刺激。

实验研究中对于实验刺激的设计相当重要。显然，实验刺激有多少种取决于研究者实验目的的需要，即实验到底要检测何种或者多少种自变量对于实验效果的影响，以及（每一种）自变量到底需要设定多少种变化水平。实验刺激有多少种，即有多少种变化的刺激强度，要以能产生不同的、可观测的实验效果为依据。

三、基本实验设计

基本实验设计即单因素实验设计，是在实验研究中仅仅检测一种变量对于实验效果的影响的实验设计。比如在上文所讨论的，研究广告文案的长短对于受众广告认知效果的影响，而对其他所有可能影响这个效果的因素则予以控制，仅设置了一种实验变量。一般来说，基本实验设计有后测的控制组、前测——后测的控制组、所罗门四组设计这样三种常见的实验设计方式。

1. 后测的控制组

后测的控制组（post-only control group design）实验设计是一种最基本的单因素实验设计。在这种实验设计中，实验仅有自变量与因变量、实验组与控制组以及后测这些基本的实验成分。从上文的讨论我们中已知，实验研究中的实验本身与实验刺激往往对实验结果造成影响，而事实上，如果在实验设计中，尤其是在被试的选择过程中能真正做到随机分组，这种影响是完全可以克服的。在此种情况下，诚如艾尔·巴比所言，由于被试被随机分配到实验组与控制组，如此，在初始阶段两组在因变量上便具有可比性，足以满足评估结果的常规统计检验之要求，因此没有必要对其进行测量，在这种情况下，做前测的惟一理由只是习惯，因为实验专家已经习惯，只有做过前测才会感到比较心安。[①]

在广告效果研究中，最简单的例子就是要研究某一广告发布之后其对于消费者对广告商品的态度的影响。研究者可随机挑选两组消费者，一组作为控制组，一组为实验组，由于消费者是随机挑选的，因此可认为实验之前消费者对于该商品的态度是无差异的。让实验组的消费者观看广告，之后对两组消费者都进行测量其对于广告商品的态度，然后比较，倘若两组的差异显著，即可认为广告对于消费者是有影响的。

2. 前测——后测的控制组

前测——后测的控制组（previous and post control group design）实验设计

---

① ［美］艾尔·巴比著，邱泽奇译：《社会研究方法》（第 8 版），华夏出版社 2000 年版，第 309 页。

相对于后测的控制组实验设计而言，增加了一个前测的实验程序。由于仅进行后测的控制组实验设计需要研究者对于被试的随机分组有足够的信心，而事实上，在实验条件下做到这一点往往很难实现。因此，采用在实验之中进行前测，以评估在实验之前即已存在的差异，然后实施实验刺激，这样便可更加准确地反映实验的结果。

同样以研究某一广告发布之后其对于消费者对广告商品的态度的影响为例，即使研究者采用严格的随机分组程序，但实验之前消费者对于该商品态度的差异事实上早已存在，倘若我们分别用 Y_{10} 与 Y_{20} 表示前测所得的实验组与控制组的被试对该商品的态度，其后对实验组的被试施加实验刺激 X，然后进行后测，分别用 Y_1 与 Y_2 表示后测所得的实验组与控制组的被试对该商品的态度，那么实验的效果可用 $(Y_1 - Y_{10}) - (Y_2 - Y_{20})$ 表示，而在上面后测的控制组实验设计中，实验的效果则是用 $Y_1 - Y_2$ 来表示的，两者的差别显而易见。

3. 索罗门四组设计

在上述两种实验设计中，存在一些难以克服的固有的缺陷，其中最为严重的问题即为实验的内在无效度（internal invalidity）与实验本身和刺激之间的交互作用。所谓实验的内在无效度，即实验以外的因素影响了因变量；而实验本身和刺激之间的交互作用，则造成了实验的外在无效度（external invalidity），即虽然实验准确无误地反映了实验的过程，揭示了自变量和因变量之间的因果关系，但实验结果并不能概化（generalize）到现实世界中去。对于实验的内在无效度，可通过被试的随机分组、严格控制外在变项等方式来避免，而对于实验的外在无效度，则可通过索罗门四组设计（Solomon four-group design）来克服。

顾名思义，索罗门四组设计涉及随机分配的四组被试者，如表9-1所示。其中的第一组和第二组构成了古典实验，第三组只接受实验刺激，并不接受前测；而第四组只接受后测。这种实验设计提供了四种有意义的比较。

仍然以上述研究某一广告发布之后其对于消费者对广告商品的态度的影响为例，倘若采用索罗门四组设计，我们会预期有四项发现：

1. 第一组后测所显示的消费者对广告商品的态度比前测的为好；
2. 第一组后测所显示的消费者对广告商品的态度比第二组后测的为好；
3. 第三组后测所显示的消费者对广告商品的态度比第二组前测的为好；
4. 第三组后测所显示的消费者对广告商品的态度比第四组后测的为好。

表 9-1   索罗门四组设计

第一组	前测	——— 实验刺激	——后测→
第二组	前测		后测
第三组		实验刺激	——后测→
第四组			后测

显然，第三、四组发现排除了实验本身与刺激之间的交互作用，当然，只有被试被随机分配到各组，使各组对于广告商品的态度一致，且只有第一、二组被试在实验之前受到测量，上述比较才有意义。①

四、双因素研究

在上文中我们探讨了单因素实验设计的三种基本方式，这里我们所要继续论述的是在一个实验过程中存在两个或者多个实验变量对因变量产生影响的情况。当实验中有两个自变量时，我们称这种实验设计为双因素实验设计；当有超过两个以上自变量时，我们称这种实验设计为多因素实验设计。由于多因素实验设计与双因素实验设计在原理上几乎完全一致，这里我们仅就双因素实验设计做一阐述。

双因素设计指的是在实验设计中存在两个自变量，并检测这两个自变量对于实验效果的影响。在双因素设计中，因自变量的变化水平的多少而有多种类型，正如前文所论述的，当两个自变量分别有 2 种变化水平（即自变量有两个层次）时，将会出现 2×2 实验设计；当两个自变量分别有 3 种变化水平时，将会出现 3×3 实验设计；当两个自变量分别有 2 种和 3 种变化水平时，将会出现 2×3 实验设计；如此依次类推。一般来说，自变量的变化水平在 5 种及其以下。下面我们将以最简单的 2×2 实验设计为例来介绍各种控制外在变项的设计方法。

在 2×2 实验设计中，存在 4 种不同的实验刺激，即有 4 种不同的实验处理。假设两个因素分别为 A 和 B，A_1 和 A_2 分别代表 A 因素的两个水平，B_1 和 B_2 分别代表 B 因素的两个水平，那么所形成的 4 种实验刺激即为 $A_1 B_1$、$A_1 B_2$、$A_2 B_1$、$A_2 B_2$。各种控制外在变项的设计方法即体现在实验单元或者被试的分配上，按照实验单元或者被试的分配方法的不同，双因素设计可以分为完全随机化设计、随机区组设计、重复测量设计和混合设计 4 种。②

---

① ［美］艾尔·巴比著，邱泽奇译：《社会研究方法》（第 8 版），华夏出版社 2000年版，第 308 页。

② 黄合水：《广告调研技巧》，厦门大学出版社 2003 年版，第 363～366 页。

1. 双因素完全随机化设计

双因素完全随机化设计的思路是随机分配实验单元接受各种实验刺激，每一个被试接受一种实验刺激，如表9-2所示。其中S_1、S_2……S_n分别代表编号为1、2……n的被试，在实验过程中他们被随机地分配至各种实验处理之中。这种实验设计要控制的因素是被试之间的差异，控制的方法则是随机化。

表9-2　　　　　　　　　双因素完全随机化设计模式

实验刺激	$A_1 B_1$	$A_1 B_2$	$A_2 B_1$	$A_2 B_2$
被	S_1	S_2	S_3	S_4
试	S_5	S_6	S_7	S_8
编	…	…	…	…
号	S_{n-3}	S_{n-2}	S_{n-1}	S_n

上文我们所阐述的关于研究不同广告长度的文案与不同广告图像的色彩之组合对受众广告认知效果的影响的例子中，倘若广告长度的文案与广告图像的色彩皆有2个变化水平，而研究者对于被试的分组又采用随机分配，则便是一个典型的双因素完全随机化实验设计。

2. 双因素随机区组设计

双因素随机区组实验设计的基本思路是，事先依据某种特征将被试进行分组，使得组内被试的差异尽可能的小，不同组被试的差异尽可能的大。然后将每组同质化程度高的所有被试随机分配给各种不同的实验刺激予以实施，每个被试接受一种实验刺激。这种实验模式如表9-3所示。显然，此种实验设计的出发点在于采用恒定法来控制与实验无关的被试某一方面的特征。

在上文研究不同广告长度的文案与不同广告图像的色彩之组合对受众广告认知效果的影响的例子中，倘若我们注意到消费者的年龄可能会影响其广告认知效果，则可将消费者以年龄为标准划分为老中青三种类别，然后分别对不同年龄的消费者施加某一刺激，最后进行实验效果的测定。

表9-3　　　　　　　　　双因素随机区组设计模式

实验刺激	$A_1 B_1$	$A_1 B_2$	$A_2 B_1$	$A_2 B_2$
被	S_{11}	S_{12}	S_{13}	S_{14}
试	S_{21}	S_{22}	S_{23}	S_{24}
编	…	…	…	…
号	S_{n1}	S_{n2}	S_{n3}	S_{n4}

3. 双因素重复测量设计

双因素随机区组实验设计虽然在很大程度上控制了被试间的差异，但这种差异仍然没有得到最大限度的控制，双因素重复测量设计弥补了这个不足。这种设计的基本思路是，随机抽取一些被试，让其接受所有的实验刺激，该模式见表9-4。双因素重复测量设计的最大不足在于，由于被试接受所有的实验刺激，那么先前的实验刺激可能会影响其后施加的实验刺激。在不同广告长度的文案与不同广告图像的色彩之组合对受众广告认知效果的影响的研究中，倘若研究者让所有的被试皆接受所有的实验刺激，则这一实验即为双因素重复测量设计。

表9-4　　　　　　　　　　双因素重复测量设计模式

实验刺激	$A_1 B_1$	$A_1 B_2$	$A_2 B_1$	$A_2 B_2$
被	S_1	S_1	S_1	S_1
试	S_2	S_2	S_2	S_2
编	…	…	…	…
号	S_n	S_n	S_n	S_n

4. 双因素混合设计

兼有完全随机化实验设计与重复测量实验设计特点的是双因素混合设计。在这种实验设计中，首先需要确定的是在两个自变量中，哪一个为被试内变量，哪一个为被试间变量，然后让被试接受由被试间变量某一水平与被试内变量各个水平相结合的各种实验刺激。这一模式可参见表9-5。

例如要研究广告图像的色彩（假定为因素 A）对于消费者广告认知效果的影响，考虑到可能不同类型的商品（假定为因素 B）本身也对消费者广告认知效果存在影响，则可采用双因素混合设计方法。研究者可将被试随机分为两组，对其中一组就化妆品施加不同色彩广告作为实验刺激，而对另一组就家用电器施加不同色彩广告作为实验刺激，这就是典型的双因素混合设计。

表9-5　　　　　　　　　　双因素混合设计模式

实验刺激	$A_1 B_1$	$A_1 B_2$	$A_2 B_1$	$A_2 B_2$
被	S_{11}	S_{11}	S_{21}	S_{21}
试	S_{12}	S_{12}	S_{22}	S_{22}
编	…	…	…	…
号	S_{1n}	S_{1n}	S_{2n}	S_{2n}

第二节　广告效果的观察

观察法（observational method）在社会科学研究中是最基本、最普遍的方法之一，它是研究主体获得感性经验和事实的根本途径，也是检验和发展假说的实践基础。马克思对此写道："科学就在于用理性的方法去整理感性材料。归纳、分析、比较、观察和实验是理性方法的主要条件。"[①] 观察作为一种科学方法，其手段和功能都是随着科学的发展而发展的。

观察法所指的是科学的观察方法，它与人们的日常生活所说的观察含义不同。所谓科学观察，即人们在自然条件下，通过感觉器官或借助科学仪器，有目的、有计划地感知客观对象，从而获得科学事实的一种研究方法；同时，作为一种认识方法，观察法包括从观察准备到获得观察结果的全过程的实施，是一种积极的思维过程，通过这一思维过程扩大人们的感性认识，启发人们的思考，导致新的发现，因而它是科学研究中最基本、最常见的一种获取经验事实的方法，与实验法、调查法（survey）并称为社会科学研究的三大资料搜集方法，但与实验法、调查法不同的是，采用观察法所搜集的资料，不仅用于定量研究（quantitative research）之需要，往往还可以用于定性研究（qualitative research），这是由观察方法的特点所决定的。

在广告效果的检测中，也常常用到观察方法。这里我们将就观察法的特征、方法及观察法在广告效果研究中的应用进行阐述。

一、观察的特征

1. 目的明确性

作为一种科学的研究方法，观察法不同于日常生活中自发的、偶然的、随意的观察。科学研究中的观察要求研究者必须预先制定出观察的目的和计划，并依据目的和计划进行系统的观察，从而深入地分析、研究和掌握问题的实际情况。观察法既然有明确的目的性，便不是观察一切作用于人的感官的东西，而是观察那些对于研究的任务来说具有科学意义和实践意义的内容，即要明确观察的对象、重点，并有效控制观察的过程；同时，由于研究对象非常复杂，或者为了验证已得到的观察结果，研究者还要进行多次重复性的观察，以便准确掌握研究对象的真实情况；另外，观察法对观察活动的时间、空间、顺序、过程、对象、仪器、记录方法与表格等都有预先的系统的计划、安排和准备，

[①] 马克思：《神圣家族》，见《马克思恩格斯全集》，第2卷，第16页。

从而保证观察的科学性。

2. 前提假设性

假设是用已有的事实材料和科学原理为依据，对未知事实（包括现象间的规律性联系，事物的存在或原因、未来事件的出现）的假定或解释。假设是以事实和科学知识为基础的，它具有推测的性质，是人们认识、接近客观真理的方式。和大多定量研究方法一样，观察法需要研究者在实施观察之前，就有一个明确的研究假设在其中，然后通过研究者本人的观察来搜集资料，并将这些资料转化为数据进行统计分析，或者采用定性思辨的方法，以证实、修正或推翻研究假设，并对研究的结论进行解释。比如我们通过人们已有的关于青少年广告认知效果的研究和已有的经验，提出了广告图像相对于广告文案而言其对于青少年的认知效果更为显著的假设，我们便可通过结构化观察方法搜集数据，然后对数据进行分析和处理，发现事实的确如此，这就表明假设是正确的。

3. 环境客观性

研究者在运用观察法的时候，必须身临其境，与所在的环境产生互动（某些情况下还与被观察者产生直接互动），亲身获取资料；同时由于观察对象始终处于自然状态中，不受人为干扰，其活动处于真实自然环境之中，因而观察法具有明显的环境客观性特征。在观察过程中，研究对象的一切行为表现均落在研究者的视野之内，观察法所要收集的，主要是研究对象的行为资料，研究者不仅是根据研究对象的语言反映，更多地是根据对象的具体活动来获取资料，从而可以排除研究对象的主观成分，获取比较客观的第一手资料。

4. 操作科学性

社会科学研究的观察法具有操作的系统性与科学性。研究方法的操作的系统性与科学性意味着，任何一位受过规范的科学方法学术训练的研究者，对于同样的研究问题和研究假设，只要遵循一定的研究程序和学术规范，必然会得出同样的研究结论。在某种意义上，研究方法的操作的系统性和规范性是使得该方法能够被纳入科学研究方法的基本条件，而某一领域、某一学科的研究，也正是由于采用与其研究主题相适应的、具有操作科学性的研究方法而登上学术的殿堂。观察法的操作科学性在于其观察的结构性、观察记录的客观性以及数据分析的系统性。

观察法除具有上述优势之外，同样具有一些缺陷。首先，它受到观察对象的限制，观察法适宜于对外部现象及事物的外部联系的研究，而不适宜于对内部核心问题及事物内部联系的研究；另外，对有些较为隐蔽的事物也不大好用观察法。其次它受观察者本人的限制。人的感觉器官本身有不精确性，存在一定的生理限度，超出这个限度，很难直接观察，因而采用观察法所搜集的资料很难像实验法和调查法那样精确化；而人的观察受主观意识的影响，不同的人有不同的意识背景与理论框架，因此对同一事物的观察，往往带有各自的主观性，难以做到绝对的客观性。再次，观察法受到观察范围的限制。观察涉及对象的有限性，特别是在同一时期内观察的对象是不多的，这种小样本不适用于大面积研究。最后观察法还受无关变量的干扰，缺乏控制。自然状态下的观察由于缺乏控制，因变量混杂在无关变量之中，从而使观察结果缺乏科学性。

二、观察的方法

观察的方式和类型很多，随着研究的目的、内容、对象的不同，可采用不同的观察方法，如表9-6所示。

以是否通过中介物为标准，可将观察分为直接观察和间接观察，前者指通过感官（眼、耳、鼻、舌、身）在事发现场直接观察客体的方法，后者指通过某些仪器来观察客体的方法，或者指对事发之后留下的痕迹来进行推测的观察；以观察对象是否受到控制为标准，可分为实验观察和自然观察，前者是观察者对周围的条件、环境、对象等观察变量作出一定的控制，采用标准化手段所进行的观察，后者指对观察对象不加任何控制，在完全自然的条件下进行的观察。以是否有系统化的目的和计划为标准可将观察分为随机观察和系统观察，前者指偶然的、没有系统目的和计划的发现和观察、记录一些事实，所得的资料不全面、不完整，没有一定的系统性和科学性，后者指有系统的目的和计划、有一定规律的观察和记录一定时间内观察对象的行为；以观察的历时和频率为标准可将观察分为抽样观察和跟踪观察，前者指在大面积对象中抽取某一个或者某一些样本进行定向的观察，包括时间抽样、场面抽样、阶段抽样等，后者指长期的、定向的观察对象的发展演变过程。

表9-6　　　　　　　　　　　　　　观察的类型

划分标准	观察的类型
是否通过中介物	直接观察和间接观察
观察对象是否受到控制	实验观察和自然观察
是否有系统化的目的和计划	随机观察和系统观察
观察的历时和频率	抽样观察和跟踪观察
观察者是否参与被观察者的活动	参与观察和非参与观察

在市场研究和广告研究中，采用得最多的划分标准是根据观察者是否直接参与被观察者所进行的活动，将观察法分为参与观察法和非参与观察法的方

法，下面笔者将就参与观察法和非参与观察法进行阐述。

1. 参与性观察

参与性观察（participant observation）是指观察者参与到观察对象的活动之中，通过与观察对象共同进行的活动从内部进行观察，研究者在观察的过程之中，通过参与观察对象的活动而达到研究目的。参与性观察的优点在于，研究者可以亲自体验作为某种活动的参加者所得到的内在感受，更真切地领会、理解某种活动的内在价值与吸引力，发现非参与性观察所不可能发现的问题。但是，参与性观察也正是由于研究者本人的深度介入，而可能导致对于被观察对象及其行为认识的主观偏向，因而，在采用参与性观察时，研究者应把握好参与的尺度，要客观而不是主观或者带有偏见地去开展研究。

参与性观察在广告研究和市场研究中使用较为广泛，其中最常用、最有效的是"神秘购物者"（mysterious shoppers），是指观察人员假扮为购物者到商店去搜集资料和信息的一种观察方法。所搜集的资料信息如品牌的上柜率、产品的陈列情况、广告宣传品的展示状况等等，或者通过与商场服务人员、购物者等人员的交谈，了解有关服务质量或者消费者的意见等其他信息。

2. 非参与性观察

非参与性观察（nonparticipant observation）是指观察者不参加被观察者的任何活动，完全以局外人的身份进行观察，以不介入观察对象正常活动为原则。这种观察要求观察者只做客观观察。为了达到严格意义上的不参与，观察者可用不出现在活动现场而进行观察的方法。如果观察者必须在现场观察，又希望不影响观察对象的活动，可采取在正式观察前双方就开始接触，直到观察对象已习惯于观察者在场的情况下正常进行活动后，再开始作正式观察。采用非参与性观察，主要是为了观察到确实是在自然条件下发生的现象，以提高观察结论的可靠性。

三、观察的内容及结构

1. 情境

情境即人物的活动和事件发生的背景。在广告效果的观察之中，情境往往是首先需要观察的内容，因为任何人物的活动和事件的发生皆有其特定的背景，而背景往往直接影响到活动和事件的发生与发展。比如消费者对于户外路牌广告的接触情况，便可以采用观察的方法，研究消费者究竟在何种情况下有意或者无意注视户外路牌广告，在各种不同情景下其对广告的认知效果分别如何等等。再如对商场举行的促销活动，可采用观察的方法研究其在何种时间段与何种情形下最能够引起消费者的兴趣，能产生最大的销售效果等等。

2. 现象

观察的重要内容在于所发生的事件和现象，研究者或者观察者需要对被观察到的现象加以特别注意和记录。这里所指的现象主要是非人物的活动，广告研究中最常见的现象，比如某一户外路牌广告附近的车流量，某大型超市附近的人流量，某专卖店内商品的摆放情况等等。

3. 人物

人是所有人类行为的活动主体，对人的观察是观察者所需进行的最重要的工作。在广告和市场研究中，研究者需要对被观察者的外显特征做细致的观察和记录，比如作为单个被观察者的性别、年龄、身体、衣着、外表形象、举止、身份、教育程度等等，以及作为多个和群体的被观察者的人数、他们之间的谈话、相互关系等等。对于其中部分资料，观察者需要用心去判断和揣摩；所有上述这些人物资料，将对研究的结论有着决定性的影响。比如通过观察，研究者可能会发现某一类型的消费者更容易接触户外路牌广告、而另一类型的消费者往往是结伴去商场购买某种消费品等。

4. 行为

在采用观察的方法进行的研究中，除了需要细致观察人之外，还需要观察人物的各种行为，这些行为包括人物的语言、表情、所有动作的细节。比如消费者在接触某一时段电视广告时的伴随活动（存在哪些伴随活动以及活动对广告认知效果的影响程度）、消费者在超市购物时对实物展示广告的注意等等。

5. 频率与延续

观察中还需要对被观察事件的发生以及人物的动作重复出现的时间、频率和延续的时间等等进行观察和记录。比如报纸读者在阅读报纸新闻的时候，其视线何时开始停留于报纸版面上的促销广告、停留的时间长短、其一次阅读报纸过程之中注意报纸版面上广告的次数等等，再如广播听众日平均收听广播的时间以及收听广播广告的时间长短、收听不同类型广播广告的时间、开始收听某一类型广播广告的时间和持续时间等等。

6. 内容结构化

观察内容的结构化是指人们为认识事物的本质和规律，通过感觉器官或借助一定的仪器，有目的地对特定对象进行有计划、系统化观察，并要作严格、详细的可量化记录表格进行填写的一种观察方法。观察的结构化目的事实上是为进行量化观察资料的量化分析提供数据资料。相对于日常的一般化观察，结构化观察与其区别如表9-7所示。

表9-7   结构化观察与日常观察的区别

观察方式	结构化观察	日常生活观察
区	有预定计划、有目的	自发性、无目的
	有选择对象、有重点	偶然性、无重点
别	要作严格详细可量化的记录	不要求严格记录

结构化观察有以下几个明显的特点。首先是有特定的观察内容，在观察过程中观察什么、不观察什么都有明确的规定。其次是采用专门的观察方法，结构化观察采用专门的观察方法，可采用观察小组成员分工，各成员分别专门面对某一指定场面和其中的若干样本对象，借助研究者的视觉和听觉器官去感知对象，系统搜集信息的方法；也可采用借助现代化科学仪器设备，如照相机、闭路电视装置、录像机、以及心理生理反应信息测试系统等现代技术手段进行观察，如此可克服人感官的局限性，提高了效率，使获得的观察材料更加客观化与精确化。再次是有限制的观察范围。进行结构化观察，采用多种取样方式，包括对象取样、时间取样、场面取样等，把观察活动限制在一定的范围。最后，也是最重要的一点在于采用了可量化的观察的记录方式，以便积累资料；可量化的观察记录方式有多种，但其一般情形是根据以往的经验编制观察记录表，观察员带着观察记录表进行观察，然后将所观察到的内容按照记录表的要求填写，一般来说，按照观察记录表所做的观察记录，常常可以进行量化处理和统计分析。

四、观察的记录与分析

记录是研究者实施观察过程的一个必需的组成部分，为了确保研究的科学性、合理性，观察者需要对所观察到的情境、现象、人物、行为及其频率与延续的情况做出详尽而准确的记录，否则将无法对所搜集到的资料进行分析，尤其是进行统计分析。观察记录的工作，可以由人工来执行，也可由仪器来完成，对于前者，我们称之为人工记录，对于后者，则称为仪器记录。

1. 人工记录

人工记录是让相应的人员来对其观察到的现象和事物进行记录，在一些可用作记录的仪器设备问世之前，人工记录是观察法的主要记录方法。最常用、也是最佳的人工记录方法是边观察边记录，这样可确保记录的准确与翔实；但有时受制于多种因素，譬如事件发生的时间过于短暂、被观察者不适应当时记录或者对观察者的记录有所疑虑等等，面对这些情况，观察者和记录者可注意采用适当的记录技术，以减轻观察者的工作，加快工作的进程，这里要阐述的记录技术主要有卡片、符号、速记、记忆等方式。①

（1）卡片

观察卡片或者观察表的结构与调查问卷的结构大致相同。在制作观察卡片时，研究者可事先根据观察的内容，列出需要和可能观察到的项目，同时剔除那些非重点的、无关紧要的项目；另外，还需要根据每个项目可能出现的各种情况进行合理的编排。一般来说，如同问卷的设计一样，研究者需要事先根据已有的相关研究和自己的经验设计出观察卡片的雏形，然后通过小规模的观察来检验其合理性与有效性，其后方能付印。

（2）符号

很多时候，由于观察对象的纷繁复杂和时间的仓促，记录者无法在短时间内对所观察到的现象做出完整的记录，这时可采用符号来代表在观察中出现的各种情况，在记录的时候，便只需要根据所出现的情况记录相应的符号，或者在事先已经写好的符号上画圈即可。采用符号进行记录的方式可加快记录速度，更有利于观察者将较多的精力用于细致的观察过程之中，避免因忙乱而出错，且也便于资料的整理。

（3）速记

速记是记录者在观察的过程之中采用记录者本人易于辨识的文字、线条等方式记录所观察到的事件和现象，和符号记录的方法颇为相似，所不同的是，采用符号的记录方法更加结构化，往往是事先可以预料的，而且多用于表达方位、情境、排序等内容，而速记的内容往往是文字性的、表达深层含义的，比如消费者的内心感受、建议等内容，多用简化的字句来表达复杂的内容。

（4）记忆

记忆是在观察调查中采用事后追加记忆的方式进行记录，常常见于调查时间紧迫或者现场不宜记录的场合。采用这种记录方式时，一方面，最好由多人同时进行记录，然后互相对照以便核实，使记录的结果更加完整、准确；另一方面，记录者在观察过程之中应抓住要点记忆、提纲挈领，同时，观察过程结束之后应立即追加记录，以防遗忘重要信息。

2. 仪器记录

仪器记录是在观察过程之中借助相关仪器设备，将观察现场中的人物、事件、现象、行为、频率等记录下来的方法。最常见的仪器记录是采用录音、录像、照相、电子扫描仪、交通监视器等仪器设备进行的记录活动。和人工记录相比，仪器记录有其优越性，它更加准确、稳定且成本相对较低，但其缺陷也

---

① 黄升民、黄京华、王冰：《广告调查》，中国物价出版社 2002 年版，第 58 页。

显而易见，仪器记录的内容，往往还是需要人工来整理、分析和统计，因为仪器记录的内容，是不加选择，对所记录的所有内容等同对待，而人工记录的选择性更强，因而更能抓住要害。

在现代市场调研活动和广告效果研究中，最常用的仪器记录的方法有以下几种：①②

（1）交通流量计数器

交通流量计数器（traffic counters）是所有以仪器为主的观察方式中最为普遍和流行的一种形式，其主要用于测量特定路段的车流量，同时根据车流量来估算特定路段在特定时间内的人流量，由此便可用于评估某路段户外广告位置的好坏、广告性价比的高低和可能的广告效果，而零售商也可由此确定在何处开设店铺更为合理。

（2）生理测量

生理测量（physiological measurement）的基本原理来自心理学的刺激——反应现象。当人接受一定的刺激时，生理上会产生一定的反应，比如脑电波频率加快、血流量增大、皮肤温度升高、瞳孔扩大等，利用仪器测量这些生理变化便可以由此推断其心理变化的方向与强度。这种方法在广告效果研究和市场调研活动中采用相当普遍。最常用的几种测定方式是脑电图（Electroencephalogram）、皮肤电气反射测验（Galvanic skin response/reflex）、测瞳仪（Pupilometer）、声音高低分析（Voice pitch analyse）等，这些分析大量用于消费者对特定时段广告的注意力、对特定广告内容与色彩的反应、对商品包装设计的反应等方面的研究。

（3）行为与意见测量

行为与意见测量主要是测量报纸、杂志读者的广告阅读行为与反应，以及电视观众和广播听众的收视行为和收视习惯，所采用的仪器是阅读器（People reader）和人口测量仪（People merters）。Pretesting 公司发明了阅读器，其外观像一盏台灯，如此设计的目的在于当被试坐在其面前时，不会意识到它在记录被阅读的材料和读者眼睛的反应。通过阅读器和特别设计的隐藏式相机的应用，Pretesting 公司记录下了许多有关阅读习惯和不同大小广告的阅读情况以及品牌名称的回忆等方面的信息，比如该公司的研究发现，近40%的读者不是从杂志的后面开始阅读，便是从感兴趣的文章和广告开始阅读，不到一半的读者是从杂志的第一页开始阅读的，在一般的杂志中大约35%的广告受到的

---

① 李奇云：《广告市场调研》，四川大学出版社 2004 年版，第 125 页。
② 樊志育：《广告效果研究》，中国友谊出版公司 1995 年版，第 57～82 页。

自动注意不超过 2 秒钟，诸如此类等等。

人口测量仪则用于测量电视观众和广播听众的收视行为和收视习惯，最初由 AC 尼尔森公司倡导，当今已发展为计算机控制的微波收视系统。人口测量仪取代了传统的由电视观众自己以记日记的形式为主导的测量体系，它可提供有关收看电视节目的家庭数量、哪些家庭成员在观看、观看的节目为何等，这些类型的活动是自动记录的，家庭成员只需按一下按钮即可表示他们在收看电视节目。值得提起的是，20 世纪 90 年代后期，由 CBS、ABC、NBC 以及多家全球性广告公司促成创立了一套被称为 Smart 的电视观众测量方法，与尼尔森的测量方法不同的是，后者是只有当家庭成员打算看电视的时候，记录才开始，而采用 Smart 的方法，只要家庭成员中任何人进入到一间开着电视的房间都会被记录，不管他想看还是不想看。

（4）扫描仪调研法

美国信息资源服务公司（IRI）和 AC 尼尔森公司是当今全球市场上提供扫描仪调研服务的两大巨头。扫描仪调研法主要采用行为扫描（Behavior scan）和信息扫描（Information scan）。前者是在零售商场安装改进扫描设备，顾客使用特别的识别卡片进行购物，有关其购物的所有信息便会被逐条记录，由此可分析出广告、促销以及新产品上市等因素所导致的购买行为的变化。后者是一项向包装类消费品行业提供的以扫描仪为基础的全国或者地方性的跟踪服务，所有编码产品的零售情况、顾客购买情况的详细信息（包括品牌忠诚度和在每一项商品上的花费）以及促销活动，都得到有力的监控和评估。

3. 统计分析

通过观察记录所得的资料，往往是零散、庞杂的，还需要通过一定的资料处理程序，尤其是经过统计分析才能得出对研究者有意义的结论。资料的统计处理是通过一系列的操作，将观察记录的资料转化为数据结论，以便于研究者了解、揭示其中的含义。

一般来说，任何调查所得的资料，皆可归为质变资料和量变资料两类，观察记录所得的资料也不例外。前者指本身并不具有可测量的数值单位，而仅可以根据一项或几项所描述的特征加以区分的资料，如职业、某现象的性质等；后者则具有可测量的数值单位，如年龄、人流量、满意度等。质变资料仅可用于频数分析和非参数检验，量变资料则可采用几乎所有的统计分析方法，如常用的描述统计、相关分析、方差分析、回归分析、因子分析等。

对于观察所记录的资料的处理，大致要经历以下几个步骤：

（1）编码

编码（coding）即将原始资料转化为具有一定代号的符号或者数字的过

程。通过编码，便可将资料输入计算机进行统计运算。一般情形下，在编码工作进行之前还需要对所搜集的资料进行检查，以便排除所记录的资料中的一些逻辑性、常识性的错误，这常常是由于观察者和记录者的一时疏忽造成的，但有时一点极小的资料记录的错误往往对数据分析的结果产生极大的影响。

编码有事前编码和事后编码两种，通常结构化观察所得资料可设计成事前编码的模式，即在观察之前就已对每一个变量和可能的答案设计了符号或者数字以便记录，而非结构化的观察记录方式则必需采用事后编码的方法，这就需要研究者将所有资料大致浏览一遍，然后根据所有可能的答案规定变量的名称和变量的取值。

比如，结构化观察过程中，同样是记录某商场门口的广告招贴，采用结构化的观察记录方式，记录者则只需要在事先已设计好的问题"消费者经过商场门口时，是否注意到广告招贴：（1）——是，（2）——否"；"当消费者经过商场门口且注意到广告招贴，其目光在招贴画上的停留时间为：（1）——3秒以下，（2）——3～5秒，（3）——5～10秒，（4）——10秒以上"。而在非结构化的观察记录方式下，记录者则只能根据所观察到的情形做出符合被观察的现象和事件的原始记录，并不能像结构化观察那样根据预先所设计好的可能情况进行记录，比如对于位于公汽停靠点的某一户外广告牌，当候车者注意到广告牌的时候，其神态如何、伴随动作有哪些，再如当消费者进入某商场，当其由商场的正门进入的时候，其购物时的行走路线如何等。

（2）录入

录入（transfering）即是将已经编码完毕的数据资料输入计算机的过程。SPSS 统计软件是当前处理数据资料的常用软件。首先需要录入的是变量名称，例如性别即是一个变量，在 SPSS10.0 版本下，变量名会自动生成。录入变量名之后，接着需要录入的是数据，即变量的取值，一般来说，资料的编号最后与计算机自动生成的序号一致，这样便于在发现错误时予以纠正。

在大量的数据录入过程中，错误往往在所难免，因而查错就显得十分必要。查错最有效的方法是对原始数据进行二次录入，并将两次录入的数据资料进行核对，对于不一致的地方则以原始资料为准。对于缺省值，常用的方法是均值替代，或者根据具体情形由研究者给出逻辑答案替代，倘若数据量极大，在不影响统计分析的有效性的前提下，也可采用删除处理的方法。

（3）统计分析

数据录入之后需要进行统计分析（statistical analysis），才能得出对研究者有意义的结论，而在进行统计分析之前，研究者需要根据调查课题的性质以及数据资料的性质，拟定统计分析计划，即在统计分析中考察了哪些变量及其相互关系、采用何种方法、分析的目的为解决什么问题等等的一个构想，在必要的情况下，研究者还需要拟定统计分析清单。

在上述步骤全部完成之后，研究者便可对计算机下达指令，令其进行统计运算并输出结果，有时，还有必要对有关变量进行数据转换，生成中间变量，比如将受访者的家庭年收入和受教育程度合成"社会地位"这样一个中间变量，将家庭情况、工作满意度、经济收入等合成为"幸福感"这一中间变量，有时中间变量的获取要采用复杂的统计程序。

研究者要熟练地操作计算机进行统计运算，必须对各种分析软件，尤其是SPSS统计软件的各种指令熟练掌握；研究者纵然无须了解各种具体的统计运算过程，但却很有必要了解各种统计方法的原理及其应用方法、领域、条件，笔者将在下文对常用的分析，即频数分析与描述统计、群体间差异性检验、相关分析与回归分析、因子分析与聚类分析等作一简要介绍。

最常用的分析方法为频数分析（frequency analysis）与描述统计（descriptive statistics）。前者即对某一变量的某一取值的频率，比如平均每日收看电视节目1小时以内的男性消费者在所有男性消费者中的百分数；描述统计则用于描述某一变量的总体情形，比如平均值、标准差、极值、变异范围、四分互差等。比如接受调查的男性消费者平均每日收看电视节目的小时数、标准差、极值等。

群体间差异性检验用于检验群体之间的差异性，最常用的是检验群体间均值差异检验，最常用的方法是 t 检验，包括独立样本组与配对样本组的 t 检验。比如对所搜集的资料经过描述分析发现男性消费者日平均接触电视化妆品广告的时间为3分钟，标准差为2.5分钟，女性消费者则为13分钟，标准差为10分钟，那么这种差异说明了什么，是必然的现象还是偶然的？倘若男女性消费者的样本数超过一定数量（一般达到30即可认为有统计有效性）且是经过随机方式抽取的，那么便可采用配对样本组的 t 检验方法进行检验，若规定概率值在0.05以下即达到显著水平，最后运算的结果是概率值为 $p = 0.0003$，那么这就说明，男性消费者的确日平均接触电视化妆品广告的时间显著（significant）地少于女性消费者。

相关分析（correlation analysis）用于揭示两个变量之间的共变关系，相关分析的方法很多，最常用的是皮尔逊相关（又称为简单线性相关）、斯皮尔曼相关、偏相关等。回归分析（regression analysis）则通过对存在相关关系的变量建立一个定量模型（model）来描述变量之间具体的变动关系，通过控制或者给定自变量的数值来估计或预测因变量的取值，而相关分析仅能测定变量之间关系的变化方向和密切程度，且在分析过程中没有必要分清变量间的主次和因果关系①。比如通过对数据资料的相关分析可能发现，女性消费者日平均接触电视化妆品广告的时间与其月购买化妆品的量（以 10 元为单位）成正相关关系，相关系数为 $r = 0.7$，显著程度为 $p = 0.01$；那么通过一元线形回归分析可能会发现，$Y = 0.49X + 25.0$，这就意味着，当一位女性消费者日平均接触电视化妆品广告的时间每上升 1 分钟，那么她月购买化妆品的量便应多 4.9 元，若某位女性消费者日平均接触电视化妆品广告的时间为 30 分钟，那么她每月购买化妆品的量应达到 55.49 元。

因子分析（factor analysis）与聚类分析（cluster analysis）是一种对大量的数据资料进行简化的手段。因子分析用于分析一组多个变量之间的相互关系，从中抽取共同的、潜在的因子（factor）来解释这些变量，其目的在于要找到一种方式，使得包含在众多原始变量之中的信息能够浓缩成一组少量的变量（即因子）来表示，并使得其信息的损失量最小。聚类分析是一种分类的多元分析方法，其主要目的在于按照个体或者样本的特征将其进行分类，使得同一类别内的个体具有尽可能多的同质性（homogeneity），而类别之间则应具有尽可能高的异质性（hetergeneity）。②

比如现在研究受访者对电话服务的评价，事先确定了 10 个属性，见表9-8 所示，为了更加清楚地了解这 10 个具体的属性究竟反映了哪些更为广泛的问题，以便在广告传播策划上加以注意，研究者以 10 个属性为变量进行了因子分析，萃取特征值大于 1 的因子，共提取了 3 个因子可以解释这 10 个变量，累计方差贡献率达 72%，每个因子的特征值（eigenvalue）、方差贡献率以及各个变量的因子负荷（factor loading）见表9-8。

表9-8　　　　　受访者对电话服务的评价的因子分析结果

属　性	第一因子	第二因子	第三因子
覆盖范围	0.70	− 0.10	0.39
机动性	0.83	− 0.09	0.07
远离家时能拨打电话	0.85	0.19	− 0.12
远离家时能接听电话	0.91	− 0.02	0.02
平均每月电话费	− 0.04	0.69	0.29

①② 柯惠新、祝建华、孙江华：《传播统计学》，北京广播学院出版社 2003 年版，第 223 页。

续表

属　　性	第一因子	第二因子	第三因子
电话设备价格	−0.01	0.83	−0.11
安装费用	0.06	0.77	0.02
声音质量	0.03	0.03	0.96
特征值	2.75	1.81	1.18
方差贡献率	34%	23%	15%

根据表中的结果可知，第一个因子与覆盖范围、机动性、远离家时能拨打和接听电话这4个属性密切相关，因此研究者将其命名为"畅通性"；第二个因子与平均每月电话费、电话设备价格、安装费用等属性密切相关，研究者将其命名为"费用"；第三个属性只与声音质量属性相关，研究者直接将其命名为"音质"。

【思考·案例·练习】

1. 在实验设计中常常采用哪些方法控制无关变项？
2. 如何进行所罗门四组实验设计？其优势何在？
3. 现在我们要研究广告文案长短与广告诉求方式（感性或者理性诉求）对广告效果的影响，请设计一个双因素完全随机化实验以验证自己的相关假设。
4. 观察具有哪些特征？请举例加以说明。
5. 参与观察与非参与观察各有什么优点？请就广告效果的观察举例加以说明。
6. 在广告效果的观察中，常常要记录的重要内容是哪些？
7. 阅读下面文章并谈谈你的思考：

观察法：借您一双慧眼①

人们每天都在对人和事物进行观察，但这并不意味着人们每天都在应用观察法对人和事物进行调查。观察法是市场调查的方法之一，是在无需与被调查对象沟通的条件下，通过对被调查对象的观察和记录，来收集资料的一种调查方法。科学的观察法应具备下列条件：这种观察是为某一特定的调查目标服务

---

① 林宇：《观察法：借您一双慧眼》，《销售与市场》，1996年第1期。2005.2.10下载于：http://www.emkt.com.cn/article/9/920.html。

的；它要经过调查人员系统地计划；调查人员要对所观察的内容进行详细的记录；观察的结果应具有一定的有效性和可靠性。

观察法在市场调查中的应用范围有：①对实际行为和迹象的观察。例如，调查人员通过对顾客购物行为的观察，预测某种商品购销情况。②对语言行为的观察。例如观察顾客与售货员的谈话。③对表现行为的观察。例如观察顾客谈话时的面部表情等身体语言的表现。④对空间关系和地点的观察。例如利用交通计数器对来往车流量的记录。⑤对时间的观察。例如观察顾客进出商店以及在商店逗留的时间。⑥对文字记录的观察。例如观察人们对广告文字内容的反应。

与其他几种市场调查法相比，观察法的特点是在一种日常的、自然状态的情况下对市场进行调查，它可以不与被调查对象进行口头或书面的沟通。谈访调查、问卷调查、电话谈访、核心小组谈访等市场调查方法都强调被调查对象的配合和语言上的反馈。而观察法强调的是在不打扰被调查对象的前提下，调查人员对被调查对象的行为进行系统地观察和记录。如果一家商店的经营者打算既不影响商店的正常营业，又能调查商店顾客的流量和购物时间，在这种情况下选用观察法就很合适。

在某种场合下，观察法或许是惟一能收集到较真实资料的调查手段。假设，某玩具生产商要对学龄前儿童偏好哪些玩具进行调查。市场调查人员可以采用两种方法：一种是对儿童家长的调查。通过对家长的调查，了解儿童对某些玩具的偏好情况。但是，调查的结果未必完全是真实的。另一种方法是观察法。针对学龄前儿童的特点，调查人员设计出对一组儿童与某些玩具的观察方案。在观察这一组儿童玩玩具的过程中，记录下每个孩子的行为：例如孩子对某一玩具是否特别感兴趣？这个孩子玩这一玩具的时间有多长？其他的孩子对这一玩具也同样感兴趣吗？通过观察和记录，市场调查人员将取得学龄前儿童对某些玩具偏好的第一手资料。

观察法还可以作为市场调查的一种辅助手段。在核心小组谈访过程中，市场调查人员除了直接地与被调查者进行语言沟通以外，还可以通过观察被调查者在谈访时的面部表情、点头、摇头等身体语言的表现，增强对调查情景的了解和认识。

目前，在企业的市场调查中，比较常用的观察法有直接观察法、间接观察法和借助机械的观察法。

一、直接观察法。直接观察法是指对所发生的事或人的行为的直接观察和记录。在观察过程中，调查人员所处的地位是被动的，也就是说调查人员对所观察的事件或行为不加以控制或干涉。直接观察法又可以分为公开观察和隐蔽观察两种方法。调查人员在调查地点的公开观察称作公开观察，即被调查者意识到有人在观察自己的言行。隐蔽观察是指被调查者没有意识到自己的行为已被观察和记录。在大多数情况下，这两种方法是直接收集第一手资料的调查方法。例如，超级市场的经营者可以通过公开地观察来记录顾客流量，统计客流规律和商店购买人次，重新设计商品的陈列和布局。在美国超级市场的入口处，通常陈列着厂家来推销的新产品或者商店要推销的季节性商品。顾客走进商店时，多半会驻足观看甚至选购这些商品。市场调查人员可以利用这一机会，观察和收集消费者对新产品或季节性产品的注意力以及购买情况的资料。

商店经营者往往需要了解竞争对手的经营情况，才能在商场上知己知彼，处于竞争的主动地位。但是，公开地在竞争对手的商店进行调查会引起对方的注意。隐蔽观察法可以作为直接收集竞争对手资料的调查方法。如果企业采用派遣市场调查人员作为顾客到竞争对手的商店进行直接观察，将可以获取竞争对手的商品的花色品种、价格，陈设和布局、商店的促销活动、销售人员的服务等方面的资料。

二、间接观察法。间接观察法是通过对实物的观察，来追索和了解过去所发生过的事情，故又称为对实物的观察法。查尔斯·巴林先生在本世纪初对芝加哥街区垃圾的调查便是间接观察法的一个例子。这种对垃圾的调查方法，后来竟演变成进行市场调查的一种特殊的、重要的方法——"垃圾学"。所谓的"垃圾学"是指市场调查人员通过对家庭垃圾的观察与记录，收集家庭消费资料的调查方法。这种调查方法的特点是调查人员并不直接地对住户进行调查，而是通过察看住户所处理的垃圾，进行对家庭食品消费的调查。美国亚利桑那大学的几位社会学教授曾采用"垃圾学"的方法，调查土克桑市居民的食品消费情况。调查结果表明：土克桑市的居民每年浪费掉9500吨食品；被丢弃的食品中有许多是诸如一整块牛排、一只苹果或者一听打开的豆子罐头等可以食用的食品；低收入家庭比高收入家庭能更合理地安排食品消费；所有的家庭都减少对高脂肪、高蛋白食品的消费，但对方便食品的消费却有增无减。这项由政府资助的项目得到有关方面的高度重视，它对调查美国居民的食品消费提供了样本和数据。

另一种比较常用的间接观察法是食品柜调查法。调查人员通过察看住户的食品柜，记录住户所购买的食品品牌、数量和品种等，来收集家庭食品的购买和消费的资料。同样，市场调查人员还可以利用记录和计算零售商和中间商的存货水平，对某一品牌的商品在某一地区甚至全国范围内进行市场份额、季节性购买方式等营销活动的市场调研。

三、借助机械的观察法。随着科学技术的发展，各种先进的仪器、仪表等手段被逐渐地应用到市场调查中。市场调查人员可以借助摄像机、交通计数器、监测器、闭路电视、计算机等来观察或记录被调查对象的行为或所发生的事情，以提高调查的准确性。

美国最大的市场调查公司——A. C. 尼尔逊曾采用尼尔逊电视指数系统评估全国的电视收视情况。尼尔逊电视指数系统代替了传统的调查小组日记的方法。尼尔逊公司抽样挑出 2 000 户有代表性的家庭为调查对象，并为这 2 000 户家庭各安装上一个收视计数器。当被调查者打开电视时，计数器自动提醒收视者输入收视时间、收视人数、收看频道和节目等数据。所输入的数据通过电话线传到公司的电脑中心，再由尼尔逊公司的调查人员对电脑记录的数据进行整理和分析工作。

利用现金扫描机对商品条形码作记录又是另一种普遍应用的市场调查法。例如，商店经营者可以借助现金扫描机的记录对该商店的促销活动进行调查，了解消费者对某些商品减价的反映，以及这一反映对公司利润的影响。

其他被借助于市场调查的仪器还有眼睛轨迹测量器、瞳孔测量仪、脉搏、计数器、音调分析器等。市场调查人员凭此观察和测量广告对人体生理的影响以及个体对促销感染力的反应。但是，借助仪器观察人体反应的调查需要取得被调查者的同意和协作，而且必须在调查人员所设计的实验室或其他特定环境中进行。这也是借助机械的观察法与其他尽可能保持市场自然状态的观察法的不同之处。

为了尽可能地避免调查偏差，市场调查人员在采用观察法收集资料时应注意以下几点：

1. 调查人员要努力做到采取不偏不倚的态度，即不带有任何看法或偏见进行调查。

2. 调查人员应注意选择具有代表性的调查对象和最合适的调查时间和地点，应尽量避免只观察表面的现象。

3. 在观察过程中，调查人员应随时做记录，并尽量作较详细的记录。

4. 除了在实验室等特定的环境下和在借助各种仪器进行观察时，调查人员应尽量使观察环境保持平常自然的状态，同时要注意被调查者的隐私权问题。

第十章 广告媒介的调查

【本章提要】将广告信息直接、有效地送达目标受众，是广告主和广告公司所追求的目标，但这个目标决不是一个轻松、单纯的过程，而是需要根据广告信息的目标、形式和对象，制定一个合理的、科学的、系统的、原则性与灵活性兼具的传播计划。所以，对广告媒介的调查和对受众的分析，是保障广告有效进行的重要环节，也是广告调查中的关键环节。要科学、透彻地把握广告媒介调查的要点，应该弄清这样两个概念：

广告媒介，广告媒介是传递广告信息的载体。广告媒介对消费者在视觉、心理等方面造成重大的冲击，在广告主与广告对象之间起媒介作用，故又称为广告媒体。

广告媒介调查，广告媒介调查是指分析各类刊载广告信息的媒介的特征，以及调查消费者对于各种媒体的接触情况。而媒介计划是指为最有效地传播这些广告信息而所提出的一系列决策，制定媒介计划是一个复杂的过程，目的是寻找到使广告主的信息到达目标对象的最佳途径。在整个制定媒介计划的活动中，首先，要能够明确广告产品所处的市场营销地位和形势、营销的战略计划、广告传播的目标和信息的内容，然后在此基础上设定媒介目标，确定媒介战略，在广泛分析不同类别媒介的基础上选择适用的媒介类别，并由此选择适合的相关媒介，最后制定媒介使用决策。

第一节 广告媒介的性质调查

广告表现过程所担负的首要任务，是为实现广告创意寻找最有表现力和感染力的视觉和听觉语言（符号），并由这些元素营造创意所要求的意境。不同广告媒介的传播特点决定了媒介表现力的不同，必须结合具体的媒介特性来展开思维，有效地实现创意的要求。因而，就需在调查基础上，对媒介进行科学的组合，目的是使广告主和广告公司投入最科学的成本，以最有效的方式把信息传递给最大量的潜在消费者。①

广告学家吉·苏尔马克说："广告媒体是动态的，并永远在改变中。"媒体这种动态性反应在其承载内容、视听对象、动作形式、传播方式、传播范围等都会随着社会政治、经济形态、地理环境、消费结构、人文背景等因素的不同而变动。我们调查广告媒介不只是为了掌握媒介的共性，还必须掌握媒介的个性。因此，我们必须格外重视对广告媒介性质的分析，而这些分析，又是建立在科学、真实而客观的调查的基础上的。

一、广告媒介的符号性质

不同的广告媒介，其符号性质是完全不一样的。对媒介的符号属性类别的划分，正是对媒介个性的一种归类认识。这种归类有助于提高对媒介的全面认识。广告媒介是一种多形态的物质体，从符号传播的角度来看，大致可以划分为以下 4 类：纸制载体、电子载体、户外载体和卖场载体。

1. 纸制载体

广告的纸制载体主要是指经过印刷等工艺把文字、图像等广告信息固定在纸质媒体上构成的广告传播媒介，主要包括报纸和杂志，还有招贴、传单、样本、目录、说明书、宣传册等。其特点是记录性强、便于保存、重复阅读率高；但是即时性差、阅读受一定的文化程度的限制。

其中，报纸的种类非常的多样化：按照发行的时间分类有日报、午报、晚报、周报等；按照发行的地域分类有地方性报纸、区域性报纸、全国性报纸以及世界性报纸；按照信息的内容分类有综合性报纸、经济类报纸、文化娱乐类报纸以及按产业分类的报纸等；按照发行对象的年龄分类有少年报纸、青年报纸、老年报纸等；按照读者的社会分层分类有蓝领报纸、白领报纸、文化知识层报纸等；按照报纸的性质分类有政党报纸、非政党报纸等。

报纸是平面印刷媒体，也是历史最悠久的传统的资讯载体。它承载的是静态的印刷符号文字信息和图片信息，因此在阅读内容上，它是一种读者主动的选择性媒体，这就使广告的传播不具有强制性。一方面使得广告的涵盖面有限制，另一方面却可以向有需要的目标读者提供完整详尽的资讯，使需要者对资讯的接受较为深入。这个特征使得报纸在关心度高的、需要深入理解的广告诉求方面具有相当的优势。报纸的阅读群体集中于城镇，使得报纸媒体拥有较高

---

① 程士安：《广告调查与效果评估》，复旦大学出版社 2003 年版，第 82 页。

素质的、社会消费力较强的受众群体。

报纸广告的表现形式主要有以下几种：

（1）常规报纸广告

根据报纸广告所占的位置和版面大小，分为报眼、跨版、通栏、双通栏、中缝、整版、小全版、半版以及其他尺寸形式。

（2）分类广告

分类广告适合于小企业发布产品广告信息。

（3）特约栏目

报纸的某一相关栏目以企业冠名、特约刊登、征文或与报社联办、协办的形式出现。这是具有中国特色的报纸广告赞助方式。

（4）报纸夹页广告

在报纸中夹带单独的产品宣传广告，随报纸发行到订户手中。

报纸夹页的特点是，夹报的报纸是国家正规出版物，通过它们将自己的宣传品传递到消费者的手中，这样自己宣传的内容可信度会更高；与在报纸上刊登广告相比，价钱无疑又合算得多；夹报可自由选择地区，以支持地区性的广告活动；向家庭主妇诉求更有效果。

总体而言，报纸可以为商业广告提供一个较高的有效触达率，印刷和纸质的质量是影响广告创意表达的主要因素。

杂志的分类与报纸基本相似，但是杂志有别于报纸的特点是信息的内容分类可以更细、受众更集中、针对性更强。比如时尚类杂志，可以分为女性杂志和男性杂志；在女性杂志中又可分为少女类、年轻女性类、中年女性类等等。同样是年轻女性的时尚杂志又可以根据其社会地位分为高收入人群和中等收入人群的读物。杂志读者群的结构参差不齐，因此，杂志媒介的读者区隔是非常清晰的，这为广告主有针对性地选择媒体，向目标消费群有效地传达产品信息提供了很好的媒体平台。

杂志广告主要有以下表现形式：

（1）常规杂志广告

根据杂志广告版面的位置和大小，分为封面、封底、内页整版、内页半版等。

（2）赠品广告

利用包装手段，在杂志内夹带产品的试用装，送给订户。这种形式在国外颇为流行，在国内近年来也开始出现。

（3）嗅觉广告

比如，美国香水厂商在时尚杂志中"埋设香水地雷"。当读者翻阅杂志，触及"香水地雷"时，名牌香水的芬芳就扑鼻而来，引起人们的购买欲。

（4）隐形广告

采用热敏印刷技术在杂志等印刷品上制作的一种新型的广告画。"请读者伸出一只手对准这只手掌，看看里面有什么？"当你按文字说明伸手捂一下广告页，隐藏的画面立即出现在眼前，给读者一种意想不到的惊喜。有人预言，本世纪这种新颖奇特的隐形广告画会在全世界广告业普及。

（5）立体式杂志广告

比如，某保险公司采用立体式杂志广告，一打开杂志，公司形象站立式的三角大厦就矗立在你的面前，给人一种新鲜感。据说这么一来，喜欢该公司的人数增加了几乎四倍，杂志的销量也因此而增加。某品牌的纸尿布，则把杂志广告页切割成纸尿布的形状，与原产品一般大小，并加上贴纸，较真实地再现了产品实貌，使读者充分注意到产品与众不同的特点。

总而言之，杂志的优点是针对性强，印刷精美，读者接触深度超过其他媒体；缺点是发行量有限，周期较长。所以它是一种小而细致的媒体。

2. 电子载体

电子载体是指透过电子孔道传播声音与图像的广告媒介，主要有广播、电视、网络等等。这类媒介以生动、直观、快速的形象受到观众的喜爱，也深受广告客户的青睐。

电子载体的特点是即时性的传播速度快、现场感强以及视觉冲击力大，运用一定的设备也可以保存，信息稍纵即逝的缺点随着网络媒介的出现也得到改善。

A、广播载体

其以广播作为媒体，通过语言和音响效果等听觉诉求方式来传递产品或劳务信息。广播广告具有不受时间、空间限制，覆盖面广；传收同步，信息快捷；传播次数多，周期短，信息容量大；制作简便，播出灵活，费用低廉等优点。由于听众在收听广播广告的同时可以从事其他活动，所以对广播广告的抗拒性比对其他大众媒体广告的抗拒性要小。广播广告只作用于听觉，不受视觉因素的限制，可以充分运用语言、音响、音乐等声音手段，调动人们的想像力。同时广播广告也存在着信息不易保存，消失快；频道较多，听众不易主动接受等不足之处。因此，为了弥补听觉难以给人留下深刻印象的不足，广播广告的发布要有足够的时间长度和播出频率。

广播广告的主要表现形式有：

（1）常规广播广告

广告在常规时间播出，在时间安排上不做特殊处理。

（2）插播

广告在广播节目播送前或播送中插入播出，将大量的插播广告集中在一定期间播放，让视听者一次又一次地接触同样的广告，称之为集中插播。

（3）特约栏目

与广告主合作建立的栏目，多以广告投放者的名义冠名，或者邀约广告投放方人员参与主持节目。

（4）调频台（FM）广播

它以播放高质量音响的立体声节目为主，其中穿插广告。

（5）广告歌、主题歌等

广告表现手法仅限于听觉，因此，有经验的广告主会充分注意利用一切声音表达形式，如音乐、幽默、戏剧、对话、现场报道等，并注意把创作广告歌曲放到重要的位置上来。广告主可以购买联播、点播或者地方广播时间等。

（6）联播

广告主可以订购某一全国性广播网联播电台的时间，同时向全国市场传播自己的信息。

（7）点播

点播广播节目，在市场选择、电台选择、播出时效选择、文案选择上为全国性广告主提供了更大的灵活性。点播可以迅速播出广告，有些电台的预备周期可以短至20分钟，并且，广告主可以借助电台的地方特色快速赢得当地听众的认可。

（8）地方广播

地方时间是指地方性广告主或广告公司购买的电台点播广告时间。

地方广播的播出既可以采用直播方式，也可以采用录播方式。大多数电台采用录播节目与直播新闻报道相结合的方式，同样，广播广告大都采用预录方式，以求降低成本，并保证播出质量。

B、电视载体

指以电视广播作媒介，以视觉形象和听觉形象相结合的形式来传递产品或劳务信息的广告载体。电视广告从声音和图像两个方面向观众传播信息，时效性强，直观性强，宣传效果好，可以在短时期内迅速提高企业和产品的知名度。电视广告的优点是：收视率高，传播面广；声像兼备，诉求力强，能够以感人的形象、优美的音乐、独特的技巧给观众留下强烈的印象；传递迅速，不受时间、空间的限制，并有娱乐性。它的劣势在于传播稍纵即逝，广告信息不易保存；对商品的性能、特点、规格等不可能作详细的说明；另外电视广告费用较高，时间限制较大。电视广告的种类，从材料上分为三种：分别为"电视广告影片"、"录像广告"和"幻灯片广告"（Commercial card）。

电视广告的主要表现形式有：

（1）电视广告片

1983 年至 1984 年间，15 秒电视广告片在美国媒体市场大行其道，随即瓜分了大部分有线及无线电视广告的"蛋糕"，到了 1989 年，有线电视及白天电视的广告大多为 15 秒广告。

电视广告片时间长的一般有 30 秒或一分钟，现在最为常见的还是 15 秒。更多的广告从业者希望用 15 秒时长的广告片来负载更多的广告信息，并认为 15 秒广告片有着 30 秒广告一半的价格优势，因而都乐于采用。然而，现在 15 秒广告的价格已今非昔比，约为 30 秒广告的 85%。

若广告主旨以感性诉求为其策略，以品牌认知为广告目标，宜采用 30 秒广告，因为它在品牌认知方面绩效要比 15 秒更好。

7.5 秒广告不仅可以宣传企业品牌，而且可以传达产品的诉求点，信息涵盖量明显增加，有利于进一步提高广告的传播效果。15 秒或 7.5 秒有足够的表现空间，更容易在创意上出新。关键是将广告片拍得更好看些，对观众的视觉吸引力更强些，广告诉求也可以表现得更充分，真正通过广告将企业的品牌形象打到电视观众的心里去，建立观众对品牌的好感。

（2）标板

标板时间较短，一般为 5 秒，甚至更短，通常只有一两个体现企业形象的画面和一句广告语。电视黄金时段的标板为企业看好。中央电视台新闻联播后的 5 秒标版，连续多年成为企业争夺"标王"的标的物。

（3）赞助形式

赞助电视晚会、赞助体育比赛直播、赞助卫星实况转播某些大事件、赞助有奖智力竞赛、赞助电视片和电视剧的拍摄、赞助进口大片的放映等，一般在片头、片尾注上某企业赞助字样。在电视剧的拍摄中，赞助形式甚至"渗透"到电视片和电视剧的道具和场景中去。电视媒体是塑造企业形象的有力手段，企业可以通过电视赞助的形式来塑造形象。

（4）栏目冠名

将电视台的某些热门栏目以企业的名称或产品品牌命名，这也是一种常用的企业赞助形式。如中央电视台的"正大综艺"、"万宝路体育大世界"等。挂名"特约播出"，也属于栏目冠名广告。

（5）电视信息片

这是一种传播产品信息的"二级"广告片，内容大多是对产品功能进行介绍和演示，电视直销广告片就属于这一类；另一类侧重展示产品形象。一般时长在两分钟以上。电视直销广告片与其他电视广告片不同，往往会出现产品价格，并提供热线电话供消费者电话订购。

（6）贴片广告

即跟片广告。广告片本身并无什么特殊之处，但贴片广告是固定地"贴"在某一部电视连续剧的片头、片尾或片中插播的。

（7）游字广告

电视台在播放正常节目时，在屏幕下方打一行游动的字幕，即时播放产品促销信息。

C、网络载体

随着新媒体的出现，网络这种全新的、颠覆式的广告载体又使电子载体发展到了全新的层面。依靠计算机技术和国际互联网，网络向用户提供的可用作广告传播的功能和服务主要有以下几个方面：电子邮件、远程登录、网络新闻、网络信息服务。网络载体的覆盖范围广泛，信息容量大，广告信息能够实现交互传递，广告形式多样，广告投放准确，广告播出动态实时，广告的效果容易科学统计，广告投入的效率也非常高，实现了广告信息的多媒体、多通道、高速、即时传播。但是网络载体也具有硬件要求高、主动性差、视觉效果不理想的局限性。①

3. 户外载体

户外广告的发布形式、数量、种类以及质量，已成为一个国家或地区经济发达程度的标志之一。户外载体则指的是，各种以固定形态或流动形态出现的户外广告载体 OOH（out of house），按照这类媒体的技术性能分类有霓虹灯、灯箱、街头电子大屏幕、海报看板等；按照动态状况分类还有车身（内外）广告、飞艇广告、流动车广告等。

户外载体随着城市经济和城市建设的不断发展，已经成为许多地方的一道风景线。户外媒体主要包括交通类和建筑类。

户外广告的特点有：（1）主题醒目、色彩鲜艳、文字简明、易于记忆。（2）长期固定于一定场所，反复诉求与强迫诉求的效果好，消费者在行色匆匆中随意一瞥也能留下一定印象。（3）选择性强。广告客户可以在自己认为最需要开展广告宣传的地区、地点，布置不同类型的户外广告，选择性极强，几乎可以满足广告客户的所有要求。（4）传真度高，大幅画面能逼真地突出广告形象。（5）制作费比较低廉。这是由于户外广告的制作成本较低，表现手法简单，长时间的发布，又降低了单位时间的广告费用。

---

① 江帆：《广告媒体策略》，浙江大学出版社 2004 年版，第 12～14 页。

户外广告也有一些缺陷，由于受场地限制，收看范围小，广告效果具有一定的局限性。因此，在设置户外广告时应特别注意场地的选择，以顾客流量多的地段、交通枢纽或旅游胜地为好。而且，户外媒体不会有意识地被受众所关注，一般都是远距离地一瞥而过。媒体的关注度低，受众接触粗糙。这使得这类媒体在传播功能上偏重于产品提醒，而不适合于详细的资讯传达。

4. 卖场载体

在国外也被称为"POP"（Point of Purchase）广告载体，又称购买点广告载体，起源于超级市场和自助商店里的店头广告。卖场载体是指在购物场所、零售商店、超级市场、百货商店的周围、入口、内部以及有商品的地方所设置的广告载具。此类广告载体不仅是市场生动化的一种手段，从营销层面看，市场生动化对营销网络和品牌的支持，可以促进企业产品销售环节的良性循环。

市场营销专家一再提出自己的忠告，在百货商店里，至少有40%以上的顾客是在事先没有计划的情况下，受现场环境的影响才产生购买欲望的。当卖场内外的布置样式对顾客购买商品产生了不同的促销作用时，卖场的一切布置物便具有了广告的性质，成为卖场载体。

卖场载体的种类繁多，彩旗、布条、横幅、招牌、霓虹灯、招贴画、电子闪示广告、模特广告、橱窗布置、商品陈列等，都可称为卖场载体。总的来说，卖场载体的作用是提醒、制造贩卖气氛，对感性消费的商品尤为重要，而理性消费商品在卖场也能起到提醒注意的作用。具体说来，卖场载体使卖场"活"了起来，可以替商店招徕顾客；通过立体的、平面的、吊挂的、陈列的、录音的、录像的等各种形式，创造购物气氛，唤醒消费者潜在的购物意识，促成购买行为的产生；以无声的推销员式的存在，体现企业的整体形象；而且霓虹灯、电子闪示器等室外广告、制作费用高，企业无此实力不敢问津，因此是企业实力的象征。制作精美的电子类 POP 广告，以其绚丽多姿与变幻无穷给所在社区平添了生机与繁荣，被誉为都市的眼睛。

在现实的媒介操作中，不同符号性质的广告媒体，并不是完全区别开来，也可以组合使用。例如宁夏红枸杞产业（集团）有限公司在推广"宁夏红"枸杞酒时，就使用了媒介组合创新的手法。①

宁夏红枸杞产业（集团）有限公司是国家农业产业化重点龙头企业，宁夏回族自治区重点扶持的优势骨干企业之一。"宁夏红"枸杞酒由宁夏香山中宁枸杞制品有限公司生产，它是宁夏红枸杞产业（集团）有限公司的一家子

---

① 穆虹、李文龙：《实战广告案例》（品牌卷），中国人民大学出版社2005年版，第398～403页。

公司，位于著名的"中国枸杞之乡"中宁县，是我国第一家对枸杞进行深加工的专业厂家。它立足宁夏枸杞资源优势，介入枸杞深加工行业，将中宁枸杞项目列为重点工程和新的经济增长点，投入了大量的人力、物力和财力，对原生产设施和环境实施了全面、彻底的技术改造，集团公司已投入近亿元资金，进行宁夏红枸杞酒的产品改良和品牌塑造。

在此之前，该集团生产的香山系列白酒在自治区内是名牌产品，但是，枸杞果酒却是刚刚介入，而且，作为这样一个新产品，不可能把市场定位在自治区里，而是要开拓全国市场。但是，作为香山酒业（其前身），在全国的知名度和品牌号召力都不强。所以，集团制定了以宁夏红枸杞酒为突破口，一点突破，迅速走向全国的战略。

因此，本轮广告媒介投放肩负两个大功能：品牌塑造和全国招商。

广告决策者首先对全国的媒介状况进行了调查和分析。

就全国性的媒体而言，主要有这几种：电视媒体：央视各频道、省级卫视频道和凤凰卫视等媒体；报纸媒体：《经济观察报》、《中国经营报》，《21世纪经济报道》和其他老牌的中央级媒体，如《人民日报》、《经济参考报》等；杂志媒体：《销售与市场》、《商业周刊》和《半月谈》等中央杂志；电台媒体：中央人民广播电台各频道；网络媒体：新浪、网易、首都在线等网站。

根据宁夏红的产品定位和目标受众分析，以下媒体可以被排除：电视中的凤凰卫视等媒体，报纸中的《人民日报》等中央机关下属报纸；杂志中的《半月谈》等中央机关下属杂志；中央人民广播电台各频道（目标受众的到达率有限）。

就招商目标而言，《销售与市场》杂志和《中国经营报》责无旁贷，而且效果明显。

网络这个新媒体，能够便捷地接触到我们的目标受众定位中的第一类，而且相对成本效益较高，广告决策者选择了时下以新闻著称的新浪网，并制作了专门的网页，进行产品和品牌信息的详细传播。

电视媒体——这种目前最大众化、对受众影响力最大的媒体如何进行投放呢？首先，电视由于其声画结合和传播快速的优势，对于形象的感性沟通、情感牵引具有其他媒体不可替代的作用，在品牌的知名度塑造上优势明显。这次媒介投放的另外一项任务——知名度提升就落在了电视的肩上，关键在于如何更好地组合现有的媒体，使之达到成本效益最大化。

省级卫视自上星以来，影响力逐渐增大，截至1999年，全国31个省（自治区、直辖市）全部有了上星频道，一夜之间，这些频道从一个省级频道跃升为全国性频道。它们的变化，为全国的观众提供了更多的频道选择机会，而央视各频道的影响力也在这种竞争格局中逐渐被削弱。那么，就全国性的电视传播而言，到底是选择央视频道，还是选择卫视频道呢？之前，还没有这样的先例。针对这种状况，我们对它们的实力状况进行了量化分析研究。

由于各省级卫视频道的覆盖和收视表现不一，同时，它们有着相同的特征——从省级频道转变而来，对本省的影响特别大，也就是说它们是内外兼顾的频道。而央视频道没有根，虽然总部在北京，但就北京而言，北京人更喜欢看北京台，央视在其他地区的表现也是如此，总之，央视频道没有大本营，两者在收视表现上到底是什么关系呢？

广告决策者把所有卫视当作一个频道来研究，和中央电视台一套进行对比，发现：

（1）卫视联播和央视一套呈现此消彼长的互补关系。

（2）9家卫视组合与31家卫视组合的收视效果相差不太大。

同时，广告决策者还对省级卫视频道的覆盖率、观众构成、节目设置进行了综合研究。结果是：卫视联播有投放的价值，特别是对于宁夏红这样的快速消费品类新产品。在这种情况下，是不是央视可以不投放了呢？答案是否定的。虽然省级卫视频道的影响力在上升，但是央视的独特地位是无法取代的，特别是作为国家大电视台，它的权威性、可信度和美誉度都很高，对品牌形象提升有至关重要的作用。那两者怎么组合才合适呢？通过进一步分析，我们得出结论，央视和卫视的投放比例控制在4∶6的水平线上是最合适的，这样，既突出了全国范围的影响，同时，各省级卫视频道在本省内收视都表现很好，对重点市场的影响也会比较充分。同时，卫视联播让每个地方的消费者增加了看到广告的机会，因为，一个地方往往可以收到多家卫视，这样，就形成了卫视联播多层、高密度覆盖的局面。

在确立了"每天喝一点，健康多一点"的广告诉求之后，广告决策者发挥省级卫视成长较快、内外兼顾的特点，在全国范围进行了包括电视、报纸、杂志和网站在内的多媒体整合传播，目的在于提高品牌知名度和配合招商，从而带动销售。

经过半年的执行，宁夏红通过杂志和报纸招商广告，迅速在全国的经销商中引起了关注，为区域销售奠定了良好的基础；同时，通过准确的品牌分析和媒体分析，确定了央视和卫视联播齐动的全国电视媒介启动策略，在全国各地形成了对观众多层覆盖、多重冲击的媒介攻势，使宁夏红的广告有效地得到消费者的认知。

二、广告媒介的经营性质

现在，媒介正不断从"意识形态的媒介"向"产业经营的媒介"转向，媒介的经营色彩日渐浓厚，市场竞争日趋激烈。由此也带来了传统广告媒介的分化和新广告媒介的诞生。

这种新态势，不仅表现在广告媒介的形态上，而且非常明显地表现在广告媒介的经营方式和生存模式上。广告媒介的细致化、专业化和集中化促使它们自身在经营模式上的重新划分：同时出售媒介内容和其广告资源的大众媒体、专门从事广告信息发布的广告专营媒体以及本不从事广告经营但被开发利用的边际媒体。

1. 大众媒体

在形形色色的广告媒介中，大众媒体无疑是占据了重要地位。从其作为广告媒介的经营特点看，其主要依靠出售媒介内容和出售其注意力资源来获得利润。对大众媒体来讲，广告信息是借用其来进行广告信息的发布。

大众媒体往往具有"事业单位、企业化运作"的特点，其担负着社会新闻发布、舆情发表等重要功能，并不专以广告信息发布盈利的方式为其惟一或主要目的。

大众媒体是现代社会中不可或缺的信息源，是新闻信息、政治信息、经济信息、文艺信息等信息发布的综合性平台，因此广告很容易处于从属地位，这也会造成信息的互相干扰。

而大众媒体所具有的权威性强、知名度广、公信力高、影响力大的特点，也会使广告信息发生"晕环效应"，即令受众对大众媒体上发布的广告阅读更广、理解更深、信任更足。

2. 专营媒体

专营媒体指的是专门从事广告信息发布的媒介，此种媒体以出售其注意力资源为单一经营手段。比如户外广告载体、车载影视广告、电视购物频道、商品指南类刊物等等，都是属于代表性极强的专营媒体。

由于专营媒体对广告经营的专一性，自然导致其广告操作的专业性和集中性。其传播的信息单一、聚焦，能够从受众的眼球和其他感官上获得集中的注意力，在有限的时间或空间里争取发挥对受众的高强幅度的刺激功能。通过广告信息的集中、重复和循环传播，最大限度地影响广告受众，塑造强势广告媒介，从而赢得广告主的青睐。

3. 边际媒体

边际媒体是指非正式的广告媒介，这类媒介可以被开发、利用作为广告媒介，发挥传播商业信息的功能，但是其本身并不成为广告媒介。这是一种"泛广告媒介现象"，是注意力经济时代下，广告媒介扩张后的结果。

例如以人的身体为噱头的人体广告，就是非常明显的边际媒体。边际媒体的特点是新鲜、标新立异，很容易获得关注。但是正由于其作为广告信息载体的非正式性，一旦广告信息发布完毕，边际媒体便不再具有相关媒体属性，因此，边际媒体的传播随意性比较大，其传播的广度、传播的连续性等指标也是其不可弥补的缺点。

三、广告媒介的受众定位

作为传播信息的载体，广告媒介也拥有着不同的受众定位。随着广告投放的理性化和战略化，随着广告产品、服务和组织的传播需要的明确化，随着广告主对广告传播的质和量的区分，广告媒介的受众定位的划分也就愈加明显。

按照广告媒介所传播的范围大小，可将广告媒介划分为大众定位的和小众定位的两种。

1. 大众定位

在此定位之下的广告媒介，其受众广泛，其视、听众群没有明显的年龄、性别、职业、文化以及消费层次的区分，如电视、广播、一般性报纸和户外广告载体等等。

大众定位的广告媒介往往具有传播范围广、社会影响力高的特点，其共同特征是针对相对不特定的多数人群可以做出迅速的反应，能广泛地向社会传播，效果较强，可以制造共同的话题，信息具有一定的权威性和信赖感。对于那些需要快速展开广告产品或服务信息的广告主而言，大众定位的广告媒介能够满足他们的需要，迅速建立知名度，从信息海洋中突破，打开市场。

对于大众定位的广告媒介来说，其缺点是登载其上的广告信息容易被淹没在丰富的信息海洋中，造成广告投资的浪费。

2. 小众定位

小众定位的广告媒介，是诉求目标有限的特定媒体，主要指特定人群内的、受众接受度比较低的非主流信息交流媒体，如行业内的小媒体、DM（direct mail，直邮）、店头的销售广告POP（卖场载体）等。传统小众传播媒体的共同特征是针对相对特定的少数人群，能够比较确实地掌握目标人群，广告成本较低，受众注目率较高。

当广告主的目标消费者比较集中，或是广告主想定点引爆一个区域市场，或者是广告主想对某类别的受众定向传播信息时，小众定位的广告媒介可能就是此时的最佳选择。

这样的广告媒介虽然在广度上、在量度上不会引起太大的轰动，但是对于目标受众而言，由于该部分受众对小众媒体保持的高度专注，则会使针对他们的信息在传播的质上得到较为深刻的展现。

尤其是在小众化传播时代到来之时，许多大众媒体也采取转型或者细分的方式，营造小众定位的传播环境，使得广告信息的传播更充分、更完全、更准确、更深刻。

以 DM 为例，通过对 DM 的传播效果分析就能发现，在检索了特定人群之后将其信息送达出去，它的送达人群就非常准确、集中，因而这个群体对信息的阅读相对比较认真，效果也比较显著。比如在经济相对比较发达的国家和地区，商家往往通过合法手段从有关数据库中得到所需的相关人群："孕妇"的资料，然后采用 DM 的方式，直接将有关孕妇和婴幼儿的保健、营养、服饰、用品等信息传达给这个特定人群，甚至赠送一些产品的试用样品，这种方式可以与客户直接沟通，建立良好的客户关系，这样既减少了广告费用的开支又达到了较好的营销目的。假如是一个新品牌，则再采用大众传播媒体配合推广品牌知名度，那么效果会更好。①

四、广告媒介性质调查的途径

如前所述，我们知道广告媒介是具有一系列的符号特性和经营特性，而要使得广告最终投放在合适的媒介上，就必须了解广告媒介的相关性质。这是媒介选择的论题，媒介选择实际上是一个调查研究、构思、论证、实施的过程，首当其冲的，必然是媒介调查。

媒介调查，是指站在广告主的角度，从营销实效出发，利用多种调研的途径和工具，结合对历史投放数据的积累分析，研究、挖掘媒介的特性，为制定高效益的媒介计划提供有力的支持和效果的保证。

在广告媒介性质调查中，最经常用到的调研途径有观察、检索和咨询。

1. 观察

观察是指调查者用自己的感官及辅助工具，观察和记录广告媒介的表现，从而获得第一手资料的调查方法。与其他调查方法相比较，观察法收集到的资料更直接、更真实、更生动具体，所以成为广告媒介调查中常用的一种方法。

观察有很多种方式。按照观察者是否参与被观察者的活动，可以分为参与观察与非参与观察两种。按照观察提纲的详细程度，可分为结构性观察和非结

---

① 参见程士安：《广告调查与效果评估》，复旦大学出版社 2003 年 9 月第 1 版，第 84 页。

构性观察两种。

结构性观察在观察实施前常制定观察项目清单、观察表、观察卡片，用其作为观察提纲。非结构观察法的提纲设计包括：观察的情景，包括实施观察的地点、时间、观察对象，观察的主题，观察记录方式。

运用观察法进行广告媒介调查的时候，首先应制定观察计划与提纲。然后进入观察监测具体过程，做好观察记录。有了明确的观察内容和观察计划后，就可以进入实际观察阶段了。在实施观察时，把观察得来的信息变成文字记录，是观察法中十分重要的一环。

观察法具有直观和可靠性。它可以比较客观地收集第一手资料，直接记录调查的事实和被调查者在现场的行为，调查的结果从某种意义上更接近实际。观察法基本是调查的单方面的活动，特别是掩饰观察，一般不依赖语言交流，因此可以避免很多因为访员及询问方式等产生的误差因素，同时访员也不会受到与被观察者意愿和回答能力等有关问题的困扰。观察法操作简便、易行、灵活性强，可随时随地地进行，是广告媒介性质调查中常见的途径之一。

但是，观察法耗时较长，调查成本较高，私下和内部情况了解有限，其调查结果也含有一定的偶然性成分，因此，观察法也常常需要与其他方法结合使用。

例如，北京未来广告公司作为一家经营媒介广告的服务性公司，不仅销售额雄居中国本土广告公司第一，而且在知识管理方面也走在了同类企业的前列。该广告媒介专业代理公司，就是运用观察法对 2004 年该公司代理的广告媒介（含频道、栏目）进行了盘点 ①：

1 月——

［高端访问］问世、收视表现不俗：1 月 4 日《东方时空》重磅推出周末板块［高端访问］，开播之初《专访加拿大前总理》便获得 1.49% 收视率，时段观众"含金量"明显提升。

新栏目［体育报道］迎来开门红：1 月 5 日体育频道正式播出的《体育报道》，1 月 5~16 日的平均收视率 0.12%，比原同时段《棋牌乐》的平均收视率高 50%。

百集韩剧掀起观众收视热情：1 月份 170 集韩剧《看了又看》在 49 个卫星频道中，同时段收视全国排名第一，比排名第二位的中央六套高出 100%。

---

① 央视国际广告频道：《收视攀升，月月精彩——2004 年北京未来广告媒体收视大盘点》，2005 年 01 月 27 日 14：23，来源：http：// www.cctv.com/advertisement/special/C 13471/20050127/101224.shtml。

［环球影院］春节期间创新高：新年伊始，电视剧频道［环球影院］先后播出《兄弟连》、《独霸天下》、《小猪进城》等优秀影片，收视率分别达到0.39%、0.48%、0.54%，带动栏目的平均收视率比2003年翻了一倍，栏目的影响力得以大幅度提升。

2月——

CCTV-5全新改版：2月1日起，CCTV-5进行全新改版，全天多档栏目依据观众收视习惯对于首播时间进行调整，并增设央视第一档汽车综合类栏目—《赛车时代》，CCTV-5整体竞争力得到全面提高。

2006年世界杯亚洲区足球预选赛：2月18日，2006年世界杯亚洲区足球预选赛正式打响，截至11月17日中国队世界杯之旅结束，赛事观众规模达25%，意味着全国有1/4的观众收看过该项赛事，六场中国队比赛平均收视率达3.66%，决定性战役最高单场收视率5.48%。

《看了又看》亮相［青春剧苑］，收视率一路飙升：前78集平均收视率轻松突破1%，单集最高收视率达到3.34%，同时段排名全国卫星频道首位。

3月——

［黄金强档］《当家的女人》在同时段跃居全国首位：《当家的女人》凭借高吸引力的剧情发展，全剧平均收视率高达3.27%，最高单集收视率达4.41%，成为2004年已播剧目收视率的最高点。

第47届世界乒乓球锦标团体赛：2月2~7日，在短短六天内赛事汇聚到了1.6亿观众的目光，赛事期间CCTV-5全天收视率排名全国第二，中国队比赛平均收视率2.16%，中VS德男团决赛成为单场最高收视率，达4.43%。

2004年奥运会亚洲区足球预选赛：3月1日，2004年奥运会亚洲区足球预选赛鸣金开战，中国队参战的六场比赛平均收视率达3.7%，最高收视率出现在中国VS伊朗对战，高达5.6%。

西部频道《军歌嘹亮》创2004年栏目收视新高：2月17日~3月2日［老片新看］播出了《军歌嘹亮》，单集最高收视率为0.42%，创2004年栏目收视率新高。

4月——

［电影传奇］秉承［实话实说］收视神话：4月3日，由崔永元制片并主持、主演的［电影传奇］每周六将正式登陆《东方时空》。［电影传奇］无论其社会影响力、收视表现必将不负重望，秉承［实话实说］品牌与收视的"双丰收"。

5月——

电视剧频道连续10周收视稳居全国卫视第二位：晚间［黄金强档］时段

收视率比央视 6 套同时段高 45%，两个频道收视差距进一步加大。

首部韩国古装历史剧登陆央视：5 月 24 日，央视引进第一部韩国古装历史剧《明成皇后》首次在电视剧频道［海外剧场］登陆。

［电影传奇］在假期电视市场中表现可观：5 月 1 日节目《李双双》，时段占有率高达 21%，每 5 个开机的观众就有 1 个收看了节目，较平时提升了14%。

6 月——

2004 年欧洲足球锦标赛：6 月 12 日~7 月 5 日，3.6 亿球迷关注欧洲杯，其中 15~44 岁男性观众为欧洲杯的绝对收视主力军，观众规模高达 41.2%。CCTV-5 在赛事期间全天收视率排名全国第二，在赛事时段理所当然地位居全国之冠。

电视剧频道全天（8：00~24：00）稳居全国收视第二位：除［佳艺剧场］外，电视剧频道各剧场的收视均超越央视 6 套，其中［青春剧苑］时段 8 套收视水平是 6 套的 3 倍，［黄金强档］时段 8 套比 6 套高出 47.7%。

《种啥得啥》成为［黄金强档］2004 年收视排位第二的剧目：全剧平均收视率 3.06%，每集平均吸引 3 400 万观众。

《今日说法》稳居午间电视市场首位：与《新闻 30 分》相比，《今日说法》的观众构成呈现女性、15~34 岁青年观众略多的特点。

7 月——

红色经典剧目《小兵张嘎》在电视剧频道播出：7 月 27 日，红色经典剧目《小兵张嘎》在电视剧频道［黄金强档］播出，并取得了剧场已播剧目收视排名第四位的优异成绩。

2004 年亚洲足球锦标赛：7 月 17 日~8 月 7 日，全国有超过 4.7 亿的球迷收看过 32 场激战，国足参战平均收视率高达 8.9%。亚洲杯期间 CCTV-5 全天平均占有率近 8%，排名全国第二位。

8 月——

2004 年雅典奥运会：8 月 13~30 日，频道观众规模高达 7.4 亿人次，全天平均占有率超过 20%，排名全国第一。奥运赛事是国人关注的绝对焦点，平均收视率达 4.22%，最高收视率飘过 14%。

《今日说法》周时段占有率仍稳居全国首位：8 月份在雅典奥运会期间，即便收视率飙升的央视五套奥运特辑《王者英雄》也未能冲击《今日说法》的霸主地位。

9 月——

《东方时空》全面改版：9 月 1 日，《东方时空》首播时间由早间 07：15~

08:00 调整为晚间 18:14～18:59，与《新闻联播》、《焦点访谈》共同打造晚间黄金时段的新闻板块。从这一刻开始，《东方时空》将增加很多期待的新气质，这种新的气质就是"今天、新闻"

2004 年 F1 方程式赛车锦标赛上海站：2004 赛季 F1 观众规模达到 3 亿人次，意味着全国有超过 1/4 的观众收看过 F1 精彩赛事，其中有 1 338 万车迷通过 CCTV-5 欣赏了 9 月 26 日 F1 上海站决赛。

10 月——

2004 年 NBA 中国赛：上海、北京赛平均收视率分别为 3.09% 和 2.13%，成为 2004 年体育频道篮球赛事两大收视高点，赛事同时段 CCTV-5 均排名全国第二。

"10.1" 期间电视剧频道剧场特殊编排大获成功：十一假期期间，电视剧频道 [环球影院] & [魅力 100 分] 共同播出《澡堂老板家的男人们》，收视率比 9 月份同时段提高 70%，可见节日期间特殊编排有效增强了频道的竞争力。

韩国又一部经典爱情力作登陆 [海外剧场]：10 月 21 日，韩国爱情剧《人鱼小姐》在电视剧频道 [海外剧场] 播出，自开播来便占据全国同时段收视率首位。与剧场 2004 年播出的另外三部韩剧相比其单集攀升速度更为明显。

11 月——

《人鱼小姐》已成为近期电视剧频道晚间收视的重要支撑点：[海外剧场] 的《人鱼小姐》开播以来，收视率持续上涨。至今第二部前 26 集平均收视率比第一部再次提升 61%。

12 月——

《东方时空》改版至今收视率呈现显著攀升态势：根据 12 月份最新数据显示：栏目最高收视率已高达 2.01%。《东方时空》9 月 1 日改版至今，首播收视率保持以每月 15% 的幅度递增，并且在栏目同时段稳居全国卫视首位。

2. 检索

检索，主要是对已有文献资料的检查和搜索，是根据需要从某一检索工具或检索系统中把与广告媒介相关的文献线索或知识信息查找出来的过程。也是对二手资料的调查研究，是对既有资料的使用。其最显著的优点就是免去了执行基本调查活动所需耗费的大量经费和时间。随着网络技术在信息处理能力方面的进步及其在调查研究领域的广泛采用，调查人员已经能够轻易获取大量广告媒介的相关信息，分享别人的研究成果。而广告公司和企业主对信息的日益重视也使其开始建立和不断完善自己的资料库，这也为文献调查提供了更有利的条件。

检索实践中常用的有工具法、直查法、追溯法和综合法。其中工具法又可分为顺查法、逆查法和抽查法三种。

顺查法是把检索课题研究的起始年代作为检索起点，利用特定的检索工具由远及近，由始至今逐年查找。逆查法是利用特定的检索工具由近及远，由今至始逐年查找。抽查法是根据课题的实际需要去检索某个时期文献资料的方法。抽查法偏重于文献的阶段性和代表性，抓住某一学科发展的高峰时期进行重点检索。

直查法是根据课题的需要，直接查找某种学科的核心期刊目录或阅读期刊提要，获取相关的文献资料。

追溯法是以一次文献所附的参考文献，注释索引等作为查找依据追踪溯源，查出与课题相关的一批文献。

综合法（或称交替法）是工具法和追逆法的综合利用或交替使用。

通过综合运用各种搜索方法，可以实现对广告媒介相关信息的有效搜罗和检索。这种充分地利用既有的资讯并对其进行分析、判断作为广告媒介研究的方法，越来越多地为广告媒介调查者所采用。企业主自身的资料库、档案库所存留的营销记录与相关资料，以前的调查研究材料，相关资讯公司、媒介调查与研究公司、媒介资料库、营销及传播研究公司、市场调查公司、社会及高等院校图书馆、网络资料及各类出版物等等，其资料来源非常丰富，问题只在于如何去发现和寻找。如在观察法中所提到的案例——北京未来广告公司所代理媒介的相关资料，广告主就可以通过检索获得相关信息。

检索是广告媒介信息的重要来源，甚至可能直接就是研究假设和论据的来源。但是，由于市场改变非常迅速，使用过时的、模糊的、描述性的、假设性的或尚未确定的二手资料，可能会陷入某种误区，从而直接导致广告媒介调查的失败，因此，在检索分析的过程中，应慎为分辨。

3. 咨询

在广告媒介性质调查的途径中，咨询也是非常直接的寻找答案的方法。咨询指的是，通过向行业内专家、学者、媒介内部人士和权威人士了解情况的方式，获得有关广告媒介的相关重要信息。

任何一个广告媒介，都具有通过观察、检索等途径采集不到的信息，而行业内专家、内部人士和权威人士通过行业内的接近性和多年的积累，也保持着对广告媒介的关注，并对广告媒介的性质进行了大量的思考和研究，因此，通过与这些人士的交流，可以获得内部情况、经验之谈和画龙点睛式的点拨，尤其是在最初选择媒体投放范围和最终选择淘汰或确定媒介的时候，咨询这一途径也就越发重要。

咨询的主要对象有以下几类：

媒介观察家，这批人士包括有媒介链条的从业人员、研究媒介及广告传播的专家学者，他们由于对媒介研究保持了高度的关注性，因此，他们的看法也比较专业、客观。

广告产品或服务所在产业的行家，他们或在市场中摸爬滚打，或在理论领域保持着领先性，对广告产品或服务与广告媒介之间的关系掌握得比较科学，能够提供关于广告投放及广告媒介选择的高质量建议。

媒介从业人员，这类咨询对象由于身处媒介的运营平台，甚至本身就是媒介的广告部人员，能够提供大量的媒介效用资料以供参考。因此，有关媒介本身的信息，也可以直接通过他们来了解。

咨询的主要方法则有电话咨询、约见面谈、邮件函调、侧面了解等多种形式。不论是哪种方式，都必须让咨询对象感受到既真诚又巧妙。

咨询，是对所需媒介信息的直接追索，在"山穷水尽疑无路"的时候，通过咨询，广告媒介调查者甚至产生"柳暗花明又一村"的感受，故而，咨询也被作为广告媒介性质调查的主要途径之一。

第二节　广告媒介的业绩调查

每一个广告媒介的经营状况都不同，这就需要我们对广告媒介的业绩进行深入的调查。有了对广告媒介的业绩的评判，我们就可以判断出该广告媒介的影响力、传播力度、传播效果，从而对其进行相应的取舍。

衡量广告媒介的业绩，一般说来，有两套体系。客观的评判体系包括发行量、视听率、人流量和接触率等指标；主观的评判体系则包括关注度、好感度和公信度三大指标。

一、广告媒介业绩客观调查

一般广告费的80%以上都用来购买媒体的时间和空间，而传播媒介又是连接广告客户与目标消费者的桥梁。发行量、视听率、人流量和接触率等指标是评估媒介业绩最主要的参数。通过对这些指标的调查，我们也能够客观地从数据上获得对广告媒介业绩的评判。

1. 发行量调查

报刊的发行量是指发行（包括零售和订阅）的总份数（对于广播和电视来说，"发行量"则是指收听或者收看的受众总量）。媒体的发行量是衡量媒体的规模和影响面的大小的重要尺度。从理论上来说，印刷媒体的发行份数与读者人数、广告到达率及广告效果成正比。发行份数越多，读者越多，广告到达率越高，广告效果也就越大。

细分起来，发行量包括：

宣称发行量，指由报刊本身根据实际印刷量扣除未发行份数所宣布的发行量。

稽核发行量，指由独立的第三方对刊物发行量加以查证后，所提供的发行量数据。该数据比较公正可信。在一般情况下，没有查证的宣称发行量通常较实际发行量夸大，往往靠不住。人家号称 20 万发行量，其实有 5 万虚数，另 5 万则直接进了废品收购站，你又怎么知道呢？

在外国，有发行量调查机构或发行稽核局（Audit Bureau of Circulations），一般称之为 ABC 机构。这是由广告主、广告公司和媒体单位组合而成的非营利组织。ABC 对印刷媒体的发行量严格稽核，并发给发行量认证书，以证明该印刷媒体的发行量。在我国，尚无此种机构。

订阅发行量，指印刷媒体发行量中属于长期订阅部分的发行量，又分家庭订阅发行量和单位订阅发行量。家庭订阅发行量的读者通常对刊物具有较强烈的信心与兴趣，对刊物的投入程度也较高，因此无论对刊物本身还是广告价值而言，家庭订阅发行量和订阅读者均具有较高价值，单位订阅发行有助于增加传阅率。

零售发行量，指印刷媒体发行量中属于单期购买部分的发行量。主要指报摊购买的读者，零售发行量对报刊及广告的价值次之。

赠阅发行量，指印刷媒体发行量中属于赠阅部分的发行量。由于赠阅发行量大部分非读者选择结果，因此价值最低。

2. 视听率调查

在视听类电波广告媒体中，视听率（收视率、收听率）是指媒体某一节目在某一时段特定对象占总量的百分比。据此，可以估算广告信息将到达多少人，暴露于这些人多少次。影评家们常常引用视听率的高低，作为评估电视连续剧的依据，以广告主的立场而言，在视听率较高的节目里播出广告，其效果就越好。所以广告决策者常以视听率的高低为选择广播电视媒体的依据。电台及电视台在节目制作上也以视听率作为制作策略的基本资料。

由此看来，视听率调查不论对电台、电视台节目制作以及广告决策者对广告媒体的运用都是十分必要的。

调查广播的收听情形，称为收听率。调查电视的视听情形，称为视听率。在日本，不论广告电视，统称为视听率。

假定电视机的总家庭群体（每户均拥有一台电视机）为 10 万个，其中有 2 万个家庭在收看节目 A 段，1 万个家庭在收看节目 B 段，则节目 A 段的视听率为 20% ，节目 B 段的收视率为 10% 。

视听率是媒体研究中最重要的术语。广告主或广告公司参考视听率决定购买什么广告时段。不过，一直在追逐高收视率的往往是电视从业者而不是广告主。电视广播从业者使用视听率来评价节目的普及状况，如果某一节目收视率高，这个节目就可能继续播出；反之，如果节目收视率低，这个节目多半会停播。同时，电视台及广播电台也把视听率作为广告播出费率的判断标准之一，通常节目收视率越高，广告时段所卖出的价格也愈高。广告主需要的不仅是高收视率，也不仅是"对的市场"，还有"对的节目"，即一个与他的销售信息"旗鼓相当"的节目。①

对视听率的调查方法主要有：

（1）日记式调查法

通过抽样，选择适当数量的调查对象，由他们将每天所看的或所听的节目，填入设计好的调查问卷中。一般以家庭为单位，把所有家庭成员每天收视（听）广播电视节目（一般是电视）的情况，按年龄、性别等类别，全部记录下来。调查期间，由调查员逐日到被调查家庭访问，督促如实记录。7 天或 10 天为一个调查周期，调查期满，调查员负责收回问卷，进行统计分析，算出收视比率。

日记式调查主要采取人工方法，比较费时耗力，有时由于不能及时记录，准确度难以保证。

（2）电话调查法

通过打电话的方式，向有电视机的居民询问收看节目的情况。具体做法是：先从电话簿中随机抽出所要调查的居民家庭，确定好某一时间段，由调查员电话询问被调查对象，主要内容包括，是否在家看电视，在收看哪一个台的哪一个节目，然后在调查记录表上记下电话回答的内容。

实施电话调查法，需建立一个拥有 10 部以上的直线电话室。电话调查比较经济，实施起来比较方便，能较快获取结果。但抽取调查对象不能保证其代表性，难以得到完整的资料。电话调查单设计要简洁明快，防止调查过程拖沓，含义不清。

（3）仪器记录法

在调查对象的家庭安置自动记录装置，装置用电话线与专业调查机构的计算机相连，按预定设计的时间自动记录电视节目的收视情况，由计算机汇总统计，由有关客户提供统计数据。这是调查电视节目收视率最常用的方法。调查

---

① 江帆：《广告媒体策略》，浙江大学出版社 2004 年版，第 55 页。

对象按社区住户的比例抽取，样本数根据需要确定。

仪器记录法可以得到两种资料：一种以家庭为单位进行统计，一种是测定个人收视率状况。但是，应该指出，根据收视率的大小，还不能完全测定媒体接触效果。因为收看某一个电视节目，并不等于接触了这一时段的广告，同时，仅从收视率上，也不能看出接触媒体的受众与广告传播目标对象间的关系。比如，某一黄金时段，某节目收视率很高，但收看节目的观众，却有很大的比例不是广告主需要的目标对象；而某节目总的收视率可能不高，但恰好是广告主需要的观众。因此，收视率这项指标对于判断媒体接触效果也是不完全的。①

（4）记忆式调查法

日本 NHK 广告文化研究所，用下列方法从事视听率调查：

首先用随机抽样方式抽出调查对象，调查员访问被调查者，询问其所视听的节目。

假如欲调查的节目是在下午以及晚间，须于广告播映的次日上午进行访问，如果调查上午的节目，须于当日内访问完毕，因为广告播映与调查时间相隔太久，被调查者会忘记所看过的节目，所以必须立即进行调查。

这种调查，因为有赖于被调查者的记忆，故称为记忆式调查法。

以日本而言，每个调查机构所公布的视听率不尽相同，常遭各界批评，以台湾地区而言，目前从事这项调查的独立机构不多，由于调查人员以及样本数有限，故调查结果不甚理想。但视听率事关媒体机构的运营，其准确性至关重要，故支持调查机构者，应不断提出改善建议，以提高其准确性。

试以日本电通广告公司及 NHK 两者所从事的调查而言，电通所做的调查，是把被调查的家庭，所有收看节目的开机率情形，记入问卷里，这是以电视机（set）为单位的调查；NHK 所作的调查，其调查的对象为个人，调查其家庭每个人收看的节目，是以个人为单位所做的调查。美国尼尔逊调查公司、ARB（American Research Bureau）、电通 video meter 等，皆是利用机械作视听率调查，以电视机（set）为单位。

所谓开机率（set in use）是指拥有电视机所有户数当中，正在开电视机的户数比率。

以电视机和以个人为单位所作的调查，因为测定的目的不同，所得到的视听率不同。

试以电视机为单位与个人为单位所作的调查，其收视率的结果作一比较，

① 常桦：《广告调查与设计》，中国纺织出版社 2005 年版，第 343~345 页。

一般而言，以电视机为单位者视听率高，黄金时段和白天的视听率差别不大。

用日记式所作的个人调查和记忆式调查，其结果略有出入，其原由如下：

日记式调查法，有赖分发问卷者的协助，被调查者对电视的意识有过强之虑。

记忆式调查，因为在播映之后施行，从播映时间到调查时间有一段距离，被调查者对印象薄弱的节目可能忘记。

由以上原因，日记式较记忆式，可得到较高的视听率。可是，这两种方法所得的视听率，因其相关关系很大，如果由相对价值判断尺度的立场来看，从事视听率调查不论采用任何一种方式皆可。①

3. 人流量调查

人流量调查主要是针对户外载体而言的。在激烈的市场竞争中，户外广告载体对商家的市场营销的作用越来越明显。怎样发挥户外广告的效能，目前对一些公司专职的广告策划人员和企业的广告投放人员来说，是件比较难把握的工作。往往只能在听完户外广告公司对最终效果偏差的种种解释后，无奈地接受本可以避免的结果。针对这样的情况，户外广告载体的监控和评价指标调查就必须作为广告媒介调查流程的重要环节。自从户外广告载体的价值在当今社会日渐凸显出来，对其作为广告媒介的业绩评价的标准——人流量的调查也就势在必行。

衡量户外广告载体的做法有很多，涉及广告画面的规划、画面的创意设计、色彩的环境协调、牌面的周边环境、牌面的位置选择、发布位置的地理数据、实景效果的目测、夜景光源的处理、单位成本的核算、潜在价值的评估、受众的效果调研和长远影响的预计等种种因素。但是对人流量的测试的主要指标，还是日均流量。日均流量指的是广告位每日的实际受众包括：人流量、车流量及自行车流量。其数据的来源有统计局、年鉴、其他统计资料来源以及实地的测量。

有了日均流量这个衡量户外广告载体的人流量的指标，调查者就可以很容易计算出户外广告载体的另一个衡量广告投放价值的重要指标——千人成本。

计算千人成本是一种衡量广告投入成本的实际效用的方法。其具体的计算方法为：每月单位面积的媒体价格×1 000/每日实际的交通流量（即日均流量）。

正是人流量这个指标及其相关数据的计算体系的出现，使得户外广告载体的价值能够被理性和客观地认定，能够有清楚的数据来表达其广告媒介价值，

---

① 樊志育：《广告效果测定技术》，上海人民出版社 2000 年版，第 94～95 页。

进一步消除了户外载体评价体系感性化、模糊化的弊病。

4. 接触率调查

"接触"一词是从一般意义上来说的，包括任何类型的广告受众，如电视观众、广播听众、报纸或杂志的读者等。广告媒体的接触率，指的是某一媒体在其覆盖面内广告信息触及受众的人数占总人数的比率。

接触率反映了广告媒体对受众的影响程度，是广告主及广告公司选择广告媒体的重要指标依据。在其他条件限定的情况下，广告媒体的接触率越高，广告媒体的可利用程度就越高。

一般来说，媒体所传递的信息，从到达程度看，经常出现重复现象。比如，某报纸的接触率为20%，某杂志的接触率也是20%，如果广告主同时使用这两个媒体，那么，广告的接触率可能是30%，这说明有重复现象。

为此，广告主及广告策划者在了解媒体的接触率时，须把握以下两点：一是统计视、听众或者读者人数时，要避免重复，如果一个人多次收到同一广告信息，就只能算作一次；二是统计触及人数时，要算出覆盖人数的百分比。

二、广告媒介业绩主观调查

广告媒介与其受众之间存在着既微妙又有规律的关系，这就需要我们从关注度、好感度和公信度三方面出发，为这种微妙的关系把脉。这三个指标也是对广告媒介的业绩进行主观调查的重要依据。

1. 关注度调查

据《中国青年报》2004年9月21日报道，零点研究集团于2004年7月实施，采用多阶段随机抽样方式，对北京、上海、广州、武汉、成都、沈阳、西安、济南、大连和厦门十个城市中3 212名18～60岁的居民，就广告接受度的问题进行了入户访问。

这份调查报告发现，电视和报纸的广告仍在吸引着更多"眼球"，而新兴媒体的发展潜力不可小视，其中尤以网络广告为典型代表。调查的数据也支持了这个结论：消费者对电视广告、报纸广告和杂志广告的主动关注度，分别达到了68.2%、51.7%和16.9%。值得注意的是，网络广告（11.1%）和路牌广告（9.8%）的主动接触率，虽然和电视、报纸广告还有相当差距，但是与杂志广告已经非常接近，并且已经超出了传统四大媒介之一的广播广告（6.0%）。

这份报告还指出，从性别角度分析，女性对电视广告的关注度要高于男性，但对网络广告的关注度仅为男性的1/2。在学历方面，学历较高（大专以上文化程度）的群体，比学历较低（高中以下文化程度）的群体更关注网络和杂志广告。从年龄特征上看，31～50岁的居民对报纸广告的关注程度较高，

18～30 岁的居民对网络广告关注程度较高，23～40 岁的居民对路牌广告的关注明显高于其他群体，而广播广告则吸引了更多的 40 岁以上的消费者。①

从以上资料可以看出，广告媒介在经历了"爆炸式"的发展后，也出现了广告媒介对受众注意力争夺的情况。现今时代，受众的注意力已经成为稀缺资源。为了使受众获得广告信息的最大撞击，调查者就必须对广告媒介进行深入的分析。

广告媒介的关注度，直接反映了广告媒介在传播范围广度上的价值，其受众对其关心、注视的程度也决定了广告信息传播的影响力。一个受众关注度高的媒介，通过受众对其的高度注视，可以实现广告信息更多、更快、更好的暴露，其广告信息能够被更有效的传播和接收，从而减轻广告投资被浪费的现象，广告媒介也就具有较高的投放价值。尤其对于那些迫切需要扩大品牌影响力的广告主而言，广告媒介的关注度指标是他们所考虑的首要指标，因此，调查者需要对广告媒介的关注度加以更深入的研究、说明和佐证。

2. 好感度调查

在广告媒介的业绩评价指标体系中，好感度是一个不可或缺的指标。好感度反映的是受众对于广告媒介的心理喜好程度。

形形色色的媒介铺就了广告传播的精彩舞台，但是正如并非每一个演员都能得到观众的欣赏和认可一样，也并非每一个媒介都能得到受众的欣赏和喜欢。

一千个人的眼里有一千个哈姆雷特，每一个受众的眼中都会有选择性地偏爱或者厌恶他们接触到的每一个媒体。清晨，人们可以从报箱中取出自己订阅的那份报纸，如同享受一份美味的早餐一样开始自己的精神之旅，也可以从报摊上忽视掉自己从来就不爱读的那份杂志；中午，人们可以打开电脑的浏览器，从自己设置为首页的网站上获取那么多的信息和乐趣，也可以关掉一个又一个叫人烦不胜烦的弹出窗口；傍晚，人们在驾车回家的时候总是情不自禁地望望银行大厦上那个闪亮的时装广告，也可以从来就对公司拐弯处的那幅户外广告视若无睹；晚上人们可以坐在电视机前，静待频道上自己喜欢的节目和主持人出现，也可以拿着遥控器轻易地调换自己不钟意的那些频道……林林总总的这些媒介消费习惯，都在反映着这样一个事实——受众对广告媒介是有着好感的区分，这种区分，和他们的任何一种消费喜好一样来得真实。

对于受众好感度比较高的媒介，受众会常常关注，并对其产生感情上的自

---

① 中国青年报：《零点调查：不同产品应选择不同的媒体广告》，http：//www. china. org. cn/chinese/EC-c/664909. htm。

然喜爱。广告信息在传达的时候也会自然、和谐，从而实现商业手法的美妙运作。

因此，在对广告媒介进行调查时，调查者应该意识到进行受众对广告媒介的好感度调查是必须的。

这种好感，可能来自于受众对广告媒介的审美，可能来自于行业内、专业间的天然亲近性，也可能来自于一种莫名的原因，但是无论好感的来源是什么，我们都必须调查，再调查。

调查者在确定了目标受众的时候，可以对与目标受众相对应的广告媒介进行分析；也可以对既有的广告媒介进行分析和过滤，从而找到与目标受众的偏好相对应的广告媒介，实现广告投放时受众好感与广告信息传递的对接。

3. 公信度调查

媒介的公信度，指的是媒介在发布、传播信息时，其信息为公众所信任的程度。

公信度是传媒影响力的前提，即使市场覆盖率再大，如果没有公信度支持，其影响也会大打折扣。从广告效果的角度看，几乎所有的客户都希望广告载体被人信任，以影响受众的消费行为。

在"传播—影响—购买"的过程中，消费者对广告的信任程度，是广告效果能否实现的基本平台。但调查显示，目前广告的公信度状况总体上并不乐观。

调查表明，不相信广告内容的消费者（56.1%）要比相信广告内容的消费者（38.9%）高出17.2%。如果将"非常相信"、"比较相信"、"不太相信"和"一点都不相信"，分别以4分至1分赋值，调查结果显示，消费者对广告的信任度平均仅为2.3分，也就是介于"不太相信"和"比较相信"之间，稍偏于"不太相信"的水平。

进一步分析不同类别媒体广告的信任度可以发现，关注度较高的媒体广告在消费者心目中的信任程度也相对较高。也就是说，传统媒体广告在赢得受众信任度上仍然占有优势。①

然而影响传媒公信度的因素绝不仅仅只有关注度，包括我们前面提到的好感度，还有媒体在传播信息时虚假信息的出现量，在报道中所表现的负责程度，社会对该媒体的监督机制等等。

媒介的公信度对广告效果的影响是如此之大，因此，在调查广告媒介的业

---

① 中国青年报：《零点调查：不同产品应选择不同的媒体广告》，http://www.china.org.cn/chinese/EC-c/664909.htm。

绩时，必须对媒介的公信度加以真实、客观的了解与评判。否则，在一个公信度不高或者公信度缺失的媒介上投放广告，不仅收不到发布信息、传播形象、塑造品牌的效果，而且还会使消费者对于产品本身信息产生怀疑、厌恶和抵制，对组织形象和品牌也会带来巨大伤害。

以中央电视台黄金时段为例，我们可以对广告媒介业绩做一次主观调查与价值分析①：要塑造一个全国性的强势品牌必须借助广告的力量，最好的选择就是强势媒体。优质权威的广告环境、大众传播的制高点、优惠套售的整合传播、较低的成本优势、广告投放的聚集点、品牌溢价的比附价值，共同决定了"中央电视台是企业的战略资源"。借助中央电视台黄金时段的广告传播，企业能迅速打造知名度，占领市场，进而塑造品牌、整合资源、做大做强，产生一种合力，形成一种有利于企业的传播"势场"，实现甚至连企业自身也难以预料的增长。

（1）中央电视台黄金时段不仅仅是广告时段

在塑造品牌的过程中，得知名度易，得美誉度难。媒体品质对广告传播效果的贡献不是加法，而是乘法，是投射、联想、放大和强化。中央电视台黄金时段能够为企业贡献的绝不仅仅是收视率和知名度，权威、可信是企业求之不得的品牌内涵，招标时段将带给企业不可估量的品牌资产。

企业投标中央电视台广告的目的，除了传达商品信息，树立企业品牌形象，还包括构建良好的公共关系，推动渠道建设，教育消费者，提高员工士气，增强股东信心，提升企业凝聚力等等。而广告的目标受众，除了既定的目标消费者外，还应该包括潜在消费者、供应商、经销商、零售商、政府、主管部门、股东、员工甚至竞争对手等等。这些都是企业在投放广告时应该考虑的因素。

企业不仅具有经济属性，更是一个社会组织。从这一意义来看，广告其实就是企业与环境——外部环境、内部环境进行沟通互动的一个通道。而中央电视台广告招标时段，因其特殊的战略地位，已成为与广义的目标受众进行全方位沟通的最佳平台，可以帮助企业激活整个营销链条，整合全部的营销资源。

而中央电视台黄金时段广告可以使企业整合资源，打通供应链。中央电视台黄金时段广告所起的作用不仅针对目标消费者，同时也作用于经销商、供应商乃至潜在消费者、经销商、供应商与政府机构。

用一个公式来表示：

---

① 李光斗：《央视黄金时段广告效果如何最大化》，来自于网易商业报道http：//biz. 163. com，http：//biz. 163. com/41101/5/144407HM00020RMS. html。

中央电视台招标广告时段 = 收视率×顾客信任度×快速渠道建设×低成本扩张×创富机会……

所以中央电视台广告黄金时段的价值不单单体现为收视率高、千人成本低等数据优势，更在于它为品牌建设提供了很多宝贵的无形价值。

在中央电视台的广告竞争，其实就是一种品牌竞争。在这种竞争中，有实力的企业因得到了强力支持而迅速发展壮大。

中央电视台黄金时段广告可以最大限度地影响中国主流社会，形成追从消费的羊群效应。

中国的大一统体制维持了几千年，对权威、正统、主流意识的认同也积淀了几千年，这些观念深深地渗透到人们的行为、思想等各个方面。从电视媒体的角度看，这种意识表现为人们对国家主流电视媒体权威性和可信度的高度认同。即使是小众产品，也能通过投放强势媒体改变人们对品牌的印象。

从心理学角度分析，人们都会受到羊群效应的影响。这种效应在中国表现得更为突出。中国的消费者与欧美国家的消费者追求个性不同，他们受广告的影响更大，更重视他人和社会的评价，从众化倾向明显。这样，在消费者周围就形成了这样一个群体，他们不是直接消费者，但他们的意见却能影响消费者，他们不断地对消费者产生有形、无形的作用，借用物理学"势场"的概念，在消费市场中存在着消费"势场"。既然有这个"势场"存在，企业在创建品牌时就要很好地借"势"、造"势"，通过品牌传播，不仅影响消费者，更要影响消费环境，形成有利于品牌和营销的消费"势场"。

为什么中央电视台这样的强势媒体能快速影响消费"势场"呢？主要有两个原因：首先，强势媒体覆盖的人群广泛，广告可以一次性传达到大众化产品的各类消费者。其次，强势媒体具有权威性，可以对消费者之外的消费"势场"产生巨大的影响力。

（2）中央电视台黄金时段广告的优质环境，可以使品牌资产迅速提升

企业在塑造全国性品牌的过程中，必须重视媒体平台的选择。广告效果的好坏，对品牌资产的贡献率，不仅取决于广告创意本身，还与广告所处的环境密切相关。同样的广告作品，在不同的广告场合、不同的媒体平台上播放，取得的广告效果也不尽相同。节目精彩，会增加广告的吸引力，这是一种系统循环。

处于领导地位的媒体如中央电视台，广告环境更好，对其受众有较大的影响力，会使媒体上出现的广告具有较好的说服效果。强势媒体会使企业的品牌产生光环效应，提升品牌价值，实现品牌溢价。

所以广告要择邻而居，找到了好的媒体传播平台，就会为实现广告利益的

最大化奠定基础。

(3) 黄金时段含金量十足

广告太多、时间太长的粗放经营模式，只会使观众马上四处寻找遥控器。

遥控器的发明是广告主的噩梦，是广告最凶恶的杀手。在节目和广告编排不尽合理，节目收视率与广告收视率严重背离的今天，防止观众在广告时段换频道，就是确保广告主的利益。要实现这一点，必须做到：第一，前后节目对观众都有强烈的吸引力；第二，把广告时段的长度控制在观众可以容忍的限度内。能够体现节目和广告编排是否合理的指标是观众重叠率，重叠率越高，说明观众流失越少。

从《新闻联播》《天气预报》到《焦点访谈》，广告时段的设置经过了科学的调查研究，节目和广告编排独具匠心。由于《新闻联播》《天气预报》《焦点访谈》都是观众十分关注的节目，三档节目和广告时段的观众重叠率都在80%左右。这说明广告的收视率与节目的收视率非常接近，广告效果很好。

通过对中央电视台黄金时段这一广告媒介时段的分析，可以看出其创造的优质广告环境的构成，正是关注度、好感度和公信度三度空间综合作用的结果。

思考·案例·练习

1. 何为广告媒介的调查？
2. 广告媒介的性质调查包括哪些方面？
3. 广告媒介具有哪些符号性质？又具有哪些经营性质和哪些受众定位？
4. 你将通过哪些途径展开对广告媒介的性质调查？
5. 广告媒介业绩的客观调查需要从哪几个指标入手具体展开？
6. 广告媒介业绩的主观调查需要从哪几个指标入手具体展开？
7. 试运用观察法和检索法对你最常接触的某一纸质载体的媒介性质进行调查。
8. 阅读下列材料，并思考材料后面所提的问题：

中央电视台是国内最典型的大众定位的广告媒体，其每年的广告时段招标都会吸引国内外大批的广告主。2004年11月18日，北京梅地亚中心高朋满座，国内外商界精英济济一堂，在白岩松、王小丫、张斌三大央视名嘴轻松的谈笑风生中，被视作"中国经济晴雨表"的中央电视台黄金段位广告招标隆重地迎来了第11个年头。本次招标会吸引了来自企业界、广告界嘉宾1 000多人参加，场内外水泄不通，现场气氛高潮迭起，一波未平，一波又起。

本次招标总额达到 52.48 亿元。考虑到今年因为政策原因，去年招标的"21 点档电视剧中插播广告"没有能执行，因此此次的中标额同比实际增幅高达 27.47%。在参加招标的 100 多家企业中，宝洁、娃哈哈成为本次招标会上最抢眼的大赢家，国际品牌、国字号大企业、各地民营企业在招标会上成为最受注目的三大客户群。同时，分析发现，随着中国全民消费水平的提升，食品饮料、日化、汽车和润滑油、金融保险、医药保健成为中标额最多的行业排名前五位。同时，金融保险、医药保健、家电、服装等行业中标额均有不同程度的增长。

此次招标大会还呈现出四大特点，引人关注。

一是外资企业中标额巨额增长，今年在 CCTV 黄金段位广告招标大会现场有很多外企首度现身，参与投标的国际企业是去年的 10 多倍。除了"宝洁"在去年基础上再度中标之外，联合利华，高露洁，NEC，肯德基，以及上海吉列、一汽丰田、中美史克等国际品牌也都中标成功。

二是国字头企业报名参与投标的数量达到去年的 4 倍以上，中国石油、中国石化、中国人寿、中国移动、中国电信、招商银行等企业也都成功中标。

三是地区客户的增长，福建的企业去年主要是夏新、银鹭、雅客、厦华，今年参与投标的企业在 15 个以上。上海去年本土企业只有脑白金等少数几个，今年上海报名的客户达到去年的 8 倍以上。浙江报名的客户去年主要是娃哈哈、养生堂、民生药业、波导，今年是去年的 2 倍以上。

四是新行业踊跃参与投标，金融、保险、服装、糖果、太阳能、黄酒、家具连锁、快餐连锁、家电连锁、低压电器、掌上电脑等等行业都涌现出许多投标黑马。

专家认为，这几年央视广告招标额的持续增长，正是这几年中国经济健康、快速发展的见证。今年，国家对经济的成功宏观调控也促进了产业结构的良性发展，这是导致招标额总体增长的重要原因。当然，央视作为一家大众定位的国家级媒体，也当之无愧地成为了我国广告媒介的巡洋舰。

（央视国际广告频道资料，《央视招标首度突破 50 亿元折射中国经济强劲增长态势》，2005 年 01 月 13 日 16：00，http：//www.cctv.com/program/tongying/20050113/101969.shtml。）

请你运用本章内学习到的知识，从广告媒介的符号性质、经营性质、业绩主观调查等几个方面入手对中央电视台这一广告媒介分别做出深入的分析。

第十一章 **广告效果的测定**

【**本章提要**】广告效果，是指广告作品通过广告媒介刊播之后所产生的作用，或者说是在广告运动中通过消耗和占用社会劳动而得到的有用效果。广告效果包括广告的传播效果、经济效果、心理效果和社会效果等层次，目前在测定广告效果时广泛使用。广告效果测定就是指测定广告目标经过广告活动之后所实现的程度。广告策划完成以后，要按照预定计划进行广告设计、制作和发布，针对广告目标，广告活动客观上存在一定的实现程度，对此需要加以评估和总结。广告效果的测定是现代广告操作的重要特征，也是广告调查中的评估环节。广告活动经过市场调查、广告策划、设计制作和发布实施后，人们将要评估广告活动是否取得了预期的效果，广告费用的投入与广告效果是否成正比；而作为广告公司，也需要通过测定来检验自己的代理是否有效，做法是否正确，有无需要改进的地方。

第一节 广告效果分段测定

所谓广告效果，是指广告作品通过广告媒介刊播之后所产生的作用，或者说是在广告运动中通过消耗和占用社会劳动而得到的有用效果。广告效果包括广告的传播效果、经济效果、心理效果和社会效果等层次，目前在测定广告效果时广泛使用。广告效果的测定，对不少的广告人来说，还是一个相当陌生的概念。仅有的一点理解是对本次广告活动所做的一点测量和总结，归根结底，广告效果测定的目的是了解本次广告活动是否赢得了受众的眼球，是否赚了消费者的钱，是不是推动了广告信息的传达，从而促进了所传播的产品或服务的销售。

对广告效果的测定，在我国起步很晚，大致是在 20 世纪 90 年代才开始得到重视和应用的，但更多的是偏重于广告后期效果的测定，而对全面的广告活动的评估，还有待于今后的努力。从世界范围看，广告效果的测定受到重视和采用则是 20 世纪前期的事情。在此之前，对广告效果作出的评价往往以有经验的广告专业人员的主观判断为主，难以对广告活动的效果作出明确和准确的判断。20 世纪 30 年代以后，世界经济稳步发展，市场竞争日趋激烈，媒介费用不断上涨，广告投放的成本也迅速增加。在这样的形势下，就迫使广告主越来越重视广告的效果。广告效果的测定亦由凭广告专业人员的经验、直觉作出判断，逐步地改变为以科学的方法、科学的手段进行准确评价的工作。广告测定也开始逐渐发展起来，也构成了广告调查中不可剥离的一部分。

广告效果测定，其主要内容是对广告效果进行测定并反馈给广告主。日本著名的广告学者八卷俊雄教授，在他编著的《广告小辞典》中，把广告效果测定分为媒体接触阶段、认知阶段、态度改变阶段以及购买阶段等。我们在这里，将广告活动实施过程中所产生的效果，分为广告接触效果、形成印象效果和态度变化效果三个阶段，根据这三阶段的划分，我们可以将广告效果分别进行测定。

一、广告接触效果测定

我们都知道，广告接触率不等于媒体接触率，但是广告接触率、广告效果和媒体接触率的多寡却有一定的关系。因此，广告接触效果，包含两个分阶段，即"受众对特定媒体的接触"和"受众对其中特定广告作品的接触"。这种调查一般是为了在广告刊播后去评价媒体的效率与广告的效果。

1. 机械性测定法

机械性测定法，常常被用来测定电视媒体、电视广告的接触效果。用仪器测定，如收视记录器。将一个收视记录器安置在具有代表性的目标消费者家中，测定电视机的开机及转台的情形，记录下这些消费者观看的电视广告节目。这种方法可测定出广告的收视率，但人为地制造了一种勉强观看电视广告的环境。

就报纸或杂志而言，媒体接触是以特定日期的报纸、杂志中的某一单位被阅读了多少的方式来测定，相当于电视节目的接触率。

2. 日记法

日记法是用来测定视听者自己的视听状况。美国的很多广告调查公司多用此法。做法是，将设计好的特制日记本分发给被调查对象，要求被调查者记录下自己每天的视听状况，日记本定期收回，以便统计。

3. 记忆法

记忆法是用来测定被调查者对所收视的节目内容的记忆情况。在广告或电视节目刊播后，用电话采访或当面访谈的方式询问广告或节目留给被调查者的印象的深浅，以此确定广告接触效果。对报纸而言，可以询问受访者是否看到已经刊登在报纸上的广告作品。就记忆法来说，媒体效果和广告作品效果两者是分不开的。

4. 记忆鼓测试法

记忆鼓是现代心理试验常用的一种仪器。在广告策划中，专用来研究在短时间内，人们对广告作品的记忆程度。该方法是：被调查者在一定时间内，经由显示窗看完一则广告后，支持测试者立即用再确认法，测验被调查者对广告文案的记忆，从而评估出品牌名称、广告主名称、广告文案的主要内容等易于记忆的程度。

这种测试法所测结果使用价值大小，与被测验者的精神状态和记忆力的强弱有直接的关系。

5. 观察法

当调查在接触过媒体的受众中有多少百分比的人接触过广告作品时，所采用的方法为观察调查法或记忆法。就电视广告而言，可以在 CM 播出以后，用电话访问的方法，或以隐藏式照相机来追踪受众视线的移动方法，或由家庭内的观察者观察记录家人的脸部移动情形的方法等，来进行探讨。就报纸而言，由于广告接触的时间不能预先测知，因此要采用粘贴法（即以胶水粘贴实验用的各项内容，调查实际上有多少页被打开过）来测定。

6. 瞳孔计测试法

瞳孔受到明亮光线的刺激要缩小，在黑暗中要张大。对感兴趣的事物长时间的凝视，瞳孔亦愈张大。瞳孔计测验法，就是根据这个道理，用有关设备将瞳孔伸缩情况记录下来，以测评瞳孔伸缩与媒体受众兴趣反应之间的关系。

这种方法多用于电视广告效果的测评。但对所取得的测试结果也不能过分相信，区为瞳孔放大这种生理反应到底掺杂着多少感情和心理方面的因素是难以确定的。而每个人不同的情感、心理作用的差异度是无法忽视的。比如，崇尚潮流、比较富有的单身女性与朴实无华的家庭主妇对法国香水广告的反应就会截然不同；那些所谓的"大款"与受过高等教育但薪金菲薄的职员对皮尔·卡丹西服的招牌广告的心理感受会大相径庭。一类必然是由于过分自信而引起瞳孔放大；另一类则是由于过分"理性"而无动于衷，瞳孔没有丝毫变化。

用机械测定法、日记法、记忆法、观察法等方法来测定收视状况时，测定的方法经常因媒体接触的意义不同而有所改变。

二、广告印象效果测定

广告的注目率、理解率、记忆率构成受众对广告的印象。广告活动效果中的注目率、理解率与记忆率，必须同时测定，所以一般采用记忆法来测定三者的综合效果。以电视广告为例，在 CM 播出后的 24 小时内，以电话调查法针对 CM 中主要诉求点进行记忆调查（day after recall）。以报纸而言，同样也是在见报的第二天之内，就有关广告作品的记忆内容加以调查。

1. 广告的媒体印象效果调查法
- 分割测定法

是在报纸或有线电视（CATV）的情况之下，就同一媒体的接触者，利用随机的方式分成几个组，在各组的接触者中，分别插入个别不同的广告作品。然后，以组间的效果差异作为作品效果的差异。

- 媒体比较法

是在几种媒体之上同时刊出或播出同样一种广告作品，针对不同媒体的接触者之间的效果差异，作为挖掘媒体本来所持有的接受效果的方法。这样的效果调查，与表现计划及媒体计划的事后评价同样重要，都负有重要任务，用来作为下期广告计划的战略的基础资料。

2. 广告作品的印象效果调查法
- 回忆法

对广告回忆状况的测评，是指借助一定的方法评估媒体受众能够重述或复制出其所接触广告内容的一种方法。"回忆"常被用来确定消费者记忆广告的程度。对广告回忆的方法，主要有无辅助回忆和辅助回忆两种。

（1）无辅助回忆（又称单纯回忆）

这种方法是指让媒体受众独立地对某些广告进行回忆，调查人员只如实记录回忆情况，不作任何提示。

如问："请您想想在过去几周中有哪些品牌的方便面在电视上做了广告宣传？"

（2）辅助回忆

这种方法是调查人员在调查时，适当地给被调查者某种提示。例如，提示广告的商标、品牌，或色彩、标题，或插图等。问："您记得最近看过或听过康师傅方便面的任何广告吗？"辅助回忆法询问的项目或内容越具体，获得的信息就越能鉴定媒体受众对广告了解程度的高低。

在这里介绍一种播放实验，这种测试是在普通的高频（VHF）电视台或有线电视节目频道中进行的。调查人员将被调查者召集在一起观看播放的节目，其中包括观看被测试的广告片。在广告播放后，广告调查者与被调查者接触，并向其提出问题，询问他们能够回忆起多少广告片中的内容。

- 视向测验法（Eye camera test）

人们的视线一般总是停留在关心和有兴趣的地方，越关心，越感兴趣，视线驻留时间就越长。视向测验器（Eye camera），是记录媒体受众观看广告文案各部分时的视线顺序以及驻留时间长短的一种仪器。

根据测知的视线移动图和各部位注目时间长短的比例，可以测定：（1）广告文案文字字体的易读性如何。（2）视线顺序是否符合广告策划者的意图，有无被人忽视或不留意的部分。（3）广告画面中最突出或最引人的部分。

视向测验法也有不少缺点：视线运动是根据眼球移动运动的，但不能确保视线运动与眼球移动完全一致；注目时间的长短，并不能完全说明消费者兴趣的大小。一目了然的事物，注视的时间自然短。费解的图文，往往要花费较多的时间去琢磨；测验费用高昂，并且不能保证被抽取的消费者都具有典型性、代表性。

- 生理反应法

该法主要利用皮肤反射测验器（Galvanic skin reflex）来测量媒体受众的心理感受。运用此法的理论根据是：人在受到诸如兴奋、感动、紧张等情绪起伏的冲击后，人体的出汗情况会随之发生变化，可测评其感情的波动。

皮肤测试法主要用于对电视广告效果的测评，其次是对广播广告的测评，根据测试的结果，大体上可以确知最能激起媒体受众情感起伏的地方，以此检查此处"高潮"是否符合广告策划者的意图。

皮肤测试法也有一定的缺点：每个人的内分泌的情况各不相同，情绪反应也有快、有慢，因此必须事先加以测评，再根据实际反映情况进行修正，工作程序非常繁琐；情绪的波动，内心的冲动，每个人的情况各不相同。引起内心冲动的因素有的来自于音响，有的来自于画面色彩或表演等。情绪的波动，有的可能是积极的，有的则是消极的。因此，必须辅以其他的方法，进行全面的分析，才能得出正确的结果。

三、态度变化效果测定

广告效果可以用品牌忠实度阶梯（brand loyalty ladder）作为譬喻（如图11-1），做广告不一定都希望广告产品马上销售，一般情形在于能逐渐增加选择该品牌的消费者。广告的力量作用于消费者如爬阶梯一样，是一级级不断地往上爬的。梯子最下一段，表示消费者中不知晓该品牌的消费者。依序是知晓该品牌的消费者，然后是知晓该品牌特色并持有良好印象的人，再往上是选择该品牌有意购买的人，最上一段表示经常购买该品牌的人。一般而言，此种阶梯，越往高处越窄，换言之，越往上人数越少。忠诚顾客在所有顾客中的比例是极其微小的。

认知→知识→喜好→选择→确信→购买

图 11-1 品牌忠实阶梯

推动消费者往梯子上方爬的力量，除广告外还有很多其他的力量。按商品种类不同，以广告的力量而言，有比重高的商品也有比重低的商品。

长久以来，广告界对品牌忠实度阶梯的构想早已存在，这一构想被用作广告的效果测定，它是把加诸于消费大众的某一广告活动，从知悉广告到购买，心理过程的一种假设，一般将其称之为"广告效果阶段"。

消费者知悉某一广告活动在进行，从该项广告活动，获知该品牌商品的知识，然后产生印象，并对它产生热爱或厌恶的感情，然后加以选择，并确信这一品牌的卓越性。

也有人划分以下四个阶段：

知名→理解→确信→行动

这是后来 DAGMAR 理论所划分的阶段。

对于态度变化效果测定，一般认为，态度改变的产生紧接在广告接触之后。其后再扩大产生购买实施及使用经验等的变化。行为改变则是在广告接触后经过一定时间在购买实施阶段时产生。为探讨这些变化的效果调查，并不一定是在广告接触的事前、事后，进行两次调查。对于不同的情况，会有不同的方法（如在新产品的情况下，只要进行事后调查即可；而对于既有的商品，也可以采取事后调查，而将广告接触者与非接触者的态度、行为加以比较）。事前调查是在广告实施之前，在消费者尚未接触到广告作品之前，针对他们的态度与行为进行调查，这时要考虑避免让调查受访者产生不自然的广告接触和态度改变。广告的事后调查进行时间，是从接近广告接触时点开始。依次为接触效果调查，印象效果调查、态度调查以及行为调查等。广告事后的态度、行为调查的实施时间，受访者对品牌的购买行为习惯均有不同，假定进行事后态度调查，而在之前实施事后行为调查，就不能够正确地把握广告效果实态。

广告活动效果，除了用调查的方法去探求之外，还可以用不同的推测方法作为衡量的指标，例如免费试用样品或商品目录的索取数，悬赏的应征来函数目，均可以被采用来作为测定的指标。过去所做的效果调查资料与本次指标之间的相关分析，可以用来作为接触、情报接受、态度改变、行为改变的效果水准的简便推定方法。例如，某商品的新发售广告活动推出之后，在来函索取商品目录者中的40%的消费者中，有多少人采取购买行动，这两者之间关系所形成的经验法则，可以用来作为行为改变效果的推定根据。

从品牌知晓到偏好，再到品牌忠诚，每一次态度变化都值得引起重视，也都应该予以测定，下面我们分别进行阐述：

1. 测评广告知晓度

广告知晓度是指媒体受众通过多种媒体了解某则广告的比率和程度。广告知晓度的计算公式如下：

某则广告的知晓度 = 被调查者中知道该广告的人数/被调查者总人数 × 100%。

例如：广告公司发放对某则广告知晓度调查问卷10 000份，在10 000个媒体受众中，有8 000人知晓该则广告，那么该广告的知晓度为80%。在知晓该广告的8 000位媒体受众中，如果有3 000人对广告宣传的产品有较深的了解，那么该广告的了解度为37.5%。具体计算如下：

某则广告的了解度 = 被调查者中知晓并了解该广告的人数/被调查者中知晓该广告的人数 × 100%。

当新产品上市时，广告宣传的目标只是为了告知媒体受众某品牌产品的存在。当产品处于成长期、成熟期或衰退期时，广告的诉求点则在于产品的功能及特性等方面信息的传播。广告知晓度和了解度正是用于测评不同时期广告效果的有效指标和内容。

2. 测评偏好状况

偏好是经济学研究的重要问题之一。它是指在一些竞争产品中，消费者较固定地购买某品牌产品的心理特征，美国著名经济学家乔治·斯蒂格勒曾说："趣味偏好是在竞争中筛选出来的，不是随意给定的，它们必须面临一个连续竞争的严峻考验。"这也就是说：偏好在一定时期内是相对稳定的。通过突出感人的诉求点，培养消费者的品牌偏好，对广告主来说是非常重要的。因为偏好一旦形成，在较长时期内将会产生一系列的重复购买行为。

3. 剧场测试

被调查者被邀请到剧场观看尚未公开播映的电影片，同时插播一些广告片。在放映之前，请被调查者简述在不同商品类别中他们比较喜欢的品牌；观看之后，再让被调查者在不同类别商品中选择他们喜欢的品牌。被调查者偏好如有改变，则可表明电视广告片的效果。

4. 雪林（schwerin）测评法

雪林测评法是美国雪林调查公司（Schwerin Research Co）根据节目分析法

的原理，于1964年发明的测评广告心理效果的一种方法。该测评法又分为节目效果测评法、测评广告效果法和基本电视广告测验法三种。

节目效果测评法。即召集一定数量有代表性的观众到剧场，广告策划者说明测验的标准以后，请观众按照个人的意见对进行测验的广告表演节目评分定级。

评分的级别通常是：a. 有趣；b. 一般；c 枯燥无味。这种测验完毕之后，再请观众进一步说明喜欢或讨厌广告节目中的哪一部分，并阐明理由。或者征求观众对广告节目的意见、建议。广告策划者对节目改进的意见进行统计、汇总，以作为今后设计或制作广告节目的重要依据。

测评广告效果法。测评广告效果法与节目效果测评法的内容基本相同，是通过邀请具有代表性的观众到剧场或摄影棚，欣赏进行测评的各种广告片。与节目效果测评法的不同之处是：未看广告片之前，根据入场者持票号码，要求媒体受众选择自己喜欢的商品。这些供选择的商品品牌中，既有将在广告片中播放的品牌，也有主要竞争对手的品牌。广告片播放完以后，请观众再一次作出选择，如果此次对所测验的广告商品品牌的选择度高，高出部分就是该广告片的心理效果。

测试完成后，通常将媒体受众所选择的商品赠送给他们。如果商品单位价值高，可以赠送给他们一些其他礼品。

基本电视广告测验法。这种测验法的目的在于客观地评价和判断电视广告片的优劣，以及用标准化的程序测验电视广告的效果。

基本电视广告测验的项目主要有：（1）趣味反应。利用集体反应测评机，测评媒体受众对每一广告画面感兴趣的程度。（2）回忆程度。运用自由回答法，让媒体受众回忆广告片中的产品品牌、广告主名称、画面内容以及标语、口号等。（3）理解程度。运用自由回答法，了解媒体受众对广告内容的领悟程度。（4）广告作品诊断。运用自由回答法，让媒体受众指出该广告片的特色，并提出修改意见。（5）效果评定。采用问卷的形式，测验本广告片留给媒体受众的一般印象，即广告片的一般心理效果。（6）购买欲望。让媒体受众说出有无购买广告产品的冲动或者欲望。（7）广告片的整体效果。让媒体受众对广告片作整体的评价。

这种测验法的优点是客观、全面，能真正反映媒体受众的心理活动状况，取得的资料可信度高；缺点是操作技术性强，成本费用大，具体实行起来有一定的局限性。

在本节最后，将广告效果测定的主要方法列表11-1如下：

表 11-1　　　　　　　　　　　　广告效果测定的主要方法

阶　　段	测定方法	测定目的	测定场所
广告接触阶段	印刷媒体：发行量调查 电视媒体：收视率调查 交通媒体：乘客调查 印刷媒体：注意率调查 知觉心理实验法	到达率 收视率 注意率 注意率 刺激程度	现场 现场 现场 现场 实验室
形成印象阶段	印刷媒体：精读率调查 印刷媒体：记忆再生法 电波媒体：记忆再生法 记忆实验法 生理反应法 评定法 顺位法 心理实验法	精读率 精读率 收视率 记忆率 记忆率 记忆率 记忆率 记忆率	现场 现场 现场 实验室 实验室 实验室 实验室 实验室
态度变化阶段	态度尺度法 购买动机调查法	知名度、理解度、确信度 动机	现场 现场或实验室

第二节　广告销售效果测定

广告销售效果测定，主要是通过广告活动实施前后销售额的比较，检验和测定商品销售的变化情况，商品销售额是增加还是维持？销售增长率是多少？广告增销率是多少？广告费占销率是多少？单位广告费效益是多少等等。

广告经济效果测定，就是测定在投入一定广告费及广告刊播之后，所引起的产品销售额与利润的变化状况。

需要明确的是"产品销售额与利润变化状况"包含两层含义：一是指一定时期的广告促销所导致的广告产品销售额，以及利润额的绝对增加量，这是一种最直观的衡量标准；二是指一定时期的广告促销活动所引起相对量的变化。它是广告投入与产出结果的比较，是一种更深入、更全面了解广告效果的指标。这种投入产出指标对提高企业经济效益有着重大的意义。它要求：

1. 每增加一个单位产品的销售额，要求广告投入最小，销售增加额最大。

2. 每增加一个单位的广告经济效益相对指标，要求企业（即广告主）获益最大。即经济效益的提高要与企业形象、品牌形象的成功塑造相结合。

3. 这种相对指标的提高，要有利于形成一个良好结构与良性循环。良好的结构是指企业内在的生产经营结构与市场需求趋势以及消费者偏好相适应，从而有利于企业开展促销活动；良性循环是指广告促销活动有利于企业调整生产经营结构，开发新产品，生产出适销对路的产品，这一循环成为企业发展的一种内在的自律机制。

广告销售效果测定，主要是在广告发布一段时间后进行。由于广告效果具有滞后性的特点，在测定销售效果时，应把握好时机，太早或太迟都会影响测定的准确性。

一、销售增长统计

有效的广告通常都会拉动销售额的绝对增长。因此，简单判断广告效果的方法，即为初步衡量销售额增长的绝对幅度。若销售额增长的绝对幅度越大，则证明广告投放越有效。这也是在本节开头所提到的"产品销售额与利润变化状况"的第一层含义。

然而要想获得广告效果的更深层次数据，反映广告投放的真实拉动效果，还必须将广告费用和销售额进行联系分析。

广告往往是在一个较长的时期内发生作用，这就要求从一个时期的动态数列中分析广告效益。销售额和广告费用都可以测算出年平均增长速度。企业销售额的年平均增长速度与广告费用的增长速度相比较，可以看出二者之间的关系。如果广告费用的增长速度大于销售额的增长速度，说明广告效益欠佳，反之亦然。

$$年平均增长速度 = \sqrt[n]{\frac{a_n}{a_0}} - 1$$

n 为年度数，a_n 为报告期数额，a_0 为基期数额。

计算方法举例如下：

某广告客户 1994 年的广告费用额为 40 000 元，销售额为 1 865 000 元。到 1999 年广告费用达 275 000 元，销售额为 9 743 000 元。利用上述公式计算如下：

$$广告费用年平均增长速度 = \sqrt[5]{\frac{275\ 000}{40\ 000}} - 1 = 47\%$$

$$销售额年平均增长速度 = \sqrt[5]{\frac{9\ 743\ 000}{1\ 865\ 000}} - 1 = 39\%$$

$$47\% - 39\% = 8\%$$

广告费用年平均增长速度比销售额年平均增长速度要快 8%，可见广告效益是不够理想的。

增长速度比较法也同样适用于利润平均增长速度、实现产值平均增长速度与广告费用平均增长速度的比较①。

二、广告与销售比较

把广告费用与销售额进行更深层次的数据分析，也是对广告行为的层级效果进行测定，是对消费者购买选择进行的实际考察，它强调了消费者购买行为的改变，试图在产品销售量与广告有效到达之间建立起某种数学模型。数据法实际上是实地调查法的深入。

数据法根据广告商品在市场上的占有率、销售量以及使用状况等的记录资料与同期广告量进行分析比较，以时间序列或相关分析来把握广告的总体效果。其方法主要有：

1. 广告效果比率法

以广告活动结束后所取得的销售效果与广告费用的对比来计算广告效果，其计算公式为：

$$广告效果比率 = \frac{销售额增加率}{广告费用增加率} \times 100\%$$

这种方法并不十分准确，它只能作粗略的估计，因为这个公式没有排除广告效果以外的其他促进销售的要素。

2. 广告费比率法

$$广告费比率 = \frac{本次广告费总额}{本次广告后销售（利润）总额} \times 100\%$$

3. 广告效益法

$$单位费用销售增加额 = \frac{本期广告后销售总额 - 上期（未做广告前）销售总额}{本期广告费用额}$$
$$\times 100\%$$

单位销售增加额越大，说明广告效果越好。

4. 盈亏分界点计算法

由销售费用率 $= \frac{广告费用}{销售额}$，用符号代入推导：

$$R = \frac{A + \Delta A}{S}，则 RS = A + \Delta A，所以，\Delta A = RS - A$$

其中，A 为一期广告费；

---

① 陈培爱：《广告策划原理与实务》，中央广播电视大学出版社 2000 年版，第 182～183 页。

ΔA 为报告期广告费增加额；

S 为报告期销售额；

R 为平均销售费用率。

计算结果如果 ΔA 为正值，说明广告费用合理，经济效果好；如果为负值，则说明广告费用未能有效使用，需考虑压缩广告开支。

5. 广告效果指数法（AEI 法）

广告效果指数（advertising effectiveness index）是在广告推出后，调查广告对象的以下两种情况：看没看过广告；有没有购买广告商品。假定调查结果如表 11-2 所示：

表 11-2 　　　　　　　　　　某商品的广告关注与购买情况

	看过广告	未看过广告	合计
购买广告商品	a	b	$a+b$
未购买广告商品	c	d	$c+d$
合计	$a+c$	$b+d$	n

表中，a——看过广告而购买的人数；

b——未看过广告而购买的人数；

c——未看过广告又未购买的人数；

d——被调查的总人数；

n——总计人数。

从上表中可以看出，即使在未看过广告的人群中，也有 $b/(b+d)$ 的比例购买了广告的商品，因此，要从看过广告而购买的 a 人当中，减去因广告以外影响而购买的 $(a+c) \times \{b/(b+d)\}$ 人，才是真正因为广告而导致的购买效果，用这个人数除以被调查的总人数所得的值就称为广告效果指数，即：

$$AEI = \frac{1}{n}\left[a - (a+c) \times \frac{b}{b+d}\right] \times 100\%$$

利用广告效果指数的测定可以得到因广告实施而获得的实质效果的指标①。

_____

① 张金海、姚曦：《广告学教程》，上海人民出版社 2003 年版，第 258～259 页。

第三节　广告效果测定技术

随着广告效果测定体系的不断完善，广告效果的测定技术也随之不断完善着。对广告效果的测定，也通过访问法、内部评估法、仪器测量法、邮寄调查法和数据法等社会统计方法和现代测定技术的综合运用，在不断接近着科学、真实而客观的答案。

在本节中，着重介绍几种著名的广告效果测定技术，分别是盖洛普广告测试法、奥美广告研究程序、电通广告测试系统和联广广告预测模式。

一、盖洛普广告测试法①

美国史达氏公司（Starth）与盖洛普·鲁滨逊公司（Gallup&Robinson，简称 G&R）是两家广泛运用出版物测试广告心理效果的公司。其做法是：先把测试的广告刊登在杂志上；广告登出后，便把杂志分发给消费者中的调查对象；随后公司同这些被调查者接触，并与之就杂志及其广告问题同他们谈话；回忆和认识的测试结果可用来确定广告效果。史达氏公司采用此法时制定三种阅读评分标准：

（1）注意分。即声称以前在杂志上看过这则广告的人数在目标读者中所占的百分比。

（2）领悟和联想分。是指能正确地将广告作品与广告主对上号的人，在读者中所占的比例。

（3）大部分阅读分。即声称读过广告文案一半以上的人在读者中所占的比例。

G&R 公司在测定广告心理效果方面，作出了重大贡献。截至 1990 年，该公司已对 120 000 则印刷媒体广告和 6 000 则电视广告进行了效果测定。通过案例分析，我们可以归纳出 G&R 公司进行广告心理效果测试时的步骤或者说其测试的 3 个要点为：

（1）对市场上各个广告的表现进行评估。

（2）分析全盘广告策划活动及其策略的效果，并与该产品以前的广告宣传活动或者与其他相同产品的广告活动作比较。

---

① 参考余明阳、陈先红：《广告策划创意学》，复旦大学出版社 1999 年版，第536～539 页;樊志育：《广告效果测定技术》，上海人民出版社 2000 年版，第 141～147 页，通过相关案例整理而成。

（3）针对同一类型产品或某一行业的销售及执行方案作效果评估。

G&R 公司的测试人员每次抽选调查样本约 150 人（男女均有），年龄在 18 周岁以上，分布在美国各地。被调查者可以选择自己常看的杂志广告接受测试，他们必须看过最近四期（杂志广告）中的两期，但没有看过最新的一期。测试人员不事先告诉媒体受众测试的内容，同时要求被调查者不要在访问的当天阅读有关杂志。电话访问时，首先询问被调查者在某一杂志的所有广告中，记得哪几则广告，以便确定这些广告的阅读率；媒体受众指出所记得的广告后，就可以问他们以下问题：

a. 那则广告是什么样？内容是什么？

b. 该广告的销售重点是什么？

c. 您从该广告中获得了哪些信息？

d. 当您看到该广告时，有何心理反应？

e. 您看完该广告后，购买该产品的欲望是增加了还是减少了？

f. 该广告中，什么因素影响您购买该品牌产品的欲望？

g. 您最近购买此种产品的品牌是什么？

广告策划者通过将上述问题的答案汇总、整理、分析、综合以后，就可以衡量出该则广告的以下效果：

（1）吸引读者记住（或想起）某则广告的能力（Proved Name Registration，简称 PNR）；

（2）媒体受众对该广告的心理反应，或对广告销售重点的了解程度（Idea communication）；

（3）广告说服媒体受众购买产品的能力（Persuasion），即媒体受众看了该广告后，购买该产品的欲望，受影响的程度。

对电视、广播广告效果的事中测定，可以用以下四种方法：

（1）家中测试。将一个小型屏幕放映机安置在具有代表性的目标消费者家中，让这些消费者观看电视广告节目。这种方法可使被调查者的注意力集中，但人为地制造了一种勉强观看电视广告的环境。

（2）汽车拖车测试。为了更接近消费者做出决策的实际情况，可在市郊商业区安置汽车拖车，以作为临时的工作试验室进行试验。在此模拟的购买环境中，向消费者展示测试的产品并给他们选择一系列品牌的机会，然后请消费者观看一系列电视广告片，发给他们一些在郊区商业区购买商品的赠券。广告策划者根据收回赠券数量的多少，判断广告片对媒体受众购买行为的影响力。

（3）剧场测试。被调查者被邀请到剧场观看尚未公开播放的电影片，同时插播一些广告片。在放映之前，请被调查者在不同类型的商品中选择他们喜欢的品牌。被调查者偏好如有改变，则可表明电视广告片的效果。

（4）播放测验。这种测试是在普通的甚高频（VHF）电视后或有线电视节目频道中进行的。广告策划者将被调查者召集在一起观看播放的节目，其中包括观看被测试的广告片。在广告播放后，广告策划者与被调查者接触，并向其提出问题，询问他们能够回忆起多少广告片中的内容。

二、奥美广告研究程序

美国奥美（Ogilvy & Mather）广告公司，在广告研究的投入已经超过了6亿美元，被广告界誉为最肯投资的广告公司之一。奥美公司在广告效果测定方面积累了丰富的经验，本程序是台湾广告学家樊志育先生访问该公司后，根据该公司副总裁提供的资料整理而成。

奥美公司确认的广告效果测定程序是：

1. 战略发展——目标市场是什么？针对目标市场的广告内容是什么？

2. 文案发展——如何有效地执行战略？

3. 文案试验——应选用哪一个广告文案？

4. 活动评价——广告活动进行得如何？

下面是奥美公司运用广告研究，解决上面四个程序的经验。

关于战略发展——主要是解决广告应该对谁讲的问题，这取决于你的广告产品对谁有巨大的潜力，即所谓目标市场。

如能将目标市场下一个明确定义，则有助于解决下面几项问题：

（1）将采取何种媒体？

（2）将采用何种语调？

（3）将采用何种类型的演员？

（4）将采用何种类型的发言人？

确定目标市场的分类办法有：

（1）人口统计学——年龄如何？教育程度如何？

（2）生活形态——是否参加社交活动？

（3）性格——内向的还是外向的？

（4）行为——以食品而言，把食品当零食还是正餐？

（5）生理特征——以洗发精为例，目标市场的消费者发质是油性的还是干性的？

（6）态度——如果是食品的话，对象是否认为产品是有营养的？

为了找出一个明确的"目标市场"，要用所有的相关项目来推敲，不可只用一项。

战略发展——应该讲些什么？

当确定了目标市场之后，可由下列两项协助你决定该讲些什么？

①顾客决定购买的主要动机是什么？

②顾客摒弃其他竞争品牌，只购买我们的品牌，其主要动机是什么？

- 定性研究是最有价值的第一步骤

经由小组讨论，或与少数顾客作深入的面谈，可以了解顾客经常使用的字眼，而且也可表露出顾客之购买动机所在。

但只作定性研究还不够，必须把所有相关的购买动机相互比较，并找出自己品牌足以说服顾客的优点，以及较弱的一面。

- 承诺试验

当目标市场确定之后，奥美建议用"承诺试验"以便决定应该讲些什么。

"承诺试验"能告诉你应该承诺顾客的商品利益是什么？

在"承诺试验"中，令每一受验者阅读很多同一类型的广告词，每一广告词单独印在一张卡片上，每一广告词包括：①产品的利益，②该产品具有此种利益的原因。

"承诺试验"进行的方式如下：

样本：选出 200 位使用同类产品，并具有特定市场特性的消费者，予以个别面谈。

面谈方法：告诉每一受验者，每一广告词上的承诺都是某厂牌的新处方。然后将广告词给受验者看，并要求受验者分别给予各种等级。

评审方法：对每一承诺，用两项衡量标准来评鉴。

①重要性：依照"有意购买"的强烈程度，列出 1～10 个等级。

②独特性：列出 1～5 个等级。

统计分析：利用统计学上的因素分析法，对参加面谈者认为广告词中相似的承诺，作归类统计。

预算及时限：4 000 美元——五周完成。

- 文案发展

决定了传播内容与传播对象后，这项研究有助于决定如何最有效地执行广告策略。

广告研究有助于回答下列各问题：

- 消费者喜欢（习惯于）哪一种传播语言？
- 找哪一类型知名度高的名人来做广告演员？
- 找哪一类典型的普通消费者做广告演员？
- 用哪一种背景音乐作广告音响陪衬？

- 用什么标题？
- 选择有效的知名人士做广告

"Maxwell 即溶咖啡"考虑请一位知名人士作发言人，经调查结果，找一位看来诚实，值得信赖的知名人士。

以下是试测几位知名人士"诚实"与"可靠"的实验结果。

由表 11-3 可以看出汤玛斯（Danny Thomas）占 35%，领先其他人士。

表 11-3　　　　　　　　　知名人士诚实与可靠印象调查

Danny Thomas：35%
Arthur Godfrey：20%
John Wayne：13%
Lee Marvih：1%

经过研究（调查），也可以找一位典型的消费者来做广告里的发言人。

雅芳化妆品，考虑请两个人拍广告影片。首先放两部影片给目标市场的女性观众欣赏，然后询问她们认为哪一位演员看起来对化妆品较具权威感。

- Avon 化妆品演员声望测验

愿意听从格蕾芬（Sunny Griffin）劝告的女性占 70%。

愿意听从法玛（Suzan Farmer）劝告的女性占 30%。

研究结果格蕾芬被选为雅芳化妆品广告活动的演员。

- 决定使用何种广告标题

我们曾与许多投资者讨论过，找出麦利尔林奇（Merrill Lynch）投资公司最引人注目的广告标题。表 11-4 就是所试测的 40 个标题的排行。

表 11-4　　　　　麦利尔林奇（Merrill Lynch）投资公司标题喜好程度排行

8 种减税的方法：40%
年度报告中须注意的 8 点因素：39%
何种因素决定股票值：31%
决定股票值的 8 种事项：30%
投资的 3 大陷阱（诱惑）：25%
16 项避免"getting burned"方法：24%

根据上项研究，广告的标题应采用：

麦利尔林奇（Merrill Lynch）投资公司提供股票持有人，六种公平正当地减免联邦所得税的方法。

广告研究除了选择广告中的人物外，也可在广告完成前"诊断"其执行方针。其所诊断的项目有：

- 广告是否传播了您想要说的内容？
- 广告的推行是否讨好消费者？
- 广告中是否有令人难懂之处？
- 广告中是否有令人难以置信之处？
- 文案测验

文案测验有助于决定或选择适当的广告内容和广告作品。

测验的对象要针对目标市场，否则，所研究的结果将与广告目标相违背。

在文案测验时，要确定所要测验的重点，这些重点包括：

- 广告是否吸引了视听众？
- 广告是否具有说服力？

利用广告预试结果，来改进广告制作，因为预试可提供"诊断"资料，指引广告改进的方向，使广告活动更具效果。至于如何做预试，奥美广告公司曾经参与许多广告评审团体的广告预试工作，发展出若干测量广告说服力与吸引力的方法。以下就是广告测验的各种特殊技巧。

- 电视广告效果测定

电视广告效果测定方法有以下各项：

- 维持印象与说服力测验法（retention and persuasion）（REAP）
- 效能比较测验（comparative performance test）（CPT）
- 行为注意测量（behavioral attention measure）（BAM）
- BAM/ REAP 测验
- 重复显露测验法（multiple exposure testing system）（METS）

兹分别说明如下：

维持印象与说服力（REAP）测验，按照下列程序进行：

选样——对每一电视广告影片的试验，须在购物中心，抽出具有特定市场特性而且使用该项产品者 200 名。

面谈——先放映一部短暂的电视节目给受试者观赏，电视节目中播放两部一般的广告影片，另外播放一部准备用来试验的广告影片，其中有若干试测消费者的项目，影片放完后，个别访问受试者。

评鉴——广告说服力，是以消费者打算使用某品牌意愿的强度，及已使用该产品的消费者，对维持该广告印象的程度为标准。

诊断——询问一些传播上的问题。

预算·时限——每一广告影片 4 400 美元——5 周完成。

效能比较测验（CPT）按下列程序进行：

选样——对试验用的两部广告影片，在购物中心，随机抽出 150 位具有特定市场特性而且使用该产品的消费者，作为试验对象。

面谈——将受测者分为若干组，播放两部不同形式，但属于同一品牌产品的广告影片，事后进行个别调查访问。

评鉴——测验说服的方法，是对两种表现形式的广告影片所推销的产品选择。

诊断——询问受试者是最先看的哪一部广告影片主要传达的产品内容，然后比较两部广告影片表现之利弊。

预算·时限——每部广告影片 2 000 美元——5 周完成。

重复试验或单一试验究竟何者为宜，是值得研讨的，通常试验广告的说服功能，是以单一试验为基础。但是单一试验，不但受测规模小，亦不易精确地测知结果。所以最理想的方法是模拟广告活动效果，采用重复试验法。

奥美广告公司所采用的重复显露测验法（METS），就是用影片播出法，向预先选定的观众显露。

重复显露测验法按照下列程序进行：

选样——选 200 位具有特定市场特性的有线电视收视者，要求他们在特定时间内观赏免费的有线电视节目。在寄出第一张电视广播提示卡前三天，每部试验用的广告片要连续播出四天。

面谈——在最后一次电视广告播放后，以电话询问受验者，受验者必须看完四次的试演。

评鉴——事后测验对产品品牌的喜好，做好有说服力的衡量依据。

诊断——在事后测验面谈中询问广告传播问题。

预算·时限——每一广告影片 8 000 ~ 12 000 美元——4 周完成。

- 杂志广告效果测定

杂志及其副刊广告效果测定程序如下：

选样——抽出 200 位具有特定市场特性的某一产品使用者，要求他们在家中，以"很自然的"方式，阅读杂志或杂志附赠之所刊广告。

访问——24 小时后，以电话访问。

评鉴——试测广告说服效果，以事后对产品厂牌的喜好程度为准。

诊断——在电话询问中，询及传播问题。

预算·时限——每一测验费 5 000 美元——6 周完成。

- 电台广告效果测定

电台广告之效果测定程序如下：

选样——集合 200 名有反应的特定目标市场作受验者，要求他们在接待室回答一项与测验问题不相关的问卷，在接待室等待测验时，播放两个广播节目，其中包括非相互竞争的广告以及用作测验的广告。

面谈——在做完与测验问题无关之问卷后，进行个别面谈。

评鉴——以事后对广告中产品厂牌的选购，作为广告说服效果的标准。

诊断——询问受验者有关传播问题。

预算·时限——每一电台广告 4 000 美元——5 周完成。

- 广告活动评鉴

用"消费者研究"的方法，来追踪广告的效果，是相当重要的，我们不能仅凭单纯的销售数字来决定广告是否成功。因为产品销售的好坏，除了广告外，还有很多其他影响因素。所以说，只凭销售数字来评估广告效果，可能会导致广告策略方向的错误。

广告活动评鉴研究，可用作检验广告是否达到其策略目标。

- 再次面谈（re-interview）研究

再次面谈研究结果显示，态度的改变与行为改变有关。兹举一例说明壳牌石油公司如何作再次面谈研究。

壳牌石油公司曾将 1966 年被询问过的购买汽油的消费者，于 1967 年再作一次访问调查，来研判是否对汽油使用的态度有所改变。

调查结果发现，1966 年曾将 Shell 牌汽油排名为最佳汽油的消费者，在 1967 年比未将该厂牌列为最佳厂牌汽油者购买 Shell 牌汽油多三倍以上。

相反地，调查结果发现，记忆广告文案与否，与以后是否购买产品无太大关系。

调查结果显示大约 10% 的消费者，不管记得广告文案与否，均于次年同样购买 Shell 产品。

一般而言，广告文案最好能让消费者牢牢记住，但这需要长期反复的广告。Shell 在美国已经是人尽皆知的汽油品牌，消费者对其购买与否，与当时广告文案之记忆与否关系不大。

- 广告活动试测项目及用意

①对厂牌态度的改变——广告的首要评鉴

②对厂牌认知度的改变——广告的次要评鉴

③使用产品的改变——可用作判断销售改变的原因

④对广告的记忆——可用作判断广告

在分析广告策略时，也要考虑非广告文案的影响因素。在检讨广告活动时，我们不但要研究构成广告活动的各种因素——媒介选择、广告预算以及文案创意等。还要考虑一些外来因素，例如其他厂商的广告费支出，同性质的其他新产品的竞争，销售路径的改变、价格变更等，均会影响广告效果。

- 商品追踪研究实例

Swanson 冷冻晚餐的商品追踪研究显示其主要顾客的消费态度，已有下降趋势。商品追踪研究在美国是常用的一种研究工具。用来测量一个产品在市场上销售情况的影响变数。不过此种研究要持续不断地进行。在追踪研究中，除了必须注意你的广告冲击效果外，还须注意消费者购买习惯、品牌忠实度等。

由图 11-2 中 Swanson 冷冻晚餐顾客态度调查所呈现之结果，是否表示广告活动所用之广告文案业已陈旧过时，而失去效果，是值得检讨的。但从另一项研究发现 Swanson 冷冻晚餐的媒体费 1971 年第 4 季度与 1972 年第 1 季度相比，却大幅度削减，由于广告费减少，造成了顾客态度冷漠的原因。

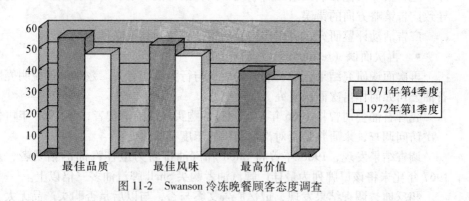

图 11-2　Swanson 冷冻晚餐顾客态度调查

从图 11-3 可知 Swanson 冷冻晚餐的广告费在逐渐减少，在整个冷冻晚餐中所占的广告费，从 40% 降到 26%，由于广告费减少，产品在消费者心目中的印象，就自然降低。

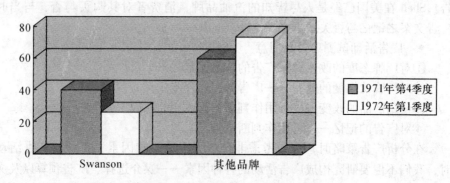

图 11-3　Swanson 冷冻晚餐在同性质产品中媒体费量表

综上所述，我们可以证实广告研究在广告执行的过程当中所扮演的重要角色。首先谈到在企划广告策略时，广告研究的功能，然后谈到企划文案时，广告研究有何助益，继而又谈到文案测验，最后谈到了如何将广告研究使用于广告活动的评鉴上。兹将广告研究在广告过程中所扮演的角色列示如下：

广告过程	广告研究所扮演的角色
①策略发展	传播对象为谁，传播内容如何？
②文案发展	如何有效地执行广告策略？
③文案测验	应推出何种广告？
④广告活动评鉴	广告执行得如何？

以上是奥美广告公司对广告研究，所采用的过程及方法，颇富科学性与合理性，为了达成企业的行销目标，如能活用此项广告研究方法，相信一定有很大的帮助。

三、电通广告测试系统①

台湾广告学家杨朝阳博士（Dr. Charless Yang），对广告测试极有研究，被誉为台湾广告学术界的泰斗。因为他在美国和日本都有开发广告测试系统的经验，对美、日两国在广告测试方面的比较，了如指掌。兹摘录其对美日两国广告测试主要差异分析见表11-5：

表11-5　　　　　　　　　美国与日本广告测试差异对照

国别	美　　国	日　　本
系统	小系统（micro-system）	大系统（macro-system）
特点	①美国注重在各个部分详细的测试。 ②美国人比较实际，所用的方法也较实际。 例如到底"认知"对购买行为比较具有影响力，还是"喜欢"对购买行为较具影响力，一次又一次反复研究，把每一细节都研究得很清楚。	①日本的方法是偏向大的系统。 ②日本对电脑的运用，系统的大型开发及因素和因素关系的开发上比美国先进。 ③但问题是系统里面执行的细节，有待进一步开发。 ④整体而言，日本的广告效果测试，比美国落后至少10年。

1. 广告效果预测新模式

企业竞争愈加激烈，而企业的行销活动也越来越重要了。在这一形势下，

---

① 樊志育：《广告效果测定技术》，上海人民出版社2000年版，第160～168页。

为了从事有效的广告活动，必须根据正确的情报，讲究科学的广告作业。而广告效果预测模式便是科学的广告作业不可或缺的工具。

日本电通公司，于 1968 年开发了一套媒体到达和广告到达的广告效果预测 DMP（Dentsu media planning）模式。

其后，又研究成功了广告对改变心理效果的预测，所谓 DMP 第二代 701模式。该模式经过多次的改进，完成了 DMP 模式 705 体系，目前正被活用在媒体计划的制定作业上。

为了符合 20 世纪 80 年代广告作业内容和广告主的需要，利用以上各种模式的经验，又研究成功具备多种特征的所谓"第三代预测模式"，这一模式可以说是划时代的最新的广告效果预测模式，称之为 DMP 模式 805。如今，以电通公司的坚实研究内容，更新的广告效果预测模式势必指日可待。

2. DMP 模式 805 的基本构想

整个系统既能处理成熟商品的广告效果，又可以处理新商品的广告效果。处理的重心是处理媒体的到达效果、广告的到达效果、心理改变效果及行动效果。媒体到达效果以资料为主，将消费者调查的资料（ACR）予以处理，不必用到大系统。（图 11-4）

广告的到达效果，也就是有多少目标对象读到广告、听到广告、看到广告。比如说，看了报纸有没有看广告。以美国而言，如果有 60% 的人看到某节目，那么看到该节目中广告的只有 40%。日本电通广告公司备有国内各种杂志、电视等媒体的广告接触资料，供各界查阅。

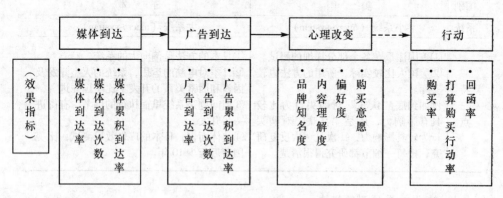

图 11-4　广告效果的四个阶段

3. 心理改变及购买行动的评估方式

心理改变效果包括知道品牌、理解商品特征、具偏好度、有购买意愿等。

除了新产品外，各现有商品，均可经由调查获得其累积曲线。

影响行动效果的因素甚多，例如促销的影响如何？行动效果是电通公司自行开发的 DMP805 最高阶段的模式，只要把相关系数放进模式，就能获得行动效果。例如现在有一个 2 000 万元预算的广告活动，这 2 000 万元投下去之后，究竟会有多少人想要购买你的产品。那么我们把所有影响系数，如广告表现、媒体分配、促销等一切因素系数放进模式里，就会呈现影响购买意图的结果。

问题是这些变数或系数，究竟能否足以影响购买决策？因为消费者形形色色，不一样的消费者对不一样的商品反应也不一样，这么多的变数到底是否处理妥当，虽然现在的科学已经很进步了，但是仍有很多情形无法处理。（图 11-5）

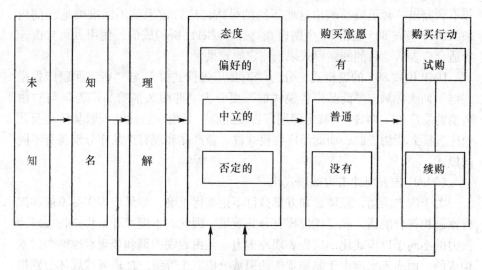

图 11-5　从心理改变至行动为止的改变过程

4．DMP 模式 805 六大特征

（1）可以预测到行动效果

多年以来，行动效果预测成为广告效果问题的主要课题，这一模式使得此课题的解决变为可能。在过去广告效果预测模式的效果指标，仅止于：①媒体到达程度；②广告到达程度；③心理改变程度三个阶段，可是 DMP 模式 805 其效果指标进一步涵盖了"行动程度"，这是它的最大特征。

各阶段所能预测的内容如下：

①媒体到达——媒体到达率、媒体平均到达次数、媒体总到达率。

②广告到达——广告到达率、广告平均到达次数、广告总到达率。

③心理改变——品牌知名率、内容理解率、态度的好感率、购买意图率。

④行动——预定购买行动率、购买率、应征率。

关于"行动程度"阶段所能预测的内容，耐久消费品广告时可以预测到"预定购买行动率"，非耐久消费品广告时"购买率"，赠奖活动时"应征率"三种，各模式的构造各有不同。非耐久消费品时，把购买行动分尝试购买和反复购买两个概念来计算，并回馈到态度上，由于这种行动效果预测模式化成为可能，因而广告活动与其他行销活动的关系更加明确，使精密的广告计划或媒体计划的制定成为可能。

（2）可按商品类别、广告形态类别选择模式

消费者的购买行动因商品种类而异，因此，参与的程度亦因商品而不同，若不研究出一套正确反映出这些不同的模式，广告效果就不能准确地预测出来。DMP模式805是由23个副模式（submodel）所构成的，使用者可自由选择适合广告活动目的的副模式来预测它的效果。

DMP模式805的副模式，分为"商品广告模式群"与"特定课题广告模式群"两大领域。"商品广告模式群"更分为"非耐久消费品广告"与"耐久消费品广告"两种。"特定课题广告模式群"是由广告活动、赠奖活动及其他广告模式所构成的，而商品广告模式群，新产品和现有产品亦分别备有不同的模式。

（3）广告表现冲击力被模式化

关于广告活动，媒体计划方案拟订不论如何正确，如果广告作品不能和广告课题相符合的话，就不能发挥充分的效果。因此，本模式开始将广告表现冲击力的不同予以模式化。广告表现冲击力，是由表现类型和表现水准两个因素构成的，而表现水准由于制作费的约束被分成三个等级。使用者按媒体分别指定表现类型和表现水准，广告表现的冲击力被反映在广告效果上。

（4）顾虑到选择企业印象及品牌所涉及的影响

企业印象对购买行动的影响，因商品种类不同而程度不一，同时因商品被重视的企业印象内容也不同。由于把这两种情形纳入模式之中，使用者输入该企业印象的现状后，企业印象便被反映在品牌选择上。

（5）考虑到广告以外的促销努力情形及其关联

购买意图是否与实际购买行动相结合，受广告以外的促销活动努力的程度影响很大。本模式对商品品牌，由于纳入广告以外的促销活动水准及市场定位，设定所能决定的促销活动努力形态，与广告的关联被模式化。

（6）考虑到主要的市场因素

当预测购买率时，不可缺少竞争状况与商品使用满意度，本模式考虑到这

些主要的市场因素。

竞争状况，由输入（input）广告活动开始前市场占有率及广告活动期间中预定的广告费占有率等来预测竞争的状况。

再者，消费者购买商品初次使用时，是否十分满意，是影响下一次反复购买的重要动力，把这种商品本身效果作为使用商品满意度输入模式之中。

5. DMP 模式 805 的有效运用

DMP 模式 805，涵盖企业印象、市场占有率、广告费占有率、使用商品满意度等各种市场因素，当使用者利用本模式时，必须把这些资料输入（input），如果这些资料输入不足时，由于备有完整的市场调查系统，利用这个系统可以继续把握市场势态，可以有效地运用 DMP 模式 805。

使用者不仅要收集输入资料，还要广泛地对该商品的购买行动或广告效果，进行继续的调查分析，以 DMP 模式 805 的构想作基础，使特定商品专用的广告效果预测模式的开发变为可能。

6. DMP 模式 805 的用法

使用者根据附有 key mat 终端机的画面显示，只要一按该键钮就能使用此一模式，操作十分简单。

具体的做法，是把初期条件，使用者指定条件以及发稿计划，按报纸、杂志、电台、电视、交通广告五媒体分别顺序输入。

预测结果则被输出（output）来，输入时可以指定自己专用的暗语（password），确保商业机密，可放心使用。

7. DMP 模式 805 的构造见图 11-6。

8. 广告效果预测系统的体系见图 11-7。

9. 新产品购买率预测模式，见图 11-8。

10. 广告创作调查系统，见图 11-9。

关于制作及创意方面，日本电通公司有其特殊的方法可以测试。要传达什么、怎样表现，换言之，也就是执行的内容、表现的方法等是否和商品概念结合在一起。不过问题是到底哪一部分才是最重要的，哪一部分是最具解释能力的，哪一部分是我们应该仔细去测试的，哪一部分是不必要的，并没有一个正确的答案。

【思考·案例·练习】

1. 确定广告接触效果的方法有哪些？

2. 如何理解广告效果测定中的态度改变阶段，有哪些主要方法？

3. 运用记忆法，测定某一广告的接触效果。

4. 如何实现广告销售效果的测定？其中又有哪两类测定方式？

5. 在进行广告与销售比较时，有哪些主要的方法，分别怎样计算？

6. 试简述和评价 3 种主要的广告测定技术。

第十二章 | 调查报告的撰写

【本章提要】调查报告是整个调查的最后环节，也是将成果呈现于调查主的关键一步，调查报告的成败直接关系到整个调查的结果。没有一份科学、严谨的调查报告，就好像一张照片只有效果良好的底版而没有冲洗出让人悦目的照片，其结果是事倍功半。所以，调查报告作为与调查主直接接触的产品应该得到调查者足够的重视。

撰写调查报告的第一步是数据的梳理与归纳，调查者首先应该对数据进行逻辑梳理，在此基础上理性归纳出判断结果。在撰写调查报告时，撰写人员应遵守事实描述清晰、资料详实充分、态度客观公允、表达形象简约四个原则。调查报告的基本格式分为封面、目录、摘要、调查背景、调查目的、调查方法、分项内容、结论与建议、附录九项内容。

第一节 数据的梳理与归纳

优秀的报告一定是逻辑分明的报告，在撰写报告时，各个部分的中心意思一定要突出，且各个部分之间的逻辑关系要强，尽量做到条分缕析地把要说的问题说清楚，避免简单地将调查到的大量资料堆积在报告中。因此，在撰写调查报告之前，应进行数据的梳理与归纳。

一、数据的逻辑梳理

梳理数据，即把原先杂乱无章、无法分析的原始资料，运用一定的方法，整理成系统的、完整的资料，而后才能发现市场活动的内在规律，并对所研究的现象做出科学的解释。

1. 数据的审查

数据的审查就是对原始数据进行校对和订正。这是为了提高调查数据的准确性，为统计分析提供正确的数据，确保研究的科学性和严肃性。数据的审查一般在调查开始不久即可进行。

（1）数据审查的基本任务

审查数据的可靠性（即资料反映的情况应符合逻辑和事实）、完整性和标准性是数据审查的基本任务。

在调查过程中，无论是调查人员还是被调查人员，都不可避免地要出现漏洞或错误。当校订人员和访问人员并非同一人时，校订员要注意资料的来源，即检查数据是否为事先确定的受访者所提供，并用逻辑检查等方法去辨别资料的真伪。在审查资料时，校订员要特别注意那些出现与事实不符的项目，如家庭收入，家庭开支等。对此，除有必要作局部的抽样调查，估计偏差程度外，一般必须提醒研究者，在分析判断时，不要作精确度过高的断言。

完整性指两个方面：一是资料总体的完整性（问卷的回收率）；二是检查每份资料的完整性，即检查所有调查项目是否完备无缺。

标准性主要就三种情况而言：一是，资料的回答方式标准性；二是，要注意度量衡、单位和历法的标准；三是，答案的修改方式标准，在修改时，不能将答案随便涂掉。

（2）数据审查的方法

数据审查的方法可以根据调查的进程的不同阶段，分为实地审查，收集审查和全面审查。一般而言，在调查开始不久就可以进行实地审查和收集审查。当收集数据的工作结束以后，就可以进行全面审查。

实地审查主要是在调查小组内进行的，由组长和调查员负责。调查员在每天调查结束，调查问卷上交以前，要对每一份问卷进行复核。主要是检查答案是否填写清楚，是否按工作指示填写，答案是否是受访者所言，疑问处是否写下备注等。组长负责实地审查工作，并对调查员的问卷予以抽查。

收集审查一般是在回收问卷时进行。这个阶段对资料的审查主要是两个方面：检查问卷的内容，例如问卷是否整洁，问题答案，受访者及其地址是否有误；检查调查员的工作，例如调查员的工作效率，工作质量，是否违反调查工作指示等情况，以便随时纠正访问工作的差错，并对调查员工作中遇到的问题和困难，迅速给予指示和提出解决办法。此外，经过审查后，对于不合格的问卷还要决定取舍和是否需要重访。

全面审查一般是在资料收集工作基本结束后进行的。它可以有两种形式，即全卷审查和系统审查。全卷审查是每份问卷均由校订员独立审查完毕。系统审查是将全部问卷的项目分成若干部分，每个校订员负责审查其中的一个部分。两种审查方式各有利弊，前者容易发现前后矛盾的答案，后者审查较为系统和精细。

全面审查有四个方面的工作：检查问卷的答案是否确切、填写符号是否标准，如有前后矛盾的答案，应参照其他问题的答案予以订正或重访，无法订正的话，可改填为"不知道"；按照研究的需要和问卷的质量，决定问卷或其中某些资料的取舍；按照编码的要求更改问题的次序；把调查员和受访者对于调查的意见集中起来，在撰写调查报告、阐明结果时，注意到这些情况。

2. 数据的编码

数据的编码是数据梳理的一项重要工作，它是将原始数据按照数据的内容分门别类地整理成系统的数据。数据编码已经在第八章第二节详细阐述，在此不再赘述。

3. 数据的简录

数据的简录是把编码后的数据简单记录下来，借以汇总数据的一项技术性工作。它可以把众多的文字数据以各种符号缩写在一张纸上或卡片上，一方面便于长期保存，另一方面又可以不必翻阅原始问卷，直接在简录的基础上进行分析和研究，从而提高工作效率。简录的基本形式有两种，即个案式和表列式，其中个案式简录又可以采用简录纸和简录卡的方法。

（1）个案简录卡

其中个案号为每份问卷的编号，卡片号为卡片号数，例如编号为0122，则012为个案号，2为卡片号，说明这是此张问卷的第二张卡片。简录时，首先是按照问题的答案类别分配圆孔，例如某一问卷有问题若干，按照每个问题的答案类别可作如下分类：

问题序号	答案类别数	分配圆孔号
1	2	1—2
2	4	3—6
3	7	7—13

然后按照答案的编码在相应的圆孔上剪一缺口，如果第一题的答案编码是2，须将2号孔剪一缺口，第二题的答案编码是3，须将5号孔剪一缺口，依此类推。如图12-1：

图12-1　个案简录卡

在汇总资料时，只需用一圆针穿在叠好的卡片孔里，掉下的卡片为同类资料，即可计数。

（2）个案简录纸

个案简录纸的使用方法是将每份问卷的全部资料以编码的形式分别记录在一张简录纸上，如果问卷的内容较多可以记录在两张或三张上。其形式如图12-2：

个案号_____

1	2	3	4	5	6	7	8	9	10	11	12	13	14	15	16

1	2	3	4	5	6	7	8	9	10	11	12	13	14	15	16

图 12-2　个案简录纸

其中，个案号为每份问卷的编号，双条格上方的数字是问题排列的序号，下方空格为每个问题答案的编码。

（3）表列式简录表

表列式简录表是将所有个案的数据都记录在一张表上。如表12-1。

表 12-1　　　　　　　　　　　　　表列式简录表

问题编号 / 编码符号 / 个案符号	1	2	3	……
0001				
0002				
0003				
0004				
……				

4. 数据的复核

数据的复核是进一步对编码和简录后的数据进行审核，使得数据更为准确、可信和一致。

（1）幅度复核：主要检查数据的类别是否都在规定的幅度范围内。例如"性别"，答案只有两个，即男、女，假如男＝1，女＝2，那么答案幅度是1→2，超出这个幅度即为错误。

（2）逻辑复核：主要检查在同一份问卷中，不同问题的答案是否相互矛盾。

二、判断的理性归纳

所谓理性归纳，就是借助于抽象思维，即借助概念、逻辑推理、抽象和综合等思维方式，对经验材料进行"去粗取精，去伪存真，由表及里"的加工制作，由此上升到理性认知，从而揭示事物的本质和内在联系。

市场调查不能仅仅停留在事物的表面，对现象作经验的描述，必须透过现象，即事物的外在联系，来揭示其本质和内在联系，概括出一般的普遍规律来，要做到这一点，必须借助于理论分析的过程，也就是在对调查数据进行整理、分类、简化、汇总和统计分析的基础上进行思维加工，从感性认识上升到理性认识。

1. 理性归纳的原则

（1）理性归纳要兼顾定量分析与定性分析

定性分析，是要确定现象的性质，划分事物的类别，运用抽象概念对同类事物作出概括。理性归纳必然包括定性分析，但并不等同于定性分析，理性归纳的任务不仅是定性分类，而且还要揭示出事物的本质和内在规律性。

理性归纳与定量分析也不是相互对立，而是相互联系的，在理论分析中不仅要对现象的性质和本质联系进行定性分析，而且还应当尽可能地对现象的数量特征和各因素间的相互联系进行精确的定量分析，这样才能深刻、准确地认识市场现象。

（2）理性归纳必须运用多种分析方法

统计分析方法必须和其他分析方法结合运用才能更好地发挥作用。统计分析方法能够帮助发现市场现象中不易察觉的规律，但对规律的解释要借助于有关学科的理论。

2. 理性归纳的一般步骤

（1）资料审读和总体性思考

（2）个体资料和典型事例的理论分析

（3）分项数据和调查分主题的理论分析（陈述分项数据；进行概括和结论分析；论证调查分主题）

（4）全部资料和调查主题的理论分析

（5）结论及其意义的理论分析

3. 理性归纳的方法——比较法

比较法也称比较分析方法，它是通过对各种市场现象的比较，来确定它们的共同点和相异点，并揭示市场现象相互区别的本质特征。这是区分事物、认识事物的基本方法。

（1）运用比较分析方法的原则

首先，将横向比较与纵向比较结合起来。横向比较是对同一时期的不同企业、不同品牌或不同市场活动进行比较，它可以在同一企业内部的不同品牌之间进行比较，也可以在不同企业、不同市场之间进行比较。

其次，不仅要比较共同点，还要比较市场现象的差异。对共同点的比较目的在于把具有同一性质的对象归入同一类，这样有助于概括现象的本质特征。对市场差异的比较有助于区分和鉴别市场现象的不同类型，分析各种类型的不同特点。比较法就是在各种不同的事物中找出它们的共同点，或在同一类对象中找出它们的差异，即"异中求同"，"同中求异"。

再次，注意可比性。不同市场、不同企业、不同品牌之间的比较要有统一的比较标准。

最后，善于发现和比较本质的异同。要在表面上差异极大的市场现象之间发现共同的本质，或在表面上相似的市场现象之间找出它们的本质差异。

（2）类型比较法

对市场现象进行比较的最终目的是为了更深入地认识自身所处的市场，类型比较法就是通过对各种现象进行分类或建立类型，对各种类型进行比较的方法。

对现象的分类可以通过归纳也可以通过抽象。在归纳过程中，是对大量现象进行辨别和比较，发现它们的共同点而加以概括，然后根据事物的经验标志进行分类。在抽象过程中，是从具体事物的各种属性和关系中抽出某一本质特征，然后建立类型。

类型比较的步骤分两步，第一步，从具体的个别的市场现象中概括出一般类型，这些类型可以从不同角度、不同层次、不同概括程度上划分。第二步，通过对各种类型的比较，确定它们的异同点，并抽象出每一类型的本质特征。

（3）历史比较法

历史比较法是一种纵向比较，它是对不同历史时期的市场现象的异同点进行比较和分析，由此揭示企业或产品的发展趋势或发展规律。

（4）比较法的局限性和优点

由于任何比较都只是将事物的某一方面或某几个方面与其他事物相比，而暂时地和有条件地撇开其他方面，因此它无法全面地认识事物之间的各种联系。比较分析法也无法对事物产生的原因作出明确的说明和解释，因为仅仅确定事物之间的异同点并不能确证事物之间的内在联系。

但是，比较法可区分出不同的事物，可概括事物的共同点和相异点，它有助于建立抽象的理论概念和一般类型。

4．理性归纳的方法——因果分析

因果分析是一种探寻现象之间因果关系的方法。

（1）求同法

在探寻某种市场现象的原因时，首先列举这一现象的多个事例，然后分析每一事例的各种先行条件，如果在各个事例中只有一种先行情况是共同的，那么这一先行情况就可能是这一现象的原因。见表12-2。

表12-2   求同法图示

场合（事例）	先行条件			被研究现象
1	A	B	C	a
2	A	D	E	a
3	A	F	G	a

（2）求异法

如果在两个事例中其他先行条件都相同，只有一种条件不同，当这种条件存在时，该市场现象就出现；不存在时，该现象就不出现，那么，这一先行条件就可能是被研究市场现象的原因。见表12-3。

表12-3   求异法图示

场合（事例）	先行条件			被研究现象
1	A	B	C	a
2	—	B	C	—

例如甲、乙两个品牌，各种促销活动都相同，只是甲免费赠送样品，乙没有，而且，一段时间后甲销售量增加，而乙没有什么变化。那么，免费赠送样品就可能是销售量提高的原因。

（3）求同求异法

是将求同法与求异法结合起来使用的方法。就是被研究现象在几个场合出现时，在先行条件中都有一个共同条件 A；而在另几个场合不出现时，先行情况中都没有 A 出现。那么 A 可能是原因。见表 12-4。

表 12-4　　　　　　　　　　**求同求异法图示**

场合（事例）	先行条件			被研究现象
1	A	B	C	a
2	A	D	E	a
3	A	F	G	a
4	—	B	C	—
5	—	D	E	—
6	—	F	G	—

第一步，在正面场合用求同法得出结论；
第二步，在反面场合用求同法得出结论；
第三步，比较正反两个场合的结论，用求异法得出结论。

（4）共变法

在其他先行情况相同，只有一种情况不同的条件下，当这一情况发生变化时，被研究市场现象也随之发生变化，则这一情况可能是该市场现象的原因。但共变关系不一定是因果关系。见表 12-5。

表 12-5　　　　　　　　　　**共变法图示**

场合（事例）	先行条件			被研究现象
1	A1	B	C	a1
2	A2	B	C	a2
3	A3	B	C	a3

（5）剩余法

当被研究现象是复合现象时，影响它的因素可能有多个，如果把已确定的原因所造成的影响除去，那么被研究现象的剩余部分与其余影响因素之间可能存在着因果关系。

如被研究的复合现象 abcd 的复合原因是 ABCD。已知 B——b、C——c、D——d，则 A——a。

（6）因果分析方法的局限性

求同法、求异法实际上是比较法，不过它们在确定事物异同点的同时，还把所比较的两个方面联系起来，试图分析两者的因果关系，这样得出的因果结论是不太可靠的。

求同求异法是双变量交互分类分析（相关分析）的思想基础；共变法是回归分析基础；剩余法是多变量分析（因素分析）的思想基础。这些方法的逻辑推理思想与实验法和变量分析的思想是一致的，都符合形式逻辑。尽管如此，只凭少量个案是很难概括出普遍的因果关系的。此外，只凭逻辑判断也很难揭示出本质的联系。所以，上述方法只是探寻因果关系的初步方法，要更深入、更全面地分析事物之间的因果关系，还需要结合辩证分析。

5．理性归纳的方法——结构—功能分析

（1）结构—功能分析的作用

结构—功能分析是在分析某一市场现象时，探寻这一现象在一定的市场系统中所发挥的作用和影响，即它所担负的市场功能，以及这一市场系统和系统各个组成部分的结构，并将某一部分结构与某种功能对应起来。

市场系统是分为不同层次的，一个市场整体的各个组成部分都是一个个独立的，处于低层次的市场子系统。各个市场子系统是相互联系，相互作用的，这种联系就构成整个系统的结构或称子系统的外部结构。子系统对整个系统的作用与影响称为它的外部功能，而子系统内部各个组成部分之间的联系和相互作用就称为子系统的内部结构与内部功能。

（2）结构—功能分析的目的及适用范围

对市场现象进行结构—功能分析，其主要目的是要解释一个市场现象为什么会出现或为什么会发生变化。另一目的是分析市场系统中各种现象的相互关系以及现象间的作用机制。依据系统论和控制论的观点，一个系统总是处于动态平衡过程中，这是由于系统本身具有自我调节与控制的机制。各种现象间的复杂的联系与相互作用实际上是受系统的调节机制制约的，同时它们又对系统的平衡状态和调节机制有影响。结构—功能分析是要把所研究的现象放置到市场整体中进行全面考察，以便在整个市场背景中对现象的产生与变化作出解释。

结构—功能分析适用于说明和解释某些特殊的市场现象，结构—功能分析还适用于说明和解释具有自我调节功能的系统。

（3）如何进行结构—功能分析？

首先，把所研究的现象置于一定的市场系统中，说明这一系统的内部结构与外部结构，分析这一现象在市场系统中的地位和作用，它对市场运转和市场发展具有何种功能。

其次，从性质上和数量上分析这一现象与其他现象的联系。

再次，讨论各种现象的积极作用与消极作用，表面作用和潜在作用。

最后，结合各种分析对这一现象作出说明和解释。

结构功能分析是一种系统分析，它以系统论为依据，侧重从整体的结构和运行上说明具体现象。

优秀的调查报告不是罗列大量的数据和图表，或者只对数据和图表做简单的描述。而是应该能从收集到的庞杂的数据和资料中得出结论性的成果，并且提出对客户具有实际参考价值的意见和建议。

第二节　调查报告撰写的原则

调查报告的撰写是整个调查活动的最后阶段。一旦报告提交，调查活动就告结束。一项调查的成败，调查报告的内容和质量至关重要，拙劣的报告能把即使是最好的市场调查弄得黯然失色，甚至影响到调查结果在有关决策中的作用。一份优秀的调查报告，应该遵循以下四个原则。

一、事实描述清晰

调查报告应该能让读者了解调查过程的全貌，即报告要回答或说明研究为何进行，用什么方法进行研究，得到什么结论。将一项调查的来龙去脉都详细地加以介绍，让读者通过阅读报告对调查的全貌有一个清楚的认识，包括调查的结果和建议。

二、资料详实充分

在撰写调查报告时，要将调查过程中收集到的全部有关资料组织起来，既不能遗漏掉重要的资料，也不能将一些无关的资料统统写进报告里。报告中的数据要仔细核对，务必做到准确无误，以免影响读者的判断力。详实的资料和准确的数据是使调查报告具有说服力的关键。

三、态度客观公允

调查报告应该对调查活动所要解决的问题提出明确的结论或建议。这种结论和建议有可能作为一个企业下一步战略活动的指导，所以在提出建议的过程中，乃至整个调查报告中，都应该使用客观公允的态度，详尽陈述调查发现和结果，科学提出建议和结论，使调查报告更加具有参考价值和指导意义。

在措辞上要尽量避免使用模棱两可和过于主观情绪化的词语，语气要自信、肯定，态度要客观、公允。

四、表达形象简约

报告的目的就是为了让阅读者能够在较短的时间内快速掌握调查的精要，获取所需信息，所以报告的语言应该力求简练，让读者一目了然。

调查报告的语言要简洁、形象、有说服力，词汇尽量非专业化。因为大部分读者是没有经过专门的市场调查知识学习的企业决策者，他们不可能像市场调查人员一样熟悉专业的市场调查术语，也不一定有耐心阅读繁杂、生涩的报告。因此报告的语言应该平实，不要故意为了显示专业而使用大量繁琐、生涩的专业词汇。为了做到通俗易懂，要学会在报告中使用形象生动的各类图表配合说明，达到化繁为简的目的。

调查报告必须以严谨的结构、简洁的体裁将调查过程中各个阶段搜集的全部有关资料组织在一起，不能漏掉重要的资料，但也不要将一些无关的资料统统写进报告中。

第三节　调查报告的基本格式

阅读调查报告的人，一般都是繁忙的经营主管，所以，调查人员应注意调查报告书的形式，力求易读易懂。调查报告的格式不是一成不变的，其具体结构、风格、体例都因调查的目的、调查人员以及调查性质的不同而有所区别，但是大多数正规的调查报告的基本格式是大致相同的。一份规范的调查报告一般应包括：封面、目录、摘要、调查背景、调查目的、调查方法、分项内容、结论与建议、附录九个组成部分。下面我们就来逐一介绍这几个部分的撰写。

一、基本格式要素

1. 封面

一般的调查报告，封面只有一张纸，其内容包括：

（1）调查报告的题目或标题。题目一般只有一句话，要求将调查内容概括出来，有时可以再加个副标题。文字可长可短，但应当简明、概括、易懂。

（2）执行该项调查研究的机构名称。如果是单一调查机构执行的，写上该机构的名称即可；如果是由多个机构合作完成的，则应将所有机构名称都列出，也可以同时附上联络方式。

（3）调查项目负责人的姓名及其所属机构。写清楚项目主要负责人的姓名与其所在单位。

（4）调查日期。要求注明调查报告的完稿日期。

2．目录

目录是关于调查报告中各项内容的完整一览表，但不必过于详细。调查报告的目录与书的目录一样，一般只列出各部分的标题名称和页码。目录的篇幅以不超过一页为宜。如果报告中的图表较多，也可以另列一张图表目录。见表12-6。

表12-6 **目 录 例 示**

目　　录
一、摘要
二、调查背景
三、调查目的
四、研究方法
五、分项内容分析
1. 认知度、美誉度、和谐度分析
2. 市场销量与市场规模
3. 广告效果分析与比较
4. 消费形态分析
六、结论与建议
附录：访问提纲和调查问卷

3．摘要

摘要是对市场调查获取的主要结果的概括性说明，是整个报告的精华所在。阅读调查报告的人往往对于调查过程中的复杂环节没有什么知识和兴趣，他们只想最快速地知道调查所得的主要结果和主要结论，以及他们如何根据调查结果进行下面的活动。因此，摘要可以说是调查报告中极其重要的一个环节，有些时候，它甚至是阅读调查报告的读者惟一翻阅的部分。由于这一部分如此重要，所以摘要应当尽量清楚、简洁、并且概括，扼要地说明调查的主要结论。关于论证性的详细资料只要在报告的正文中加以阐述即可。

摘要的篇幅一般较短，最多不超过报告内容的 1/5。例如，它可以包括以下几个方面的简要资料：本产品与竞争对手的当前市场状况；产品在消费者心目中的认知度、美誉度、和谐度；竞争对手销售策略和广告策略；本产品广告策略的成败及其原因；影响产品销售的因素；根据调查结果应当采取的行动或措施等等。

在阐述上述结论性资料时，必要的话还应加上简短的解释。调查结果摘要是调查报告中相当重要的一部分内容，任何忽视这一部分的做法都将有损于整个调查报告的价值，应当引起调查人员的高度重视和注意。

4. 调查背景

调查背景介绍要对调查的来由或受委托进行此项调查的原因作出说明。一般来说，在说明时应该引用有关的背景材料为现实依据，分析企业战略、营销网络、产品销售、广告宣传等方面存在或可能存在的问题。背景资料包括以下几个主要部分：

（1）产品在一段时期内的销售变化情况；

（2）与竞争对手的市场占有情况相比较的资料；

（3）已有的广告、促销策略及实施状况；

（4）价格、包装策略的运用状况；

（5）消费者对产品、企业广告的反应资料；

（6）产品的销售渠道和分销方法等等。

背景资料介绍一方面可以作为本次调查目的的铺垫，另一方面还可作为调查结论和建议的佐证，与调查结果相结合共同说明问题。

背景资料介绍的内容可以根据调查主题的范围来决定。

5. 调查目的

调查目的通常是针对调查背景分析所存在的问题提出来的，它一般是为了获得某些方面的资料或对某些假设作检验。调查者必须根据调查目的，对此次研究预期获得的成果列出一张清单，例如：

（1）某啤酒广告投放效果；

（2）与竞争品牌的广告效果比较；

（3）某啤酒的消费群行为特点等。

6. 调查方法

调查方法的介绍有助于读者对调查结果产生信任感，但描述方法时应当尽量简洁，把调查方法和采用原因说明清楚即可。需要加以叙述的内容包括：

（1）调查地区：说明调查活动在什么地区或区域进行，如分别在哪些省市县进行，及选择这些地区的原因。

（2）调查对象：说明抽样对象，即从什么样的对象中抽取样本进行调查，通常是指产品的销售推广对象或潜在的目标市场，如 X 世代①的男性消费者。

（3）访问完成情况：原先拟定调查多少人，实际上回收的有效问卷是多少份，回收率是多少，问卷丢失或无效原因是什么，是否采取补救措施等等。

（4）样本容量：抽取到多少受访者作为调查样本，或选取多少实验单位，确定样本容量时考虑到什么问题、哪些因素。

（5）样本结构：根据何种抽样方法抽取样本，样本结构如何，是否具有代表性。

（6）资料采集：采用实验法还是观察法，是实地访问还是电话访问。调查如何实施，遇到何种问题，如何处理。如果是实验法还必须对实验设计做出说明。

（7）访员情况：调查人员的能力、素养、经验都会对调查产生影响，所以对访员的资格、条件以及训练情况也要做出介绍。

（8）资料处理方法和工具：指出使用什么工具、什么方法对收集到的资料进行简化和统计处理。

7. 分项内容

这一部分是论述调查结果，将调查所得的资料报告出来。但是调查结果部分的内容通常比较多，篇幅也比较长，为了让阅读报告的人能够比较容易地把握整个调查结果，在这部分中，一般要将所有内容分成若干个小部分依次呈现出来。每一个分项可以分别给出一个小标题，使之与调查目的相对应，分别回答通过调查所要解决的问题。

这一部分的描述通常是由统计表格和统计图组成，再配合相关的文字说明。调查人员不仅要绘制图表，更有必要将图表中数据资料所隐含的趋势、关系或规律加以客观的描述和分析，对调查结果做出合理的解释。

8. 结论与建议

在这一部分中，调查人员要说明通过调查获得了哪些重要结论，根据调查结论应该采取什么措施。结论的提出方式可以用简洁、明晰的语言对调查前所提出的问题做出明确的答复，同时简要地引用有关背景资料和调查结果加以解释、佐证。结论有时可以与调查结果合并在一起，但在较大的课题中，一般应该分开来写。

----

① 世代是指一类具有一定共性的消费群体，长度大约等于一个生命阶段，一般指的是孕育下一代所需要的时间长度。一般每 18～24 年为一个新的世代。这种划分方法源于美国人口学家。"X 世代"（1965～1976 年）。

建议是针对调查结论提出可以采取哪些措施、方案或具体行动步骤。比如：广告诉求应该以什么为主；媒体策略应该如何改变；广告主题应该是什么；应采用何种包装和促销策略更佳等等。建议应该尽量是积极的，即要提出应采取哪些具体措施以获得成功，或者要处理哪些已经存在的问题，如"改用暖色调包装，加强某食品的食欲营造"；尽量避免消极建议，如"应立即停止某食品的蓝色调包装"，消极建议只是提出不应该如何，却没有教人如何去做，所以最好尽可能地使用积极建议。

9. 附录

附录用来呈现与正文相关的资料，以备读者参考。附录的目的是列入尽可能多的相关资料，这些资料可以用来论证、说明或者进一步阐述已经包含在正文中的资料，每个附录都应编号。附录中所包含的技术性较强和细节性的材料，主要供那些关心调研技术方面内容的读者阅读。

在附录中通常包括：调查问卷、抽样有关细节的补充说明、一些统计分析和计算的细节、一些技术问题的讨论、数据汇总表、原始资料背景材料、必要的工作技术报告以及参考文献等。

一般来说，调查公司所负的调查作业责任，并非单单撰写调查报告就可以结束工作。为了贯彻职责，应该进一步作追踪的工作。所谓追踪，一方面是追查调查的成效，另一方面是要证实调查主是否遵照调查的结论实施。因为调查工作的任务，应当是把所建议的政策或举措尽量付诸实施。

二、调查报告范文

1. 范文一（本案例为作者向企业提供的实际服务）

某家具城消费者调查报告

前　言

（调查背景、调查目的、调查方法）

本调查的目的是研究某家具城（包括家具城 A 和家具城 B）的企业形象，了解和把握消费者对家具城 A 和家具城 B 的认识、期望和评价，和他们对家具市场的看法、兴趣，认识家具消费的行为特征和消费意愿，以及在家具营销服务中所应该注意的问题，为某家具城的经营策略、服务深化和市场营销规划的制定提供第一手的参考资料。从而，进一步明确某家具城的市场定位，以便企业管理和市场运作更富成效。

本调查主要采用问卷方式，以问卷法为主要的收集资料方法，进行定量分析。调查地点和数量是：

世纪	15	远东	5
人民广场	30	富邦	8
家具城 A	23	米氏	16
博物馆	24	北国	16
家具城 B	8	君乐美	9
保龙仓	15	人民商场	18
东方购物中心	16		

共发放问卷 223 份，得到有效样本 203 份。

本调查构成某家具城营销策略研究的一部分，在精确与准确的关系处理上以准确度分析为重点，因此，所使用的调查分析方法是适当的。

本调查的全部结论均依据上列调查方式所获得的第一手资料。

第一部分　消费者基本情况分析

消费者基本情况，是指调查对象的性别、年龄、职业、文化水平等情况。在企业经营和市场竞争中，消费者是终极性的决定因素。因而，同业竞争对手也都非常重视消费者的争夺。

一、性别和年龄构成

1. 调查对象的性别构成

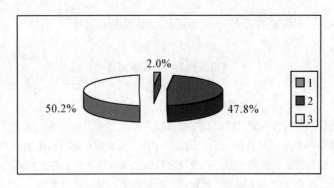

1 = 未答　2 = 男　3 = 女

调查对象中，男性 97 人，占调查对象的 47.8%；女性 102 人，占调查对象的 50.2%。基本持平。

2. 调查对象的年龄构成

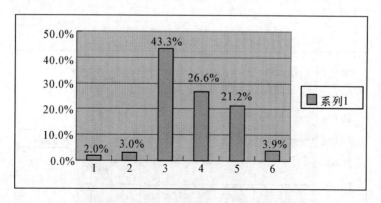

1 = 未答   2 = 20 岁以下   3 = 21 ~ 30 岁   4 = 31 ~ 40 岁   5 = 41 ~ 50 岁   6 = 51 岁以上

调查对象中，突出的是 21 ~ 30 岁的消费者，占总数的 43.3%，其次是 31 ~ 40 岁占 26.6%，41 ~ 50 岁占 21.2%。这三类共占调查对象的 91.1%。因此，本调查的分析是以 21 ~ 50 岁的人群为基本消费人群。在这一消费者群体中，21 ~ 30 岁的消费者的需求尤其应该重视。

二、职业构成

调查对象的职业构成，如下图所示。

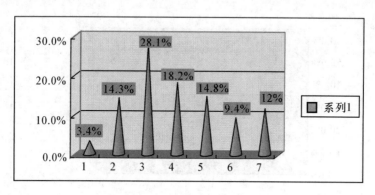

1 = 未答   2 = 干部   3 = 技术人员   4 = 工人   5 = 服务人员   6 = 个体   7 = 其他

在调查对象中，专业技术人员的比例最高，为 28.1%，其次依次是工人 18.2%；商业服务人员 14.8%；企事业单位干部 14.3%；其他 11.8%；个体 9.4%；未答 3.4%。

目前，我国的职业比较模糊，人们的观念中传统的几大类型已经发生了很大的变化。专业技术人员和企事业单位干部属于收入较有保证的人群，这两类加起来占调查对象的

42.4%；工人和商业服务人员加起来，占调查对象的33%。

专业技术人员、企事业单位干部和工人、商业服务人员是消费者群体的主要构成人员。

三、学历构成

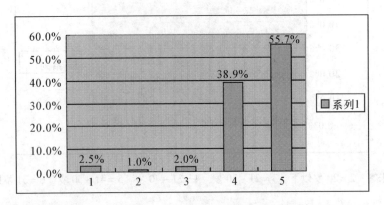

1＝未答　2＝不识字　3＝小学　4＝中学　5＝大专以上

调查对象中，大专以上的占55.7%；中学文化水平的占38.9%。这正和这一年龄群的教育背景相吻合。本调查对消费者的分析，以这一文化群体为基本框架。文化水平高的消费者群体，比较容易追求时尚，接受新事物比较快。

四、收入水平

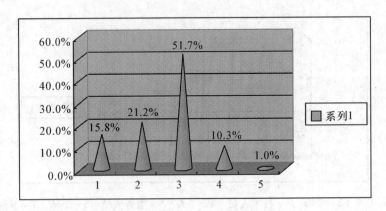

1＝未答　2＝1000元以下　3＝1001～2000元　4＝2001～3 000元　5＝4 00元1以上

调查对象的收入水平，每月在1 001～2 000元的占51.7%，2 001～3 000元的占10.3%；而1 000元以下的占21.2%。从这个结果看，调查对象的大多属于工薪阶层。

调查过程中发现，在家具城A门前调查时，开车来的调查对象几乎不配合接受调查，而骑自行车来的人则很配合。这也影响到调查对象收入水平的总体统计结果。同时，在收入调查中，有的消费者不愿意说出自己的收入情况，或不说出收入的真实情况，也是影响总体统计结果的因素。

第二部分 一般消费行为分析

消费者的一般消费行为，包括在购买家具时最喜欢光顾的商场、对家具商场信誉和发展潜力的评价、在购买家具时关心的因素等问题。研究这些问题，可以为某家具城的经营策略、传播定位、服务提升提供第一手的资料。

一、最喜欢光顾的家具商场

商场名称	频次	百分比
家具城 A	47	23.3%
家具城 B	37	18.2%
君乐美	34	16.7%
米氏会展	47	23.2%
米氏精品	38	18.7%
东明	25	12.3%
金明	9	4.4%
其他	7	3.4%

调查对象最喜欢光顾的家具商城，家具城 A 排在第一位，是 23.3%；米氏会展中心仅仅以 0.1 的百分点之差居于第二，为 23.2%。米氏精品为 18.7%，略高于家具城 B 的 18.2%，君乐美以 16.7% 紧随其后。说明该市家具城行业竞争比较激烈，米氏是某家具城的强劲竞争对手。

把调查问卷上所列各家具商场对比，以单个来说，家具城 B 占 18.2%，排在第四名，略低于米氏精品；略高于君乐美。这是该家具城目前的市场位置。

调查项目中的其他是指富邦，占到 3.4%。

二、喜欢光顾家具商场的原因

商场名称	频次	百分比
商品品种	59	29.1
售后服务	61	30.0
购物环境	56	27.6
商业信誉	51	25.1
商品价格	27	13.3
其他	4	2.0

由上图可以看到，在消费者喜欢光顾的商场的原因中，排在第一的是售后服务，占

30%；居于第二位的是商品品种，占 29.1%；第三的是购物环境，占 27.6%；第四的是商业信誉，占 25.1%。商品价格因素占 13.3%，在各因素中占到末位。

在以上各种因素中，售后服务和商业信誉代表了消费者对家具商城服务水平（软件方面）的评价。从服务水平的软件方面来看，它成为消费者喜欢光顾的重要因素，占到 55.1%。另外，商品品种因素占到近 1/3；购物环境因素也占到 1/3。

在未来的经营中，能够真正提高家具城 A 和家具城 B 地位、制造与竞争对手的差异性的最重要的内容，就在于综合服务水平。

三、消费者对家具市场实现承诺的评价

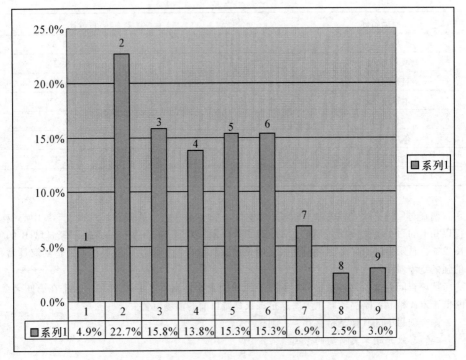

1＝未答　2＝家具城 A　3＝家具城 B　4＝君乐美
5＝米氏会展　6＝米氏精品　7＝东明　8＝金明　9＝其他

从上表来看，家具城 A 的诚信度是最高的，为 22.2%，表明消费者对家具城 A 的信任。家具城 B 排在第二，为 15.8%；可以间接看出某家具城对诚信的重视，这也是公司将来发展的有利手段和资源。

尽管家具城 A 和家具城 B 最高，但君乐美、米氏会展中心等企业的诚信度也不低，说明家具城 A 和家具城 B 面临着诚信竞争。因此，竞争中诚信表现手段上的差异化和个性化，是需要重点考虑的问题。

四、消费者购买家具的首选商场

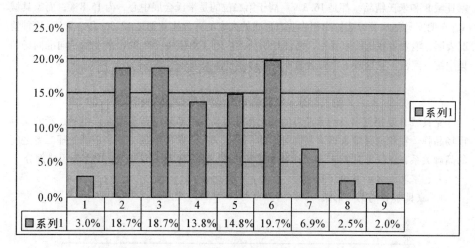

	1	2	3	4	5	6	7	8	9
系列1	3.0%	18.7%	18.7%	13.8%	14.8%	19.7%	6.9%	2.5%	2.0%

1 = 未答　2 = 家具城 A　3 = 家具城 B　4 = 君乐美
5 = 米氏会展　6 = 米氏精品　7 = 东明　8 = 金明　9 = 其他

　　调查对象首选米氏精品，占 19.7%；其次是家具城 A 和家具城 B，分别为 18.7%；紧随其后的是米氏会展和君乐美，分别为 14.8% 和 13.8%。所以，在中高档家具市场上，家具城 A 和家具城 B 有着比较大的影响，在消费者心目中的地位比较高，属于该市家具市场上的第一军团，但不是排在第一位。

　　五、消费者对各家具商场发展潜力的评价

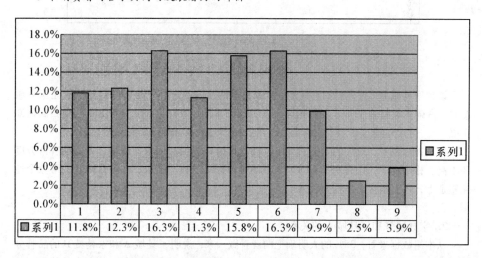

	1	2	3	4	5	6	7	8	9
系列1	11.8%	12.3%	16.3%	11.3%	15.8%	16.3%	9.9%	2.5%	3.9%

1 = 未答　2 = 家具城 A　3 = 家具城 B　4 = 君乐美
5 = 米氏会展　6 = 米氏精品　7 = 东明　8 = 金明　9 = 其他

　　消费者对各商场潜力的评价，表达的是对未来家具商场的期望和信心。并列第一的是家具城 B 和米氏精品，都是 16.3% 。居于第二位的是米氏会展中心，为 15.8% ；而家具城 A、东明家具基地等以店铺出租为业态形式的商家的百分比分别是 12.3% 和 9.9% 。这种情况表明，消费者在选购家具中，已经开始从大排档（出租楼面）的松散经营转向准商场的集中统一经营，它反映了消费者对家具销售的整体要求在不断提高。

<h2 align="center">第三部分　家具城 B 的品牌认知程度分析</h2>

　　家具城 B 是根据家具经营业态的变化和某家具城的实际经营需要而产生的、新的家具市场品牌。它和家具城 A 既有品牌分离的一面，又有品牌关联的一面。正确处理二者之间的品牌关系，保证家具城 A 和家具城 B 达到双赢，是某家具城营销策划的重要组成部分。

　　一、家具城 B 的身份问题

　　1. 家具城 B 的第一形象

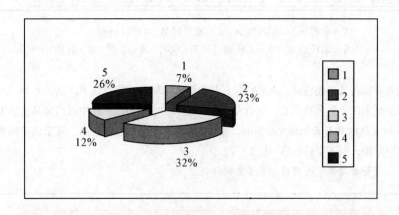

1 = 未答　2 = 家具城　3 = 家具城 A　4 = 商业服务　5 = 不清楚

　　说到家具城 B，首先想到它就是一个家具城的，占调查对象的 23% ，想到它是家具城 A 的，占调查对象的 32% ，二者相加，表明有 55% 的调查对象对家具城 B 的行业归属认知正确。

　　在调查对象中，32% 的人把家具城 B 和家具城 A 当做一回事，说明二者的品牌区分度还不高。相比之下，还有 45% 的人对家具城 B 缺乏认知度。所以，在家具城 B 的形象个性化塑造上，还有很多工作需要深入。

　　2. 家具城 B 和家具城 A 的关系

　　从本组数据来看，35% 的人明确把两者看做一家，说明家具城 A 和家具城 B 的品牌分离度不高。实际上，家具城 A 和家具城 B 是两种业态，品牌分离度低，使两个品牌之间关联性高，如果两个品牌的定位相近，经营水平相当，是有积极影响的。否则，将会对高端

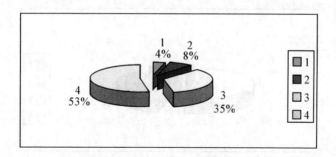

1 = 未答（4%） 2 = 没关系（8%） 3 = 一家两地（35%） 4 = 不清楚（53%）

品牌产生消极影响。

二、企业的基本评价和印象

1. 商品价格

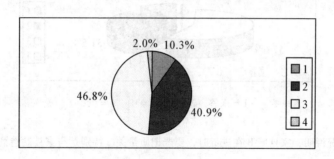

1 = 未答 2 = 高 3 = 中 4 = 低

认为家具城 B 的商品价格高的，占调查对象的 40.9% ；认为商品价格中档的，占 46.8% ；有 2% 的对象认为价格低。这一情况表明，消费者对家具城 B 的档次定位是中高档。结合前述资料可以看出，这种定位已经为消费者所接受。

2. 品牌形象

在回答问题的调查对象中，认为家具城 B 的品牌形象"高"的，占 35.5% ；"中"的，占 51.7% ；低的，占 2.5% 。由此看来，尽管家具城 B 的品牌形象在消费者的心目中处于中高档的位置，但还有需要继续提升，毕竟形象"高"的评价只占 35.5% 。

3. 商品质量

在回答问题的消费者中，认为商品质量"高"的，占有 31.5% ； "中"的，占 57.6% ；"低"的，占 0.5% 。结合前表，在消费者的心目中，家具城 B 的商品质量的评价，和商城档次的评价相关性高，商品质量是影响品牌形象的主要因素之一。

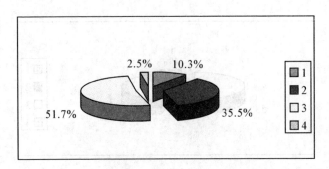

1 = 未答   2 = 高   3 = 中   4 = 低

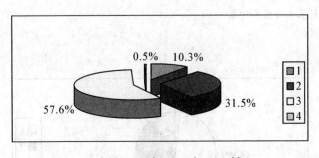

1 = 未答   2 = 高   3 = 中   4 = 低

这种情况说明，家具城 B 在进货时，要严把质量关。特别是与家具制造商的协调，强化供货管理。

4. 服务水平

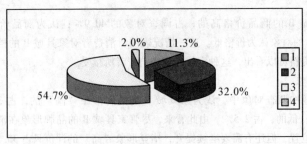

1 = 未答   2 = 高   3 = 中   4 = 低

服务水平是决定一个企业的整体水平的重要指标。有了好的商品、好的硬件设施，还要有好的服务。认为家具城 B 的服务水平"高"的消费者达到 32%， "中"的达到 54.7%；"低"的为 2%。消费者对服务水平的评价，和对商城的形象、商城的商品质量的相关性很高。说明服务水平也是影响品牌形象的主要因素。

作为一个以服务为核心竞争市场的家具零售企业，尽管有 32% 的人对家具城 B 的服务水平评价很高，但是，这个数据不足以支持家具城 B 的竞争地位。所以，在服务方式和服务体系上还很有潜力可挖。

第四部分 广告在消费者购买中的作用分析

广告对企业发展的重要作用毋庸置疑。了解对消费者影响最大的广告形式、了解对消费者到家具商城购物影响最大的广告形式，以及某家具城的广告、促销、公共关系活动对消费者的印象，可以为家具城 B 的广告媒体选择、广告促销形式提供基础性的资料。

一、对消费者影响最大的广告形式

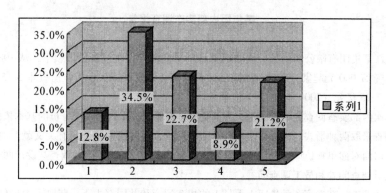

1 = 未答 2 = 报纸 3 = 路牌 4 = 广播 5 = 展场货架

根据调查结果，除了电视广告，对消费者影响最大的广告形式是报纸，为 34.5%；以下依次是路牌 22.7%；展场货架 21.2%；广播 8.9%。

由此说明，在消费者的一般消费行为中，电视广告以外，最重要的是报纸，其次是路牌。所以，在媒体选择上，报纸和路牌要优先选择。同时，也要特别重视展场布置。

二、家具城 B 对消费者留下深刻印象的活动形式

在家具城 B 对消费者留下印象最深的活动形式中，广告居第一位，达到 46.8%；公益活动和促销活动分别为 19.7% 和 16.7%。由此来看，在商城进行的广告促销活动中，广告仍然是最主要的传播形式，而在公益活动和促销上相对薄弱。从上一问题看，实际上，现场的影响、口碑的作用是最重要的，而这些仅仅靠大众媒体的广告是不够的，更要注重公益活动和促销活动。

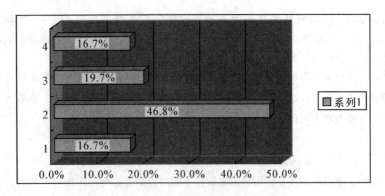

1=未答 2=广告 3=公益活动 4=促销活动

2. 范文二

某集团内部实态调查报告
前 言

浙江某集团有限公司由某市玻璃钢制品厂演变而来,在董事长带领下,从 1985 年 17 个人集资 27 000 元起家,经过全体同仁的共同努力,发展成为今天注册资本 5 151 万元、总资产 2.25 亿元(2000 年)、是某市举足轻重的企业。

本次内部实态调查主要目的是,为某集团全面策划提供内部情况分析的基本依据。

调查采取两种形式,内部访谈和内部问卷调查,同时研究了公司有关文献。内部访谈主要采取面对面单独访谈形式,主要对象为各级管理人员。内部问卷调查共设计两套问卷,管理人员调查问卷和员工调查问卷。

整个调查,在专家和某集团上下员工的相互配合和共同努力下,获取了大量信息和资料。本次调查的全部结论,均以调查资料为依据,通过定性分析和定量分析相结合的方法获得。

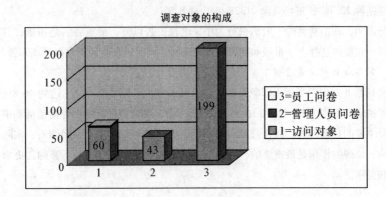

调查对象的构成

一、领导班子

1. 能力与声望

某集团有一个在公司员工中有着较高声望的领导班子。

员工对公司领导整体水平测评分数

5 分	27 人	13.5%
4 分	79 人	39.5%
3 分	69 人	34.5%
2 分	13 人	6.5%
1 分	5 人	2.5%
未回答	6 人	3.5%
合计	199 人	100%

平均分数为 3.6 分，接近于较高（4 分）；中位数为 4 分，认为公司领导水平在 2 分以下的只有 9%，可见，公司领导班子得到了员工的广泛拥护。

特别需要指出的是，公司最高领导在员工中德高望重，有超前意识和清晰思路，有敏锐的洞察力和较强的决策力，其能力、魄力、毅力、事业心、责任心令人钦佩。

2. 核心领导层凝聚力

长期以来的共同奋斗，形成了一个以某某董事长为核心的战斗集体。2000 年 6 月 12 日股东会议上，原 15 个自然人股东将 1 974.6 万股转让给某某董事长，某某董事长在一个月之内支付 450 万元给 15 个自然人股东。转让后，某某拥有浙江某集团有限公司的股份比例为 50.1%。这次股权结构调整的顺利进行，充分说明了公司核心领导层高度的凝聚力。

3. 员工对基层领导的认可度

普通员工对其直接领导的综合评价指数为 3.7 分，中位数为 4 分。应该说基层管理人员得到了其下属的认可。但是，3.7 分的综合分数也说明基层管理人员的水平参差不齐，还需要不断提高其整体素质。

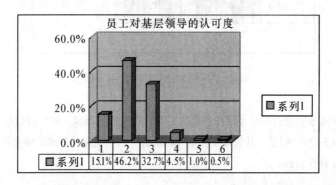

1 = 很满意，2 = 满意，3 = 一般，4 = 不满意，5 = 很不满意，6 = 未答

4．领导者形象

公司领导人的形象是公司员工对领导者的直接评价，在管理者中，形象不仅是一种评价，而且还是领导者的管理风格并影响着公司的管理运行。

董事长和总经理在普通员工中的形象比较

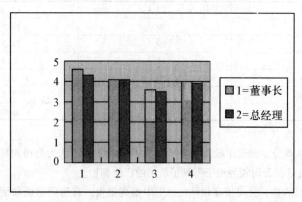

1 = 亲和，2 = 民主，3 = 开放，4 = 科学

董事长和总经理在管理人员中的形象比较

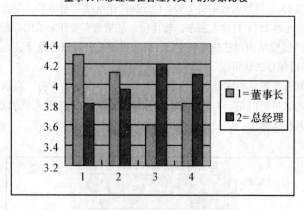

1 = 亲和，2 = 民主，3 = 开放，4 = 科学

目前公司董事长和公司总经理在各类员工中有着良好的形象，四个评价指标值均超过了中间分数（3分）。但是，从管理人员的评价来看，两位领导在管理风格上存在着一定的差别，呈现互补性特征。

5．结论

（1）某集团有着受到员工爱戴和信任的领路人和高凝聚力的领导班子，这是某集团发展的根本保证。

（2）领导人的超常能力在某集团的发展起到了巨大作用，但是，这种能力的过分发挥，有时会阻碍其他管理人员工作的主动性。

（3）两位领导管理风格的互补性特征对于公司决策是有利的，而对于具体管理运行，有时可能导致下属工作的摇摆性。

二、发展战略

1. 战略规划

战略是为实现组织目标所选择的发展方向，所确定的行动方针，以及资源分配方针和资源配置方案的总纲。科学正确的战略可以使组织在竞争中获取持续的竞争优势。某集团2001年11月制定了"十五发展规划"，通过对企业发展现状的分析，明确了总体目标、经营理念、框架内容以及具体业务经营目标和主要措施。通过对这个规划各项内容分析，可以说该规划是经过深思熟虑的，而且具有一定的现实性。但是从企业发展战略的角度来看，这个规划还应需要进一步系统化，包括战略阶段的划分、各子战略的增补和调整等，都有待于认真研究。

2. 管理人员对战略的认知

公司战略关系到公司健康、有序和持续性发展，它的实现有赖于公司各级管理者在实际工作中的贯彻程度。因此，管理人员对公司战略的认知，直接影响着战略的具体实施。

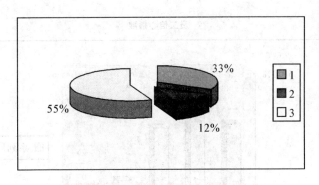

1＝有，2＝否，3＝不清楚

访问调查中发现，绝大部分管理人员对公司发展战略能说出一个简单的思想，可以把它称之为战略概念。但是，67%的管理人员不知道公司是否有长期战略方案。如果管理人员对战略规划理解不够，不能把握战略规划的要领和本质，也就很难说能在实际执行工作中成功贯彻战略意图，从而影响到战略目标的顺利实现。

3. 战略基础

战略基础是公司战略规划制定和实施的基本条件。

（1）员工信心

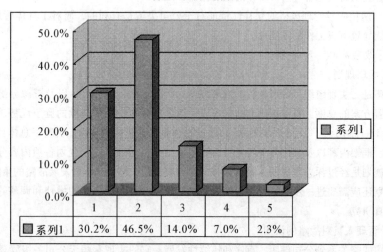

管理人员信心指数

系列1	30.2%	46.5%	14.0%	7.0%	2.3%
	1	2	3	4	5

1 = 乐观，2 = 一般，3 = 有困难，4 = 没想，5 = 未答

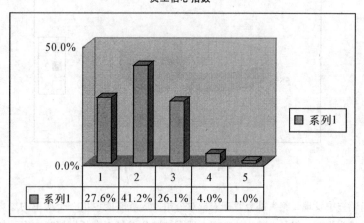

员工信心指数

系列1	27.6%	41.2%	26.1%	4.0%	1.0%
	1	2	3	4	5

1 = 很好，2 = 较好，3 = 一般，4 = 不好，5 = 未答

无论是管理人员还是普通员工对公司的发展都抱有极大的信心，对公司寄予厚望。

（2）危机意识

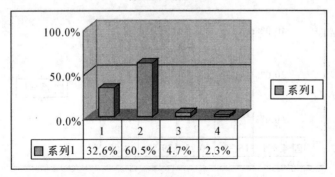

管理人员的危机感

1＝一般性挑战，2＝潜在危机，3＝严重危机，4＝未答

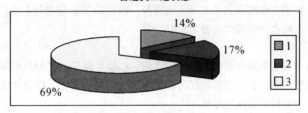

普通员工危机感

1＝存在危机，2＝不存在危机，3＝不知道

危机感一方面反映了员工危机意识，另一方面也是危机现状的侧面反映。从现实性上讲，反映出公司危机实际存在，某集团所面临的危机并不严重。从战略基础的角度讲，管理人员的危机意识高于普通员工，有利于战略制定与执行。

（3）创新能力

管理人员对公司创新能力的评价

分值	5分	4分	3分	2分	1分	未答
百分比	11.6%	9.3%	55.8%	16.3%	2.3%	4.7%

综合分数为3.2分，在五个分值等级中，处于中等水平。说明，某集团已经具备了一定的创新能力，但是，公司创新能力与公司发展的要求还存在一定的差距，作为公司发展的重要推进力量，必须要再进一步提升。

（4）影响因素

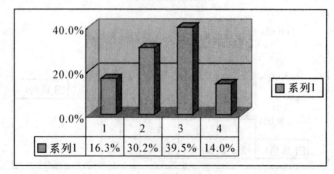

未来发展需要的因素

1＝危机意识，2＝人才，3＝技术创新，4＝品牌形象

在公司未来发展中，管理人员认为最需要的因素是技术创新和人才。结合访问调查，在公司战略中，技术创新战略和人才（人力资源）战略应该引起充分重视，在这个品牌竞争的时代，品牌战略也应该成为当务之急。

4. 结论

某集团对自身发展思路有着比较清楚的认识，已经形成了正式的战略规划，所需要解决的问题是，战略规划内容的完善和提升，并且使战略能够为员工接受并成为其工作的真正指南，某集团有着较好的战略基础。

三、竞争结构

某集团面对的五种竞争力量

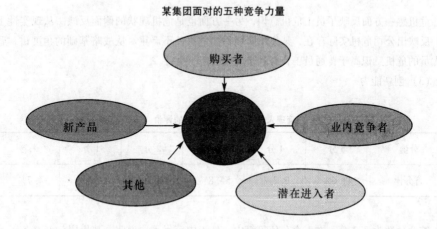

中国木材加工行业竞争十分激烈，不在竞争中崛起，就在竞争中灭亡。确定企业战略运作方向，首先必须进行行业的竞争过程分析，挖掘相应竞争压力，确定各竞争力量的强大程度。

1. 来自购买者的压力

某集团产品的购买者包括：

各级销售商

团体用户

个体消费者

（1）各类中间商的压力

在某集团既有的市场中，各类中间商占有重要地位。同时，同业竞争对手也都非常重视中间商的作用。

中间商关注的核心是利润和风险。他们在控制销售终端上具有绝对优势，在直接接触最终消费者的销售渠道上拥有绝对的控制力。随着某集团产品结构由中间产品转向终端产品，中间商带来的压力会大幅度增加。

（2）团体消费者的压力

某集团目前的主导产品——单板为中间产品，全部都是团体消费者，即板材终端产品的加工厂商，由于近年来，我国胶合板市场恶性竞争导致行业性滑坡，单板产品的最大的消费者——胶合板厂商的消费能力大大下降。

集装箱底板有着广阔的市场前景，目前，某集团有着较大优势，应该注意的是，该产品的消费者——集装箱生产厂商关系维系的持久性是所面临的最大压力。

汽车车厢板还是一个待开发的市场。

（3）个体消费者的压力

随着市场经济的不断发展和竞争的日趋激烈，个体消费者的选择余地越来越大，对某集团来说，随着终端产品的增加，来自于个体消费者的压力也就越来越强。因为可供其选择的产品越来越多，其转向竞争品牌的成本相对较低。个体消费者不仅对某集团形成压力，而且也对批发商和各类零售商产生一定的压力。

2. 业内竞争者

竞争厂商包括：知名木材加工企业

　　　　　　　小型木材加工企业

这是竞争力量最直接的部分。前者利用强大的品牌力量、系统的服务能力、雄厚的网络优势在终端环节方面进行竞争。后者则销售政策灵活，并具有价格优势。

两者都对某集团形成了巨大的市场压力，其中，小型企业带来的压力目前对胶合板和细木工板产品表现较明显。

3. 新产品的压力

产品创新已经逐渐为企业所重视，作为传统的木材加工行业，产品创新的空间很大。新产品中所蕴涵的利润额、对消费者的吸引力等因素，使各类木材加工企业对新产品趋之若鹜。对有实力的企业来说，新产品已成为主要市场突破口。某集团已经步入产品创新轨道，不能不充分重视其他大型木材加工企业对产品创新的重视带来的压力。

4. 潜在的新进入者的压力

木材加工行业的技术、设备和资金等因素使得该行业的进入门槛并不高，潜在的新进入者的压力也是存在的。新进入者不仅包括有着雄厚资本的其他类型企业进入木材加工领域，而且包括原有木材加工企业经过购并等方式形成的更具实力的大型企业，还包括国外企业通过各种形式进入中国市场。这些企业在品牌扩张能力、产品创新能力、资本运作能力等方面具有比较大的优势。

5. 其他压力

包括供应商压力、政策压力、国际竞争压力等。

四、产业结构

1. 产品结构

目前，某集团的主导产业——木材加工包括胶合板单板、胶合板、集装箱木底板、细木工板和竹杉家用地板等。其中胶合板单板一直占主导地位，占公司市场销售总额的75%左右。随着胶合板市场的大幅度下滑，单板和胶合板面临巨大挑战。从2000年起，公司逐步进行产品结构调整，开始从中间产品向终端产品发展，集装箱木地板目前在国内居于领先地位，细木工板在北京市场有着明显优势，竹杉家用地板还未形成市场规模。

2. 产品质量

产品质量是企业的生命，某集团成长过程中，正是依靠过硬的产品质量而获得了巨大的成功。而且，公司已经通过 ISO9002 质量体系认证和 14000 环保认证，这是产品质量的根本保障。

某集团取得目前成绩的主要因素

系列1	1	2	3	4
	14.0%	39.4%	41.9%	4.7%

1＝团结向上，2＝市场观念，3＝产品质量，4＝其他

从对管理人员的访谈中，也可以清楚地了解到人们对产品质量的关注。需要指出的是，应该警惕，随着生产规模的扩大，产品质量的保证成为当务之急，在某些环节的质量管理上，已经出现较大的漏洞。

目前存在的问题

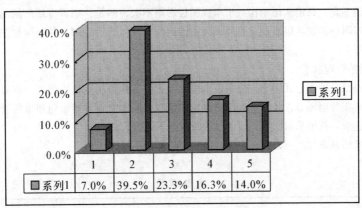

| 系列1 | 7.0% | 39.5% | 23.3% | 16.3% | 14.0% |

1 = 资金，2 = 人才，3 = 产品质量，4 = 品牌形象，5 = 其他

在公司目前面临的问题中，产品质量仅次于人才问题，排在第二位，这是值得注意的倾向。目前，ISO9002认证应与实际贯彻实施匹配，特别应该强化ISO9002质量体系的贯彻。

3. 技术支持水平

产品创新需要强大的技术支持水平。某集团在与南京林业大学等专业研究机构密切合作的基础上，组建了技术开发部，在公司技术支持的整体结构上是比较合理的。但是，技术开发部无论在人员构成，还是技术能力上，对于公司现实技术支持还远远不够，真正木材专业并能够发挥作用的技术人员十分缺乏（只有1名），而且在供应、维修、质检等环节，技术支持水平就更低了。这与某集团快速发展的要求是不相匹配的。

4. 产业策略

为了扩大经营规模，降低经营风险，公司已经确定产业发展的基本策略为外包合作。从某集团的发展趋势来看，这一选择无疑是合理的。但是，外包合作的基础因素是，公司必须拥有一定量的管理人才和技术人才。从某集团目前的人力资源水平来看，只能适应小规模的外包合作，作为对产业策略的全面实施基础，还显得很薄弱。

5. 结论

（1）产品结构的调整方向正确，新产品地位有待提高；

（2）产品质量上乘，全员质量意识和质量控制存在漏洞；

（3）技术支持结构合理，内部技术力量不足；

（4）产业策略选择合理，策略实施基础薄弱。

五、营销状况

1. 营销队伍及其结构

营销中心由9人组成，基本分工为：销售副总1人，内勤1人，财务2人，业务员4人。其中，真正开展营销业务的是销售副总和3名新进业务员。长期以来，公司以单板为主导产品，营销只依靠销售副总一人来完成，3 名新业务员虽然已经逐渐进入角色，但是，整体水平还不高。营销队伍结构对于单板销售影响不大，但是，随着终端产品的比重越来越大，销售副总必须从以直接业务开展为主转向公司整体营销管理，并继续加强营销队伍建设。

2. 营销管理水平

受公司原有销售方式影响，公司还未根据产业调整和市场变化，形成一套有效的营销管理模式。在营销环节，还基本处于很原始的状态。销售中心营销策划和市场管理职能还没有建立起来，营销手段落后，业务员的管理还不成体系。

从市场信息来源，可以看出，公司的营销管理处于较低水平：

信 息 来 源

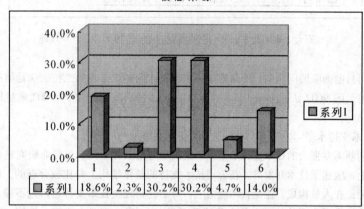

1 = 媒体如商业报刊，2 = 调查公司，3 = 经验，4 = 业务员收集，5 = 无，6 = 未答

3. 渠道建设

经过多年的经营，某集团已经形成了具有一定规模的营销渠道，与经销商保持着良好的关系。但是终端产品进入渠道的策略随机性强，而且产品在销售网点的销售方式随机性强，无统一规范，也没有系统的销售策略。基本上依靠营销人员个人能力推销产品。在市场覆盖面上，虽然涉及浙江、北京、上海、广东、四川、江苏、福建、山东、辽宁等省市，但是，浙江省占销售总量的 60% 左右，其次是北京，占 10%。所以，营销渠道建设还比较薄弱，这将直接影响终端产品的销售。

另外，外贸出口还没有形成实质性业务。

4. 结论

在营销环节上，某集团形成了相当规模的销售能力，但是，这种销售能力主要是就单板而言。随着向终端产品的过渡，某集团的营销体系需要进行彻底变革。

六、企业形象

1. CIS 知识认识

CIS 是企业形象建设科学化、系统化的重要内容，对管理人员和普通员工的调查显示，还有绝大部分员工对 CIS 导入的知识了解甚少，在管理人员中也只有 25.6% 的人有些了解，很清楚的人就很少了，只有 4.7%。普通员工中听说过 CIS 的更是寥寥无几。

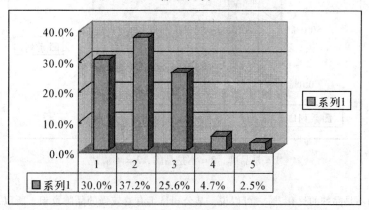

管 理 人 员

1 = 没听说过，2 = 听说过但不了解，3 = 有些了解，4 = 很清楚，5 = 未答

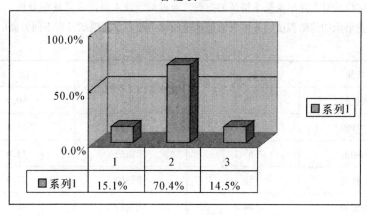

普 通 员 工

1 = 听说过，2 = 没听说过，3 = 未答

这种对企业形象知识的了解状况对于某集团形象战略的实施是不利的，必须通过培训等方式，迅速普及企业形象有关知识，为 CIS 策划与执行打好知识基础。

2. 品牌地位和品牌意识

某集团在行业中的重要地位决定了其良好的行业形象，目前某品牌无不良评价。通过对北京市场有关资料和行业人士的访问，某集团的产品形象良好。

公司员工对某集团的品牌认知度很高。

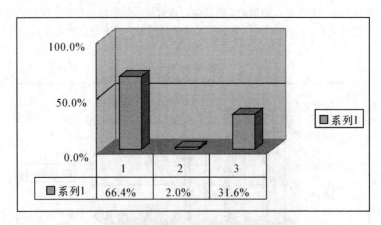

1 = 是品牌，2 = 不是品牌，3 = 不清楚

认为不是品牌的只有2%。可以说，某公司员工有着较强的品牌意识。所以，某集团具备了实施品牌战略的社会基础和心理基础。

3. 形象定位

形象定位是对企业形象基本特征的把握。通过对管理人员语言描述的分析，可以看出某集团企业形象的清晰程度，并可以近似地描绘出企业形象的现状及在不同方面的特征。

特征	分值（%）		特征	分值（%）	
现代的	30.2		传统的	60.5	
亲和的	76.7		疏远的	11.6	
阳刚的	65.1		阴柔的	18.6	
科技的	58.1		服务的	27.9	
稳健的	44.2		快速的	46.5	
民族的	53.5		世界的	27.9	
个性的	39.5		共性的	44.2	
膨胀的	74.4		收缩的	7.0	
轻柔的	16.3		坚实的	62.8	
老年的	9.3	中年的 51.2	青年的 25.6	儿童的 2.3	

资料表明，公司呈现给管理干部的形象比较清晰，在 10 组选项中，8 项具有明显的倾向性，可以将管理干部对公司整体形象描述为：传统的、亲和的、阳刚的、科技的、民族的、坚实的、中年的。在对某集团的形象整合中，应注意现有形象定位的影响。

4. 标识评价

企业标识是企业形象视觉识别的基本要素。在调查中，管理人员对现有标识，作出了如下评价：

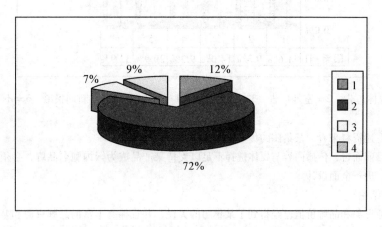

1 = 很好，2 = 较好，3 = 不好，4 = 不知道

应该说，人们对现有标识有一定的感情，但是，还不是最令人最满意的设计。

5. 形象资源

某集团拥有比较充分的形象资源。包括中国 500 家最大私营企业、2000 年度全国民营企业 500 强第 102 位、浙江省著名商标等各种荣誉 35 项；AAA 级资信等级；中国环境标志产品认证；等等。

在形象战略中，需要对形象资源进行全面整合。

6. 形象传播

传播是企业形象塑造的主要手段，根据对某集团广告和新闻传播的分析，可以说，公司已经开始注意传播的价值，但是，在传播方式、媒体选择等技术性问题上，还处于初级阶段。新闻传播在内容上，1999 年以来专题报道 8 篇，领导视察新闻 5 篇，参与性书籍 4 篇。媒体层次较低，《台州日报》、《临海报》11 篇，占 57.9%。省级媒体 2 篇，占 10.5%。所选择的全国性媒体影响力普遍较低，包括：《政工师》、《时代财富》和《当代经济》。广告传播基本为公告性广告，1998 年以来，全国性媒体（主要是《中国轻工》）广告 10 次；浙江省媒体 20 次，其中，《浙江日报》《浙江乡镇企业报》《浙江经济日报》合计为 10 次。临海和台州地方媒体 4 次。

公司管理人员对传播途径的了解

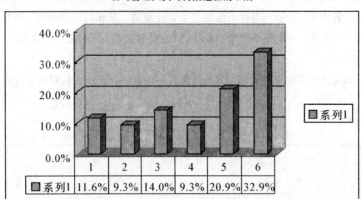

1 = 媒体广告，2 = 室外广告，3 = 公关活动，4 = 员工服务，5 = 新闻报道，6 = 不了解

从上述资料来看，某集团的传播力度还有一定的欠缺。

就目前而言，传播内容与媒体选择不足以支持某产品成为国内驰名品牌，必须根据这一目标，进行全面设计。

7. 结论

企业形象和品牌价值已经得到了某集团的关注，并且拥有丰富的品牌资源和基础，需要解决的问题主要是形象资源的整合、形象个性的定位和传播的科学化、系统化。

七、企业文化

1. 企业凝聚力

公司发展是全体员工同心协力共同保持的结果。每个公司都希望拥有一批忠于公司忠于岗位的员工，在自己的工作领域内发挥积极作用。在公司对员工提高要求的同时，公司也要从自身角度进行反思，不断制定出吸引人才留住人才的多种政策。

员工问卷中关于"假如允许人们自由流动，您是否愿意到其他公司工作"和"是否希望亲友到某集团工作"的结果显示，某集团对普通员工的吸引力很强。具体资料如下：

普通员工流动意愿

愿　意	27 人	13.6%
不愿意	74 人	37.2%
无所谓	95 人	47.7%
未　答	3 人	1.5%
合　计	199 人	100.0%

对亲友加入本公司的态度

愿　意	84 人	42.2%
不愿意	22 人	11.1%
无所谓	80 人	40.2%
未　答	13 人	6.5%
合　计	199 人	100.0%

某集团对管理人员的吸引力不如对普通员工的吸引力。

管理人员对亲友加入本公司的态度

愿　意	8 人	18.6%
不愿意	15 人	34.5%
无所谓	19 人	44.2%
未　答	1 人	2.3%
合　计	43 人	100.0%

在对管理人员的访问中，被访者普遍对近年来人员流动加快表示忧虑。吸引人才和留住人才最需要考虑的因素是公司前途和个人前途的信心。

管理人员最关心的因素

内　　容	人数（人）	比例
收　　入	9	20.9%
文化生活	0	0.0%
个人前途	14	32.6%
公司前途	19	44.2%
人际关系	1	2.3%
合　　计	43	100.0%

2. 员工对公司的满意度

调查表明，员工对企业名声评价较高，问题主要集中在工作条件和人际关系上。

员工对公司满意的地方

内　　容	人数（人）	比例
企业名声	83	41.7%
收　　入	36	18.1%
工作条件	8	4.1%
人际关系	18	9.0%
企业前途	36	18.1%
其　　他	18	9.0%
合　　计	199	100.0%

员工对公司最不满意的地方

内　　容	人数（人）	比例
企业名声	10	5.0%
收　　入	26	13.1%
工作条件	61	30.7%
人际关系	44	22.1%
企业前途	10	5.0%
其　　他	48	24.5%
合　　计	199	100.0%

3. 敬业精神

员工对自己的敬业精神的评分

5分	34 人	17.1%
4分	72 人	36.2%
3分	79 人	39.7%
2分	8 人	4.0%
1分	3 人	1.5%
未回答	3 人	1.5%
合　　计	199 人	100.0%

某集团员工的敬业精神综合分数为 3.64。员工的敬业精神还可以通过管理者问卷中"公司员工的敬业精神可以打几分"得到客观的说明，其调查结果为 3.29 分。可以说，员工敬业精神还需要努力提高。

对公司员工整体敬业精神的评分

5 分	6 人	14.0%
4 分	9 人	20.9%
3 分	19 人	44.2%
2 分	7 人	16.3%
1 分	1 人	12.3%
未答	1 人	2.3%
合计	43 人	100.0%

4. 公司理念认知

企业理念是企业文化的核心。某集团在自身建设过程中逐步对经营实践进行升华，对企业理念进行了提炼和贯彻。

管理人员对座右铭的回答结果

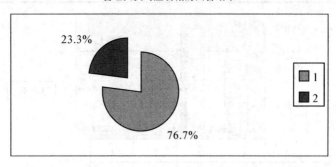

1 = 写出，2 = 未写出

但是，在"写出"的人中，只有 37.2% 的人能够准确写出"凭本质做人，靠本事吃饭"。

管理人员所写出的公司理念

凭本质做人，靠本事吃饭	16 人
以德治厂，仁爱社会	2 人
某诚，片片精	4 人
生产上抓紧，管理从严，经营上搞活，生活关心	5 人
某爱我，我爱某	1 人
团结，奋进，创新	1 人
创新，诚信	1 人
优质的产品，优质的服务	1 人
客户的满意是我们某人的愿望	1 人
稳扎稳打，步步为营，持续发展	1 人
合　　计	33 人

所以，在理念的贯彻上，还有很多工作要做。

5. 公司文化传播

《某报》是某集团最主要的文化传播媒体，调查表明，《某报》在管理人员中的影响力大于普通员工。为了使《某报》成为员工喜爱的媒体，在内容和形式设计上，还有待于提高水平。

管理人员读《某报》的情况

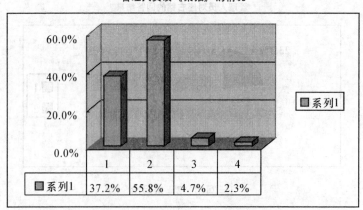

	1	2	3	4
系列1	37.2%	55.8%	4.7%	2.3%

1 = 认真读过，2 = 浏览过，3 = 未读过，4 = 未答

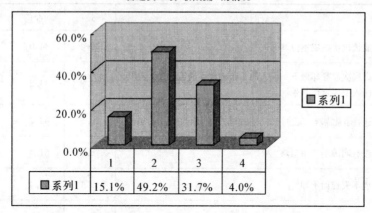

普通员工读《某报》的情况

	1	2	3	4
系列1	15.1%	49.2%	31.7%	4.0%

1 = 认真读过，2 = 浏览过，3 = 未读过，4 = 未答

6. 结论

企业文化是员工在从事商品生产与经营中所共同持有的理想信念、价值观念和行为准则，是外显于厂风厂貌之中，内隐于人们心灵之处，以价值观为核心的一种意识形态。如果说领导体制和组织架构是公司运转的"硬件"，企业文化则是"软件"，为公司的高效运转提供强大的精神和智力支持，在企业管理中起着灵魂作用、凝聚作用、约束作用。某集团在企业文化建设方面取得了一些成绩，不仅在深层企业文化中对企业理念进行了提炼和贯彻，而且公司也采取了一些具体措施，如文明生产活动的开展、俱乐部的建设、《某报》的创办等等。但总的来说，没有形成一套统一的文件，还没有提高到科学化的高度，企业文化不是很明确和独特，在一些方面仍须做出进一步的努力。

八、综合评价

某集团目前存在的问题

序号	问 题	是	否	不清楚
1	管理者在产品质量和服务质量上要求不严	27.3	68.2	4.5
2	部门各自为政，任其发展	25.0	54.5	20.5
3	不知道"只要生产出来，就可以卖得出去"的日子已经一去不复返了	27.3	63.6	9.1
4	权责混乱，对下级或下属说：你能管的就管，不能管的我来管	27.3	54.5	18.2

续表

序号	问题	是	否	不清楚
5	成长过快造成不协调而失管	36.4	34.0	29.6
6	高层次领导却做下一级人的工作，放弃决策责任，对其深入下层自得其乐	31.8	43.2	25.0
7	违背事业需求，完全迷信宗亲血缘式的人事政策解决问题	20.5	43.2	36.4
8	没有明确的竞争策略	6.8	61.4	31.8
9	成本失控而不知	9.1	61.4	29.5
10	站在自己的立场上想事，而不是站在顾客立场上思考问题	13.6	77.3	9.1
11	在企业内部玩弄权术，而自我欣赏	6.8	75.0	18.2
12	搞绝对的集权或绝对的分权而认同不悔	13.6	52.3	34.1
13	账目不清而不觉	2.3	65.9	31.8
14	高层主管没有决策思考与规划能力和控制能力	11.4	59.1	29.5
15	由于事业顺利，企业的经营者愈来愈固执己见，而不听大家的意见	25.0	54.6	20.5
16	没有制度，各行其是	11.4	81.8	6.8
17	不重视学习别人的经验理论，一味凭感觉办事	18.2	68.2	13.7
18	产品卖得好时，得意洋洋而不思进取	20.5	72.7	6.8
19	公司内部信息的上通下达不够	59.1	25.0	15.9
20	以广告代替企业形象	6.8	63.6	29.6
21	把过去的辉煌当成今后成功的资本	22.7	63.6	13.6
22	迷信赚钱越多，表示管理越好	18.2	59.1	22.8
23	只重视短期，而轻视长期项目	22.7	50.0	27.3

上述各项问题，在某集团严重程度排序

序号	1	2	3	4	5	6	7	8	9	10	11	12
原号	19	5	6	7	4	23	2	3	15	12	22	1
分值	-34.1	-2.4	11.4	22.7	27.2	27.3	29.5	29.5	29.6	38.7	40.8	40.9
序号	13	14	15	16	17	18	19	20	21	22	23	
原号	21	14	17	18	9	8	20	13	10	11	16	
分值	40.9	47.7	50.0	52.2	52.3	54.6	56.8	63.6	63.7	68.2	70.4	

在不考虑其他因素的前提下，分值与严重程度呈反比，50%以上不构成问题。根据调查结果，公司内部信息的上通下达不够；成长过快造成不协调；高层次领导却做下一级人的工作，放弃决策责任，对深入下层自得其乐；这三项是某公司最为严重的问题。

九、基本结论

1. 某集团主导产业所处的行业竞争激烈、淘汰率高，正处于一个大变动时期，对某集团来说，机遇与挑战并存，机遇来自于市场（国际国内），挑战来自于自身（管理和人才）。

2. 从整体上看，某集团到目前为止可以说是一家经营成功的企业，但是过去成功所依赖的因素可能会成为未来发展的障碍因素。

3. 重新审视某集团发展战略规划，使之科学化、系统化，为公司可持续发展奠定基础。

4. 完善公司管理系统，建立现代企业管理制度和合理管理机制，提高管理水平和效率，是某集团走向现代化企业的必要条件。

5. 配合产业结构调整，适应激烈的市场竞争环境，加快建立有效营销体系的速度。

6. 整合某企业理念，培育公司独特健康的企业文化。

7. 建立普遍化的管理关系，清除家族化和准家族化的不良影响，加强员工沟通，树立员工主体意识，使其更加积极主动投入工作。

8. 塑造某商业品牌，全面提升企业形象，最大程度地发挥某品牌的商业价值。

【思考·案例·练习】

1. 简述数据梳理的步骤及要点。

2. 理性归纳的方法有哪些，如何应用？

3. 撰写调查报告的原则是什么？

4. 讨论调查报告基本格式的几大组成部分，列出评价一份优秀报告的标准。

5. 给出某个报告的数据，请撰写一份市场报告。

主要参考文献

黄升民等：《广告调查》，中国物价出版社 1997 年版。

黄合水：《市场调查概论》，东方出版中心 2000 年版。

黄合水：《广告调研技巧》，厦门大学出版社，2003 年版。

樊志育：《广告创意、设计与制作技巧》，中国友谊出版公司 1994 年版。

樊志育：《市场调查》，上海人民出版社 1995 年版。

樊志育：《广告效果测定技术》，上海人民出版社 2000 年版。

戴元光：《传播学研究方法》，复旦大学出版社 2003 年版。

贾俊平等：《市场调查与分析》，经济科学出版社 1999 年版。

李桂华等：《市场营销调查》，企业管理出版社 2002 年版。

江波等：《广告效果测评》，中国广播电视出版社 2002 年版。

刘友林等：《广告营销调查》，中国广播电视出版社 2002 年版。

范伟达：《市场调查教程》，复旦大学出版社 2002 年版。

徐飚：《市场调查学》，北京工业大学出版社 2002 年版。

陈启杰：《市场调研与预测》，上海财经大学出版社 1999 年版。

程士安：《广告调查与效果评估》，复旦大学出版社 2003 年版。

黄京华等：《广告调查与数据库应用》，中南大学出版社 2003 年版。

韦箐等：《广告调查与设计》，经济管理出版社 1998 年版。

张金海等：《广告学教程》，上海人民出版社 2003 年版。

风笑天：《现代社会调查方法》，华中科技大学出版社 2001 年版。

李沛良：《社会研究中的统计应用》，社会科学文献出版社 2001 年版。

丁俊杰：《现代广告通论》，中国物价出版社 1997 年版。

张金海：《20 世纪广告传播理论研究》，武汉大学出版社 2002 年版。

陈培爱：《广告学原理》，复旦大学出版社 2003 年版。

马谋超：《广告心理》，中国物价出版社 1997 年版。

舒咏平：《广告心理教程》，北京大学出版社 2004 年版。

陈俊良：《广告媒体研究》，中国物价出版社 1997 年版。

余明阳等：《广告策划与创意》，复旦大学出版社 2003 年版。

高志宏等：《广告文案写作》，中国物价出版社 1997 年版。

三味工作室：《SPSS 实用基础教程》，北京希望电子出版社 2001 年版。

［美］利贝卡·鲁宾等：《传播研究方法》，华夏出版社 2000 年版。

［美］艾尔·巴比：《社会研究方法》，华夏出版社 2000 年版。

［日］反町胜夫：《广告精要 I：原理与方法》，复旦大学出版社 2000 年版。

［美］托马斯·C. 奥吉斯等：《广告学》，机械工业出版社 2002 年版。

［美］W. F. 阿伦斯：《当代广告学》，华夏出版社 2000 年版。

［英］罗德里克·怀特：《公司广告运作》，中国标准出版社 2000 年版。

［美］杰克·Z. 西瑟斯等：《广告媒体企划》，企业管理出版社 2000 年版。

［美］舒尔兹等：《整合营销传播》，中国物价出版社 2001 年版。

［美］克劳德·霍普金斯：《我的广告生涯·科学的广告》，新华出版社 1998 年版。

［美］韦伯·扬：《广告传奇与创意妙招》，内蒙古人民出版社 1998 年版。

［美］R. 瑞夫斯：《实效的广告——UPS》，内蒙古人民出版社 1998 年版。

［美］D. 奥格威：《一个广告人的自白》，海南出版社 1998 年版。

［美］D. 奥格威：《广告大师奥格威》，三联书店 1996 年版。

［美］马丁·迈耶：《麦迪逊大道》，海南出版社 1999 年版。

［美］艾森·拉塞尔：《麦肯锡方法》，华夏出版社 2002 年版。

［美］米切尔·舒德森：《广告，艰难的说服》，华夏出版社 2003 年版。

［美］艾·赖斯等：《广告的衰落与公关的崛起》，纽约 Harper Collins Publisher Inc. 2002。

［澳］马克斯·萨瑟兰：《广告与消费者心理》，世界知识出版社 2002 年版。

［日］仁科贞文：《广告心理》，内蒙古人民出版社 1991 年版。

后 记

涉足广告，我本是为广告那精彩创意所吸引，又由于延续了原来的研究——创作心理学、创新思维学，于是我在广告研究领域写的第一部书便是《广告创意思维》。而在服务企业的广告实践中，也多是做着创意与策划。可是，渐渐地，或者说是越来越强烈地感觉到单纯做创意与策划不行了：那看似简单、却将为之一掷千金的广告创意，没有了调查的支撑，你连介绍的底气也没有，更无法系统地整合为广告策划了；而在课堂上、研究中，没有调查背景的介入，创意的优劣良莠也难以区分。于是，我在广告实务中，开始主动承揽广告调查。无论是广告主调查还是市场调查，抑或媒介与效果调查，我真正品味到了广告是艺术、更是科学的厚重内涵。而在2003年冬天于武汉大学召开的"高等学校广告学系列教材"编委会上，我则毫不犹豫地接下了本部《广告调查》的主编任务。

但我知道我的知识背景尚难以自如地承担本教材的主编工作，因此，我特地邀请了我的同事——有着深厚理工科与社会学学科背景的刘瑛老师担任副主编。接下来，是我们对本教材提纲的几易其稿。毕竟21世纪的教材是既要对20世纪进行传承，还要面向新纪元进行创新的。提纲最后得以定稿，还要感谢丛书主审丁俊杰、陈培爱两位教授，是他们在对提纲总体肯定的基础上又提出了完善意见。而在随后的撰写阶段，我要感谢如下诸位才学扎实思维敏捷的年轻学者加盟，他们的分工与单位分别是：

第一、第八章：刘　瑛（华中科技大学）

第二章：阳小芳（合肥工业大学）

第三、第四章：陈　娜（武汉工程大学）

第五、第九章：张明新（湖北大学）

第六、第七章：杨芳平（上海大学）

第十章：刘　涛（广州大学）

第十一章：刘　涛（广州大学）、周　杨（华北电力大学）

第十二章：周　杨（华北电力大学）

本书初稿完成后，我作为主编进行了认真统读，又分别与各章的作者进行了沟通，以追求尽可能的完善；实际上各章的作者几乎是又改写了一遍。最后，则由我与副主编一同进行了全书的审订。

需要说明的是，作为教材，本书参考了诸多的著述文献，并尽可能地进行了注释；而无法准确注释的则在"主要参考文献"中列出。即便如此，仍可能有疏漏之处，恳望有关作者谅解。

为本书的出版，武汉大学的张金海教授、姚曦博士做了大量的组织协调工作，在此特表由衷的谢意。

广告调查涉及的知识甚广，而本书又出自众人之手，肯定存在不足之处，我们诚恳地期望着各位读者的批评与建议，以在之后的修订中进行补足与完善。

舒咏平

2005 年 4 月于武昌喻园